KB242288

유라시아 신화여행

일러두기

1. 이 책은 2018년 4월부터 5월까지 경기문화재단이 진행한 '신화와 예술 맥놀이-유라시아 신화여행, 다시 이어지는 길'의 내용을
   토대로 재구성한 것이다. 강좌의 특성상 이미지나 영상, 소리 등을 이용한 강좌가 많아 이 책에서도 그림과 표, 지도 등을
   활용하여 가능한 한 현장성을 살리고자 했다.
2. 외래어 표기는 최대한 국립국어원이 정한 규칙을 따랐으나, 일부는 필자의 의견이나 관행을 따랐다.
3. 신화의 특성상 원래의 신화 자체와 훗날 우리가 접하게 된 책 또는 예술작품을 구분하는 것이 상대적으로 곤란한 경우가
   많아, 본문에서는 신화를 나타날 때 거의 모든 경우에 〈 〉표시를 사용하였다. 단, 해당 신화의 이름을 제목으로 하는 책이나
   예술작품의 경우에는 출판사의 교정교열 원칙에 따라 표시하였다.

유라시아
신화여행

신화, 다시 이어지는 길

최혜영
김윤아
최원오
이재정
문현선
양민종
신진숙

아모르문디

유라시아 신화여행에 여러분을 초대한다.

유럽 대륙의 서쪽 끝 라플란드에서 시작해 알타이, 시베리아, 만주를 거쳐 아시아의 동쪽 끝 연해주와 바다 건너 홋카이도에 이르는 긴 여정이다. 흔치 않은 기회인 만큼, 전에 겪지 못한 모험을 기대하셔도 좋다.

짐작하시겠지만, 그곳은 대체로 춥고 황량하다. 그렇다고 사람의 발길이 완전히 끊긴 것은 아니다. 한 이레 쉼 없이 내리던 눈발이 잠깐 잦아들면, 마치 곰이 되려다 만 것 같은 사내가 갓 잡은 사슴을 어깨에 둘러멘 채 자작나무 숲을 불쑥 빠져나올지 모른다. 어디선가는 또 무릎까지 푹푹 쌓이는 눈밭을 헤치며 산골로 가는 "나와 나타샤와 흰 당나귀"(백석)를 마주칠지도 모르며……. 그러나 사실 우리의 길은 그보다 훨씬 더 높은 위도를 가로지른다. 지리적으로뿐만 아니라 심리적으로도.

빙하쥐 450마리분의 가죽으로 옷을 해 입은 사내가 북극행 초특급열차에 몸을 실었다. 그는 검은 여우 9백 마리의 가죽을 가져오겠노라 내기를 한 터였다. 그러나 열차가 베링해를 건너기도 전에 스무 명의 사람이, 아니 사람이라기보다는 백곰이라고 하는 편이 나을 성싶은 이들이, 푹신푹신한 모피를 입고, 아니 입었다기보다는 피부 자체가 아예 모피인 듯싶은 모습으로 우르르 들이닥쳤다. 서둘러 결론을 말하면, 사내는 가까스로 목숨만은 건진다.(미야자와 겐지, 『빙하쥐 털가죽』)

　그런 사내들이야 천지사방에 널려 있다. 우리의 관심은 오히려 북극행 열차를 멈춰 세운, 사람인 듯 사람이 아니고 백곰인 듯 백곰이 아닌 이들에게 더 가닿는다. 미야자와 겐지는 우리가 가려는 길의 실체를 바로 그런 이들을 통해 정확히 짚어주었다. 사람과 동물이 따로 구별되지 않는 위도, 그 위도 위의 길. 김윤아는 그 길을 이렇게 상상한다.

　　크고 반짝이는 별들이 엄청나게 쏟아지고 죽은 영혼들은 별이 될 거라 여겼겠지. 머리 위로 오로라가 너울대고 타이가의 울창한 침엽수 숲은 무섭기도 했겠지. 간간이 배고픈 늑대들의 형형한 눈빛을 마주쳤을 테고, 살을 에는 북풍과 눈보라가 가혹했을 텐데. 그 길 없는 길을 빠르게 지나쳐 갔을 그들. 그들은 왜 거기를 달렸을까.

　『유라시아 신화여행』은 이런 질문으로부터 시작한다.

　사실, 유럽과 아시아는 서로 동떨어진 대륙이 아니다. 일찍이 낙타를 앞세운 대상들이 비단과 향료를 구해 거친 사막을 가로질렀고, 용맹한 전사들은 말을 몰아 모래바람처럼 초원을 누볐다. 그러니까 문명과 전쟁이 두 대륙을 하나로 이어준 것이다. 하지만 역사의 휘장을 한 겹만 들추면 그 길은 전혀 다른 풍경을 드러낸다. 거기서는 사람과 곰이 쉽게 구분되지 않는다. 말과 낙타보다는 순록과 늑대가 더 자주 출몰한다. 사람들은 대상과 전사보다는 샤먼들에게 훨씬 더 많은 것을 기대곤 했다. 가령 세상이 처음 열리던 시절, 여신들이 펼친 장엄한 활약상을 고스란히 전해준 것도 바로 그들이었다.

두 대륙의 도처가 간직한 놀라운 유사성도 놓쳐서는 안 된다. 예컨대 로마 건국 신화에 등장하는 늑대와 아시아 유목민들의 신화에 등장하는 푸른 늑대, 유럽 신화의 태양새와 동아시아 신화의 삼족오, 그리고 북유럽 신화의 물푸레나무와 우리 신화의 버드나무가 어떤 친연 관계에 있는지를 살피다 보면 가슴이 두근댄다.

더 중요한 것은 이런 식의 견줌이 문명의 우승열패 따위와는 전혀 상관없다는 사실을 올바로 깨닫는 일이다. 우리는 오히려 신화를 통해 유럽과 아시아가 역사 이래의 누적된 시차時差를 극복할 수 있으리라 믿는다.

그러다 보면 또 어느 순간, 인간과 자연이 왜 시소의 양 끝에 나눠 앉은 듯 공생의 에티카(윤리학)를 실현해야 하는지도 깨닫게 되리라.

경기문화재단과 독자 여러분의 든든한 뒷받침에 새삼 고마움을 표한다. 앞으로도 우리의 신화여행에 많은 관심과 격려를 부탁드린다.

김남일

(소설가, 『세계 신화여행』 『아시아 신화여행』 공저자)

차례

제3강

동북아 민족의 창세서사시와 영웅서사시

: 만족, 허저족, 아이누를 중심으로
최원오

제4강

슬라브 민족의 풍습과 민담에 나타난 신과 정령들
이재정

유라시아 신화와 문명의 교류

: 늑대와 태양새, 버드나무

최혜영 (전남대학교 사학과 교수)

유라시아의 건국 신화

이번 강좌의 첫 번째 문을 열게 되어 영광입니다.

제가 맡은 주제는 유라시아 건국 신화입니다. 유라시아란 유럽과 아시아를 의미하죠. 그중에서도 오늘은 로마 건국 신화를 비롯한 유라시아의 건국 신화에 대해 집중적으로 이야기를 나눠보려 합니다. 저는 그리스로 유학을 가서 공부했고 그리스 · 로마사를 전공했습니다. 그런데 그곳에서 공부를 하다 보니, 유럽 사람들은 한국 신화나 아시아 신화에 대해서 잘 모르지만 한국 사람인 제가 느끼기에 로마에서 우리나라까지의 신화가 뭔가 연관이 있지 않을까 하는 생각이 강하게 들었어요. 그래서 오늘 얘기도 바로 그런 부분에 초점을 맞추어나갈 예정입니다. 제가 유학 시절부터 관심을 갖고 꾸준히 연구한 부분이고, 때로는 연구비를 받아 현지를 재방문하면서 열심히 연구한 내용입니다.

유럽과 아시아가 건국 신화라는 측면에서 어떻게 연관을 맺고 있을지, 오늘은 특히 늑대와 태양새 신화를 중심으로 이야기를 풀어나가려 합니다. '태양새'란 태양과 관계있는 새를 말하는데, 유럽에서는 독수리로 많이 나타납니다. 우리나라처럼 독수리가 드문 나라에서는 까마귀나 솔개 또는 매 같은 것이 태양과 관련되는 새라고 볼 수 있겠습니다. 고구려의 삼족오 三足烏에 대해서는 까마귀인지 아닌지 논란이 있습니다만, 까마귀 '오' 자를 쓰고 있는 데는 분명 이유가 있겠지요. 한편 늑대는 로마를 상징하는 동물입니다. 그렇다면 새와 늑대는 또 어떻게 연관이 되는지, 관심 있게 살펴볼 필요가 있습니다.

로마의 건국 신화

T. S. 엘리엇이라는 영국의 유명한 시인이 "난 아직도 로마 시민이야"라고 말했을 정도로, 로마 제국이 유럽에 끼친 영향력은 매우 큽니다. 지금의 유럽연합EU이 로마 제국의 부활이라고 보는 분들도 있을 정도니까요. 이처럼 로마 제국은 단순히 그냥 옛 제국 로마가 아니라 그야말로 유럽의 상징이라 할 수 있는데, 이 로마 제국의 건국 신화가 참 재미있습니다. 아시는 분도 많겠지만, 제가 간단하게 다시 말씀드리겠습니다.

로마의 건국 신화는 크게 두 단계로 나뉩니다.

첫 번째는 아이네이아스라는 사람이 건국하는 것, 두 번째는 로물루스와 레무스라는 쌍둥이 형제가 건국하는 것, 이렇게 두 단계로 구성되어 있습니다.

먼저 아이네이아스 이야기부터 살펴보겠습니다. 아이네이아스는 트로이 왕의 사위였습니다. 여러분은 세계 최고의 미녀 헬레네(헬렌) 이야기를 잘 아실 것입니다. 당시 최고의 미남이었던 트로이 왕자 파리스가 헬레네를 납치해서 일어난 전쟁이 트로이 전쟁이었지요. 결국은 그리스 원정군에게 져서 트로이 왕국이 망합니다. 이때 아이네이아스는 자기 아버지를 등에 업고, 트로이의 성주신 혹은 가옥신을 모시고, 자기 아들의 손을 이끌고 가까스로 트로이를 탈출합니다. 그러고는 정처 없이 지중해 전역을 떠돌아다니죠. 그 과정에서 고대 세계 최고의 러브스토리도 하나 탄생해요. 바로 아이네이아스가 아프리카 카르타고(지금의 튀니지쯤 되겠죠)의 디도라는 여왕과 사랑에 빠진 이야기입니다. 여왕 디도는 연인 아이네이아스가 자신을 떠나는 것을 원치 않습니다. 그런데 아이네이아스의 꿈에 유피테르(제우스) 신이 나타나서 "너는 세계적인 제국을 세울 운명이니 떠나라"라고 말하죠. 아이네이아스는 그 명령에 따라 카르타고를 떠납니다. 디도는 사랑하는 남자가 떠나자 기어이 자신의 몸에 불을 질러 자살합니다. 서사시 「아이네이스」를 쓴 로마의 시인 베르길리우스는 죽기 전 그녀의 참을 수 없는 분노를 이렇게 표현합니다. "해안이 해안과 대결하고, 바다와 바다가 대결하리라." "두 민족은 자손들까지 서로 싸우리라." 사랑이 너무 깊어 증오도 그만큼 깊었던 거죠. 아이네이아스는 죽어가는 디도를 버려둔 채 이탈리아반도로 건너와서 알바 롱가라는 곳에 나라를 세웁니다.

이후 두 번째 단계로 아이네이아스의 십여 대 후손인 누미토르가 왕이 됩니다. 그런데 누미토르의 동생 아물리우스가 형을 쫓아내고 스스로 왕이 되어버립니다. 누미토르에게는 레아 실비아라는 딸이 있었는데, 아물리우스는 조카인 레아 실비아를 베스타 여신을 모시는 사제로 삼아서 결혼을 할 수 없는 신분으로 만듭니다. 조카가 결혼해서 아기를 낳아 그 아이가 왕위를 달라고 하면 곤란하니까 아예 후손이 생기는 걸 막겠다는 의도였죠. 그런데 베스타 사제가 된 레아 실비아가 물을 길러 가는데 늑대가 나타났어요. 그래서 동굴로 피했는데 전쟁의 신 마르스가 나타나 레아 실비아가 마르스의 아이를 임신하게 됩니다. 3월을 뜻하는 영어 'March'는 바로 전쟁의 신 마르스Mars의 달을 뜻합니다. 그리스 신화에서는 아레스라고 하죠. 아무튼 그 둘 사이에서 쌍둥이 아기가 태어나는데 그들이 바로 로물

그림 1
로물루스와 레무스
© 카피톨리니 박물관

루스와 레무스입니다.

로마 캄피돌리오 광장에 세워진 카피톨리니 박물관에 가면 〈로물루스와 레무스〉라는 조각을 볼 수 있습니다.(그림 1) 조카딸이 아이를 못 낳게 만들었는데 쌍둥이를 낳았으니 사악한 숙부가 굉장히 화가 났겠지요? 그는 이 쌍둥이를 없애기 위해 로마의 테베레강에 버립니다. 하지만 아기들은 건너편 강둑에서 살아남았고, 암늑대가 와서 젖을 주었습니다. 로마를 비롯해 이탈리아 곳곳에서 이 장면이 담긴 조각상을 볼 수 있습니다.

로마 인근 티볼리 마을의 티볼리 정원에서도 늑대의 젖을 먹는 쌍둥이 아기 조각상을 볼 수 있습니다. 이처럼 로마인들은 자기네 조상이 로물루스와 레무스라는 늑대 아기들이며 이들이 로마를 세웠다고 생각합니다.

밀라노 성당에 가도 로물루스와 레무스 그림을 볼 수 있습니다. 이 그림에서는 'S.P.Q.R'이라는 글씨를 볼 수 있는데, 이것은 이탈리아 곳곳에서 발견되는 약자입니다. S는 'Senatus'로 '원로원'을 의미하고, P는 'Populus', 즉 '민중'을 의미합니다. Q는 'que'로 '그리고'라는 라틴어이며,

그림 2
티볼리 마을의 늑대 젖
을 먹는 쌍둥이 아기
조각상 © 최혜영

그림 3
오스티아의 가옥에 있
는 므자이크에 그려진
로물루스와 레무스 상
© 최혜영

R은 'Romanus'로 '로마'를 말하죠. 그러니까 이 말은 '로마의 원로원과 민
중'이라는 뜻으로, 로마 전체를 지칭하는 이름으로 쓰였습니다.

그런데 이 로물루스와 레무스는 자라서 할아버지의 왕권을 빼앗은 작은
할아버지를 쫓아내고 할아버지를 복권시켜줍니다. 그런 다음 조금 더 남
쪽으로 와서 지금의 테베레강 유역에 새 나라를 세웠습니다. 이것이 바로
로마가 되지요. 로마라는 말의 어원에 관해서는 여러 설이 있지만, 쌍둥이
아기 중 '로물루스'의 이름에서 나왔다는 설이 가장 널리 알려져 있습니다.

로마는 일곱 개의 언덕을 중심으로 세워진 나라라고 합니다. 로물루스
는 팔라티누스라는 언덕에, 레무스는 아벤티누스라는 언덕에 처음 나라를
세웠다고 해요. 저는 이 이야기를 들으면서 우리나라의 비류와 온조 이야
기가 생각났습니다. 비류와 온조에 대해서는 여러 설이 다투지만 온조는
한강 유역에, 비류는 미추홀, 즉 인천 근처에 나라를 세웠다는 설이 유력합
니다. 그런데 인천이 바다 근처라 물이 짜고 습해서 하남 위례성의 온조에
게 흡수되고 그것이 백제가 되었다고 하듯이, 로물루스도 결국 레무스를
제치고 로마를 세우게 됩니다.

로물루스와 레무스는 한배에서 나온 쌍둥이 형제였지만, 둘 사이에서는
곧 왕권 다툼이 시작됩니다. 그런데 누가 더 왕의 자격이 있는지를 정하는
과정이 흥미롭습니다. 바로 독수리를 이용한 것이지요. 로물루스와 레무

스가 경쟁을 벌이는데 레무스에게 먼저 독수리가 날아옵니다. 그 수는 모두 여섯 마리였습니다. 그에 비해 로물루스에게는 좀 늦었지만 열두 마리의 독수리가 날아오지요. 그래서 결국 더 많은 독수리가 날아온 로물루스가 로마의 왕권을 차지할 수 있었다고 합니다. 로마 군인들의 깃발 등 로마의 상징에는 곳곳에 독수리가 등장하는데, 그것은 제우스의 새이기도 하지만 바로 로물루스의 독수리이기도 한 것이죠.

저는 미국 워싱턴 국회의사당을 방문했을 때 곳곳에 로마 공화정을 모방한 상징이 있는 걸 보고 놀랐습니다. 미국 국무성의 로고랄까 상징 역시 독수리이기 때문이죠. 아마도 미국의 건국 아버지들이 로마정을 이상으로 여겨서 독수리를 상징으로 삼은 것 같습니다.

그림 4
로마 제국의
독수리 문장

다시 로물루스와 레무스 이야기로 돌아가 보면, 경쟁에서 이긴 로물루스는 종국에는 동생 레무스를 죽이고 맙니다. 권력에서는 항상 피비린내가 난다고 하는데, 여기서도 마찬가지였던 거죠. 로물루스는 자신이 세운 영토의 경계를 넘었다는 이유로 동생을 죽이고, 드디어 기원전 753년에 로마를 세웠다고 합니다.

프랑스 대혁명기의 화가 자크 루이 다비드는 〈사비니 여인들의 중재〉라는 유명한 그림을 그렸는데요, 과연 무엇을 하는 장면일까요? 가운데에는 흰옷을 입은 여자가 있고 (우리가 보기에) 오른쪽에는 둥근 방패와 창을 높이 든 남자가, 왼쪽에는 방패와 칼을 든 남자가 보입니다. 한눈에도 전쟁을 하고 있는 장면인데, 이 여자가 눈길을 끕니다. 무시무시한 전쟁터에서 이 여자는 뭘 하는 걸까요? 맞습니다. 이 여인은 "전쟁을 그만두라!"고 외치며 중재에 나서고 있습니다.

그림 5
자크 루이 다비드,
〈사비니 여인들의 중재〉,
1799(루브르 박물관)

　　그럼 이것은 과연 어떤 전쟁이었을까요? 오른쪽에 늑대 젖을 먹는 쌍둥이 아기 모양이 새겨진 둥근 방패를 든 전사가 바로 로물루스입니다. 그는 로마를 세웠지만, 흥미롭게도 장차 대제국이 되는 로마는 건국 초기에 남자가 300명 정도뿐이었고 여자는 거의 없었다고 해요. 장가를 가서 인구를 늘리려면 여자가 필요했는데, 꾀를 낸 것이 이웃 사비니족 처녀들을 하나씩 납치하자는 것이었어요. 로마에 가면 영화 〈벤허〉에도 나오는 '키르쿠스 막시무스'라는 대경기장이 있습니다. 로마 남자들은 거기쯤에서 일부러 축제를 열고는 이웃 부족들을 초청합니다. 축제로 전차 경기도 했다고 해요. 여하튼 이웃 부족들이 가족 단위로 와서 재미있게 즐기며 보고 있을 때, 이 300명의 로마 남자들이 저마다 점찍어 둔 사비니 처녀를 한 명씩 들쳐 업고는 냅다 도망을 칩니다.(어릴 때 재미있게 보았던 〈7인의 신부〉라는 영화도 바로 그 이야기를 패러디했지요.)

이렇게 여자들을 납치해 가니까 사비니족 남자들이 가만히 있을 수 없잖아요? "아니, 내 딸, 내 누이동생을 업고 가?" 이렇게 해서 마침내 전쟁이 일어납니다. 그런데 전쟁을 치르는 도중에 갑자기 산사태가 나서 길이 막히는 등 이래저래 전쟁이 오래 끌게 됩니다. 그러는 동안 사비니족 여자들은 임신을 하지요. 그러자 여자들도 생각이 달라져서 오히려 적극적으로 중재에 나섭니다. 사비니족 남자들에게는 "싸우지 마세요, 내 남편이에요" 하고, 남편보고는 "우리 아빠, 오빠예요. 싸우지 마세요" 했다는 거지요.(이 그림에서 로물루스의 상대로 그려진 남자는 바로 가운데 여인의 아버지인 사비니족입니다.) 그래서 결국 두 부족은 화합했다는 이야기입니다.

사비니 여인들은 피카소의 그림에도 등장합니다. 그런데 제목부터 〈사비니 여인들의 겁탈〉로, 다비드의 그림과는 차이가 있습니다. 다비드는 화해하는 데 초점을 두었지만, 피카소는 여인을 마구잡이로 약탈하는 야만스러움과 여인들의 비참함을 강조했습니다. 같은 대상인데도 화가의 관점에 따라 이렇게나 해석이 달라진 것이죠. 나치의 게르니카 폭격을 그린 〈게르니카〉에서도 알 수 있듯이, 피카소는 전쟁의 참상을 고발하는 데 대단한 관심을 가졌던 화가였습니다. 반면 다비드는 프랑스 혁명기를 겪은 사람으로, 처음에는 혁명을 지지했으나 나중에 혁명이 과격하게 진행되자 갈등보다는 평화를 소망했던 것으로 보입니다. 그래서 평화를 간절히 원하는 자신의 마음을 로마 시대의 소재를 통해서라도 이야기하고 싶었던 것이지요.

그런데 여기서 한 가지 의문이 듭니다. 왜 로물루스의 로마에는 여자는 없고 300명의 남성 전사들만 있었을까요? 어째서 인근의 여자들을 납치하는 상황에까지 이르렀던 걸까요?

로마 발전 초기, 인근에는 사비니족 외에도 에트루리아족, 움브리아족,

삼니움족 등 여러 민족이 있었습니다. 로물루스가 죽은 후 왕위에 오른 2 대 왕 누마는 사비니족 출신입니다. 이걸 어떻게 해석할 수 있을까요? 처음 로마는 유이민 집단이 중심을 이루었습니다. 인근 부족 중에서 정치적인 박해를 피해 온 사람들도 많았지요. 어쨌든 나라를 세웠으니 인구를 늘리는 것은 매우 중요한 과제였습니다. 인근 부족과 힘을 합하는 것은 필수적이었고요. 그래서 "너희도 왕 한번 해라" 하면서 두 번째 왕의 자리를 사비니족에게 주고, 이런 과정을 겪으며 통합을 이루고 성장해갑니다. 로마는 건국 초기에는 고작 인구 수백 명 되는 나라에 불과했는데, 이런 정책을 통해 점차 커져서 이탈리아반도를 통일합니다. 나아가 기원후 2세기쯤 되면 영국에서 라인강, 도나우강까지, 또 카스피해에서 아프리카 사하라 사막까지를 아우르는 세계적인 대제국이 됩니다.

유라시아 유목민 신화: 늑대와 새

로물루스에 대해서는 또 하나 흥미로운 이야기가 전합니다. 로물루스가 죽은 후에 시체가 사라졌다고 하는데, 이것에 관해서는 두 가지 설이 있습니다. 한 가지 설은 로물루스가 하늘로 올라가서 '퀴리니스'라는 신이 되었다는 것입니다. 또 다른 설은 귀족들이 로물루스를 죽였다는 것인데, 죽인 다음 시체를 한 토막씩 옷에 넣어서 나왔기 때문에 시체가 없어졌다는 것이죠. 저는 이 대목을 읽다가 또 우리의 박혁거세가 죽었을 때 이야기가 생각났습니다. 박혁거세의 시신이 다섯 부분으로 나뉘었는데 합하려고 하니 안 되어서 다섯 부분을 따로 묻고 능을 세워서 오릉이 되었다는 신화 말입니다. 그래서 어쩌면 박혁거세도 귀족들에게 토막 살인당한 게 아닐까 생각해본 적도 있습니다.

이제 우리의 주제와 관련한 핵심 내용, 처음에 이야기했던 로마 건국 신화의 늑대라는 신화소神話素, Mythmes를 본격적으로 살펴보겠습니다. 우리나라 역사에는 예부터 고구려의 동맹東盟, 부여의 영고迎鼓라는 제천 행사가 있었고, 오늘날 대표 명절인 추석이나 설날도 언제인지는 모르지만 까마득히 오래전부터 시작되었습니다. 로마인들에게도 이런 축제가 있었는데, 가장 오래된 축제 가운데 하나가 '루페르칼리아Lupercalia'였습니다. 이 명칭의 어원에 관해서는 여러 설이 있지만, '늑대'를 의미하는 라틴어 '루푸스lupus'에서 기원한 '늑대 축제'로 보는 것이 옳다고 생각됩니다. 늑대는 그만큼 중요한 동물이었던 것이지요.

그런데 이상한 것은 이후의 로마 역사에서 늑대가 그리 좋은 뜻으로 사용되지 않았다는 점입니다. 늑대라는 단어는 주로 이민족, 나쁜 소식을 뜻하게 됩니다. 예컨대 "늑대가 나타났다"라는 말은 이민족이 침입했음을 뜻했습니다. 그리스 역사에서도 늑대는 대체로 흉한 소식, 누군가의 침입, 외부자의 출현 등을 의미했습니다. 그렇기 때문에 왜 로마 건국 신화에 늑대 아기가 당당하게 자리하고 있었을까, 어째서 로물루스가 이끄는 무리는 남자 몇백 명밖에 없었을까 하는 점이 더욱 의문스러운 것이지요.

이런 의문을 제 나름대로 풀어가는 과정에서 재미있는 사실을 발견했는데 유라시아 유목민 신화에 항상 똑같은 신화소가 등장한다는 것입니다. 언젠가 한 유럽 학자의 글에서 로마의 건국 신화가 헝가리 건국 신화와 닮았다는 이야기를 읽은 적이 있었습니다. 놀라서 확인해보니 알푈디라는 이 학자가 헝가리 출신이었습니다. 아마도 그런 이유로 두 나라 신화의 친연성을 이야기했겠지만, 사실 이것은 헝가리를 포함한 유라시아 유목민 신화 전체에서 나타나는 현상이라고 할 수 있습니다.

『한서漢書』「장건전張騫傳」에 보면, 비단길을 개척한 장건이 한 무제에게 이렇게 보고합니다. "황제 폐하, 흉노족을 치기 위해서는 주변 여러 나라와 동맹을 맺을 필요가 있는데, 오손 왕 곤막에게 비단 등 예물을 주면서 흉노와 절연하고 우리와 동맹을 맺도록 하시옵소서." 오손 왕 곤막이 누구냐 하면, 바로 늑대가 길러준 아이였어요. 어떤 민족이 쳐들어와서 사람들이 다 죽고 아기 한 명만 살아남았는데 늑대가 그 아이를 길러줘서 죽지 않고 성장했다는 것이죠. 그 이야기를 들은 흉노 왕이 곤막을 오손의 왕으로 봉해주었다고 합니다.

오손 왕뿐만 아니라 고차족, 위구르족, 튀르크족 신화도 모두 늑대와 관련이 있습니다. 고차족 같은 경우는 처녀가 늑대와 결혼해서 아기를 낳았다든가, 남자가 늑대와 결혼을 해서 늑대가 열 명의 아기를 낳았는데 튀르크족의 조상이 되었다든가 하는 식입니다. 또 늑대만 나오는 것이 아니라 독수리 혹은 매 같은 새들도 함께 나타나는 경우가 많습니다.

몽골 제국의 왕 칭기즈칸의 원래 이름은 테무친입니다. 테무친이 왜 칭기즈칸으로 바뀌었을까요? 어느 날 테무친이 길을 잃었는데 매(또는 독수리)가 나타나서 "칭기즈 칭기즈" 하고 울면서 길을 안내해주었기에 이름을 칭기즈칸으로 바꾸었다고 합니다.('칸'은 왕이라는 뜻입니다.) 로물루스가 열두 마리의 독수리를 본 것처럼, 테무친에게도 매 혹은 독수리가 나타나서 새로운 운명을 점지해준 것이라고 볼 수 있습니다. 이처럼 유라시아 유목민 신화 전반에 걸쳐 늑대라든가 독수리 신화소가 두드러지게 나타난다는 사실을 확인할 수 있습니다.

대표적인 유목민이었던 흉노족의 경우도 마찬가지입니다. 흉노족이 왜 중국을 쳐들어오기 시작했는가에 대해서 『사기史記』에는 주나라가 흉노족의 네 마리 늑대와 네 마리 사슴을 사로잡은 다음부터 사이가 좋지 않게 되었다고 적혀 있습니다.[1] 여기에서 "네 마리 늑대와 네 마리 사슴"은 무엇을

---

1   "목왕(穆王)이 견융(犬戎)을 정벌하고 흰 이리 네 마리와 흰 사슴 네 마리를 잡아서 돌아왔다. 이때부터 황복(荒服)에서는 (조공을) 바치러 오지 않았다. 그래서 주나라는 보형(甫刑)이라는 법을 만들었다." 사마천 지음, 김원중 옮김, 「흉노 열전」, 『사기 열전』 권2, 민음사, 2015, 330쪽.

뜻할까요? 아마도 흉노족의 왕족을 의미하는 것이 아니었을까요? 흉노匈奴라는 이름은 한자로 풀이하면 '흉한 노예'라는 뜻입니다. 왠지 어감이 좋지 않습니다. 흉노하면 흉한 민족, 저도 자연스럽게 그렇게 생각했습니다. 하지만 이건 중국이 수를 쓴 것입니다. 중국으로서는 자주 국경을 침입하는 흉노가 미울 수밖에 없었을 테고, 그래서 '흉할 흉匈' 자에 '노예 노奴' 자를 붙인 것이죠. 하지만 이름과 달리 흉노족도 실제로는 멋있고 강대한 나라를 이루기도 했습니다. 다만 불행하게도 자기네 역사를 기록으로 거의 남기지 않았습니다. 그래서 실제로는 유라시아 대륙을 휩쓴 대단한 민족임에도, 우리에게는 중국인들의 눈을 통해서 본 인상만 전해왔으므로 좀 '흉한' 민족으로 비쳤던 것이지요.

몽골도 한자로 보면 '무지몽매할 몽蒙' 자를 써서 몽고蒙古라고 하는데, 이 역시 중국인들의 입장을 반영한 것입니다. 우리는 굳이 그렇게 말할 필요가 없습니다. 흉노와 몽골은 오히려 중국인보다 더 우리 민족과 신화적으로 연관이 있다고 할 수 있습니다. 그러니 우리 속에 있는 중국 사상의 영향을 벗어날 필요가 있다고 생각합니다.『몽골비사蒙古秘史』는 몽골인들이 자기의 역사를 기록한 책입니다. 이 책에 따르면, 몽골족의 시조는 부르테 치노와 코아이 마랄로 나옵니다. 부르테 치노는 푸른 늑대, 코아이 마랄은 고운 사슴이란 뜻이니, 늑대와 사슴이 그들의 시조인 셈입니다.[2] 이렇게 흉노족과 몽골족에도 네 마리 늑대와 네 마리 사슴 이야기가 있는 것을 보면, 여기서 말하는 '늑대'란 곧 최고 왕권을 상징하는 것이 아닌가 싶습니다. 그리고 '사슴'은 그 늑대의 배우자, 즉 여성 쪽에 해당하는 것으로 보입니다. 유목 사회에서 이 둘은 같이 등장합니다. 반면 돼지는 별로 나타나지 않습니다. 정착민인 농경민들에게 돼지는 풍요의 상징으로서 중요한 존재지

2 유원수는 "부르테 치노(잿빛 푸른 이리)"와 "코아이 마랄(흰 암사슴)"로 번역하였다.『몽골비사』, 사계절, 2004, 23쪽.

만, 다리가 짧아서 이동이 불편한 돼지가 유목민들에게는 그다지 중요하지 않았기 때문입니다.

아무튼 이런 전통이 있으니, 그 후손인 테무친도 마땅히 어떤 조짐을 얻어야 하겠지요. 하늘로부터 계시를 받아야 동료나 부하로부터 "나는 하늘이 점지한 사람이야"라고 인정을 받고 권위가 더욱 커질 테니까요. 그렇기 때문에 실제로 새가 나타나서 "칭기즈 칭기즈" 하고 울면서 인도했는지는 모르겠지만 그는 그렇게 주장하며 이름을 바꾼 것입니다.

일본을 최초로 통일했다는 신무왕에게도 야타가라스라는 새가 나타나서 길을 잃고 헤매던 그를 바른 길로 안내해줬다고 합니다. 지금은 없어졌지만 일본의 최고의 무공 훈장이었던 금치 훈장의 '금치金鵄' 역시 그 새를 의미합니다.[3]

그렇다면 흉노족, 몽골족, 돌궐족 등에서 발견되는 이러한 신화는 우리나라와는 아무 상관이 없을까요? 흥미롭게도 저는 상관이 있다고 생각합니다. 먼저 부여라는 고대국가의 어원에 대해서 여러 설이 있습니다. 어떤 사람은 '밝다'라는 뜻에서 왔다고 하지만, 가장 유력한 설은 사슴과 관련이 있다는 것입니다. 퉁구스어로 사슴은 'buyu' 또는 'buyun'이라고 합니다. 또 『자치통감』에는 부여가 '사슴산'이라는 뜻의 녹산에 처음 자리를 잡았는데, 침략을 당해 부락이 흩어져 거처를 옮겼다고 전합니다.[4]

그런데 신화에서는 바로 이 부여에서 고구려가 나오고 고구려에서 백제가 나왔다고 이야기합니다. 잘 아시다시피 고구려의 주몽은 부여에서 나와서 나라를 세웠는데, 그 주변에 역시 부여에서 나온 비류라는 국가가 있

---

3   일본 초대 천황이 되는 진무가 형과 함께 동정(東征)을 떠났을 때 첩첩산중에서 어려움에 처하자 태양신 아마테라스가 야타가라스(八咫烏)를 보내 길을 안내하도록 했다고 한다. 이 새는 흔히 까마귀라고 해석한다. 금치, 즉 금색 솔개 이야기는 『일본서기』에 전한다. 천황의 군대가 나아갈 때 이 새가 천황의 활 끝에 앉았는데, 번갯불처럼 찬란한 빛을 뿜어 그 빛을 본 적군이 눈이 부셔서 싸울 수 없었다고 한다.
4   「진기 19」, 『자치통감』 권97, 효종조.

그림 6
아다치 징코, 〈야타가
라스를 따라가는 진무
천황 상상도〉, 1891

었습니다. 비류국을 다스리던 이는 송양이었는데, 결국 주몽이 비류를 통
합합니다. 비류를 통합하기 위해 주몽이 쓴 두 가지 방법 중 하나는 북을 훔
치는 것이었어요. 부여의 대표적인 제천행사가 영고인 것은 이미 말씀드
렸습니다. 영고의 '고'는 '북 고鼓' 자인데 이때 '북'은 우주를 상징하지요.
즉 북을 가진다는 것은 우주를 갖는다는 뜻으로 여겼을 법합니다. 주몽이
비류를 얻은 또 하나의 방법은 바로 흰 사슴을 사로잡은 것입니다. 주몽은
그 흰 사슴에게 고통을 주면서 시키는 대로 하지 않으면 가만두지 않겠다
고 엄포를 놓았습니다. 그러자 흰 사슴이 슬피 울어 비류국이 물에 잠기고
말지요. 이에 송양은 어쩔 수 없이 주몽에게 손을 들었다는 이야기입니다.
그러면 사슴이 슬피 울었다는 것은 무슨 뜻일까요? 비류국의 주요한 왕실
사람을 의미하는 것이 아닐까요? 이것 역시 우리가 살펴본 흉노족의 네 마
리 늑대나 사슴, 혹은 몽골족의 시조가 된 푸른 늑대나 고운 사슴 이야기와
비슷한 계통의 이야기임을 짐작할 수 있습니다.
　또 『삼국사기』에 이런 이야기도 전합니다. 부여 왕 금와가 죽자 대소가

그림 7
고구려 각저총 고분벽화에 그려진 삼족오

그를 이어 왕이 됩니다. 이때 고구려 왕은 대무신왕이었습니다. 어느 날 대소가 까마귀 비슷한 새를 하나 잡았는데, 머리는 붉은색으로 하나인데 몸은 두 개였습니다. 대소는 대무신왕에게 이 새를 보내면서 "보아라! 이 까마귀는 내가 잡았다. 몸은 두 개인데 머리가 하나이니, 고구려는 이제 부여에 통합될 것이다"라고 이야기했습니다. 대무신왕은 "그렇다. 그런데 네가 가지고 있어야 할 까마귀를 왜 나한테 보냈느냐? 지금은 내가 가지고 있다. 또 까마귀의 머리가 붉은색인데, 붉은색은 남쪽을 의미하는 것이니 북쪽 부여가 아니라 남쪽에 있는 고구려가 통합할 것이다"라고 대답했다고 합니다. 이 일화 역시 까마귀가 태양과 관계가 있고 왕권의 중요한 상징이었음을 짐작게 합니다.

다른 고대국가는 어떨까요? 신라의 낭산狼山은 신라의 기원과 밀접한 관련이 있다고 전해지는 산인데, '늑대 랑狼' 자를 썼습니다. 또 신라 고분에서 늑대 가면으로 보이는 것이 출토된 적이 있는 것으로 보아, 신라에도 늑대의 흔적이 희미하기는 하지만 분명히 있었던 것 같습니다.

여러분도 고구려 고분벽화에 나오는 삼족오를 많이 보셨을 겁니다. 달 속에는 두꺼비가 있고 태양에는 삼족오가 산다는 신화에서 비롯된 것이지요. 이것이 실제로 까마귀든 아니든 '까마귀 오烏' 자를 쓰는 데는 이유가 있을 터인데, 앞에서 말씀드렸듯이 독수리나 까마귀는 모두 태양과 관련이 있다고 볼 수 있는 새입니다. 이렇게 해서 유라시아 대륙 서쪽 끄트머리의 로마에서 동쪽 끄트머리의 우리나라 부여와 신라에 이르기까지 늑대 혹은 사슴, 태양새의 신화소가 있다는 것을 살펴보았습니다.

징검다리: 헝가리와 폴란드의 민족 신화

로마와 우리나라 사이, 그 중간의 문명도 있겠지요? 예를 들면 헝가리에서 민족의 새로 여기는 왕관을 쓴 새 '투룰' 같은 것을 들 수 있습니다. 헝가리는 "유럽의 섬"이라고도 부르는데, 유럽 인종 중에서 헝가리인은 좀 다르기 때문이라고 합니다. 지금도 헝가리인은 삼분의 일 정도가 몽고반점이 있다고 합니다. 어떤 학자들은 4세기 유럽을 침공한 훈족의 후예가 헝가리 민족이 되었다고 합니다. 헝가리 학자들은 별로 그 설을 좋아하지 않습니다만, 제가 볼 때는 일리가 있는 것 같습니다. 아카데미상을 받은 영화 〈잉글리시 페이션트〉에 나오는 헝가리 귀족 출신 주인공 이름이 '알마시'인데, 헝가리의 전설 속 왕 이름 알모시Álmos를 영어식으로 읽은 것입니다. 전설에 따르면 한 여성이 꿈을 꾸었는데 큰

그림 8
부다페스트 부다 성의
투룰 조각상

새가 부리에 왕관을 물고 나타나 배 속에 들어옵니다. 그 후 태어난 아이의 이름이 '꿈을 꾸는 자'라는 뜻의 알모시인데, 장차 헝가리를 통일해 왕이 됩니다. 여기서도 왕권 창출에 새라는 모티브가 강하게 드러납니다.

1200년경 집필된 『헝가리인들의 업적Gesta Hungarorum』에 보면 두 명의 쌍둥이가 나오는데, 이름이 '후노르Hunor'와 '마고르Magor'입니다. 후노르는 훈족, 마고르는 마자르족의 조상에 해당한다고 할 수 있습니다. 헝가리인들은 자기들이 훈족이 아니라고 하지만, 그들의 신화에는 둘이 형제로 나옵니다. 둘이서 사냥을 가다가 암사슴을 만나고, 사슴을 따라가다가

그림 9
반지를 물고 있는
새 조각 ⓒ 최혜영

그림 10
반지를 물고 있는
새 부조 ⓒ 부다페
스트 국립박물관

공주들을 만나 결혼을 합니다. 암사슴과 관련이 있는 여자와 결혼을 해서 아기를 낳는데 이들이 각각 훈족과 마자르족이 된다는 것이지요. 앞에서 본 여러 신화와 매우 비슷하지요?

또 하나, 헝가리 전통에는 말·소·양·돼지의 네 신분이 있었다고 합니다. 우리나라 부여에도 마가·우가·구가·저가의 사출도가 있습니다. 하나 다른 것은 양 대신 개가 들어간 것인데, 우리나라는 양이 거의 없어서 그런 것 같습니다. 동물 이름으로 부족 이름이나 신분을 지칭한 것 역시 유목민에게 보이는 특징인 듯합니다.

그림 9와 그림 10의 사진은 제가 찍은 것인데, 헝가리에 가면 이렇게 부리에 반지나 왕관을 물고 있는 새 모양을 많이 볼 수 있습니다. 오른쪽의 부조는 부다페스트 '어부의 성'(어부의 요새)에서 볼 수 있는 반지를 문 새의 모습입니다.

헝가리에는 사슴 문양도 많습니다. 다음 사진은 스키토-시베리아 계통의 문화에서 매우 자주 보이는 사슴 조각을 찍은 것입니다. 이런 점을 두루 살펴볼 때 서쪽 끝 로마, 동쪽 끝 우리나라, 그 중간의 훈족 등 유라시아 유목민들이 서로 연관되었을 것이라는 생각이 듭니다. 그런 면에서 로마라는 세계 대제국도 교과서에는 인도유럽 어족이 세운 것이라고 나오지만, 실제 건국 주체 세력은 유라시아 유목민이 아닐까 하는 추측도 해봅니다.

그럼 유라시아 유목민은 아시아인일까요? 아닙니다. 유럽인일까요? 아닙니다. 둘은 섞여 있다고 볼 수 있습니다. 훈족의 무덤에서 인골을 발굴해보면 유럽 인골도 나오고 아시아 인골도 나오기 때문입니다. 따라서 유라시아 유목민을 하나의 인종이나 민족이라고 간주하기보다는, 생활 형태로 구분 지을 필요가 있을 것 같습니다.

그림 11
헝가리의 사슴 문양 장식품 © 최혜영

그림 12
독수리상 © 그니에즈노 고고학 박물관

폴란드에도 레흐 · 체흐 · 루스라는 삼형제 신화가 있습니다. 이 삼형제가 길을 떠나는데, 장남인 레흐가 은빛 독수리를 보고는 거기서 나라를 세우기로 하고 멈춥니다. 이곳이 바로 그니에즈노인데, '새 둥지'라는 뜻입니다. 지금의 폴란드 수도는 바르샤바이지만, 최초의 수도는 바로 그 그니에즈노였습니다. 남은 두 형제 중 체흐는 남쪽으로 가서 체코를 세웠고, 루스는 동쪽으로 가서 러시아를 세웠다고 합니다.

이 신화가 너무 궁금해서 폴란드의 그니에즈노 박물관에 갔습니다. 사진은 그니에즈노 박물관이 소장한 독수리상입니다. 나중에 기회가 닿으면 더 연구를 해봐야겠지만, 훈족이 이곳저곳 이동하면서 생각보다 깊숙하게 각 문명권에 이처럼 흔적을 남긴 게 아닌가 하는 생각이 들었습니다.

유라시아 신화와 버드나무

유라시아 문명의 흐름을 살피기 위해 지금까지 늑대와 독수리 신화를 쫓아갔다면, 이번에는 버드나무 신화소를 중심으로 이야기를 풀어보겠습니다.

유화부인 이야기는 우리가 어릴 적부터 잘 알고 있습니다. 하백에게 세 딸이 있었는데 그 가운데 유화가 해모수와 관계를 해서 주몽이 태어납니다. '유화'의 '유'는 '버드나무 류柳' 자인데, 저는 처음엔 그냥 대수롭지 않게 생각했습니다. 그런데 만주족 기원 신화에도 유화 세 자매처럼 불고륜, 동고륜, 은고륜이라는 세 자매가 있습니다. 그리고 세 자매 가운데 맏이인 불고륜에게 이번에는 해모수가 아니라 까치 비슷한 붉은 새가 붉은 열매를 갖고 옵니다. 불고륜이 그것을 먹고 임신을 해서 아들 포고리옹순을 낳습니다. 주몽과 같은 셈이죠. 유화부인 세 자매가 강의 신인 하백의 딸로 나오는 것이나 만주족 세 자매가 모두 물에서 나온 것, 그중 맏이가 해모수나 새가 가져다준 붉은 열매로 인해 아기를 낳은 것, 또 이 아기가 왕이 된다는 것 등 비슷한 이야기 줄기가 존재하는 것은 우연이 아니라는 생각이 들었습니다.

열의가 생긴 김에 저는 중국의 심양, 즉 셴양이라는 만주족의 기원지까지 가서 연구를 하기도 했습니다. 불고륜 세 자매가 있었다는 곳이 장백산, 즉 우리나라의 백두산입니다. 심양 만주족 기원 박물관에 가니 장백산을 배경으로 노니는 세 여자 그림이 있더군요. 중국의 마지막 왕조 청을 세운 민족이 바로 만주족입니다. 만주족은 자기 민족의 특성을 지키기 위해 중국 민족과 사이를 두면서 그 경계에 버드나무를 많이 심어 고유한 특색을 지키려고 했습니다.

그런데 이 불고륜은 버드나무 여신입니다. 만주족의 신화〈천궁대전〉에 보면, 버드나무 여신이 최고의 여신이자 창조 여신입니다. 만주족은 하늘이 아홉 개 있다고 보는데, 최고의 하늘에 바로 버드나무 여신이 살고 있습니다. 이 버드나무가 인간을 탄생시켰다는 것입니다. 이와 비슷하게 전하는 이야기에, 대홍수가 일어 모든 인류가 물에 떠내려가 죽어갈 때 버드나무 가지가 한 사람을 살려서 인류의 시조가 되었다는 등의 서사 구조를 가진 이야기가 있습니다. 유화부인도 바로 버드나무 여신에서 온 것이 틀림없는데, 이름은 물론이거니와 이야기 서사 구조도 똑같기 때문입니다. 흥미로운 점은 언어학적으로도 버드나무를 가리키는 만주어 '포도Fodoho'는 한자의 '류柳' 혹은 '양楊'과는 음이 딴판인 반면, '버드' 혹은 '버들'이라는 한글 발음과는 매우 가깝다는 사실입니다.

그림 13
『만주실록』 첫 부분에 실린 하늘의 세 선녀가 불후리 호수에서 목욕하는 장면

또 재미있는 것은 우리로 치면 주몽인 포고리옹순이 나중에 왕이 되는데, 버드나무 의자 혹은 쑥과 버드나무 의자에 앉았다고 나와 있다는 사실입니다. 우리로서는 쑥이라고 하면 또 웅녀가 생각나지요. 만주족에서도 쑥과 버드나무가 건국 신화에서 매우 중요한 요소로 등장합니다. 우리는 신단수 아래 웅녀 이야기가 있잖아요? 저는 이 신단수가 버드나무일 가능성 있겠다는 생각을 합니다.

하지만 유화와 만주족의 여신 불고륜은 차이가 있습니다. 유화는 버드나무 여신이면서 나중에 주몽에게 오곡의 종자, 그러니까 농경의 씨앗을 전해주는 것으로 나옵니다. 보리 씨앗을 잊고 주지 않았다가 나중에 그 사실을 알고는 비둘기를 시켜서 다시 전해주는 이야기까지 나옵니다. 그런데 불고륜은 꽃이나 열매 정도와 관계있는 이야기는 나오지만, 곡물의 종자 이야기는 나오지 않습니다. 제 생각으로는 원래 유화나 불고륜의 뿌리는 같았는데 그 무렵 고구려가 점차 농경사회로 접어든 것이 아니었을까, 그래서 유화부인에게 곡물 씨앗 이야기가 첨가된 것은 아니었을까 싶었습니다. 반면 만주족은 우리가 알다시피 유목 생활을 계속하다 보니 굳이 곡물 씨앗 이야기가 나오지는 않는 게 아닌가 하는 생각이 들었지요.

또 하나 차이점은 원래 버드나무 여신이라는 위상은 똑같았지만, 우리나라의 경우에는 유화가 주몽에게 왕권이나 신권을 양보하고 자기는 서서히 주몽의 어머니로서의 역할로만 변해가는 것 같습니다. 여신으로서의 당당한 모습이 다소 희박해진 것이죠. 그런데 만주족의 버드나무 여신은 계속해서 최고의 여신이라는 위상을 차지하면서 숭배의 대상이 되었다고 볼 수 있습니다.

한국의 어떤 학자의 글에서 버드나무는 우리나라를 비롯한 동북아시아나 러시아, 시베리아 정도에서만 나타난다는 이야기를 읽었는데, 그것은 유럽 학자들이 유라시아 유목 민족에 공통적인 늑대 신화소를 못 보는 것과 마찬가지가 아닐까 싶습니다. 왜냐하면 다른 지역에서도 버드나무 숭배 전통을 찾을 수 있거든요.

먼저 메소포타미아의 최고 여신인 이난나 여신이 있습니다. 이난나 여신은 매우 유명한 여신인데 이 이야기까지 하면 너무 복잡해지니 생략하겠습니다만,[5] 이 여신에 관해서도 버드나무를 매개로 한 중요한 신화가 있습니다. 또 이집트의 헤케트 여신은 얼굴이 개구리처럼 생긴 여신인데 버

---

5   이 부분은 2017년 신화 강좌를 묶은 『중동신화여행』(아시아, 2017)을 참고할 것. 특히 제4강 「저승여행을 다녀온 여신, 이난나」(김은희)를 볼 것.

드나무와 관련이 있습니다. 유화부인이 금와왕, 즉 금개구리 왕과 관계가 있는 것으로 나오기 때문에 이 역시 굉장히 재미있다고 생각했습니다. 또 헤카테 여신이라고 있는데요, 헤카테라는 이름은 많이 못 들어보셨겠지만 한때는 메소포타미아 일부 지역에서 최고의 여신으로 추앙받았던 적도 있습니다. 얼굴이 세 개 있는 주술의 여신인데, 이 여신도 주로 버드나무를 이용해 점을 친다고 나와 있습니다.[6] 셰익스피어의 비극『맥베스』에 마녀들의 우두머리 격으로 헤카테 여신이 등장하기도 합니다.

더불어 그리스 신화에서 신들의 여왕인 헤라도 살펴볼 필요가 있습니다. 그리스 최초의 신전은 헤라 여신을 위한 신전입니다. 제우스 신전보다 먼저 세워졌습니다. 올림픽 경기를 할 때면 그리스의 올림피아에 가서 제우스 신전에서 성화를 채화하는데, 그 올림피아에도 제우스 신전보다 헤라 신전이 먼저 있었습니다. 이를 두고 원래 여신이 더 강력한 존재였다가 점차 남신에게 밀리게 된 것이 아닌가 보는 학자들도 있습니다. 여하튼 어떤 신전보다 오래된 신전이 사모스섬의 헤라 신전[7]인데, 이 신전에는 세상에서 가장 오래된 버드나무가 심겨 있었다고 해요. 그런데 어떤 사람이 이 신전의 헤라 여신 조각상을 훔쳐서 달아나다가 결국 여의치 않아 못 가지고 갑니다. 나중에 사람들이 헤라 여신 조각상을 다시 되돌려놓았는데, 다시는 누가 못 훔쳐가도록 조각상을 버드나무 가지로 꽁꽁 묶어놓았다고 전하지요. 이렇게 버드나무와 헤라는 굉장히 큰 관련이 있습니다.

켈트족은 원래 영국 전체에 살고 있었는데, 앵글로족과 색슨족이 들어오면서 서쪽 웨일스 쪽으로 밀려났습니다. 이 켈트족 최고의 여신이었던 브리짓 여신 역시 버드나무의 여신으로 알려져 있고 버드나무로 주술을

6　그리스 신화의 달의 여신 아르테미스는 초승달일 때는 그 이름 그대로지만, 보름달일 때는 셀레네, 그믐달일 때는 헤카테로 불린다. 앞의 책에서 특히 제8장「삶과 죽음, 여신의 두 얼굴」(문현선)을 참고할 것.

7　에게해의 작은 섬 사모스의 헤라 신전은 기원전 8세기경 건설된 것으로 추정되는데, 이오니아 양식으로 지은 최초의 신전으로 현재 유네스코 세계유산으로 등재되어 있다.

그림 14
사모스섬의 헤라 신전
유적

행했다고 합니다. 또 웨일스 지방에는 '버드나무의 달'도 있었는데, 4월에서 5월 사이입니다.[8]

조금 전에 살폈던 늑대 신화에서 늑대와 새는 남자와, 사슴은 여자와 관계되었습니다. 이에 비해 버드나무는 대개 여신과 결합하여 우주를 만들거나 인류를 창조하는 데 굉장히 중요한 역할을 합니다.

여기서 퀴즈를 하나 내겠습니다. 버드나무는 왜 유화부인이나 불고륜, 헤라나 브리짓처럼 주로 여신 혹은 여성과 관련이 있을까요?

사실 뚜렷한 정답을 내기는 힘들 것 같은데요, 여러분의 상상력으로 답해보세요.

"다산."(청중)

네, 맞습니다. 저도 그것이 여러 가능성 가운데 하나가 아닌가 생각합니다. 버드나무 가지를 꺾어서 심으면 방금 말씀하신 것처럼 굉장히 생육이

---

8   켈트족은 별자리처럼 나무자리가 있는데, 물푸레나무부터 마가목까지 열두 개의 나무자리로 점을 치기도 했다.

빠르다고 합니다. 일본 북부의 아이누 민족 같은 경우에도 버드나무가 인간의 척추라고 생각합니다. 아이들마다 버드나무가 있는데, 한 아이가 아무리 다쳤어도 이 아이에게 지정된 버드나무가 싱싱하면 아이도 꼭 살아난다고 믿었다고 해요. 방금 말씀하신 것처럼 생명력이 왕성해서 그런 것 같습니다.

또 다른 의견이 있으신가요? 물? 물과 여자가 관계가 있을까요?

"자궁의 물."(청중)

아, 그것도 굉장히 좋은 생각인 것 같습니다. 버드나무는 물과 친한 것으로 유명하죠. 풍수하시는 분들은 지금도 버드나무 지팡이를 짚고 다니면서 물길을 찾는다고 합니다. 그런 의미에서 여성 몸속의 물인 양수와도 상관이 있겠습니다.

유목민들은 버드나무를 만나면 참 기뻐했다고 합니다. 농경민에게도 물은 중요하지만, 유목민에게 물은 생명과 직결됩니다. 동물과 자기가 직접 마실 물이니까요. 그래서 버드나무를 발견하면 물이 가깝다는 증거이니 생명줄을 찾았다고 생각했겠죠.

또 하나는 버들잎이 여자의 성기 모양을 닮아서 그런 것이 아닐까 이야기할 수도 있을 것 같습니다.

다른 한편, 버드나무는 약재 역할도 했습니다. 아스피린의 주원료는 버드나무라고 합니다. 또 지금은 먹을 것이 많지만 식량이 부족했을 때, 봄에 버들가지가 처음 나올 때 그 순은 사슴 같은 짐승들에게도 먹을 것을 제공해주었을 것입니다. 또 버드나무를 이용해서 화살도 만들고 바구니도 만들고 했을 것입니다. 스키타이족은 이 버드나무로 점을 쳤다고 하고, 몽골족들도 버드나무로 신전을 짓는 등 특히 유목민들에게 버드나무는 매우 중요했습니다.

이렇게 버드나무를 다산, 물, 여성의 성기, 생명력, 실제적인 유용성 등과 관련해서 생각해보았습니다. 물론 어느 것이 딱 정답이라고 하기는 힘들겠지요.

사실 오늘날은 버드나무가 그다지 특별하다고는 생각하지 않잖아요? 이와 관련하여 『고려사』에 재미있는 이야기가 나옵니다. 고려를 세운 왕건의 할아버지 작제건이 용왕의 궁전에 가는데, 용왕이 딸을 작제건과 혼인하게 해주면서 칠보라는 보물을 줍니다. 그런데 용왕의 딸이 "여보, 여보, 칠보보다는 돼지와 버드나무 지팡이가 더 중요하니까 그걸 달라고 해요"라고 이야기를 합니다. 제가 이 기록을 유심히 보았는데 작제건이 돼지는 분명 얻었으나 버드나무 지팡이를 얻었는지, 그 뒤로 어떻게 됐는지 명확하지가 않습니다. 얻어 온 돼지는 땅에 닿자마자 미친 듯이 달려가더니 개경에 가서 멈추었습니다. 그래서 작제건은 개경에 눌러앉게 되었고, 이곳이 고려의 수도가 됩니다. 그런데 버드나무 지팡이는 굉장히 중요했던 것 같은데 오리무중으로 사라졌습니다.

여기서 볼 수 있듯이, 버드나무는 후대로 올수록 점차 천대 아닌 천대를 받는 것 같습니다. 조선 시대에 들어서면 여자가 죽을 때 버드나무 비녀와 숟가락, 젓가락을 넣어주고, 백중날에는 고생하는 머슴을 떠받들기 위해 버드나무 관을 씌워줬다는 기록이 있습니다. 그 이유에 대해서 다음과 같은 가능성을 생각해보았어요. 원래 버드나무는 유목민들에게 중요한 우주 나무 ─ 신단수였습니다. 그런데 우리나라는 예부터 유목 문화, 농경 문화, 남방 문화 등 모든 문화가 만나는 곳이었다가 고려 시대부터는 점차 농경 문화가 우선시되고 중국 문화 영향권으로 확실히 편입됩니다. 그러면서 유목민의 상징인 버드나무는 서서히 타자화되고 천시된 것이 아닐까 하고요.

그래서 처음 고려 왕조가 섰을 무렵에는 버드나무 지팡이가 뭔가 역할을 할 것 같았는데, 슬그머니 사라지지 않았을까. 실제로 고려 시대부터는 화척과 양수척 천민, 버드나무 공예사, 버드나무 광주리를 만들어 파는 사

람들이 두루 천민 대접을 받기 시
작했는데, '작은 중국'으로 자처
하던 조선 시대는 더욱 그러했습
니다. 버드나무 공예를 업으로 삼
았던 사람들은 대체로 거란족과
여진족 등과 친했기에 더욱 멸시
를 받았던 것도 이런 사정을 보여
주는 듯합니다.

그림 15
'잃어버린 헬리건의 정
원'의 버드나무 정원의
여인

영국 콘월 지방의 '잃어버린 헬
리건의 정원'이라는 식물원에는
죽어가면서 신음하고 있는 듯한
여인의 형상이 있습니다. 고대에
는 그토록 위상이 당당하던 버드나무 여신들이 점점 죽은 여성이나 머슴에
게 어울리는 것이 되었다는 사실을 상징적으로 보여주는 작품 같습니다.

우리나라에서는 대체로 복숭아나무와 뽕나무가 중요한 의미를 지니는
듯합니다. 하지만 아무래도 섬이라서 옛 전통이 강하게 남아있는 제주도
에 가면 아직도 버드나무로 점치는 습속이 있다고 합니다.

지금까지 늑대와 버드나무에 관해서 간단하게 살펴보았습니다. 혹시나
버드나무 신화에 더 관심이 있는 분들은 제가 쓴 논문에 자세히 설명되어
있으니 읽어보십시오. 늑대 이야기에 대해 쓴 논문도 있습니다.[9]

---

9   최혜영, 「데메테르와 유화: 농경 및 유목민 신화로 본 동서 문명 가능성」, 『역사와경계』 58, 부산경남
     사학회, 2006, 65~94쪽.
     최혜영, 「버드나무 신화소를 통해 본 유라시아 지역의 문명 교류의 가능성 혹은 그 接點」, 『동북아역사논
     총』 22, 동북아역사재단, 2008, 187~217쪽.
     최혜영, 「고대 로마와 동북아시아의 신화 분석: 늑대와 새」, 『지중해지역연구』 제7권 제1호, 부산외국어
     대학교 지중해지역원, 2005, 83~108쪽.

유라시아 유목민의 문명 교류

마지막으로 유라시아 유목민의 문명 교류에 대해서 한번 생각해보겠습니다. 일단 그리스 로마에서 우리나라까지라고 크게 잡아보았습니다. 실제로 일본학자 요시미즈 츠네오의 저서 『로마문화 왕국, 신라』가 있습니다. 이 책은 비판을 받거나 정확하지 않은 부분도 있지만, 어느 정도는 일리가 있기도 합니다. 책의 내용은 한마디로 "로마의 문화와 신라 문화가 많이 닮았다"는 것입니다. 그 예로 수목관, 뿔잔 등을 들었습니다. 수목관은 뒤에서 한번 살펴보기로 하고, 동서 문화 교류와 관련해서 먼저 가야의 시조 수로왕의 왕비 허황옥 이야기를 해보겠습니다.

그림 16
신라 천마총 금관
© 국립경주박물관

그림 17
아프가니스탄의 금관
© BBC

허황옥은 어디서 왔을까요? 네, 인도에서 왔다고 되어 있습니다. 그런데 김해에 가면 수로왕릉에 쌍어문상이 있습니다. 쌍어문^{雙魚文}이란 쌍어, 즉 두 마리 물고기가 마주한 모습의 문양입니다. 은퇴하신 한양대의 김병모 교수는 김해 김씨로 본인 얼굴이 좀 검어서 혹시 내 핏줄에 허황옥 같은 인도 여자의 피가 섞이지 않았을까 해서 연구를 하다가 인도까지 가보았다고 합니다. 허황옥이 인도 아유타^{阿踰陀} 왕국에서 왔다고 해서 인도의 아요디아^{Ayodhya}라는 곳에 가니 정말 곳곳에 쌍어 무늬가 있었다고 합니다. 이것은 마냥 허구의 신화라기보다는 역사적인 일면을 담고 있다고 볼 수 있겠습니다.

그림 16과 그림 17은 각기 신라와 아프가니스탄의 금관입니다. 일본이나 중국의 관은 깃털관으로, 이처럼

그림 18 미케네의 귀걸이 © 최혜영

그림 19
봉수유리병(경주 98호
남분 유리병 및 잔)
© 국립중앙박물관

그림 20
크레타의 유리병 © 최혜영

그림 21
뿔잔 © 최혜영

그림 22
경주 황남동 상감 유리구슬과 가운데 유리구슬에 그려진 사람 얼굴
© 국립경주박물관

수목관 또는 출Ⅲ자형 관은 없다고 합니다. 유독 신라와 유라시아 유목민, 아프가니스탄 쪽에서 발견된다고 합니다.

그림 18은 귀걸이입니다. 신라의 귀걸이가 아닌 그리스 미케네 문명에서 발굴된 귀걸이인데 금관총 등 우리나라 신라 고분에서 발굴된 귀걸이와 비슷해 보입니다.

그다음으로 유리병을 살펴보면 왼쪽은 중학교 국사책에도 나오는 봉수 유리병이고, 오른쪽은 크레타섬 이라클리온 박물관에서 찍은 유리병입니다. 촬영을 잘 못해서 색깔이 좀 달라 보이지만, 실제로는 매우 닮았습니다.

그 옆의 뿔잔은 스키토-시베리아 계통의 술잔인데 우리나라에서도 발굴이 됐습니다.

그림 22는 28개의 청색 구슬, 16개의 붉은 마노와 1개의 벽옥이 달린 목걸이입니다. 그런데 가운데 유리구슬 안에 그려진 그림을 자세히 보면 흥미롭습니다. 지름 2센티미터도 안 되는 구슬 안에 하얀 얼굴을 한 사람이 보입니다. 그 밖에도 새와 나무 등이 있습니다. 여기 있는 얼굴은 어느 나라 사람의 얼굴일까요? 어떤 분이 추적을 해보았는데, 오늘날에도 인도네시아 쪽에서 이와 똑같은 것을 만들고 있는 걸 발견하였다고 합니다.

이런 가정들이 다 맞는다고 단정하는 건 아닙니다. 훨씬 많은 연구가 필요한 부분이니까요. 다만 제가 드리고 싶은 말씀은, 고대 우리나라는 우리가 흔히 생각하는 것보다 훨씬 활발한 문명 교류의 현장이었다는 사실입니다.

이런 관점에서 흥미로운 또 하나의 이야기는 페르시아 키루스 대왕의 어머니 만다네 이야기입니다. 저는 페르시아 하면 제 친구 사라가 먼저 떠오릅니다. 유학 생활을 할 때 알고 지냈는데, 이란의 테헤란에 살던 사라의 어머니가 딸을 보러 오면서 저에게도 보석함을 선물로 주셨어요. 그 보석함이 지금도 제 연구실에 있는데, 거기 새겨진 자개 그림에는 말이 달리는 형상이 그려져 있습니다. 고구려 고분벽화에 나오는 기마 모습과 매우 닮았어요. 그때만 해도 페르시아라고 하면 우리와 아무 상관없는 먼 나라, 날아다니는 양탄자의 나라로만 생각했는데, 그 보석함을 보는 순간 우리나라와도 무슨 관련이 있지 않을까 하는 생각이 들었습니다.

만다네 이야기는 역사학의 아버지라 불리는 헤로도토스의 『페르시아 전쟁사』에 나옵니다. 이에 따르면, 만다네의 아버지는 메디아라는 나라의 왕입니다. 어느 날 그는 자기 딸(공주)이 오줌을 누어 온 아시아가 그 오줌에 잠기는 꿈을 꿉니다. 신관한테 해몽을 해달라고 했더니, 공주가 낳을 아기가 아시아를 통일할 것이라고 합니다. 또 공주의 음부에서 포도나무 가지가 나오더니 역시 온 아시아를 덮는 꿈을 꾸는데, 신관은 똑같은 해몽을 합니다. 왕은 그 이야기에 노여워하며 공주를 메디아 귀족에게 시집보내는 대신 별 볼 일 없는 페르시아의 흙수저 청년에게 시집을 보냅니다. 그때만 해도 페르시아는 이름도 없는 민족이었거든요. 그 둘 사이에 태어난 아기가 키루스입니다. 키루스는 나중에 오리엔트를 재통일한 강력한 나라 페르시아를 세웁니다.

이 이야기를 듣고 떠오르는 이야기가 있죠? 네, 신라를 통일한 무열왕의 정비正妃 문희 이야기입니다. 문희와 보희는 자매입니다. 사실은 보희가 경주 남산에 올라가서 오줌을 누니 신라가 오줌에 잠기는 꿈을 꾸었는데, 동생인 문희가 비단 치마를 주고 언니의 꿈을 삽니다. 그래서 훗날 태종 무열왕 김춘추의 아내가 된다는 이야기입니다. 또 왕건의 할머니도 오줌을 누었는데 온 개경이 오줌에 잠기는 꿈을 꾸었다고 해요.

장건 이후로 포도나무가 중국에 들어왔고 뒤늦게 우리나라에도 오게 되니, 포도나무 신화는 사라집니다. 하지만 오줌은 누구나 누니까 살아남은 게 아닐까 싶습니다. 그렇다면 분명히 페르시아와 우리나라 사이에 문명 교류가 있었다면 그 사이 매개체가 있었을 텐데 바로 스키타이족입니다.

스키타이족은 우리나라의 유명한 비디오아티스트 백남준이 〈단군, 스키타이 왕〉이라는 오브제로 완성하기도 했습니다. 작품명이 역사적 사실을 그대로 반영한다고 보기보다는, 그만큼 스키타이족과 우리 고대 문명의 관련이 깊다는 정도로 이해하면 좋을 것 같습니다.

학교 역사책에서도 우리나라 청동기 문화는 스키토-시베리아 계통이라고 배웠습니다. 그 시대의 대표 유목민은 스키타이족입니다. 고대 세계의 최대 강국 이집트도 메디아도 스키타이한테 벌벌 떨었다는 기록이 있습니다. 결국 스키타이에게 크게 위협을 당하던 메디아 왕이 꾀를 써서 스키타이를 물리쳤다고 기록되어 있습니다만, 어쨌든 유라시아에 걸쳐 굉장히 큰 영향력을 행사하던 나라였다고 볼 수 있습니다. 신화의 측면에서도 크게 보면 유라시아 지역을 두루 누비던 이 스키타이 유목민들을 매개로 늑대 신화 같은 것이 생기고 퍼져갔던 것이 아닐까 합니다.

마지막으로 『블랙 아테나』라는 책을 한번 살펴보겠습니다. 미국 코넬 대학 교수 마틴 버널이 쓴 이 책은 베스트셀러가 되었습니다. 잘 아시겠지만 아테나 여신은 그리스 신화에 나오는 지혜의 여신입니다. 이 책 제목의 뜻은 보통 헤라 여신이나 아테나 여신이라고 하면 금발의 백인 여성이라고 생각하지만 실제로는 흑인이었다는 것입니다. 작가는 제목을 '유럽 문명의 아시아, 아프리카 기원'이라고 하려 했는데, 출판사의 권유로 『블랙 아테나』로 바꾸었다고 합니다. 한국어 번역본에는 '날조된 고대 그리스 1785~1985, 서양 고전 문명의 아프리카 아시아적 뿌리'라는 부제가 달려 있습니다. 원래 제목이 이야기하듯이, 내용은 유럽 문명이 아시아 · 아프리카에서 나왔다는 것입니다. 유럽인 가운데는 이를 불편해하는 이들도 많을 것 같습니다. 유럽인들은 아프리카 흑인들을 노예로 부렸는데 따지고 보니 이들이 유럽 문명의 시조라고 하니 말입니다.

그렇지만 헤로도토스를 비롯한 고대 그리스인 스스로 자기네 문명은 고대 이집트와 메소포타미아에서 영향을 받았다고 이야기했습니다. 그런데 18세기 산업혁명 이후로 서양의 세력이 커지면서 동양에 대한 우월의식이 커졌습니다. 그때부터는 그런 영향을 굳이 드러내려 하지 않고 부정했습니다.

물론 『블랙 아테나』에는 허점도 많습니다만, 제가 볼 때는 경청할 만한 부분도 있고 우리한테 적용이 될 만한 부분도 있습니다. 앞에서 잠깐 말씀드렸지만, 우리도 오랑캐라 하면 뭔가 수준이 떨어지는 민족들로 인식하는 경향이 큽니다. 우리는 흔히 우리 스스로 오랑캐가 아니며 흉노, 몽골, 거란, 여진 등 소위 오랑캐들은 우리보다 한참 아래인 민족을 말한다고 생각합니다. 그런데 제가 신화를 공부해보니 오히려 이런 민족이 우리와 굉장히 친연성이 있다는 것을 알게 되었습니다.

사마천의 『사기』에는 부여를 흉노족으로 분류해두었습니다. 또 농업을 하는 민족은 예족, 어업이나 수렵을 하는 민족을 맥족, 유목 민족은 호족이라 분류했습니다. 우리 민족을 흔히 예맥족이라고 하는데, 호족이라는 칭호가 빠진 것이 아닌가 합니다. 즉, 저는 우리 민족을 예맥호족이라고 불러도 좋지 않을까 생각합니다. 기마 민족으로 유목 전통이 강했던 우리로서는 '호'라는 특성도 복원시킬 필요가 있겠다는 생각이 드는 것이죠.

로마 제국이 어떻게 그렇게 세계적인 제국이 되었을까 하는 데 대해서는 여러 견해가 있지만, 무엇보다 '문명의 용광로'로서의 특성이 있어서가 아닐까 생각합니다. 여러 민족과 특성이 잘 어울렸던 개방성과 수용성이야말로 로마를 세계 제국으로 이끌고 간 원동력 가운데 하나였던 거죠. 우리 민족도 문명의 교류라는 측면에서 여러 가지가 섞인 복합적인 문화와 문명이 아니었던가 싶고, 또 이를 잘 살려나가면 좋지 않을까 생각합니다.

현재 우리나라는 핵 문제도 그렇고 복합적으로 어려운 상황에 처해 있는 것 같습니다.

지금 세계에서 가장 인구가 많은 나라는 어느 나라일까요? 중국. 세계에서 영토가 가장 넓은 나라는 어느 나라일까요? 러시아. 세계에서 가장 잘 사는 두 나라는 어느 나라일까요? 미국과 일본입니다.

왜 이렇게 중국과 미국, 러시아, 일본 등 세계 최강 대국 네 나라가 우리나라 주변에 옹기종기 모여 있을까요? 어떤 분은 우리나라를 '네 마리 코끼리 가운데의 개구리'라고 생각하기도 합니다. 하지만 저는 그렇게 생각하기보다는 '돌고래론'을 내세우고 싶어요. 네 마리 큰 고래 가운데 사는 돌고래. 돌고래는 덩치는 작지만 영리하고 많은 이들의 사랑을 받지요.

김구 선생님이 "우리나라는 문화의 나라가 될 수 있으면 좋겠다"는 요지의 글을 쓰신 적이 있습니다. 우리가 군사력을 키워서 남들을 침략하는 것도 싫고, 그렇다고 침략당하는 것도 싫고, 오직 문화적으로 발전하여서 다른 나라에게 좋은 영향을 끼치는 나라가 되었으면 좋겠다는 것입니다. 저도 같은 생각입니다. 이 신화 강좌도 우리가 그런 문화의 나라로 가는 역량을 키우는 한 발걸음이 되면 좋겠습니다.

참고
자료

고려대학교 민족문화연구원 만주학센터 만주실록 역주회, 『만주실록 역주』, 소명출판, 2014.

김병모, 『허황옥 루트, 인도에서 가야까지』, 역사의아침, 2008.

김재용, 이종주, 『왜 우리 신화인가 – 동북아 신화의 뿌리, 〈천궁대전〉과 우리 신화』, 동아시아, 2004.

김헌선 외, 『중동신화여행』, 아시아, 2017.

마틴 버낼 지음, 오흥식 옮김, 『블랙 아테나 – 날조된 고대 그리스 1785~1985, 서양 고전 문명의 아프리카 아시아적 뿌리』(전2권), 소나무, 2006.

베르길리우스 지음, 천병희 옮김, 『아이네이스』, 숲, 2007.

사마천 지음, 김원중 옮김, 『사기 열전 2』, 민음사, 2015.

유원수 옮김, 『몽골비사』, 사계절, 2004.

최혜영, 「고대 로마와 동북아시아의 신화 분석: 늑대와 새」, 『지중해지역연구』 제7권 제1호, 2005.

최혜영, 「데메테르와 유화: 농경 및 유목민 신화로 본 동서 문명 가능성」, 『역사와경계』 58호, 부산경남사학회, 2006.

최혜영, 「버드나무 신화소를 통해 본 유라시아 지역의 문명 교류의 가능성 혹은 그 接點」, 『동북아역사논총』 22호, 동북아역사재단, 2008.

매직 로드, 시베리아를 지나
스칸디나비아까지

김윤아 (이야기공작소 '파수' 대표)

순록 썰매를 타고 유라시아를 가다

저는 신화와 영화, 애니메이션 같은 현대 미디어 콘텐츠에 대해 꽤 오랫동안 강의를 해왔습니다. 오늘은 북유럽 신화, 켈트 신화, 일본 신화, 그리고 신화 속의 신비한 동물이나 신과 영웅들에 관해 제가 장님 코끼리 더듬듯 20년쯤 더듬으면서 알게 된 이야기를 말씀드리려고 합니다. 흥미롭게 들어주셨으면 합니다.

오늘 제 강의의 주제는 '매직 로드' 혹은 '순록 길'이라고 이름 짓고 싶은 유라시아 북쪽의 길입니다. 동쪽으로는 캄차카반도 위의 축치족이 사는 땅에서부터 서쪽으로는 노르웨이의 스칸디나비아반도 끝에 이르는 길입니다. 매직 로드는 유라시아 양쪽 끝 바다를 건너 동쪽은 아메리카 인디언으로, 서쪽 끝에서는 스코틀랜드, 아일랜드 켈트로까지 확장되는 방대한 영역에 걸쳐 있습니다. 쉽게 말씀드려, 순록 썰매를 타고 산타클로스 할아버지가 다녔던 길이지요. 그리고 어쩌면 저 매직 로드, 순록 길을 왕래했던 사람들이 한국인의 정체성, 즉 '우리가 어디서 왔나' 하는 근원의 문제를 푸는 데 많은 실마리를 줄 수도 있을 것 같습니다. 서유럽이나 북유럽 혹은 러시아 여행을 하신 분들 중에 '어! 저런 건 우리하고 너무 비슷한데' 하고 느끼며 신기해했던 경험을 가진 분들이 꽤 있을 것 같습니다. 그저 우연일까요? 저는 그렇게 생각하지 않습니다.

순록은 우리가 아는 사슴보다 덩치도 크고 뿔도 큽니다. 사슴이긴 하지만 추운 극지방에서도 살 수 있는 강인한 동물입니다. 고고학이나 인류학에 관심이 있는 분들은 사슴뿔 모양으로 관을 만들었다는 얘기를 많이 들어보셨을 겁니다. 그리고 국립중앙박물관의 출자형 금관[1]이 '스키토-시베리아의 영향이다'라는 학술적인 설명도 들어보셨을 것 같습니다. 오늘, 제가 그런 이야기들을 더듬도록 하겠습니다. 자꾸 더듬는다고 말씀드리는 이유는 이런 제 이야기가 학계에 보고됐거나 중심 논의로 다뤄지지 않았을 뿐 아니라, 노르웨이나 스웨덴, 러시아 같은 나라들에서도 각기 현재 국가의 영역이 있기 때문에 하나의 관점으로 관통하며 그 넓은 지역을 다루기가 사실상 쉽지 않기 때문입니다. 저는 인문학을 공부한 사람이기는 하지만 역사학이나 고고학을 전공한 사람은 아니기 때문에, 오늘 강의는 신화를 중심에 두고 신화적 상상력이라는 측면에서 자유롭게 이야기를 풀어가기로 하겠습니다.

이 지역들을 더듬으려다 보니 지도를 많이 찾아봤습니다. 어딘가 마법을 부리는 사람들이 사는, 그 마법이 전해지는 루트, '매직 로드'가 있었으리라는 것이 제 가설이고 그것을 증명해보려고 열심히 자료를 모아봤습니다. 그런데 그 자료들에 공통점이 있었습니다. 모두 추운 시베리아 지역이라는 것이었죠. 초원길이나 비단길 말고 동서로 통하는 또 다른 길이 있었던 게 아닐까 싶었습니다. 시베리아를 더듬으려니까 일단 북극 지도가 좀

---

1   금령총 금관. 경주 출토. 보물 338호.

필요하고, 북극 연안의 바닷가, 얼음땅 아니면 스텝, 타이가 이런 곳을 꽤 오래 헤매게 되었지요.

도대체 이 사람들은 순록 썰매를 타고 어디쯤을 달려서 갔을까요? 여러분도 한번 상상해보세요.

아주 크고 반짝이는 별들이 엄청나게 막 쏟아지고 있었겠죠. 여기 살던 사람들은 하늘의 수많은 별을 보면서 죽은 사람의 영혼은 모두 다 별이 됐을 거라고 생각했습니다. 머리 위로는 어마어마한 오로라가 너울거리고 있었고요. 타이가, 엄청나게 울창한 침엽수의 숲이죠. 무섭기도 했겠죠. 밤이 되면 시커먼 덩어리로 보였을 테니까 더 무서웠을 것 같습니다. 그리고 먹잇감이 많지 않은 얼어붙은 땅에서 늑대들은 늘 배가 고팠을 거예요. 가끔은 사람하고도 마주쳤을 것 같습니다. 형형한 눈빛으로 잡아먹으려고 덤비기도 했을 거예요. 엄청나게 추운, 살을 에는 북풍이 불었을 거고요. 북풍한설. 눈보라가 아주 가혹했겠죠. 그런데 사실 이곳의 길이란 게 고속도로 같진 않았을 겁니다. 그 '길 없는 길'은 어땠을까 상상해봅니다. 누가 간 길을 계속 뒤밟아 갈 수도 없었을 거예요, 눈도 오고 바람도 불고 하니까. 그렇지만 길을 따라 가긴 가야만 해요. 왜냐하면 여기는 대부분 습지여서 짧은 여름이 지나면 땅이 얼었다 녹았다 하는 곳이라 눈에 보이지 않는 위험이 늘 도사리고 있으니까요. 길 아래, 얼음 구덩이가 있어서 위험했겠죠. 이처럼 순록들이 다녔던 길은 확연히 눈에 보이진 않아도 얼음 위에 길이 없었다고 할 순 없습니다. 그래서 '길 없는 길'이라 표현했습니다. 내린 눈이 완전히 얼어붙고 얼음이 꽁꽁 언 대부분의 계절에는 순록들이 그 얼음 위를 큰 위험 없이 굉장히 빠르게 달릴 수도 있었을 겁니다. 지난겨울 평창올림픽 봅슬레이 경기 보셨죠? 시속 100킬로미터 이상 빠른 속도로 질주합니다. 이 길의 주인은 그처럼 얼음길 위를 아주 빠르게, 순록이나 개가 끄는 썰매를 타고서 지나갔던 사람들입니다.

그런데 그 사람들은 왜 그 길을 갔을까요?

싸워서 이겨야 할 인간 적은 사실 잘 볼 수 없었을 겁니다. 사람을 만나면 무턱대고 반가웠을 지역이었으니까요. 어떻게 보면 진짜 적은 살아내야 하는, 견뎌내야 할 혹독한 자연이었을지 모릅니다. 그 추운 곳에서도 살아야만 했던 사람들은 무자비한 자연에 저항하는 지난한 싸움을 했던 것입니다. 이들로 하여금 두려운 자연을 대상으로 싸우게 만든 이유는 무엇이었을까요? 많지 않은 식솔을 먹여 살리기 위해서 열심히 순록 썰매를 타고 다녀야 하는 가장의 책임감 같은 것일 수 있습니다. 그 극한의 외로움과 삶에의 의지로 얼어붙은 땅을 달렸을 그 사람들을, 여러분이 같이 한번 상상해 봐주셨으면 좋겠습니다.

유라시아 매직 로드 혹은 순록 길

제가 이 길을 '매직 로드(마법의 길)'라고 이름 붙인 이유는 이 지역에 살던 이들의 종교가 샤머니즘[2]이었기 때문입니다. 샤먼들은 우리 무당처럼 점을 보고 굿도 합니다. 모든 종교의 사제들은 마음을 위로하고 삶의 애환을 완화해주는 힐러healer입니다. 무당이나 샤먼도 마찬가지입니다. 삶의 고통을 위로하고 이미 죽은 그리운 사람들을 만나게 해주고 하늘과 소통하게 해주는 존재들입니다.

지도의 오른쪽 상단에 오호츠크해와 접한 캄차카반도가 보이시나요? 그보다 위에 '축치'라는 바다가 있습니다. 베링 해협 위쪽에 글씨가 살짝 보이는데 '축치 바다Chukchi Sea'라고 씌어 있습니다. 그곳에 축치족이 삽니

---

[2] 샤머니즘(Shamanism)은 신을 불러들이는 무당, 곧 샤먼을 중심으로 하는 신앙 체계를 일컫는다. 샤먼이라는 말은 통구스계 주술사를 의미하는 사만(Saman)에서 유래했다는 설이 유력하다. 샤머니즘의 가장 완전한 형태는 극지방과 중앙아시아에서 찾아볼 수 있으나 동남아시아, 오세아니아, 북아메리카 인디언에서도 볼 수 있다.

그림 1
유라시아 매직 로드

다. 무척 추운 곳입니다. 그곳에 순록들이 살았고 축치족은 순록을 쳤습니다. 그러면 순록은 어디에 사는 걸까요? 바이칼 호수 주변의 강들을 끼고 시베리아에 살고, 유라시아 대륙 더 북쪽에도 살고, 베링해를 건너서 알래스카에도 살고, 캐나다 북부에도 삽니다. 서쪽으로는 스칸디나비아의 북쪽 설원 라플란드에서 사미족들과 함께 삽니다. 순록을 치는 사람들은 순록의 먹이인 습지의 이끼를 따라 이동합니다. 그러니까 순록들은 큰 강을 따라 습지의 이끼들을 먹이 삼아 이동했고, 순록을 치는 사람들은 그런 순록들을 따라 유목을 했던 것입니다.

러시아의 강들은 대부분 북극해로 흘러드는 거대한 강이고 많은 지류가 발달해 있습니다. 남쪽에서 발원해서 북쪽으로 흘러 마침내 북극해로 들어가는 강들이죠. 지도를 잠깐 보면 예니세이강, 레나강, 그리고 오른쪽이 캄차카반도, 그리고 블라디보스토크가 여기 있습니다. 그 아래쪽으로 바다를 건너면 사할린섬이 보이고, 그 아래로 일본의 홋카이도가 있습니다. 이제 대충 순록이 사는 영역이 그려지죠? 이곳의 바다 또한 빙하가 존재하는 북극 바다입니다.

여러분이 알고 있는 시베리아 횡단 열차는 블라디보스토크에서 모스크바까지 갑니다. 하바롭스크를 거쳐 울란우데를 지나고, 이르쿠츠크, 노보시비르스크, 옴스크를 지나갑니다. 바이칼 호수는 그 중간에 있습니다.

매직 로드 혹은 순록 길은 이렇게 광활한 영역의 어딘가에 있었습니다. 얼음이 얼었다가 녹고, 고속도로 같은 길이 나 있지는 않았지만 그 얼어붙은 눈 위로 순록 썰매를 달리던 사람들, 이제 그들의 이야기를 시작하겠습니다. 여러분이 잘 아는 스텝로드, 실크로드는 지도상에서 그보다 아래쪽입니다. 저는 스텝로드, 실크로드와 나란한 방향으로, 그러니까 그 길들과 평행해서 북쪽에 순록 길이 있었다고 생각합니다. 다시 드는 의문이지만, 왜 그들은 이 막막한 얼음 위를 달렸을까요? 짐승 가죽이나 특산물을 팔려고 그랬을 수도 있고, 필요한 물건들을 구하기 위해서도 달렸을 것입니다. 여러 가지 이유가 있었겠죠. 아무도 살지 않을 것 같은 척박한 환경이지만 그들에게도 자신들의 땅에서 살아가야 하는 이유가 있었습니다.

그들의 삶의 기저가 되는 순록 유목은 순록의 먹이를 따라 강가로 이동하는 루트를 가집니다. 많은 학자가 순록 유목은 인류가 식량을 채집하고 수렵하는 수준을 벗어나 직접 식량을 생산하는 단계로 진입하게 된 중요한 생활양식이라고 봅니다. 초원에서는 양들이 목초지를 따라 이동했지만, 순록은 이끼를 먹어야 하기 때문에 주로 강 주변을 따라 이동합니다. 순록이 먹는 이끼는 한번 뜯기면 3~5년이 지나야 다시 자라납니다. 그래서 순록치기들은 순록의 루트를 따라 서시베리아에서 동시베리아로, 남러시아에서 대서양 북극해 연안으로 이동하는 경향을 보입니다.[3] 오늘날 그 영역에는 순록을 치는 사하, 코미, 에벤키, 에벤, 부랴트, 네네츠, 사미 같은 종족들이 살고 있습니다.

시베리아가 어떤 곳인지 잠시 알아보겠습니다. 시베리아는 우리가 흔히 알다시피 동토 지역, 그러니까 시베리아 수용소에 정치범과 같은 죄수들을 추방하고 강제 노역시키던 그 지역입니다. 그렇지만 이곳은 아무도 살지 않는 불모의 땅이 아닙니다. 굉장한 지하자원이 매장되어 있어요. 천연가스부터 온갖 광물들이 풍부한 곳이며, 유목민들이 강을 따라 순록을 치며 살던 곳이기도 했습니다. 그래서 최근엔 개발에 따른 심각한 사회문제들이 생기고 있다 들었습니다.

시베리아는 남쪽에서 북쪽으로 '스텝-타이가(침엽수림대)-툰드라(영구동토대)' 지대가 순서대로 펼쳐져 있는 광활한 영역입니다. 강은 범람과 결빙을 반복하고, 여름 2~3개월만 이용이 가능하다고 합니다. 시베리아 원주민은 120만 명 정도인데 수십 개의 소수민족들이 거주합니다. 남시베리아에는 부랴트, 하카스, 알타이족이, 서시베리아에는 타타르, 쇼르스 등의 부족이, 북시베리아에는 에벤키, 네네츠, 한티, 만시, 추코트, 에벤, 나나이, 코랴크 등의 종족이 거주합니다. 고고학자들은 시베리아의 거주 흔적이 구석기, 신석기부터 나타난다고 인정하고 있습니다. 시베리아 횡단철도는 1891년에서 1905년 사이에 건설되었는데, 오늘 우리가 다룰 지역은 시베리아 횡단철도의 위쪽이라고 생각하면 됩니다.

스텝로드라든가 실크로드 쪽에서 양을 치며 유목하던 많은 부족이 있었습니다. 순록을 치는 에벤키, 에벤족이 그 유목민의 후예들입니다. 잦은 전쟁과 정복, 또 강제 이주로 여러 종족들은 피가 많이 섞였습니다. 처음부터

---

3   주채혁, 『순록치기가 본 조선, 고구려, 몽골』, 혜안, 2007, 26쪽.

추운 데 살았던 토착민들도 있었지만, 스텝 지역에서부터 유입되는 유목민들도 있었습니다. 그들은 기동성이 있었지요. 말을 타고서 양을 치던 여러 부족들이 더 많은 양질의 식량이나 비싼 가죽 생산을 위해 추위를 무릅쓰고 더 추운 곳으로 이동했습니다. 그런데 추워서 말이 더 이상 갈 수 없는 곳에 순록이 사는 거죠. 순록은 시베리안 허스키나 맬러뮤트처럼 추운 곳에 사는 견종들보다도 더 추운 곳에서 살 수 있다고 합니다. 최근에 순록을 치는 사람들은 빠른 속도의 전동 썰매(스노모빌)를 많이 이용합니다. 순록 썰매를 떠올리면 누구나 쉽게 산타클로스와 루돌프도 떠올리겠죠.

러시아의 여러 공화국, 가령 한티 공화국, 사하 공화국, 알타이 공화국도 유목을 하던 종족들이지만 조금씩 다릅니다. 극지방의 순록 유목도 유라시아 초원의 유목민들이 북쪽으로 이동한 것이라 말씀드렸습니다. 그러면 그 유목민들의 세계관이 무엇이었고, 그들에게 중요했던 사슴이 신화적으로 어떤 존재였는지 살펴보겠습니다.

사슴돌

이 사진들은 유라시아 초원에서 칭기즈칸이 다녔던 길 아래쪽의 얼어붙지 않는 스텝에 세워져 있는 사슴돌Deer Stone의 탁본입니다. 동토는 아니지만 유라시아 스텝도 무척 건조하고 춥습니다. 사슴돌 탁본을 자세히 보면 다양한 사슴들이 하늘을 향해 45도 각도로 날아 올라가고 있습니다. 우리가 아는 대륙사슴(꽃사슴)이라기보다는 뿔 달린 야크 같은 이미지들도 있고, 무슨 왕관을 쓴 것 같은 이미지로 형상화되어 있기도 합니다. 그렇지만 많은 학자들은 사슴돌의 사슴을 레인디어reindeer, 즉 순록이라고 간주합니다. 하늘로 비상하는 사슴들은 그래서인지 다리가 조형적으로 아주 약화된 채 그려져 있어요. 그 대신 뿔이 많이 발달한 것이 보이죠? 단순한 나무 형태인 것도 있고, 여기 그림에는 나타나 있지 않지만 꽃이나 구름의 형태를 보이는 것도 있습니다. 예전에 한국의 꽃상여를 본 적이 있습니다. 그 네 귀퉁이에는 사슴이 아니라 닭 혹은 봉황이 조각되어 있었는데, 그 새의 볏도 꽃이나 구름 같은 것들로 변형되어 있었습니다. 신화적으로 새와 사슴은 동일한 존재로 보기도 합니다.

첫 번째 사슴돌에는 사슴 하나, 둘, 셋, 넷, 다섯, 여섯 마리가 하늘을 향해서 올라가고, 두 번째 사슴돌에는 세 마리가 날아 올라가고, 세 번째 사슴돌에는 뿔이 둥글고 큰 산양 두 마리가 올라가고 있네요. 네 번째 사슴돌에는 일곱 마리 정도가 보이는데 세 무리로 나뉘어 올라갑니다. 아래쪽에 사슴이 더 있을 것 같은데 소실되어 탁본에는 안 보입니다. 그 위에는 태양이 있고 달도 있습니다. 보이세요? 조그마한 원. 이것을 조각해 넣은 사람이 아무 의미 없이 저런 형상을 만들지는 않았겠지요. 사슴돌의 사슴들은 그림을 그린 것이 아니라 바위를 판 것입니다. 하늘을 향한 염원을 조각하던 사람의 마음을 상상해보세요. 그리고 새겨 넣은 솜씨를 보니 보통 사람의 솜씨는 아닙니다. 어떤 중요한 의미가 있는 게 틀림없어 보입니다.

그리고 오른쪽 사진의 사슴들은 바다 생물인 해마처럼 뾰족하고 기다란 입을 갖고 있는데, 입이 길어서 돼지가 아닐까 추측하는 학자들도 있습니다. 그런데 몸통이나 뿔의 생김새를 보면 그건 좀 억측 같습니다. 더욱이 유목을 하던 사람들이 돼지를 치지는 않았겠지요. 새의 부리로 보는 게 타당할 것 같습니다. 상상이 아니라면 하늘을 날아 올라가는 것은 사슴이 아니라 새입니다. 그래서 사람들의 신화적·종교적 상상력으로 사슴의 입을 새의 부리처럼 그려 넣었는지도 모르겠습니다. 신화 속에서 사슴과 새를 동일하게 보는 이유도 한 맥락일 것입니다. 그런데 이들은 왜 사슴이 하늘을 향해 날아 올라가는 그림을 돌에 새겼을까요? 뿔이 동글동글하게 되어 있는 저 사슴돌은 해와 달, 별의 이미지를 보여줍니다. 앞서 해와 달이라

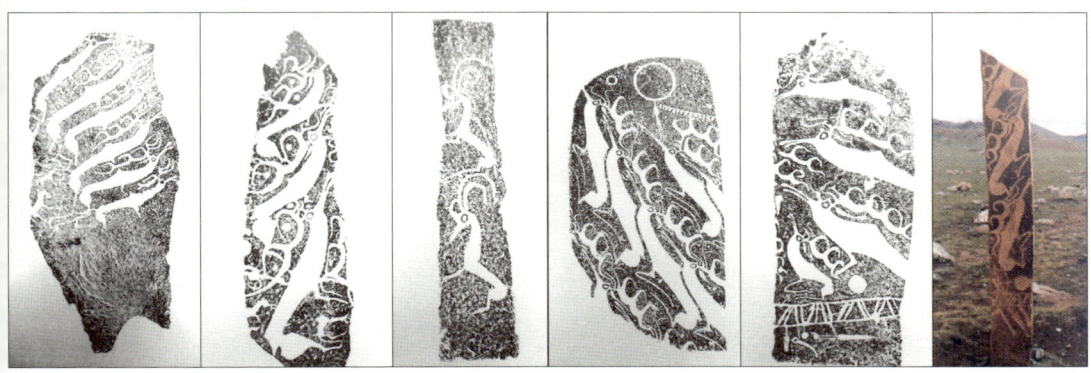

그림 2
여러 모양의 사슴돌

고 했는데 확신할 수는 없습니다. 어쩌면 별일지도 모릅니다. 아마 더 많은 사슴돌의 완전한 모습을 찾아보면 해인지 달인지 알 수 있겠지만 정확히는 파악되지 않네요. 대개 사슴이 야행성은 아니니 태양일 가능성이 높아 보입니다. 신화에서는 하늘에서 내려오는 황금 사슴을 금빛 때문에 태양 사슴이라고도 합니다. 하지만 유목민들이 움직이지 않는 하늘의 북극성을 중시했다는 점을 기억하면 달과 금성의 모습으로도 해석할 수 있을 것입니다. 이 사슴돌에는 기하학무늬도 새겨 넣었어요. 어떤 사슴돌에는 날아 올라가는 사슴들 사이에 선을 그려 하늘의 영역을 구분해놓기도 했습니다. 삼각형 무늬, 빗금무늬, 이런 문양들은 대개 여신을 상징합니다.

저는 이 사슴돌을 처음 보았을 때 마음이 두근두근했습니다. 저런 걸 왜 만들어놨지 하는 의문도 들었습니다. 높지 않은 구릉들이 펼쳐지고, 나무 한 그루 없는 유라시아 초원에 작은 것은 1미터가 조금 넘고 큰 것은 4미터의 높이로 사슴돌이 띄엄띄엄 서 있습니다. 그 돌을 어딘가에서 가져와서 세워놓고 비상하는 사슴을 새긴 거죠. 사슴돌 연구자들은 사슴돌이 판석묘[4]와 어우러져 있어 종교적인 제의를 하거나 자신들의 영웅에게 제사를

---

4   기원전 13세기부터 기원전 9세기경 몽골 지역에서 나타나는 무덤 형태로, 땅을 파 시신을 안치하고 판석으로 덮은 뒤 흙으로 채우고 무덤 주위에 판석을 세워 두른 형식을 갖는다. 주로 산기슭이나 초원 한가운데서 발견된다.

지내던 곳이 아닐까 연구를 거듭하고 있습니다.

그럼 도대체 사슴의 정체는 무엇이고 신화적으로 어떤 의미를 갖는 걸까요?

자료가 많이 부족했던 저는 러시아에서 펴낸 사슴돌에 관한 책을 찾아보았습니다. 그랬더니 이 사슴돌의 사슴들은 우리가 알고 있는 꽃사슴이 아니고 야크, 산양, 그리고 무엇보다 순록이었습니다. 사슴돌의 80퍼센트는 몽골 초원에 분포해 있다고 합니다.

중석기 시절, 빙하가 녹아 지구상의 동물들과 인간들이 대규모 이동을 합니다. 오래전 중앙아시아, 몽골, 시베리아에도 큰 매머드나 코뿔소 같은 짐승이 살았지만 멸종되었다고 합니다. 순록의 무리는 주식으로 삼는 이끼를 먹기 위해 북쪽으로 이동하기 시작했고 순록을 치던 사람들도 순록들을 따라 이동했습니다. 목축을 시작해 야생의 짐승을 길들이고 가축화하는 한편, 무기가 발달하여 활을 사용하게 되자 씨족 집단들은 그 수가 급증하고 작은 규모로 나뉘었습니다. 그러면서 작은 규모의 다양한 부족 사람들이 순록을 따라 살아가는 이동 목축, 즉 유목을 하게 된 것입니다. 몽골은 세계 3대 목축 발생지입니다. 순록을 치던 사람들도 처음부터 얼어붙은 설원에서 유목을 하진 않았습니다. 그러나 시간이 지나면서 활엽수와 침엽수가 공존하던 지역은 점점 더 추워지고 얼어붙는 시기가 왔습니다. 양이나 말들은 극지방에서 살 순 없었지만 순록은 극지방의 매서운 추위를 견딜 수 있었습니다. 그러니까 초원 스텝 지역에 살던 뿔 달린 꽃사슴이나 산양은 저 북쪽의 매직 로드로 올라가면 더 이상 등장하지 않고, 오로지 순록만이 눈과 얼음 위에서 살아갈 수 있었던 것입니다.

크리스마스의 대표적인 상징은 산타클로스와 함께 등장하는 사슴 썰매를 끄는 루돌프 사슴입니다. 그런데 눈밭을 달릴 수 있는 사슴들은 꽃사슴이 아니라 순록입니다. 산타클로스도 그 순록들을 치던 순록치기 할아버지입니다. 빨간 고깔모자를 썼습니다. 극지방에서 순록을 치는 사람들의 복장이 바로 산타할아버지의 복장입니다. 크리스마스 고깔모자 끝에는 하얀 방울을 답니다. 그건 바로 유목민들의 나침반 역할을 하는 북극성입니다. 그러니 크리스마스의 산타할아버지는 모래바람이 부는 더운 중동에서 시작된 기독교와 무관한 존재임이 확실해 보입니다.

신화에서의 사슴

그렇다면 사슴은 신화에서 어떤 존재일까요? 도대체 무엇이기에 공들여서 바위에 새기고 조형적으로 아름답게 변형도 시켰을까요?

거듭 말씀드리지만, 신화에서 사슴은 새와 비슷한 존재입니다. 땅에서 하늘로 올라갑니다. 물론 새는 날개가 달려서 날아 올라가지만 사슴돌에서 본 것처럼 사슴은 날개도 없는데 날아 올라갑니다. 올라가기만 하는 것이 아니라 내려오기도 합니다. 왜냐하면 사슴이 새와 마찬가지로 땅과 하늘을 연결하는 메신저라 생각했기 때문입니다.

하늘의 뜻을 땅에 전하고, 인간의 염원을 하늘에 닿게 하고, 죽은 자와 소통하고 신의 뜻을 전달하는 자, 샤먼이며 제사장이고 사제이며 당골네, 우린 무당이라고 부릅니다.

양과 사슴을 치며 유목을 하던 사람들의 종교는 샤머니즘이었습니다. 사슴은 그런 샤먼의 몸주, 무당의 몸주입니다. 사슴이 곧 샤먼이라는 것이죠. 토템의 대상이 되는 동물들은 대개 인간보다 우월한 능력을 가진 존재들입니다. 고대 인류는 맹수들과 맹금류에게 두려움을 느끼며 그들과 같은 힘과 능력과 용기를 갖길 원했을 것입니다. 인간보다 우월한 능력을 갖고 있던 호랑이, 독수리, 곰, 고래, 늑대 같은 동물들이 토템의 대상이 됩니다. 사슴은 토템의 대상이라고 보기는 조금 어렵지만 중앙아시아에서 신으로 추앙받던 동물입니다. 사슴은 순하고 사람들의 먹이가 되고 말 그대로 재산이기도 해서 희생 제의의 제물로 신께 바쳐지기도 했습니다. 토템이던 맹수 곰도 곰을 숭상하던 고대인들에 의해 곰 제의로 희생되었습니다. 그들의 의례였기 때문이죠. 사슴은 맹수는 아니었지만 땅이나 바다의 여신으로 받들어지기도 했습니다.

사슴과 비슷하게 특별한 능력이 없는 닭도 토템이 되는데 그 이유는 닭이 태양을 부르는 새이기 때문입니다. 제가 몇 년 전 서울 근교로 이사를 했는데, 그때 닭이 왜 토템이 되는가를 고민 중이었어요. 닭은 힘이 센 짐승도 아니고 특별한 능력을 가진 것도 아닌데 왜 토템의 대상이 됐을까? 이사한 지 얼마 되지 않아 경험적으로 알게 되었습니다. 닭은 첫새벽부터 울기 시작해 해가 솟을 때까지 울부짖더군요. 한 마리가 우니까 동네 닭이 다 울고, 이 닭들이 새벽 세 시쯤부터 울기 시작해서 해가 뜰 때까지 번갈아 가며 쉬지 않고 울어요. 사실 이론적으로는 닭이 태양새라는 것을 알고 있었지만 그래도 좀 미심쩍었습니다. 그런데 매일 경험하다 보니 닭이 왜 봉황으로, 피닉스로 변형되어 토템의 대상이 되는지 깨달았습니다. 새벽에 꼬끼오 한 번 하고 마는 닭들이 아니었으니까요.

그런 식으로 사슴을 한번 생각해볼까요? 사슴은 새입니다. 좀 전에 하늘로 비상하는 사슴들을 사슴돌에서 보았습니다. 사슴은 새인 게 맞는데, 새는 땅에 서 있다가 하늘로 날아 올라가잖아요. 유목민들에게 자신들이 치는 사슴이나 순록이 하늘에 가 닿기를 바라는 염원은 수천 년 뒤에도 남았습니다. 사슴은 땅과 하늘을 연결하고자 하는 신령을 가진 짐승이고 사제였던 것입니다. 신화를 이해하려면 지금 우리 현대인의 눈으로 보는 게 아니라 원시 인류, 고대 인류의 눈으로 생각해봐야 합니다.

사슴뿔은 나무를 연상시킵니다. 사슴의 몸은 땅입니다. 대지이자 물의 근원이고 지하세계와 관련이 있습니다. 사슴은 발을 땅에 딛고 풀이나 이끼를 뜯습니다. 사슴의 몸통은 대지를 의미합니다. 신화적으로 대지는 어머니 여신이라 성별로 보면 여성이지요. 땅과 여성, 매달 차고 기우는 달은 신화적으로 유비 관계의 이미지입니다. 사슴의 뿔은 사슴의 몸인 대지에서 자라나는 나무입니다. 사슴의 몸 자체가 세계수입니다. 그러므로 땅에서 사슴이 하늘로 날아 올라가는 것은 새가 하늘로 비상하는 것, 나무가 하늘을 향해 자라나는 것과 동일한 것입니다. 왜 사슴뿔이 화려한 꽃으로, 무성한 나뭇가지로, 혹은 구름으로 변형되는지 짐작할 수 있는 대목입니다. 새는 실제로 날지만 사슴은 상상으로만 날아오릅니다. 미야자키 하야오 감독의 〈원령공주〉에서 달빛을 받아 사슴신의 목이 길게 늘어나고 엄청난 거인신으로 변하는 장면을 기억하는 분이 많이 있겠죠. 대지와 하늘을 연결하면서 자라나는 우주목이나 세계수는 신화의 일반 모티프에 속하는 것입니다. 아메리카 인디언 추장을 보면 새 깃털을 엮어서 알록달록 머리에 길게 관을 만들어 쓰고 있습니다. 새는 항상 하늘을 날며 사람보다 초월적인 능력을 가진 존재입니다. 물론 제사장 내지는 무당과 통하는 존재이고요.

샤먼이 곰 가면을 썼다, 머리에 사슴뿔을 썼다, 새처럼 깃털을 달았다 하는 행위는 샤머니즘 체계에서는 '그것이 된다'는 의미입니다. 곰 가죽을 뒤집어쓰면 곰이 되고, 새 깃털을 달면 새가 되는 것입니다. 아즈테카나 잉카 문명에는 천둥새라든가 케찰코아틀[5] 같은 새와 뱀이 합쳐진 신들이 나옵니다. 새와 뱀이 합쳐져 있다는 것은 하늘과 땅이 만나서 하나가 된다는 것, 소통한다는 것, 음양의 조화라는 측면에서 이해하시면 됩니다.

그림 3
케찰코아틀
('깃털 달린 뱀')

[5]　아즈테카 신화에 나오는 날개 달린 뱀의 형상을 한 신.

무엇보다 샤머니즘의 첫 번째 원칙은 '접신'입니다. 신화의 초기에 나타나는 원시 지모신이 지배하던 시기는 어느 때부터인가 가부장적 남성 신들로 그 주인공이 바뀝니다. 대개 농경이나 목축이 시작되면서 인류 사회는 남성 중심의 시스템으로 돌아가게 됩니다. 그러니까 만물의 어머니로서 여신을 숭배하던 인간 사회가 신을 남성으로 상상하면서부터는, 접신이 첫 번째 원칙인 샤머니즘에서 사제들은 일반적으로 여성 사제, 여자 무당이 주류를 이루게 됩니다. 남성 샤먼, 우리로 치면 박수무당은 흔치 않습니다. 그 원형이 남아 있는 바이칼호 부근의 부랴트나 인근 종족들에는 남성 샤먼들이 상대적으로 많이 남아 있습니다. '접신'이라는 것을 인간 차원으로 이해하자면 신과 섹스하는 거죠. 완전히 신과 하나가 되는 엑스터시, 그 황홀경으로 신과 한 몸이 되고 그 신의 힘을 빌려 점을 보고 굿을 하는 신적 에너지를 얻는 것입니다. 무당은 땅과 하늘을 연결하고 삶과 죽음을 연결하는 일만 하는 것이 아니라, 산 자들의 고통과 인생의 고난을 잘 이겨내도록 돕는 치유자의 역할도 수행합니다.

헝가리의 〈신비의 사슴〉 신화

이제 유목민들의 황금 사슴 신화를 하나 이야기해드리겠습니다. 2017년 헝가리에서 세계수영선수권대회가 열렸습니다. 이 대회의 폐막식 공연이 사슴 신화와 관련 있었습니다. 민족의 기원 신화가 현대의 공연 콘텐츠가 된 것입니다. 잘 아시다시피 헝가리Hungary라는 국가명은 '훈Hun'으로 시작합니다. 자신들을 훈족의 후예라고 말합니다. 흉노라고도 알려져 있습니다. 최근 연구에서는 역사적으로 등장하는 시기가 차이를 보이지만, 흉노와 훈을 같은 유목 민족이라고 주장하는 연구들이 점차 힘을 얻고 있습니다. 워낙 여러 유목 민족들이 전쟁을 통해 섞여 살아온 지 오래되었고

그림 4
동화에 나오는 '신비의 사슴' © 『흰 수사슴(The White Stag)』(Puffin Books, 1979)

이후의 상황과 각 유목 민족들의 입장에 따라 신화가 윤색된 부분도 있다는 점을 고려하셨으면 합니다. 헝가리 신화는 훈족과 마자르족이 쌍둥이 형제의 후손이라고 설명합니다. 그리고 그 민족 기원은 사슴 신화를 기반으로 합니다. 헝가리의 민족 기원 신화 중 〈신비의 사슴A csodaszarvas〉에 얽힌 이야기는 1283년에 편찬된 『헝가리사』에서부터 등장합니다.

북쪽 산악 지대에서 온 거인신적 존재인 님로드Nimroad[6]는 '암사슴'을 뜻하는 에네드Eneth라는 여인과의 사이에서 쌍둥이 아들 후노르와 마고르를 얻습니다. 두 아들은 님로드의 자랑으로 잘 자랍니다. 사냥을 좋아하던 님로드처럼 두 아들도 사냥을 좋아했습니다.(북쪽에서 온 거인 사냥꾼이라는 점에서 헝가리인들의 기원을 짐작게 합니다.) 아버지를 따라 사냥을 나간 쌍둥이 형제는 형형색색으로 빛나는 거대한 뿔을 가진 암사슴에 홀려 서쪽으로 서쪽으로 추격을 합니다. 자신들의 땅을 떠나온 것도 잊은 채 달려가던 형제는 높은 산을 넘어 메오티스라는 늪지대에 도달합니다. 사슴은 나타났다가 사라졌다가 하면서 이들을 인도했고, 이들이 메오티스에 당도하자 호수로 뛰어들어 사라져버립니다. 형제는 아버지 님로드에게 돌아와 용서를 구하고 자신들이 찾은 땅에 사원을 지을 것을 요청하여 그곳에서 5년을 지냅니다. 그리고 6년째 되던 해, 스승으로부터 자신들이 왕이 되는 법을 배웁니다. 그 개간지에는 뿔의 축제를 즐기던 아름답고 젊은 아가씨들이 있었는데, 그들은 '뿔을 지닌 자'란 암사슴을 기념하는 축제를 하고 있었습니다. 그들의 여신이었겠지요. 이란계 알란족의 공주였던 두 아가씨에게 반한 형제는 그녀들을 납치해 결혼하고[7] 그들의 후손이 스키타이 108 민족이 되었다고 합니다. 후노르의 후손은 훈족이, 마고르의 후손은

---

6   님로드를 니므롯으로 표기하기도 한다. 성경에 느브갓네살이라는 이름으로 등장하는 아시리아 왕국을 만든 인물로 알려져 있다. 작곡가 엘가의 수수께끼 변주곡 중 〈님로드〉는 유명한 음악이기도 하다.
7   신화에는 약탈혼이나 납치혼의 형태가 많이 보인다.

그림 5
'신비의 사슴'(2017년 헝가리 부다페스트 세계수영선수권대회 폐막식 영상)

마자르족이 되었습니다.[8]

　2017년 헝가리 세계수영선수권대회 폐막식 공연은 퍼포먼스 자체가 무척 아름답고 완성도 있는 작품이었습니다. 신비한 황금 사슴이 천천히 우아하게 걸어 나옵니다. 튀르크족 신화에 황금빛 뿔을 가진 암사슴이 하늘로 올라가는 신화가 있습니다만, 사실 뿔을 가진 암사슴은 현실에는 없습니다. 암사슴은 수사슴 같은 크고 멋진 뿔이 없습니다. 순록도 암컷은 작고 단순한 뿔만 있습니다. 그러나 신화는 거대한 뿔을 가진 암사슴을 얘기합니다. 사슴 자체가 원형적 대지모신의 풍모를 보입니다. 다른 사슴 신화 전승에서는 황금 사슴이 아니라 흰 수사슴이 등장하기도 합니다. 신화에서 흰색은 대개 신성함을 표시하고 사제의 색인 경우가 많습니다. 하늘과 땅을 연결하는 메신저라고 말씀드릴 수 있습니다. 대중문화 콘텐츠에도 자주 등장해서 〈해리 포터〉에서 수호신으로 흰 수사슴이 등장하고, 〈아서왕 이야기〉에서는 흰 수사슴이 성당 안으로 뛰어 들어온 후 원탁의 기사들이 성배 탐색에 나서죠. 해리 포터와 아서왕 이야기 모두 켈트 신화와 관련된 기반을 가진, 매직 로드의 끝자락에 있는 사슴 관련 신화입니다. 유라시아 동쪽 끝의 아이누 신화에도 하늘에서 사슴들이 내려오는 전승이 있습니다.

8　정병권, 김정환, 박종성 외 공저, 『한국동유럽 구비문학 비교연구』, 월인, 2003. 중 박종성 「헝가리의 창세 및 민족기원 신화의 재편 양상」 참조.

그림 6
순록

　　앞서 본 수영대회 폐막식 퍼포먼스에 재현된 신화에서는 '거대한 뿔을 가진 암사슴'이라고 설명합니다. 공연에서 보이는 것은 흰 수사슴이 아니라 황금빛 뿔을 가진 암사슴이며, 광명의 빛을 가진 해와 달, 그리고 뿔에 달린 별은 사슴이 여신으로 간주된다는 것을 짐작게 합니다. 그들의 기원에 대한 이야기이기 때문에 황금 사슴의 등장을 다들 숨죽이며 보고 있는 거죠. 그리고 황금 사슴은 혼자 내려오지 않고 뿔의 축제를 하는 알란족 공주들과 함께였습니다. 헝가리 민족 기원 신화이니만큼 세계적인 축제의 대미를 장식하는 퍼포먼스로 만들었겠지요. 사슴은 원래 여신의 짐승이고 여신의 화신이기도 한 것이죠. 땅에서 날아 올라가는 사슴은 샤먼일 것 같지만 하늘에서 내려오는 사슴은 여신에 더 가까울 것입니다. 우리 옛이야기 〈선녀와 나무꾼〉에서도 선녀(여신)가 목욕을 하던 중에 나무꾼에게 선녀 옷을 감추면 아내가 될 것이라고 알려주는 존재가 사슴입니다. 여러 신화소들이 변형되어 있는 듯합니다. 날개옷을 입고 하늘로 날아 올라가는 선녀는 하늘로 비상하는 사슴과 많은 부분 닮아 있습니다. 이 영상에서는 중앙아시아에 퍼져 있는 사슴 신앙의 아름다운 이미지가 전개됩니다.

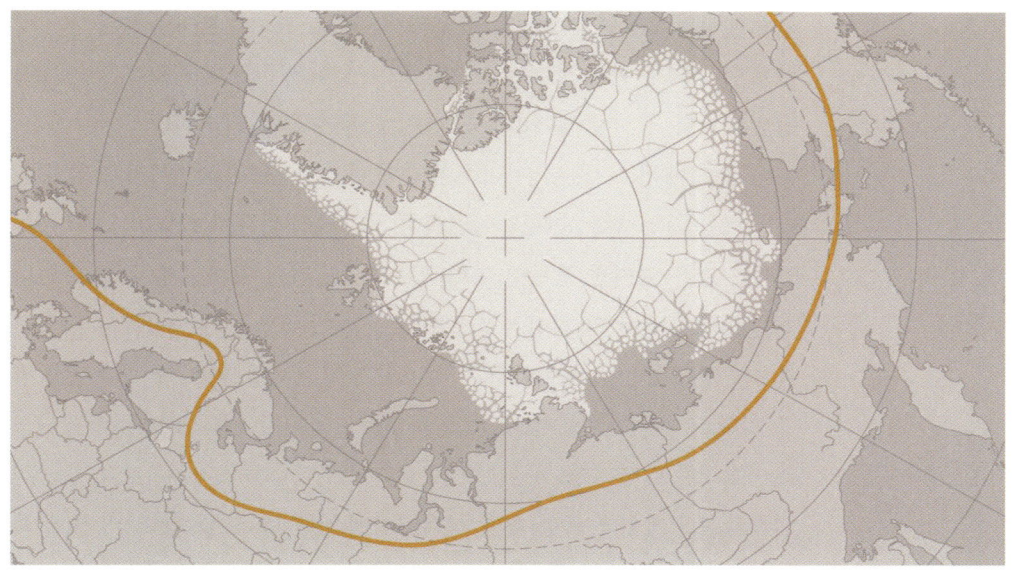

그림 7
북극 지도와 순록 길

매직 로드의 순록 신화들

순록은 사슴과 달리 발굽이 갈라져 있어서 얼음판을 달려도 미끄러지지 않는다고 합니다. 다리는 사슴보다 굵고 짧습니다. 머리에 뿔은 암수가 다 있습니다. 암놈의 뿔은 수놈에 비해 조금 단순합니다. 순록이 추위를 견디는 온도는 영하 40~50도까지라고 합니다. 그러니 순록이 살지 못하는 곳에 길이 있지는 않았을 것 같습니다.

그림 7은 북극 지도인데, 한가운데가 북극점입니다. 노란 선으로 표시된 곳이 북극을 중심에 놓고 봤을 때 매직 로드, 순록 길이 있었으리라 여겨지는 곳입니다. 이 극지방의 설원을 달리던 사람들에게 천구의 중심인 북극성polaris(현재 작은곰자리 알파성)은 밤길의 길잡이별이었습니다. 초원의 유목민에게도 그랬고요. 북극성이 하늘에서 가장 밝게 빛나는 별은 아니지만 천체는 북극성을 중심으로 회전합니다. 얼음의 허허벌판이나 끝없는

초원의 길을 갈 때는 아무런 랜드마크가 없습니다. 건물이나 특이하게 생긴 숲이나 나무 같은 것들이 없는 장소여서, 이 사람들에게 믿을 것은 별밖에 없습니다. 특히 움직이지 않는 별이 길잡이가 되어줍니다.

이 길이 매직 로드 – 샤머니즘의 길이고, 에스키모들이 '세키모 로드'라고 부르는 길입니다. 순록 길이면서 황금과 광명의 길이었습니다. 이 길이 있다는 것은 알지만 정확히 어디라고 말씀드리긴 쉽지 않습니다. 얼었다 녹는 땅이고 얼음의 계절적인 변화로 웅덩이들이 생기는 곳이라 정확한 위도와 경도를 짚어서 여기가 그 길이라고 명쾌하게 말씀드리지는 못합니다. 알래스카에는 '이누이트 로드'도 있다고 합니다. 멀리 보면 북아메리카로 이어지는 길입니다.

매직 로드에서 순록을 치며 시베리아에 사는 종족으로는 코미족, 사하족, 에벤키족, 축치족 등이 있습니다. 핀란드의 핀족, 라플란드의 사미족, 스칸디나비아의 노르웨이, 스웨덴까지 이어지는 매직 로드의 사람들이 있습니다.

그럼 먼저 시베리아의 순록 신화에 대해 알아보겠습니다.

부랴트족의 순록 신화

어느 명사수가 세 마리 순록을 뒤쫓아서 활을 쏘았고, 순록들은 하늘로 뛰어올랐는데 하늘에 다다르면서 오리온자리가 되었다.[9]

부랴트는 현재 러시아의 공화국 중 하나입니다. 『샤머니즘의 사상』이라는 책에 수록된 순록에 대한 전승을 보면 중요한 신화소를 많이 찾아볼 수

---

[9]　샤머니즘 사상연구회, 「시베리아 민족들의 동문에 대한 관념과 상징」, 『샤머니즘의 사상』, 민속원, 2013, 183쪽.

있습니다.

　어느 명사수가 순록 세 마리를 쫓습니다. 숫자 '3'이 나오죠. 네 마리, 다섯 마리, 여섯 마리가 아니고 왜 세 마리일까요? 아무튼 세 마리의 순록을 쫓아서 갔습니다. 사슴을 쫓는 이야기는 유목민들에게는 익숙한 상황입니다. 헝가리의 마자르족도 신비한 사슴을 쫓아갔잖아요? 신화에서 '3'은 힌트를 좀 드리자면 매직 로드, 순록 길을 달렸던 사람들, 그 길을 따라 교류를 했던 사람들, 그 길의 중간 어디쯤에서 살던 사람들이 신성하다고 여긴 특별한 숫자입니다. 유목 민족들에게 '3'은 상서로운 수입니다. 신화적으로는 가장 안정적인 수이고 천지인 天地人을 의미하는 수이기도 합니다.

　'3'이 등장한다면 그들은 정주 농경민족이라기보다는 유목 민족일 가능성이 높다고 봐도 될 듯합니다. 켈트 신화에서도 '3'은 마법의 수입니다. 우리에게도 삼태극 三太極, 삼족오 三足烏, 삼태성 三台星 등 많습니다. 삼형제, 삼대, 삼세판같이 한국 사람들은 '3'을 좋아합니다. 그렇죠? '1, 2, 3' 중에 '1, 2'보다 '3'을 좋아해요. 신화 상징적 수의 의미로 본다면 한국 사람들은 북방계 유전자가 우위인 게 확실해요.

　어쨌든 명사수는 활을 쏘았고 순록들은 하늘로 뛰어올랐어요. 아까 그 사슴돌을 떠올려보세요. 뛰어올랐는데 하늘에 다다르면서 오리온자리가 됩니다. 오리온자리는 우리의 삼태성이에요. 우리한테도 그런 이야기가 있어요. 할아버지와 아버지와 아들이 어느 날 눈 속으로 차례차례 사라집니다. 겨울에 집을 떠난 할아버지를 따라 아버지가 가고, 아들이 그 아버지를 따라가서 삼대가 모두 사라집니다. 그리고 그들 모두 하늘의 별이 됐다는 이야기입니다. 사실 밑도 끝도 없는 이야기지만 그 별이 오리온자리, 바로 삼태성입니다. 부랴트 순록 신화는 별이 된 세 마리 사슴 이야기입니다. 마치 사슴돌의 스토리 같습니다.

에벤족의 순록 신화

　　천상계에서 쫓겨난 처녀가 뿔이 여덟 개 달린 순록을 타고 내려왔으나 지상에는 물밖에 없었다.

　　순록이 자신을 죽여 사방에 흩뿌리라고 했다.

　　순록의 각 부분이 땅이 되고 산이 되고 심장은 영웅이 되고 두 개의 폐는 남녀가 되었다.

　　에벤족의 순록 신화는 어떨까요? 에벤족은 기원을 따지자면 유라시아 초원에서 북쪽으로 올라간 사람들이에요. 천상계에서 쫓겨난 처녀가 뿔이 여덟 개 달린 순록을 타고 내려옵니다. 약간 숫자가 다르죠. 신화 상징에서 대개 홀수는 남성, 짝수는 여성을 나타냅니다. 영적 의미에서 '8'은 신 참자가 일곱 단계를 통과해 도달하는 최종 지점을 뜻합니다. '8'은 낙원의 재생, 부활, 회복의 의미를 담은 숫자이며 '7+1'은 완전함, 전체, 대우주를 의미하는 새로운 7의 단위를 다시 시작하는 수이기도 합니다. 사슴의 뿔이 쌍을 이룬다는 점을 생각하면 '4+4'의 조합일 수도 있습니다. '4'는 사계절, 사방위, 사각형, 특히 중국에서 '4'는 정사각형의 대지를 의미하기도 합니다. 형체가 있는 음의 숫자이며 영혼의 숫자가 아니라 육신의 숫자입니다. 뿔이 여덟 개 달린 순록은 그런 신화 상징들로 해석이 가능합니다. 하늘에서 추방당한 처녀는 순록을 타고 내려옵니다. 하늘에서 추방당한 처녀가 여신, 선녀, 천녀 같은 존재인 데다가 인간세계의 육신을 얻었다는 것을 말해주기도 하네요. 순록의 몸은 대지를 뜻하기도 하고 '8'이라는 숫자는 몸을 다시 갖게 되는 부활, 재생의 숫자이기도 합니다. 하늘의 처녀가 지상으로 내려오는 데 순록만큼 타고 내려오기 적절한 동물이 없을 것 같습니다. 그런데 내려왔더니 지상에는 물밖에 없다는 거예요. 신화에서 물 또한 여성을 상징합니다. 물밖에 없으니까 순록이 그 처녀한테 자기를 죽여서 사방에 흩뿌리라고 했다는 것은, 자기희생이고 최초의 희생제의 같기도 합니다. 자기 자신이 대지가 되는 겁니다. 그렇게 해서 순록의 몸 각 부분이 다 땅이 됩니다. 신화적으로는 타당한 귀결이라는 생각이 듭니다. 순록은 산이 되고, 심장은 영웅이 되고, 두 개의 폐는 남자와 여자가 됐다고 전합니다. 널리 알려진 신화 이론인 '거인신체화생설巨人身體化生說'의 변형으로 보입니다. 거인의 신체가 화생, 세상을 다 만들었다, 그런 의미입니다. 북유럽 신화에 나오는 태초의 거인 이미르나 중국 신화의 반고 같은 신이 몸이 분해되어서 세상을 이루는 거인들입니다. 한쪽 눈은 해가 되고, 다른 한쪽 눈은 달이 되고, 등뼈는 산맥이 되고, 핏줄은 강물이 되고 하는 이야기들을 많이 보셨을 거예요. 이를 거인신체화생설이라고 하는데 여기서는 거인이 아니고 순록인 거죠. 이 에벤족의 신화에서는 순록이 거인의 역할을 합니다. 순록이 자기를 희생해서 세상이 되어버린 겁니다. 그런데 순록을 타고 내려온 처녀는 어디로 갔나요? 제 생각엔 순록 자체가 그 처녀였던 것 같습니다. 여신이라고 할 수 있습니다. 하늘에서 강림하는 사슴 처녀. 영원한 처녀인 여신이자 원시 지모신이 세상을 만들고 인간을 창조했습니다.

에벤키족의 순록 신화

> 할아버지, 순록은 어디서 왔나요?
> 곰 털에서 나왔지.
> 그럼 곰은 어디서 왔나요?
> 곰은 사람이었단다.

이번에는 에벤키족의 이야기입니다. 꼬마가 할아버지한테 질문을 합니다. "할아버지, 순록은 어디서 왔나요?" "곰 털에서 나왔지." 이 곰은 또 뭘까요? 그 지역은 모두 곰 제의를 하는 곳입니다. 우리나라의 곰이라고 해봐야 평창올림픽의 반다비처럼 아담한 반달곰이잖아요. 여기서 말하는 곰은 회색 곰이나 불곰 같은 커다란 곰입니다. 한반도에는 그런 큰 곰들이 서식하지 않습니다. 그렇지만 우리는 환웅과 웅녀의 자손, 즉 곰족입니다. 우리는 곰족인데 그런 큰 곰들을 잘 보지 못합니다. 아마 우리 조상들은 곰 제의를 하던 곳에서 온 사람들이라는 얘기일 겁니다.

그런데 우리 단군 신화에는 곰과 호랑이가 나오는데도 곰 이야기는 찾아보기 어려운 반면, 호랑이 이야기는 어마어마하게 많습니다. 하다못해 '곶감과 호랑이', 호랑이가 멍청했다가 똑똑했다가 합니다. 어리석은 호랑이를 골탕 먹이는 이야기가 꽤 많이 있습니다. 그런데 곰 이야기는 공주 지역의 '곰나루 이야기' 정도로, 찾아보기가 쉽지 않습니다.

다시 에벤키족의 곰 이야기로 돌아가볼게요. "순록은 곰 털에서 나왔지." 이 말은 곰을 토템으로 생각하는 씨족 혹은 부족들이 순록을 친다는 의미로 읽힙니다. 순록이 곰 털에서 나왔답니다. 곰 털의 수만큼 순록이 많다는 의미로도 해석할 수 있죠. 순록보다는 곰이 더 큰 신앙의 대상이었다고 해석해볼 수도 있어요. 꼬마가 "그럼 곰은 어디서 왔나요?"라고 묻자, 할아버지는 "곰은 사람이었단다"라고 대답합니다. 에벤키 사람들에게 곰과 사람과 순록은 일종의 삼위일체를 이루는 듯합니다. 삼태성이나 오리온 별자리의 '3'은 여기서도 유효합니다. '3'은 통합, 처음-중간-끝을 모두 포함하는 전체, 하늘-땅-바다와 같은 세계의 3중성, 과거-현재-미래, 영혼을 나타내는 신성의 숫자입니다. 곰-사람-순록의 삼위일체는 곰 제의를 하면서 순록을 치던 사람들의 기원 신화로, 그들에게 순록은 식량이자 재산이며 샤먼의 몸주로서 스스로 자신이 누구인지, 어떤 사람들인지 정체를 드러내는 말과 다르지 않습니다.

매직 로드의 코미족이 곰족입니다. 코미는 곰이에요. 곰이 출몰하는 곳에 살면서 그 곰을 토템으로 삼는 사람들입니다. 베오그라드, 베를린, 베른 같은 도시 지명들을 들어보셨지요? 그곳이 다 곰이 나오는 곳입니다. 북극에는 하얀 북극곰도 살지만 이 지역의 곰들은 불곰, 잿빛 곰과 같은 큰 곰들입니다. 이런 곰들과 순록, 그리고 사람의 관계가 그들의 세상 전체였다는 생각도 듭니다. 곰과 관련된 이야기는 매직 로드의 서쪽 끝 아서왕 전설에서도 그 흔적을 찾을 수 있습니다.

아서왕 신화의 아서는 'Arthur'라고 쓰는데 어근 'art'가 곰을 뜻합니다. 아서왕 신화는 영

그림 8
베를린의 상징
곰 조형물(버디 베어)

국 섬 웨일스 켈트의 신화입니다. 곰은 신화적으로 왕이나 군주를 의미합니다. 고대 세계의 군주였던 곰은 유일신 사상을 가진 기독교가 들어오면서 핍박을 받았죠. 기독교 입장에서 보면 곰은 이교도의 왕입니다. 이러한 이교도들의 군주를 의미하는 곰은 상징계에서도 탄압을 받습니다. 그래서 곰이 서커스에 끌려다니면서 재주를 넘고, 어린아이들이 가지고 노는 곰 인형 테디 베어를 만들었던 것입니다. 어린아이들은 곰을 맹수라고 생각하지 못합니다. 그냥 예쁜 곰을 갖고 놀고 껴안고 자죠. 그렇게 곰이 상징적으로 몰락한 역사가 있어요. 다르게 말하면 곰을 능멸하는 거죠. 그리고 그 군주로서의 곰의 자리는 유럽에 살지 않는 사자가 대체합니다.

'세계축'으로서의 크리스마스트리

하늘로 비상하는 사슴은 신화의 모티프로 해석해보자면 '세계축Axis Mundi' 모티프에 해당합니다. 하늘과 땅을 잇고 관통하는 축으로 우주목이나 세계수 같은 것들을 말합니다. 북유럽 신화의 우주목 이그드라실이 대표적인 세계축이죠. 마을 어귀마다 서 있던 커다란 나무들과 정화수를 떠놓고 기도하는 서낭당의 금줄 거는 나무들도 일종의 세계수라고 할 만합니다. 신목이라고도 부르죠.

사슴뿔 혹은 순록의 뿔은 나무와 비슷해 하늘과 땅을 연결하는 것이라 생각했습니다. 세상의 중심이자 땅과 하늘이 소통하는 것. 그러니까 하늘과 땅을 연결하는 '하늘 사다리'이기도 합니다. 이 뿔을 통해 하늘과 소통

그림 9
북유럽 신화의 우주목 이그드라실과 크리스마스트리

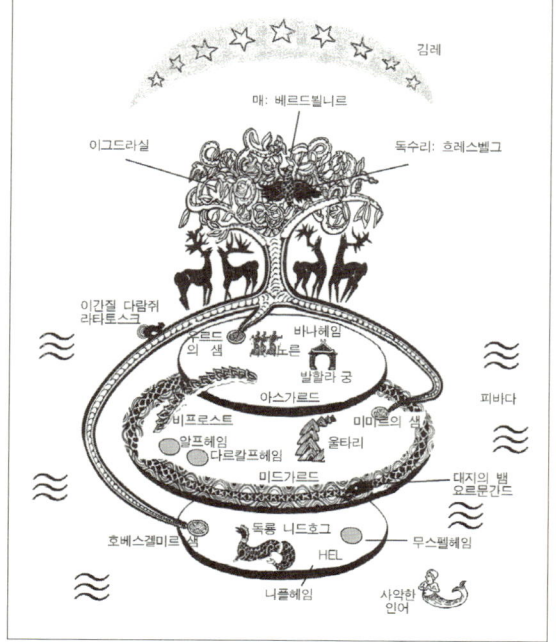

하고자 한 것이니 어떻게 보면 교회 첨탑 같은 형상인 것이죠. 선사시대의 많은 암각화나 그림들을 보면 사슴의 뿔을 쓰고 춤추는 샤먼의 모습을 볼 수 있습니다. 케르눈노스라는 켈트의 신은 사슴의 뿔을 가지고 있습니다. 사슴 뿔을 쓰고 제의를 하는 샤먼의 모습은 근대와 현재까지도 관찰됩니다. 사슴이 샤먼의 몸주이기 때문이지요.

그림 10
케르눈노스

시베리아 샤머니즘에서도 하늘과 땅 사이에 우주목이 있습니다. 추운 곳이니 활엽수가 아니라 침엽수인 우주나무가 세계의 중심에 서 있다고 생각했습니다. 하늘과 땅을 연결하는 그 나무 위에는 죽은 사람의 영혼이 반짝반짝하는 새의 형상으로 앉아 있다고 여겼습니다. 그리고 아기가 태어나면 그 영혼 중에 하나가 아기의 몸으로 들어간다고 생각했습니다. 그런데 여러분, 샤머니즘의 우주는 무엇과 같을까요? 크리스마스트리. 그렇습니다. 똑같은 형상이죠? 그리고 영혼들이 나무 위에서 빛난다고 했죠? 크리스마스트리의 장식을 마치면 나무 맨 꼭대기에 하얗고 큰 별도 하나 답니다. 그 별은 유목민들의 길잡이별 북극성입니다. 매직 로드, 순록 길과 관련해서는 바로 크리스마스트리가 샤머니즘의 세계축, 생명의 나무, 신목입니다.

튀르크계 신화에서는 투룰이라는 거대한 송골매가 이 생명의 나무 꼭대기에 앉아 있다고 합니다. 아직 태어나지 않은 아기들의 영혼과 함께 나무 꼭대기에 앉아 있는 것입니다. 샤머니즘의 우주목과 새. 나무 위의 새 한두 마리의 형상은 우리가 익숙히 보던 솟대의 이미지입니다. 바이칼이나 우리의 솟대 위에는 오리가 있습니다.

우주목 이그드라실의 맨 꼭대기에도 거대한 독수리가 앉아 있습니다. 소위 세계 독수리 '흐레스벨그'입니다. 북유럽 신화의 주신 오딘의 화신입니다. 그 독수리의 두 눈 사이에는 '베르드빌니르'라는 매가 살며, 그 매는 매일 아침 세상을 한 바퀴 돌아보고 밤새 아무 일이 없었는지 오딘 독수리에게 보고를 한답니다. 그 이그드라실의 아래에는 사슴 네 마리가 푸른 잎을 뜯어먹고 있습니다. 사슴이 천상의 동물이라는 것을 여기서도 시각적으로 확인할 수 있습니다. 스칸디나비아 사람들은 이그드라실이 무성하고 푸를 때만 이 세계가 온전하다고 생각했습니다.

사슴뿔의 크기와 숫자는 샤먼의 힘이 어느 정도 강력한가와 관련이 있습니다. 샤먼들은 진짜 사슴뿔로 된 관을 쓰기도 했지만 금으로 만든 사슴뿔이나 사슴뿔과 유사한 나무 형상의 관을 만들어 쓰기도 했습니다. 금으로 만든 사슴뿔이면 더 강력한 것입니다. 신라의 출자형 금관이 그런 상징입니다. 임금이 쓰는 금관입니다. 고대의 어느 때까지 왕은 사제의 역할을 겸하기도 했거든요. 제정일치 사회에서 하늘의 신권을 받은 가장 강력한 사람은 왕이었던 것이죠. 임금은 하늘의 뜻을 널리 알리고 신들에게 인간의 염원을 비는 사제이기도 했습니다.

그림 11
애니메이션 〈원령공주〉에 나오는 사슴신

고대 일본 신화를 바탕으로 한 미야자키 하야오 감독의 애니메이션 〈원령공주〉에 사슴신의 모습이 잘 나타납니다. 사슴신의 목이 길어지면서 온몸에 뿔이 자라나고 달이 뜬 하늘에 가닿으면 거인신 데이다라보찌가 됩니다.

사슴돌에는 뿔이 무성한 사슴이 해와 달이 있는 하늘로 날아 올라갑니다. '동쪽에 해 뜨는 나라'라면 우리와 관련이 있다는 것도 너무 잘 알려진 이야기입니다. 신화적으로 태양 숭배는 두 가지 의미를 갖습니다. 뜨거운 열과 찬란한 빛인데, 매직 로드의 사람들은 열보다는 빛이 중요하다고 생각하는 것으로 보입니다. 그래서 순록 길은 매직 로드이며 황금과 광명의 길이라고 할 수 있습니다.

빛과 열이라는 태양의 두 측면으로 삼족오 이야기를 잠깐 곁들여보겠습니다. 우리는 삼족오가 까마귀라 까맣다고 생각하지만 원래 삼족오는 황금새입니다. 태양에 까맣게 탄 까마귀는 본래 자기희생의 새입니다. 황금 까마귀, 태양새이지만 자기를 희생해서 검게 탄 까마귀를 태양의 흑점으로 해석하는 연구자들도 있습니다. 그런데 언제부턴가 우리는 흰 것은 좋은 것, 까만 것은 나쁜 것이라는 서양의 이분법적 사고를 그대로 받아들였습니다. 눈처럼 흰 백조는 순수함을 상징하는 반면, 까마귀는 흉조로 여깁니다. 그러나 실제로는 태양 속에 들어가서 몸을 불살라 인간에게 이로움을 주고 자신은 까맣게 타버린 고귀한 존재입니다. 불타는 새는 까마귀나 천둥새, 활활 불타는 피닉스와 관련 있는데, 이들은 다 태양새입니다. 흰 것은 좋고 검은 것은 나쁘다는 이분법적 상징 사고로는 독해가 쉽지 않습니다. 흰색은 천사, 검은색은 악마라는 경직된 이분법적인 사고를 벗어나야 검은 새가 왜 신화에서 중요한지 이해됩니다. 고대 신화의 세계는 대개 기독교가 발현되기 오래전에 형성되었다는 점을 상기할 필요가 있습니다.

유럽 사람들은 크리스마스트리의 연원을 북게르만이라고 여긴답니다. 매직 로드를 떠올리면 이들의 주장을 다시 검토해봐야 합니다. 유럽에서 크리스마스트리의 기원을 북게르만이라 하는 이유는 지그프리드라는 게르만의 영웅과 관련지어 생각해볼 수 있습니다. 지그프리드의 아내 크림힐트는 남편이 살해당한 후 훈족의 왕 아틸라와 재혼합니다. 크림힐트는 군터 왕국의 왕녀이기도 했습니다. 당시 강력했던 훈족의 세력과 연합을 한 것이었겠지요. 그러니까 유라시아에서 온 신목 신앙을 가지고 있던 훈족이 게르만 땅으로 그 신앙을 가지고 간 거죠. 게르만 지역에 훈족이 온 이후부터 크리스마스트리가 풍습이 되었다는 설명입니다. 헝가리 신화에서 보셨다시피 후노르의 자손들이 훈족이라면 그들에게 하늘로 날아 올라가는 사슴과 신목으로서의 세계수는 익숙한 것이었을 테지요. 고깔모자를 쓴 산타 할아버지와 코가 반짝이는 루돌프와 순록들이 썰매를 타고 하늘로 날아 올라가는 모습은 기독교적 기원을 가지고 있지 않다는 것을 알 수 있습니다. 유목 전사들의 문화 전파라고 해야 할까요? 문화의 세계화라고 해야 할까요?

노마드의 삶, 유목 전사들의 세계관

북극성은 움직이지 않는 붙박이별입니다. 동서양 모두 북반구의 하늘에는 북극성을 중심으로 별들이 움직입니다. 그래서 오래전부터 인류는 북극성을 중요한 별이라 생각했고 신앙의 대상으로 삼기도 했습니다. 특히 초지를 따라 계속 이동해야 하는 유목민들에게 북극성만큼 길잡이가 되어준 별이 없습니다. 언제나 그 자리에 떠 있으므로 이동할 때 나침반 역할을 했을 테니까요. 유목민들은 한 초지에 머물러 있지 않습니다. 양들을 풍부하게 먹일 수 있는 초지라 하더라도 일정한 시기가 지나면 떠납니다. 유목민들끼리 로테이션을 하는 것입니다. 시계 반대 방향으로 이동합니다. 힘이 센 부족이어도 나쁜 초지에 갈 수가 있고, 힘이 약한 부족이어도 좋은 초지에 갈 수가 있어요.

땅에 농사를 짓고 사는 농민들은 땅의 주인이나 나라에서 세금을 걷어 갑니다. 농민들을 착취하는 역사는 길고도 길죠. 떼어가는 세금이 감당할 수 없게 많고 부역도 심하게 시키면 폭동이나 혁명이 일어나기도 합니다. 그렇지만 그 땅을 버리고 떠나는 경우는 흔하지 않습니다. 그런데 유목민들은 다릅니다. 그들의 재산은 가축입니다. 위정자가 마음에 들지 않으면 가축들을 몰고 밤새 떠나고 맙니다. 사실상 독재가 불가능한 구조입니다, 다른 곳으로 가버리니까요. 땅에 중심을 두고 사는 농경 사회는 아무리 폭정과 과한 세금에 시달려도 땅을 떼어서 둘러메고 도망갈 수가 없죠. 농사를 짓고 머물러 살던 사람들에게 자신들의 삶의 터전을 버리는 일은 무엇보다 어려운 일입니다. 하지만 유목민은 땅에 대한 소유 개념이 다릅니다. 목초지는 자신의 소유가 아닙니다. 이런 차이가 농경 중심의 문화와 유목민들의 노마드적 삶과 사고가 달라지게 된 연유가 아닐까 싶습니다. 물론 유럽을 정복했던 켈트, 스키타이 같은 여러 유목 부족들은 살기 좋은 곳에 정착합니다. 농민들이 살기 힘들다고 유목 전사가 되기도 했겠죠. 전쟁을 통해 혹은 정착으로 피도 많이 섞였을 테고 문화도 서로 영향을 주고받았습니다.

유라시아 초원의 유목 전사들은 말 위에서 회의를 하고, 말에서 내리지 않고, 말과 함께 달리고, 말에서 먹고 잡니다. 그리고 말 달리는 빠른 속도로 강한 무기들을 들고 농경민 중심의 성들을 공략하죠. 유목민 전사들은 한 명이 한 마리의 말에 의존해서 다니지 않습니다. 가장 하위 무사들이 최소한 말 두 마리를 끌고 다닙니다. 타고 있는 한 마리와 짐을 싣거나 번갈아 탈 다른 말 한 마리. 기동성을 상상해보세요. 두 마리 여분의 말을 타거나 세 마리 말을 타는 계급도 있었습니다. 이런 식으로 한 명의 장수는 말을 최대한 일곱 마리까지 몰고 다녔다고 합니다. 말 일곱 마리가 뛰는데 사람은 한 명인 거죠. 사람의 수보다 말의 수가 많은 유목 전사들의 무리가 엄청난 말발굽과 흙먼지를 일으키며 출몰하면 얼마나 무서웠을까요. 성에서 문을 열지 않고 저항하면 그들은 뛰어난 전투력을 발휘해 결국 성을 함락시킵니다. 정복당한 성 안 사람은 남녀노소는 말할 것도 없고 개, 돼지, 닭까지 싹 다 씨를 말려버렸다니 엄청난 공포의 대상이었을 것입니다. 그리스 신화에서 반인반마의 켄타우로스는 그런 공포의 상상력이 발동하여 만들어진 존재입니다. 켄타우로스라는 그리스어는 '말+사람'이라는 의미라고 합니다. 말과 인간이 한 몸을 이루는 두려운 존재입니다. 유목 전사들에 대한 공포는 그렇게 상상력을 자극하여 켄타우로스 같은 존재들을 만들어냅니다. 그런데 저항하지 않고 성문을 열면 별다른 피해를 주지 않고 통과했다고 합니다. 물론 통과하더라도 자신들의 문화를 많이 내려놓았겠죠.

중국의 경우 만리장성을 쌓았습니다. 만리장성은 달에서도 보이는 진시황의 대단한 업적이라고 입을 모읍니다. 관점을 조금 바꿔 생각해보면 흉노가 침범해서 자신들을 파괴할지도 모른다는 공포가 얼마나 강했는지 짐작할 수 있습니다. 얼마나 두려웠으면 달에서도 보일 정도의 성을 쌓았을까요? 역사적으로도 여러 중국 왕조들은 유목 전사들이 침략해 내려왔을 때 멸망합니다.

우리는 너무 농경 사회 중심의 치우친 역사를 배웠습니다. 세계사를 그렇게 인식했던 거죠. 그 농경 문화 중심의 사고방식과 인식론은 이제 조금 바뀔 필요가 있을 것 같습니다. 유목민들이 무조건 나쁜 사람에 무식하고 야만적인 사람인 양 생각해왔거든요. 그러나 그들은 그들 나름의 생존 방식과 문화를 갖고 있었던 것입니다. 그들은 쿠릴타이라는 회의를 합니다. 만장일치의 의사결정 기구입니다. 우리 신라의 화백제도도 저 쿠릴타이와 똑같았다고 주장하는 분들도 있습니다. 함께 협력하고, 약속을 지키고 해야 그 공동체가 살아남을 수가 있었던 거죠. 어쨌든 그건 고대부터 전해오는 유목 민족들의 민주주의적인 의사결정 시스템이었습니다. 그래서 기마 민족들의 공동체는 대개 연방 체계였습니다. 여러 부족들이 모여서 쿠릴타이를 하고, 거기서 모든 것을 결정합니다. 이렇게 나누어 갖자, 이런저런

그림 12
톤유쿡 비석

곳으로 이동하자, 어디서 모여 힘을 합치자, 하는 식의 의사결정을 하고 서
로 약속을 만드는 거죠. 그렇지 않으면 다 같이 공멸하니까요.

유라시아 초원, 몽골의 비석에는 돌궐의 지도자 톤유쿡[10]의 유훈이 새겨
져 있습니다. "성을 쌓는 자는 필멸할 것이고, 길을 닦는 자는 흥할 것이다."
칭기즈칸도 그 비슷한 말을 했어요. 거침없이 돌아다녀야 하는 이 바람 같
은 부족들이 성을 쌓고 정착하여 비단으로 지은 부드럽고 아름다운 옷과
맛있는 음식과 안락한 삶을 탐하고 그것을 유지하려고 권모술수의 정치를
한다면 자기들 정체성을 잃어버리고 망하고 맙니다. 척박한 땅에서 살아
남아야 하는데 누군가가 수작을 부리고 권모술수가 난무하면 유목 공동체
는 공멸합니다. 그러니까 그럴 수가 없어요. 그래서 칭기즈칸 같은 강력한
지도자가 나와 부족을 연합하고 다른 종족들을 정복했던 강렬한 역사가
있지만 오래 유지되지는 못했습니다. 일상적인 독재나 권위주의가 사실은
공동체의 생존을 위협하는 것입니다. 칭기즈칸의 손자 쿠빌라이 칸에 의

---

10   暾欲谷 혹은 阿史德元珍(645~725). 돌궐의 재상.

해 만들어진 원 제국도 백 년이 채 못 되는 시기를 지배하고 패망합니다. 유목 제국에서 시작된 원나라는 강력했지만 짧은 역사를 갖고 있습니다. 초원에서 남하한 유목 군사 공동체가 중국 남부의 풍요로운 곡창지대를 물적 토대로 삼고 아라비아의 해양 무역 세력을 통합한 것이 원나라였습니다만, 그 지배 세력은 빠르게 치고 빠지는 군사적 기동성은 있었지만 한곳에 머물러 오랫동안 넓은 지역을 지배하기에는 역부족이었던 것입니다.

역참제로 대표되는 신속하고 기동성 있는 유목적 시스템이 지금 우리 현대사회의 노마드적 사고방식과 많이 유사합니다. 현대인들은 한군데 가만히 있으면 안 되고 무언가를 찾아서 끊임없이 돌아다녀야 하는 노마드적 삶의 방식을 강요받고 있습니다. 그리고 사실 컴퓨터의 체계는 모두 프로토콜 시스템으로 이루어집니다.[11] 그 옛날 원나라가 행했던 역참제 시스템 속에서 현재의 우리가 살고 있고 그런 빠른 속도와 네트워크를 볼 수 있지요. 이는 과거가 아니라 미래 사회의 키워드이기도 합니다. 유목민들에 대해서 다시 생각해봐야 하는 거죠. 이제는 역사도 정주 농민의 역사뿐 아니라 유목민들의 역사까지 공부할 필요가 있습니다. 그저 지적인 흥미를 충족시키기 위해 역사를 공부하는 것은 아닙니다.

마고할미와 삼신할미

이제 매직 로드의 '매직', 즉 '마법'이 무엇인가에 대한 신화적 맥락을 살펴보겠습니다.

샤머니즘 체계에서 사제들은 대개 여성이라고 말씀드렸습니다. 접신이라는 의미에서 여성 사제라고 생각할 수도 있지만, 그런 마법을 한다고 여

11　멀리 떨어져 있는 컴퓨터 간에 정보를 주고받을 때 필요한 통신 방법에 대한 규칙과 약속.

겨진 존재들의 근원은 여신입니다. 여신들은 다산과 생식, 풍요를 의미하기도 하지만 모든 인간의 어머니이기도 합니다. 그리스 신화의 가이아나 헤라, 중국 신화의 여와처럼 여신은 모든 인간 문명의 시초에 자리하고 있습니다. 전지전능한 여신들입니다. 선사시대 유물에도 여신들을 조각하거나 여신의 이미지를 그리거나 여신을 상징하는 문양들이 수두룩합니다. 인간을 만들고 낳고 키우고 먹이는 존재이니 당연히 신앙의 대상이 되었습니다. 그래서 창세신화의 시작은 대개 여신입니다. 켈트의 신족을 '투아 하 데 다난'이라고 부르는데, 그 의미는 다누 여신의 자손들이라는 의미입니다. 북유럽 신화에는 태초의 거인 이미르도 있지만 얼음 암소 아우둠라도 있습니다. 이미르가 아우둠라의 젖을 먹고 삽니다. 아우둠라는 여명을 의미합니다.

마고할미 이야기를 많이 아실 겁니다. '마고'를 한문으로 표기하면 '삼나무 마麻', '시어머니 고姑'를 씁니다. 시어머니라기보다는 할머니인데, 할머니는 나이 든 늙은 여자가 아닌 신성한 존재였습니다. 할머니는 한어머니('한-(大, 高)+어미(母)')라고 할까요? 전래되는 마고할미의 이야기는 주로 산이나 섬의 창조 신화입니다. 민속학에서는 경기도의 노고할미, 서해안의 개양할미, 강원도의 서구할미, 제주의 설문대할망을 마고할미와 같은 거인 여신으로 봅니다. 여신 신화의 원형이며 대모신이기도 합니다. 신라의 박제상이 지었다는 『부도지符都誌』에서는 마고에 대해 세계를 창조한 태초의 여신으로 설명합니다. 지상에서 가장 높은 마고성의 여신인 마고에게 두 딸 궁희와 소희가 있었는데, 이들에게서 황궁, 백소, 청궁, 흑소 씨의 남녀 각각 1명, 즉 8명의 자손이 태어났으며 이들의 자손이 3천 명이 되었다고 합니다. 인구의 증가로 마고성의 식량인 지유地乳가 부족해지자 대신 포도를 먹으면서 타락하게 됩니다. 이들은 4파로 나눠 성을 떠났고 이들 중 황궁씨는 북쪽의 추운 곳으로 올라가 동북아 지역의 한민족의 조상

그림 13
아우둠라의 젖을 먹고
있는 거인 이미르(N. A.
아빌그르드, 1790)

이 되었다는 이야기가 전해집니다. 이처럼 재야 사학계, 특히 한국 상고사 연구자들은 마고를 우리의 근원이 되는 여신이라 설명합니다. 또한 마고 할미를 중국의 여와 여신이나 일본의 아마테라스 여신에 대응하는 우리의 태조신이라고 말합니다. 시조신으로서의 마고할미의 신격은 민간전승에 서는 삼승할망이나 삼신할머니처럼 아기가 태어나는 일을 관장하는 존재 로 축소되었지만, 인간의 생명을 주관한다는 점에서 신화적으로 흥미로운 여신임에 틀림없습니다. 매직 로드를 따라가다 보면 이런 우리의 마고할 미와 비슷한 존재들을 여럿 만나게 됩니다. 남성 중심의 가부장적 사회가 도래하면서 이 여신들은 마귀할멈이나 마녀의 모습으로 변형되어 민간에 전승되었습니다.

마고와 매직은 무슨 관련이 있을까요? 마고는 매직, 마귀, 마구이, 마고 리, 마지와 발음상 유사합니다. 영어 매직Magic을 이탈리아어로는 마고 Mago라고 씁니다. 초창기 영화를 '판타스마고리Fantasmagorie'라고 했습니

그림 14
프레이저의 『황금가
지』에 나오는 네미 숲
삽화(J. M. W. 터너)

다. 영화는 마법 같은 판타지를 보여줍니다. 영화 이야기를 하려는 것이 아니라 판타스마고리의 마고리는 마법, 매직을 뜻함을 말씀드리려는 것입니다. 또 조로아스터의 사제를 마구이라고 합니다. 유일신 아후라 마즈다를 믿는 고대 페르시아의 종교가 조로아스터교입니다. 배화교라고도 하잖아요. 아후라 마즈다를 신앙하는 사람들은 태양이든 신성한 화로든 항상 불 앞에 서서 기도를 드렸습니다. 이들에게 불은 순결함, 영원한 생명, 마음속에 타오르는 불과 같은 아후라 마즈다의 속성을 상징하는 것이었습니다. 이러한 조로아스터교의 사제, 성직자 계급을 마구Magu, 마기Magi라 불렀습니다. 또 프랑스어로 매직은 마지magie라고 표기됩니다. 마고르는 앞서 보셨듯이 헝가리 창세신화에도 등장하는 존재입니다. 마자르, 마고르, 마저르. 그러니까 제사장 일치의 사회에서 사제가 왕입니다.

프레이저의 『황금가지』에는 네미 숲의 사제-왕이 등장합니다.[12] 사냥의

---

[12] 영국의 인류학자 제임스 조지 프레이저(Sir James George Frazer, 1854~1941)의 신화 연구서. 1890년 제1권이 출간된 이후 신화 연구에 획기적인 저서로 간주되었다. 전체 13권으로 너무 길어서 주로 요약본이 전해지고 있다.

여신 디아나를 모시는 신전과 여신에게 바쳐진 나무 한 그루가 있고 그 나무 주위에는 손에 검을 든 건장한 사내가 밤낮으로 서성거립니다. 여신을 지키는 신전의 사제이자 숲의 왕입니다. 사제−왕은 신권과 왕권을 모두 가진 절대 권력의 소유자이자 살아 있는 신이었으나, 불행히 항상 자신보다 더 젊고 강한 도전자가 나타나 자신을 살해하고 그 자리를 차지하는 것이 신성한 숲의 법칙이자 운명이었습니다.[13]

중동이나 이슬람에서도 마법사를 마귀라고 부른다고 합니다. 그런데 우리는 마귀할멈을 떠올립니다. 악명 높은 서양의 '마녀 사냥'은 유일신을 믿는 기독교가 탄압한 무당, 마법사, 이교의 다른 이름이고, 어쩌면 그 사회가 원하지 않았던 똑똑하고 능력 있는 여성 지도자를 의미했는지도 모릅니다. 누군가 다른 방식의 삶을 살았던 사람들을 탄압한 거겠죠. 직접적으로 매직 로드 상의 존재들은 아니지만 잠시 매직과 관련해 맥락을 살펴보았습니다.

그럼 매직 로드 상에서 마법을 하는 여성 존재들에 주목해보겠습니다.

러시아의 마귀할멈 바바 야가

마귀할멈의 전형 바바 야가. 무척 유명한 러시아 이야기죠. 아름다운 소녀 바실리사가 숲속에 사는 무시무시한 마귀할멈 바바 야가한테 불씨를 얻으러 갑니다. 불씨를 얻는다는 게 조로아스터교를 떠올리게 합니다. 다른 버전에서는 실과 바늘을 얻으러 가기도 하고요. 계모는 눈엣가시 같은 바실리사가 바바 야가에게 잡아먹히길 바라면서 물건들을 얻어 오라고 시킵니다. 물론 바바 야가는 불쌍한 바실리사의 심부름을 무사히 마치게 해

---

13 김윤아 외, 『신화, 영화와 만나다』, 아모르문디, 2015, 150쪽.

그림 15 그림 16
러시아 화가 이반 빌
리빈이 그린 바실리사
(좌)와 바바 야가(우)

줍니다. 이야기에 따라서는 마귀할멈 집 안의 여러 물건들이 도와줍니다. 마귀할멈 바바 야가는 절구통을 타고 다닙니다. 그런데 그렇게 악당 같지는 않아요. 신화적으로 트릭스터 역할도 하고 조력자 역할을 하기도 합니다. 그래도 바바 야가는 사람들이 엄청 무서워하는 존재입니다. 생긴 모습 때문일까요?

바바 야가와 바실리사를 그린 유명한 일러스트입니다. 바실리사가 들고 있는 횃불은 해골 횃불입니다. 바바 야가는 삶과 죽음의 영역을 넘나드는 마녀입니다. 커다란 마법 솥 안에 개구리 뒷다리, 새벽에 이슬 맺힌 거미줄, 말린 도롱뇽 눈알, 독버섯 같은 것을 넣어 마녀 수프를 끓이기도 합니다. 그림에는 마법의 빗자루를 들고 있습니다. 절구통을 타고 절굿공이를 손잡이로 조절하며 하늘을 나는 이미지가 많고 빗자루를 타기도 합니다. 절구와 빗자루는 음식 장만과 집 안 청소에 쓰이는 도구들입니다. 전통적

그림 17
베이네뫼이넨과 맞서
싸우는 로우히

인 여성의 일입니다. 독일의 동화 작가 프로이슬러가 쓴 『꼬마 마녀』도 떠오릅니다. 미야자키 하야오 감독의 〈마녀배달부 키키〉도 생각나고요. 두 작품 모두 마녀를 부정적인 이미지보다는 긍정적인 이미지로 그렸습니다. 빗자루를 타고 퀴디치 경기를 하는 〈해리 포터〉도 있습니다. 매직 로드 상의 빗자루를 사용하는 마법사들과 마녀들입니다. 빗자루는 공히 나무 빗자루입니다. 우리의 도깨비 이야기 중에도 간밤에 마을 어귀에서 씨름을 한 청년은 온데간데없고 커다란 빗자루만 덩그러니 놓여 있었다는 후일담은 아주 익숙합니다. 대나무, 참나무, 자작나무, 물푸레나무 등 각각의 이야기에 등장하는 나무의 종류는 다르지만, 나무는 분명히 마법과 관련이 있어 보입니다. 우리 무당은 나뭇가지를 흔들며 굿을 하고, 해리 포터도 마법의 지팡이를 쥐어야 마법의 주문을 잘 걸 수 있습니다.

핀란드의 서사시 〈칼레발라〉에는 로우히라는 마녀가 등장합니다.[14] 합죽이라는 별명을 가진 로우히는 북쪽 나라 포욜라의 지배자입니다. 그녀는 하늘에서 해와 달을 따오고 칼레발라에서 불을 훔쳐옵니다. 또 대장장이 일마리넨에게 삼포라는 마법의 맷돌을 만들게 합니다. 그녀가 번영을 상징하는 맷돌의 주인인 것이지요. 〈칼레발라〉는 마녀 로우히가 공기 여신 일마타르의 아들이자 최초의 인간인 베이네뫼이넨과 미남 바람둥이 레민케이넨에게 삼포를 도둑맞는 핀란드의 서사시입니다. 로우히는 북쪽 땅의 안주인이며 풍요를 상징하는 삼포의 주인으로 그려집니다. 그리고 마녀입

---

14 엘리아스 뢴로트 엮음, 서미석 옮김, 『칼레발라』, 물레, 2011.

니다. 대지모신의 면모가 보입니다. 사슴처럼 하늘로 올라가는 무지개, 땅과 하늘을 잇는 무지개 처녀의 엄마이기도 합니다. 어떤 이미지가 떠오르지 않으세요? 땅과 하늘을 잇는 무지개는 하늘로 날아 올라가는 사슴과 비슷합니다. 주인공 베이네뫼이넨은 공기 여신의 아들이고 칸텔레라는 악기를 연주하는 샤먼적 영웅입니다. 공기 여신의 아들인 그가 음유시인이라는 것은 공기 - 음악, 그러니까 형체가 없는 하늘의 기운을 쓰는 인물임을 상징합니다. 그는 남성이며 양이고 그와 대립하는 로우히는 대지의 주인입니다. 그녀는 마법의 주문을 외워 삼포를 노리는 적에 맞섭니다. 핀란드는 국토의 75퍼센트가 시베리아 타이가 지역의 연장으로 소나무가 많은 곳입니다. 핀란드는 핀족의 나라이고 그들은 오래전 중앙아시아 지역에서 도래한 우랄어족을 쓰는 유목 집단이었습니다. 서진을 계속해 기원후 1세기경 지금의 핀란드 남부에 정착한 것으로 알려져 있습니다. 우랄, 볼가 지역으로부터 에스토니아 앞바다를 건너왔을 것으로 추정되며, 핀우그르 어족에 속하는 핀족들의 정착은 8세기경까지 지속되었다고 알려져 있습니다. 이들이 지나온 길은 의심의 여지없는 매직 로드의 한 갈래였습니다.

황금 무녀 굴베이그

매직 로드의 서쪽으로 조금 더 가면 더욱 강력한 무녀를 만날 수 있습니다. 북유럽 신화에 등장하는 황금 무녀 굴베이그입니다. 무녀와 마녀는 같은 의미로 이해할 수 있습니다. 북유럽 신화(노르딕 신화, 스칸디나비아 신화)에서 에시르 신족과 바니르 신족이 전쟁을 합니다. 바니르 신족의 무녀 굴베이그가 아스가르드에 찾아왔을 때, 오딘과 에시르 신족은 황금 무녀 굴베이그에게 이유 없이 혐오감을 드러내며 그녀를 잡아 고문합니다. 에시르 신족은 강인한 전사들의 집단으로 노르웨이 지역의 신족이었고, 바

니르 신족은 상대적으로 풍요로운 스웨덴 지역의 신족으로 태양을 숭배하며 황금이 그들의 상징물이었습니다. 신화에는 왜 굴베이그가 고문당했는지 그 이유가 정확히 적혀 있지 않습니다. 미루어 짐작건대 척박한 땅에 살던 전사 신들에게 풍요롭고 아름다운 황금으로 치장한 신들의 무녀가 곱게 보일 리가 없었을 것 같습니다. 에시르 신족은 굴베이그를 잡아 고문하고 온몸을 난자했

그림 18
에시르 신들에게 붙잡혀 고문을 당하는 무녀 굴베이그(로렌스 프뢸리크, 1895)

습니다. 굴베이그의 구멍 난 몸을 불 속에 던졌으나 잠시 후 그녀는 불꽃 속에서 온전한 몸으로 다시 걸어 나왔습니다. 에시르 신들은 굴베이그를 세 번이나 화염 속에 던졌지만 굴베이그는 그때마다 살아 나왔습니다. 이 일로 바니르 신족과 에시르 신족의 전쟁이 일어났고, 그 결과 바니르 신족은 에시르 신족에 합병되고 맙니다.

무녀 굴베이그는 여러 이름을 가졌다고 전해지며, 예언자였고 나무 막대기로 마법을 걸었다고 합니다. 나무로 된 마법의 지팡이를 휘두르는 해리 포터와 친구들이 있던 영국이 스칸디나비아반도에서는 가깝습니다. 연관이 있어 보이죠? 황홀경에 빠져 마법을 행했다는 것으로 보아 시베리아 샤먼들의 엑스터시 혹은 트랜스 상태를 설명하는 듯합니다. 어떤 책에는 황금 무녀 굴베이그가 바니르 신족의 여신이던 프레이야와 같은 존재라고 주장하기도 합니다. 북유럽 신화에는 오딘이 프레이야의 애인이 되어 마법을 배웠다는 대목이 등장합니다. 또 황금의 목걸이 브리싱가멘의 주인이기도 합니다. 브리싱가멘을 얻기 위해 그걸 만든 난쟁이 네 명과 돌아가며 동침을 했던 미의 여신 프레이야는 아버지 뇨르드, 오빠 프레이르와 함

께 가장 중요한 세 명의 바니르 신 중 한 명입니다.

황금 무녀 굴베이그는 난도질당해 불 속에 던져져도 마치 금이 불에 녹아 없어지지 않고 다시 온전하고 견고한 모습으로 돌아오는 것처럼 그 비슷한 의미에서 금을 만들어내는 연금술사 혹은 불사조의 영광을 보여주는 태양숭배의 여사제, 황금 유물들을 갖고 스칸디나비아반도로 진입한 유라시아 유목민들의 종교적 지도자였으리라 짐작해봅니다.

그림 19
북을 들고 있는 사미 샤면(O. H. 폰 로데, 1767)

라플란드의 사미족

이제 매직 로드의 끝자락인 스칸디나비아반도의 북쪽 끝에 사는 사미족까지 왔습니다. 노르웨이, 스웨덴, 핀란드의 북부 지역에서 순록을 치며 살아가는 소수민족 사미족이 사는 땅을 라플란드Lapland라고 부릅니다. 자신들을 하늘에서 내려온 태양의 자손들이라 여기는 사미족은 북극해와 면한 반도의 북쪽 대부분에 자치 지역을 이루어 살고 있습니다. 알록달록한 의상을 입고 신성한 사미 북을 치며, 자신들의 전통 음악인 요이크를 부르는 순록치기들이 사미족들입니다. 사미족들이 사는 곳에는 산타 마을이 있고, 그들은 순록을 치는 대규모 농장을 운영하면서 계절에 따라 세 나라의 국경을 넘나들며 살아갑니다. 사미의 태양신 파이베는 여신이고 태양은 순록을 보호합니다. 다른 매직 로드의 사람들과 마찬가지로 사미족들도 '천상-지상-지하' 세계의 삼원적 세계관을 가지고 있습니다.

핀란드의 유명 작가 토펠리우스는 『별의 눈동자』라는 동화책을 썼습니다. 사실 어린 소녀를 유기하는 이야기를 동화라고 할 수 있나 싶습니다만, 라플란드 사람들에 대한 종교적 편견을 말하고자 한 책입니다. 눈이 별 같

그림 20
〈아더 크리스마스〉에
나오는 순록 썰매

은 라플란드의 어린 여자아이를 눈밭에서 구조한 목사 가족이 그 아이의 눈이 모든 것을 꿰뚫어 보는 것을 알고, 다시 그 아이를 눈밭에 유기한다는 이야기입니다. 아이의 눈이 무서웠던 것입니다. 사미를 제외한 노르웨이, 스웨덴, 핀란드까지도 자발적으로 기독교로 개종을 한 사람들입니다. 사미족은 오래전부터 그곳에 정착해 살고 있던 원주민들이라고 볼 수 있는 유럽의 소수민족입니다. 특히 사미족의 무당은 북을 칩니다. 사미족에게 북은 자신들의 정체성과 같은 것이에요. 순록 가죽을 두드려 하늘과 소통하고자 했던 순록 치던 사람들 또한 매직 로드의 중요한 종족입니다.

몇 년 전부터 사미 음악 요이크가 알려지면서 경연 대회가 활성화되고 더 많은 요이크들이 만들어지고 있습니다. 기독교도들에게 핍박받고 사미 정신이라 여기는 북을 찢기고 이교도라는 이름으로 죽임을 당하는 등 자신들의 말과 음악을 탄압당하는 시절을 오래 보냈음에도, 사미족들은 자신들의 문화와 정체성을 잃지 않았습니다. 요이크를 한번 감상해보시기 바랍니다.[15]

15   Jon Henrik, 〈Daniels Jojk〉, 《Talang Sverige 2014》(https://www.youtube.com/watch?v=woEcdqqbEVg)

매직 로드와 뮤직 벨트

사실 전 음악에 관해서 아는 것이 많지 않습니다. 그럼에도 제가 밝혀내고 싶은 매직 로드와 그 길을 만들고 오가며 살았던 옛사람들의 삶을 입체적으로 이해하기 위해서 그들의 음악을 찾아 들어봤습니다. 얼음이 얼었다 녹기를 반복하며 일 년마다 조금씩 다른 루트가 만들어졌을 매직 로드, 순록 길, 황금의 길이 존재한다는 것을 증명하려면, 그들의 삶에서 근거를 찾을 필요가 있습니다. 전통음악 연구자와 협업이 이루어지면 좋을 텐데 아직 그 단계까지 가지는 못했습니다. 사미족의 요이크는 그들의 삶이 담긴 유라시아 대륙의 서쪽 끝 소리입니다. 최근에 주목을 받았던 소설 『라플란드의 밤』에는 사미족의 북이 소재로 사용됩니다. 사라졌던 사미족의 북이 사미 박물관에 돌아오자마자 도난당하고, 그 후 벌어지는 마을의 연쇄살인이 흥미진진하게 펼쳐지는 소설입니다.[16]

매직 로드의 사람들은 목소리와 간단한 악기만으로 아름다운 선율의 영적인 노래들을 불렀습니다. 중앙아시아의 초원에서부터 서쪽으로 퍼져 나가고 또 동쪽으로 울려 퍼진 유목민들의 노래라고 할 수 있습니다. 극지방 사미족의 요이크나 몽골 초원의 목소리 음악, '흐미' 창법으로 불리는 이중의 목소리들이 놀랍습니다. 휘파람 같은 높은 새소리의 하이 톤과 낮은 중저음의 남성 목소리를 동시에 내기도 하는 유라시아 초원의 인간 소리입니다. 영국 국영방송 BBC에서는 '휴먼 플래닛Human Planet'이라는 프로그램에서 몽골 전통음악들을 방송했습니다.[17]

몽골인뿐만 아니라 유목민들은 현악기를 많이 씁니다. 우리나라의 해

16 올리비에 트뤽 지음, 김도연 옮김, 『라플란드의 밤』, 달콤한책, 2018.

17 Khusugtun, 〈Mongolian music in London〉, 《BBC Proms 2011 Human Planet》((https://www.youtube.com/watch?v=NQkrsdjJB2s)

금, 혹은 기타나 바이올린, 첼로같이 현을 이용해 나무통을 공명하여 내는 소리로 음악을 만듭니다. 목소리의 변형을 통한 음악은 어느 한 지역의 특성이나 예술이라기보다 이 벨트 속에 있는 사람들이 공기를 울리고 자연의 소리를 흉내 내며 만들어진 일상의 소리인 것입니다. 정교한 화성과 섬세한 악기들을 사용해서 만들어내는 대규모의 음악이 아니라, 초원에서 거칠게 유목을 하던 사람들의 노동요에 가까워 진솔하고 단순하다고 말할 수 있습니다. '후숙튼Khusugtun'이라는 에스닉 발라드 그룹의 음악은 유목민의 피가 흐르는 우리의 마음을 이상하게 흔듭니다.

그런데 제가 놀라는 또 다른 한 가지 이유는 노래를 하는 사람들이 우리와 너무 똑같이 생겼다는 것입니다. 길을 가다 보면 흔히 마주치는 얼굴들입니다. 몽골이라서 그럴까요? 진짜 트레이닝복 입고 삼선 슬리퍼 끌고 피시방 출입을 하는 동네 젊은이들 같습니다. 저 사람들은 말 타고 초원을 달리던 칭기즈칸의 후예들이 맞지만, 매일 전쟁만 한 것이 아니라 삶의 애환을 노래하기도 한 서정적인 사람들이기도 했던 것입니다. 저녁에 동네 호프집에 가면 만날 수 있는 얼굴들인데 저렇게 몽골 초원 위를 말 달리던 얼굴들이었다니요.

생김새가 딴판인 켈트족의 아일랜드 민요 역시 듣고 있자면 마음이 울리는 것을 부정하지 못합니다. 선율이 아름답고 목소리가 청아해서 한국인들이 특히 좋아합니다. 유목민들의 노래는 선율이 중요하고 목소리의 기교가 두드러집니다만 노래는 하늘의 기운, 형체가 없는 양의 기운입니다. 하늘과의 소통을 원하고 사슴이 하늘로 날아 올라간다고 여긴 매직 로드의 사람들이 북을 쳐서 하늘에 자신들의 염원을 전달하고 노래로 뜻을 알리고 싶어 했던 것이 이상하지 않습니다. 매직 로드의 뮤직 벨트, 즉 서쪽 바다 건너 켈트족들에서부터 극동 지방의 순록치기들에 이르기까지 음악적 감수성이 유사하다는 점은 그저 놀라울 뿐입니다.

영화와 애니메이션 속의 매직 로드

마지막으로 현대 대중문화에서 매직 로드는 어떻게 나타나고 있을까요? 매직 로드 신화와 관련하여 직접적으로 신화 체계 자체가 대중문화로 이용된 콘텐츠들과 작은 신화소들로 많은 변형과 각색이 이루어진 콘텐츠들, 그리고 게임의 아이템처럼 맥락 없이 차용되어 소비되는 콘텐츠들로 분류할 수 있겠습니다.

먼저 〈반지의 제왕The Lord Of The Rings〉과 〈해리 포터Harry Potter〉 시리즈, 최근에 인기를 끈 '마블Marvel 시리즈'의 영화들을 들 수 있습니다. 〈반지의 제왕〉은 북유럽 신화와 켈트 신화가 어우러진 방대한 세계가 펼쳐지며 간달프와 같은 드루이드 마법사와 신비한 능력을 지닌 요정들이 등장합니다. 난쟁이와 호빗 종족, 아홉 개의 세계가 합심하여 악의 축을 몰아낸다는 이야기입니다. 〈해리 포터〉 시리즈는 매직 로드의 실체가 가장 흥미롭게 드러나는 이야기입니다. 여러 신화의 집적체이기도 하지만, 중요한 설정이 호그와트 마법학교, 그러니까 켈트의 드루이드 사제를 양성하던 교육제도를 연상시킨다는 점에서 인상적입니다. 매직 로드의 끝에 강하게 자리 잡고 있는 현대 콘텐츠입니다. 나무로 만들어진 마법의 지팡이를 흔들고 주문을 외우는 어린 마법사들이 벌이는 모험은 전 세계 어린이들을 열광시키기에 충분했습니다. 그들은 '님부스 2000' 같은 빗자루를 타고 '퀴디치'라고 불리는 하늘의 축구 경기를 벌이기도 합니다. 켈트 신화의 결정판이라고 말할 수 있습니다.

마블 스튜디오가 만든 〈토르: 천둥의 신Thor〉(2011)에서는 북유럽 신화 속 강력하고 존경받는 신들이 그저 마블의 영웅으로 그려집니다. 하지만 북유럽 신화의 매력적인 신들의 면모를 첨단 컴퓨터그래픽으로 실감 나게 경험할 수 있는 장점이 있습니다. 북유럽 신화의 중심은 신족과 거인족의

그림 21
〈토르: 천둥의 신〉

그림 22
〈아더 크리스마스〉

그림 23
〈바다의 노래: 벤과 셀키 요정의 비밀〉

대립과 전쟁인데, 마블의 영화에서는 신화에서 거의 존재감이 없는 인간들과의 로맨스까지 이루어지고 있어 흥미롭습니다. 당대의 신성을 잃은 신화는 재미있는 이야기의 형태가 되어서라도 살아남습니다. 신화의 질긴 생명력을 느낄 수 있습니다.

크리스마스의 산타클로스와 순록 썰매가 등장하는 애니메이션 〈아더 크리스마스Arthur Christmas〉(사라 스미스, 2011)는 현대의 산타클로스 가족의 유쾌한 이야기를 그립니다. 순록 썰매 대신 선물 배달 우주선을 타고 하룻밤에 모두 전달해야 할 수많은 선물 중 한 아이의 선물이 누락됩니다. 그 선물을 전달하기 위한 크리스마스이브의 모험이 재미있게 펼쳐집니다.

얼굴이 동그란 귀여운 여자아이는 바다의 요정 셀키입니다. 〈바다의 노래Song of the Sea: 벤과 셀키 요정의 비밀〉(톰 무어, 2014)이라는 애니메이션으로, 바다표범과 관련이 있는 켈트의 해양 신화 속 바다 요정 이야기입니다. 셀키 요정이었던 엄마가 인간 남자와 사랑에 빠져 결혼을 했는데, 아이 둘을 낳고서 더 이상 지상에서 살 수가 없어 바다로 돌아갑니다. 그런데 남겨진 어린 딸은 자기가 셀키 요정인지 모릅니다. 하루는 엄마가 놓고 간 바다표범의 외투를 입고 바닷속으로 이끌려 들어가서 바다표범들과 즐겁게 지냅니다. 하지만 아이들을 걱정한 할머니가 두 아이를 도시로 데려가자 오빠와 셀키 요정인 동생은 집으로 돌아오는 모험을 선택합니다. 엄마를 다시 만나지만 오빠와 아빠는 땅에 살고 엄마는 바다에 살기 때문에 어린 셀키 요정은 엄마와 아빠의 세계를 왕래하기로 합니다. 〈선녀와 나무꾼〉 이야기의 바다 버전 해피엔딩 같지 않나요? 샤먼들이 곰 가죽을 뒤집어쓰면 곰이 되고 새털을 뒤집어쓰면 새가 되는 건데, 이 애니메이션에서는 바다표범의 외투를 입으니 바다표범이 됩니다. 셀키 요정 같은 바다 요정 이야기는 아일랜드와 브리튼 섬에 여럿 전승됩니다. 로렐라이 같은 인어는 스칸디나비아에 전해지는데 그 얼음 바다에 사는 인어들은 착한 성질을 띠지 않았습니다. 희생적인 인어공주 이야기도 존재하긴 하지만 〈캐리비안의 해적Pirates of the Caribbean〉에 나오는 인어들이나 로렐라이 전설을 보면 그들이 인간에게 그리 호의적인 존재만은 아니었던 것 같습니다. 정말 흥미로운 점은 셀키 요정의 이야기와 유사한 시베리아의 울치족 신화가 존재한다는 사실입니다. 이 신화는 '숲의 사람', '물의 사람', '바다의 사람' 이야기들이 동물과 인간이 크게 다르지 않다는 것을 거의 유사한 방식으로 보여주고 있습니다.[18]

충분하진 않지만 매직 로드를 더듬어보았습니다. 매직 로드가 무엇인지 말씀드렸고, 순록과 사슴이 어떤 존재들이었는지 살펴봤습니다. 산타클로스와 순록 썰매 이야기와 마귀할멈에 대해서도 알아봤습니다. 마법을 사용하고 하늘과 소통하며 살았던 사람들의 이야기와 상세하진 않았지만 여러 부족의 기원 신화들을 살펴봤습니다. 유목민들의 신화부터 현대 문화 콘텐츠에 이르기까지 유라시아 신화들을 중심으로 검토하기도 했습니다. 이 모두가 이제 겨우 첫발을 뗀 셈인 학제적 연구의 주제라고 생각합니다. 앞으로 연구해야 할 과제가 산적해 있습니다.

머나먼 매직 로드의 어느 차가운 하늘 아래 어쩌면 우리와 뿌리를 같이

---

18 곽진석, 『시베리아 만주 퉁구스족 신화』, 제이앤씨, 2009.

할지 모르는 빛의 형제들이 있다고 생각하면 새삼 가슴이 설렙니다.

질의응답

질문 말씀 잘 들었습니다. 신화를 공부하시면서 그것을 실생활에서 적용
하는 부분들이 있는지 궁금합니다.

답변 저는 강의를 하고 강의료를 받으니까 실생활에 밀접합니다.(웃음) 신
화가 실생활에 직접 관련이 된다기보다 역사가 해결해주지 못하는
정체성이나 상상력의 문제와 더 깊이 관련이 되는 것 같습니다. 내가
누군가, 어디에서 왔나, 죽으면 어디로 가는가 하는 근원적이고 철학
적인 질문에 답하는 것이 신화라고 생각합니다. 많은 사람의 먹고사
는 문제와 직접 관련이 되지는 않지만, 상상력이나 문화콘텐츠 관련
업종에 종사한다면 신화 역시 아이디어와 영감의 원천임에 틀림없습
니다.

질문 북유럽 신화의 우주목 이야기 같은 것은 원전이 어디 따로 있는 것인
지 알고 싶습니다.

답변 제가 만든 이야기는 당연히 아닙니다. 북유럽 신화는 『에다』라는 책
이 아이슬란드에 남아 있었어요. 그리고 그 『에다』는 『고에다』와 『신
에다』가 있습니다. 『고에다』는 운문으로 되어 있어 『운문 에다』라고
도 하고, 『신에다』는 고에다를 풀어 쓴 『산문 에다』입니다. 11세기
에 채집 정리된 신화입니다. 『에다』(운문)는 서울대학교 출판부에서
2000년대 초반에 번역 출간되었습니다. 하나 더 말씀드리면 북유럽
신화나 켈트 신화를 공부하다 보면 가장 어려운 부분이 기독교의 침
윤을 굉장히 많이 당했다는 것입니다. 신화 사료들이 많이 소실되기
도 했고요. 켈트 신화의 경우 기독교의 수사들이 정리하고 다시 쓰고

보존을 했기 때문에 어디서부터 어디까지가 원래 켈트 신화이고, 어디서부터 어디까지가 기독교적인 게 합쳐진 것인지 구분하기가 쉽지 않습니다. 신화라는 것이 늘 변화하고 지금도 만들어지고 있다는 점을 감안하면 그렇게 이상한 일도 아닙니다만.

참고
자료

신화 및 설화 관련 참고 자료

곽진석,『시베리아 만주 퉁구스족 신화』, 제이앤씨, 2009.

김윤아 외,『신화, 영화와 만나다』, 아모르문디, 2015.

김은희 외 옮김,『북아시아 설화집』(전6권), 이담, 2015.

블라디미르 보고라스 지음, 김민수, 김연수 공역,『축치족 신화』, 한국외국어대학교 지식출판원,
        2015.

스노리 스툴루손 지음, 이민용 옮김,『에다 이야기』, 을유문화사, 2013.

얀 벨츨 지음, 이수영 옮김,『황금의 땅, 북극에서 산 30년』, 천지인, 2010.

엘리스 데이비슨 지음, 심재훈 옮김,『스칸디나비아 신화』, 범우사, 2004.

엘리아스 뢴로트 엮음, 서미석 옮김,『칼레발라』, 물레, 2011.

올리비에 트뤽 지음, 김도연 옮김,『라플란드의 밤』, 달콤한책, 2018.

이정재,『시베리아 부족신화』, 민속원, 1998.

이희숙,『스칸디나비아 원주민 사미의 사회 · 문화 · 종교』, 이담, 2017.

임한순, 최윤영, 김길웅 역주,『북유럽 신화 에다』(개정판), 서울대학교출판문화원, 2015.

정병권, 김정환, 박종성 외 공저,『한국동유럽 구비문학 비교연구』, 월인, 2003.

제임스 조지 프레이저 지음, 이경덕 옮김,『그림으로 보는 황금가지』, 까치, 1995.

제임스 조지 프레이저 지음, 이용대 옮김,『황금가지』, 한겨레출판, 2003.

진 쿠퍼 지음, 이윤기 옮김,『그림으로 보는 세계문화상징사전』, 까치, 1994.

찰스 스콰이어 지음, 나영균, 전수용 공역,『켈트 신화와 전설』, 황소자리, 2009.

케빈 크로슬리-홀런드 지음, 서미석 옮김,『북유럽 신화』, 현대지성사, 1999.

패드라익 콜럼 지음, 박일귀 옮김,『청소년을 위한 북유럽 신화』, 문예춘추사, 2017.

Jon Henrik, 〈Daniels Jojk〉, 《Talang Sverige 2014》(https://www.youtube.com/watch?v=
        woEcdqqbEVg)

Khusugtun, 〈Mongolian music in London〉, 《BBC Proms 2011 Human Planet》((https://www.
        youtube.com/watch?v=NQkrsdjJB2s)

샤머니즘 관련 참고 자료

박원길,『유라시아 초원제국의 샤머니즘』, 민속원, 2001.

발터 하이시히 지음, 이평래 옮김,『몽골의 종교』, 소나무, 2003.

샤머니즘 사상연구회,『샤머니즘의 사상』, 민속원, 2013.

주채혁,『순록치기가 본 조선 · 고구려 · 몽골』, 혜안, 2007.

사슴돌과 암각화 관련 참고 자료

국립경주문화재연구소, 직지성보박물관, 몽골과학아카데미고고학연구소,『돌에 새긴 유목민의
　　삶과 꿈 – 몽골의 암각화, 사슴돌. 비문 탁본』, 2008.

마리야 김부타스 지음, 고혜경 옮김,『여신의 언어』, 한겨레출판, 2016.

장석호,『이미지의 마력 – 대곡리 암각화의 세계』, 역사공간, 2018.

한국미술사연구소, 한국불교미술사학회,『강좌 미술사』, 2016-12 통권47호.

Anatoly I. Martynov, *The Ancient Art of Northern Asia*, Trans. Demitri B. Shimkin & Edith M.
　　Shimkin, University of Illinois Press, 1991.

Miranda Green, *Animals in celtic life and myth*, Routledge, 1992.

신화 기반 동화

아파나시예프 지음, 김대희 옮김,『아름다운 바실리사』, 아모르문디, 2010.

Kate Seredy, *The White Stag*, Puffin Books, 1979.

동북아 민족의
창세서사시와 영웅서사시

: 만족, 허저족, 아이누를 중심으로

최원오 (광주교육대학교 국어교육과 교수)

오늘 제가 말씀드릴 내용은 동북아 서사시인데, 그중에서 특별히 중국과 일본의 소수민족 서사시에 초점을 두려고 합니다. 한국에 잘 알려진 자료들이 아니라서 강연 내용이 조금 어려울 수도 있겠지만, 제가 최대한 이해하기 쉽게 설명을 해드리도록 하겠습니다.

먼저 오늘 다룰 세 민족의 위치를 표시한 지도를 보면서 시작하겠습니다. 제가 다루려고 하는 민족이 만족, 허저족, 아이누족, 이 세 민족인데요. 구체적으로는 이 세 민족의 창세서사시와 영웅서사시를 순서대로 설명하려고 합니다. 이 세 민족에 대해 역사적으로 접근을 하면 물론 여러 가지 유사성을 추려낼 수 있겠지만, 오늘은 서사시에 대한 이야기만 하는 자리라서 그 부분까지 자세하게 들어갈 수 없음을 양해 부탁드립니다.

세 민족의 연결고리를 찾아서—영토와 문화의 공유

지도의 왼쪽 상단에 있는 작은 지도가 동북아시아의 위치를 대략적으로 보여주는 지도인데, 거기에서 사각형으로 표시한 윗부분만 확대한 큰

그림 1
만족, 허저족, 아이누
족의 위치

지도의 지역들이 바로 만족滿族, Mǎnzú의 영역이었습니다. 지금 중국 동북
지역이라고 부르는 지역, 그러니까 송화강松花江(쑹화강), 흑룡강黑龍江(헤
이룽강) 쪽입니다. 이쪽에는 만족뿐만 아니라 허저족, 한자어로는 혁철족
赫哲族, Hèzhézú이라고 얘기하기도 하고 러시아에서는 '나나이Nanai', '골디
Goldi'라고도 부르는 소수민족이 거주했고 지금도 거주하고 있습니다. 아
이누Ainu, アイヌ는 원래 사할린 지역에도 살았는데, 사할린의 일부 지역이
러시아로 할양되면서 그곳에 살던 사람들이 남하해 지금의 홋카이도에 집
중적으로 살게 되었습니다. 이런 점들을 고려하고 보면 오늘 다루게 될 세
민족은 거의 근접한 영토에서 서로 문화를 공유하면서 지냈던 민족이라는
사실을 짐작할 수 있습니다.

나아가 우리 민족과 연관시켜서 보더라도 전혀 동떨어진 민족은 아니
죠. 여러분이 아시듯이 중국 동북 지역은 고조선부터 고구려, 발해 등 우리
의 선조 민족이 점유했던 공간이기도 합니다. 특히 만족은 우리와 역사적
으로 굉장히 악연도 있고 인연도 있는 민족입니다. 허저족은 심하게 말하
자면 만족의 일파로 만족의 한 부분에 속하는 것이지 독립된 민족으로 볼

수 없다고까지 얘기하는 분들이 있을 정도로, 만족과 허저족은 민족적 · 문화적인 부분에서 유사점들을 많이 공유하고 있습니다. 이렇게 보면, 만족과 허저족은 우리 선조 민족들이 고조선, 고구려, 발해를 구성했던 공간을 같이 점유했던 민족들이기 때문에 우리에게는 큰 의미가 있는 소수민족들이다, 이렇게 우선 말씀드릴 수가 있겠습니다.

아시다시피 만족은 명나라 이후 청나라를 세운 민족입니다. '삼전도의 굴욕'을 우리에게 안기는 것도 이 만족인 만큼, 우리하고는 상당히 중요한 인연이 있는 셈이지요. 그 일파라고 간주되는 허저족은 아이누족의 문화와 굉장히 흡사합니다. 생긴 모습은 다르지만, 허저족과 아이누족의 두 문화는 굉장히 유사한 측면들을 갖고 있습니다. 그래서 오늘 만족, 허저족, 아이누족, 이 세 민족에 대해서 말씀드리겠지만, 전반적으로 보면 우리 민족과 동떨어진 민족들에 대한 이야기는 아니라는 것을 전제하고 들어주시길 바랍니다.

오늘 주로 말씀드릴 서사시 자료는 창세서사시와 영웅서사시인데요. 창세서사시는 만족의 자료를 주로 다루고, 영웅서사시는 만족, 허저족, 아이누의 자료를 두루 다룰 것입니다. 한편 창세서사시에서 영웅서사시로 서사의 흐름이 이어지는데, 그 과도기적 성격을 보이는 자료가 바로 허저족의 자료입니다. 그래서 만족, 허저족, 아이누의 순서로 소개하려고 합니다. 순서대로 듣다 보면, 만족의 창세서사시와 영웅서사시의 특정 요소들이 허저족의 영웅서사시에서는 어떻게 변화했고, 아이누의 영웅서사시에서는 또 어떻게 변화했는가 하는 점들을 조금씩 읽어낼 수 있으리라 생각합니다.

만족의 창세서사시: 〈천궁대전〉

먼저 만족의 자료인 〈천궁대전天宮大戰〉을 보도록 하겠습니다. 〈천궁대전)은 만족의 언어로 말하면 〈우처구우러본〉이라고 합니다. 한자로 표시하면 〈천궁대전〉인데, 그들의 말로 표현하면 〈우처구우러본〉이라고 부른다는 것입니다. 〈우처구우러본〉은 '샤먼의 혼백이 전해준 이야기'라는 뜻으로 해석하기도 하고, '조상신들의 이야기' 또는 '조상신들이 전해준 이야기'라고도 해석합니다. 서사시에도 잘 나타나지만, 이때 조상신들, 즉 만족이 이해하는 조상신들은 샤먼이거든요. 그래서 조상신의 얘기라는 건 결국 샤먼, 샤먼 조상신들에 대한 얘기라고 말할 수 있겠습니다.

이 자료는 전체 9개의 모링으로 되어 있습니다. '모링'은 '순서'라는 뜻입니다. 첫 번째 순서부터 아홉 번째 순서까지 이야기가 쭉 이어진다고 보면 됩니다.

여기서 이해를 돕기 위해 숫자에 대해서 말씀드리자면, 만족은 숫자 중에서 '9'를 제일 큰 것으로 생각합니다. 그래서 많은 것, 무수히 많은 것을 가리킬 때 '9'라는 표현을 자주 씁니다. 예컨대 지금 만족의 창세서사시에서 보게 될 악마 예루리도 머리가 아홉 개 달려 있는데 그것은 실제 머리가 아홉 개라는 뜻이기도 하고, 또는 굉장히 많다는 뜻이기도 합니다. 따라서 많은 것을 만들어내는 예루리의 위대한 생산력을 상징하는 그런 뜻으로도 읽힐 수가 있는 것이지요.

1모링

〈천궁대전〉의 1모링은 이 창세서사시를 맨 처음 만족 후손들한테 알려준 샤먼의 조상신에 대한 내용을 다루고 있습니다. 이 서사시를 처음 노래한 신에 대한 것이지요. 그 신의 이름은 '버어더인무'입니다. 버어더인무는 '벌써 집에서 나간'이라는 뜻입니다. 벌써 집에서 나갔으면 어떻게 됐을까요? 죽었겠죠. 따라서 이 뜻은 진짜 집을 나갔다는 뜻이 아니고 오래전에 죽었다는 얘기가 되겠습니다. 오래전에 죽은, 또는 이미 죽은 본本 씨족인 것입니다. 그렇다면 '버어더인무 샤먼'은 무슨 뜻이 되겠습니까? 벌써 집에서 나간 샤먼, 아니면 이미 죽은 본 씨족의 샤먼이라는 뜻이겠죠. 아까 우처구우러본의 뜻을 조상신들이 전해준 이야기 또는 조상신들의 이야기, 샤먼의 혼백이 전해준 이야기, 이렇게 해석했는데 바로 그 샤먼이 버어더인무입니다. 그래서 1모링에서는 서사시를 전해준 그 샤먼을 소개하고 있는 것입니다.

서사시 중에서 특히 시적인 한 부분을 발췌해서 소개해보겠습니다.

하늘에 아름다운 무지개 빛날 때, 사할린 물이 물보라 칠 때, 하늘에서 금빛 지느러미 잉어가 바람에 날려 오고 나무 구멍에서 네 발 은銀 뱀이 기어 나올 때, 몇 대 조인지 모르는 할머니께서 살림을 주관하던 그 초기에, 사허런 하류의 동쪽에서 아홉 가지 뿔이 달린 신록神鹿을 탄 버어더인무 샤먼께서 걸어오셨네.

이렇게 표현했습니다. 얼마나 아름답습니까. 샤먼이 어느 날 갑자기 나타났다 해도 될 텐데 앞에 수식어를 아주 많이 나열해서 샤먼을 표현했습니다. 신의 위대함을 표현할 때 이런 식으로 신의 이름 앞에 장황하게 수식하는 말들을 늘어놓는 경향이 있습니다. 온갖 수식할 수 있는 것은 다 가져다 붙이는 것이지요. 그렇게 해서 신의 위대함을 표현하고자 한 것입니다.

연세가 백여 세인데도 얼굴에는 홍조가 넘치고, 백발이 머리를 덮었으나 아직 힘이 장사이시네. 신응神鷹께서 정력을 주셨고, 어신魚神께서 물 재주를 주셨고, 아부카께서 신의 수명을 주셨고, 온갖 새들이 노래하는 목청을 주고, 온갖 짐승이 탈 짐승을 주셨네.

온갖 기술로 사악한 것을 물리치시고, 모든 일을 훤히 꿰뚫어 보시며, 백 가지 재난을 점쳐 아시고…….

그래서 얼마나 위대하냐 하면, 두 번째 발췌 부분에서 확인되듯이 온갖 자연의 힘을 갖고 있다고 표현하고 있습니다. 인류는 오랜 옛날부터 자연 그 자체에 엄청난 힘이 내재되어 있다고 믿어왔습니다. 예를 들면 호랑이가 가지고 있는 힘 같은 것을 샤먼이 통제할 수 있고, 본인이 원하는 데 사용할 수도 있다는 얘기죠. 그런 능력은 우리 일반인들한테는 없지만 위대한 샤먼들한테는 있었다, 서사시에서는 그렇게 얘기합니다. 그래서 세 번째 발췌 구절을 보면 버어더인무 샤먼이 자연의 힘을 빌려서 온갖 사악한 것들을 물리쳤다고 합니다. 인간들에게 사악하게 간주되는 것들을 이 버어더인무 샤먼이 물리쳤다는 얘기입니다. 이처럼 굉장히 능력이 있는 샤먼이 가장 먼저 소개되고, 이런 샤먼이 어떻게 만족 사람들을 보살펴주게 되었는가 하는 내력을 2모링부터 아주 구체적으로 얘기합니다.

2모링

그럼 2모링을 보도록 하겠습니다. 2모링의 중심 내용은 '세상에서 가장 먼저 있었던 것은 무엇인가', 그리고 '가장 오랜 그 옛날의 모습은 어떠했는가'에 대한 것입니다. 2모링에서 얘기하고 있는 이 세상의 처음은 천지가 구분이 안 될 때입니다. 어디가 하늘이고 어디가 땅인지 알 수 없다는 것이지요. 알 수 없다면 하늘과 땅이 거의 붙어 있었다는 뜻도 되겠는데요. 아무튼 처음의 세상은 그런 세상이었습니다. 그런 세상에 있는 것은 오직 물거품뿐이었다고 합니다. 최초에 이런 세계가 있었다고 소개가 되고, 얼마쯤 시간이 지났을 때 그 거품 속에서 최초의 신이 나타났다고 합니다.

그림 2
창세 여신 아부카허허
© EBS 다큐프라임
〈한국신화를 찾아서:
 2부 여신의 비밀〉
(2009.08.10.)

그 최초의 신은 아부카허허입니다. 만족어로 '아부카'는 '하늘', '허허'는 '여성'을 나타내는 말입니다. 그러니 아부카허허는 하늘을 대표하는 여신인 것이죠. 다른 말로 천녀天女라고 해야 할까요. '하늘 천' 자를 따서 말이죠. 어쨌든 아부카허허는 하늘 여신입니다.

이 아부카허허가 최초로 나타나서 공기와 빛, 그리고 자신의 몸으로 이 세상에 존재하는 만물을 하나하나 만들게 됩니다. 그리고 자기를 도와줄 신들도 만듭니다. 창세 여신도 자기 혼자서 모든 일을 다 하지는 못했나봅니다. 여러분도 무슨 큰일을 하려면 혼자 감당하기가 힘들잖아요. 이 창세의 일이라는 게 얼마나 큰일입니까. 그래서 아부카허허 혼자서 할 수 없었기 때문에 자기를 도와줄 또 다른 창세 여신들을 만들어냅니다. 그 신들이 누구냐, 바나무허허와 와러두허허라는 두 여신입니다. 허허는 '여신'이라는 뜻이라고 했으니까 둘 다 여신이죠. 이중 바나무허허는 땅을 주관하는 여신이고 와러두허허는 별자리를 주관하는 여신입니다. 그래서 아부카허허는 자기를 도와줄 이 두 여신과 더불어 세상의 모든 것들을 만들어냅니다.

예를 들면 아부카허허는 공기에서 구름과 우레를 만들고, 바나무허허는 자기 피부에서 골짜기와 샘물을 만들고, 와러두허허는 아부카허허의 눈을 떼어다가 해와 달, 작은 별 등을 만들어냅니다. 이처럼 아부카허허, 바나무허허, 와러두허허, 이 세 여신이 힘을 합쳐서 이 세상을 만들기 시작했다는 것이 2모링의 핵심 내용입니다.

3모링

3모링에서는 '세상에 남자와 여자가 어떻게 있게 되었는가', '벌레, 짐승, 그리고 그것들의 천성天性은 어떻게 마련되었는가' 등의 질문을 다룹니다. 여기서 '천성'은 태어날 때부터 본래 가지고 있는 성질을 말합니다.

세 여신이 얘기를 나눕니다. "우리 무엇부터 만들면 좋겠는가?" 그 결과 그녀들이 가장 먼저 만들고자 한 것은 여자였습니다. 그리고 여자를 만들 때 아부카허허와 와러두허허 두 여신이 – 바나무허허는 제외하고 – 만들게 됩니다. 바나무허허는 잠꾸러기라서 세 여신이 힘을 합쳐서 하는 일에 잘 끼어들지 않아요. 그래서 여자를 만들 때 아부카허허, 와러두허허, 이 두 여신만 만들게 됐는데, 재미있는 것은 여러분도 태어나면서 부모의 성격을 이어받았잖아요? 이 신화에서도 최초의 여자는 자기를 만들어준 여신들의 성품을 그대로 받습니다.

아부카허허의 성격은 아주 인자한 것으로 묘사되고 있습니다. 반면 와러두허허의 성격은 급한 것으로 묘사됩니다. 그래서 이 두 여신이 자기들의 살을 떼어내서 여자를 만들었으니, 여자의 성질이 어떻겠어요? 당연히 인자한 면과 성급한 면을 갖게 되었겠죠. 다시 말하자면 여자의 성질이 인자한 면과 성급한 면을 모두 갖게 되었다는 얘기입니다.

그다음에 만든 것은 하늘의 새, 땅 위의 짐승, 흙 속의 곤충, 이런 것들입니다. 여자를 만들 때는 바나무허허가 잠자느라고 참여를 못했는데, 잠에서 깨어나서 "아, 나도 같이 끼어서 일을 해야지" 하고 보니까 두 언니가 사라졌어요. 어디 가고 없어요. 그래서 혼자서 생각을 하다가 만든 것들이 하늘을 날아다니는 새, 땅 위의 짐승, 곤충, 이런 것들입니다. 이것들은 바나무허허 혼자 만들었기 때문에 바나무허허의 성격을 이어받습니다. 바나무허허가 잠자기를 좋아했기 때문에 이들은 다 낮이 되면 잠자기를 좋아해요. 그리고 저녁이 되면 밖에 나와서 활동을 합니다. 게다가 빛이라든지 밝은 것을 상징하는 것은 와러두허허와 아부카허허인데 새, 짐승, 곤충 등을 만들 때 이 두 여신은 끼어들지 않았잖아요? 그러니까 새, 짐승, 곤충은 당연히 빛이라든지 밝은 곳을 좋아하지 않습니다. 그냥 컴컴한 굴속에서 살기를 좋아했다, 뭐 이런 얘기입니다. 또 바나무허허의 성격이 좀 포악해요. 그래서 이 피조물들도 성격이 좀 못되고 포악하게 성질을 부리는 존재로 묘사되곤 합니다.

그다음에 남자를 만들게 되는데, 이때는 세 신이 힘을 합쳐야겠죠? 그래서 아부카허허가 묘안을 냅니다. 바나무허허가 매번 잠만 자니까 늘 깨어 있게 해야겠다고 생각해서 새로운 여신을 하나 더 만들어요. 그게 오친 여신입니다. 아부카허허의 살 점으로 오친 여신을 만드는데, 이 오친 여신은 처음부터 머리가 아홉 개였어요. 그리고 아홉 개 머리마다 눈이 하나씩 달려 있었습니다.

왜 머리가 아홉 개였을까요? 머리가 한 개라서 한 가지에 집중하다 보면 피곤해서 잠을 잘 수도 있겠죠? 그럼 머리가 아홉 개라면 어떨 것 같아요? 순서대로 잠을 잘 수가 있잖아요. 어떤 머리는 깨어 있고, 어떤 머리는 잠깐 쉬기도 하고. 여기에는 그런 뜻이 있어요. 만약 아부카허허가 오친 여신의 머리를 하나만 만들어냈다면 그 여신이 자면 어떻게 해요? 바나무허허가 자는 걸 감독할 수가 없잖아요. 그래서 순서대로 돌아가면서 바나무허허를 감시하도록 머리 아홉 개 달린 오친 여신을 만든 것입니다.

그다음에 와러두허허의 살 일부를 떼어 가지고 오친 여신의 팔 여덟 개를 만듭니다. 이것 역시 마찬가지로 바나무허허 때문입니다. 바나무허허를 깨워야 하는데 손이 여덟 개니까 한 팔이 쉬고 있을 때 다른 팔들은 열심히 일할 수가 있겠죠. 그러니까 머리가 아홉 개에 팔이 여덟 개면 바나무허허를 관리 감독하는 데 도무지 소홀할 수가 없겠죠. 그래서 머리 아홉, 팔

여덟 개 달린 오친 여신을 만들어서 바나무허허 옆에 두고서는 잠을 못 자게 한 거예요. 창조의 일에 같이 끼어들게 하려고.

자, 그러면 여러분이 바나무허허의 입장이라면 어떨 것 같아요? 난 잠자는 게 되게 좋은데 자꾸 옆에서 귀찮게 깨운단 말이에요. 기분이 좋지 않겠죠. 그래서 아까 바나무허허가 한 성격 한다고 했잖아요. 아주 포악해요. 바나무허허가 자꾸 자기를 못살게, 귀찮게 하니까 나중에는 오친 여신한테 돌 두 개를 던져버립니다. 그 결과 오친 여신이 괴물이 되는 사건이 4모 링에 나옵니다.

어쨌든 이 오친 여신을 만든 의도는 바나무허허를 창세 일에 끼어들게 하기 위해서였던 것입니다. 그래서 아부카허허의 의도대로 바나무허허를 못 자게 해서 드디어 남자를 만드는 일에 참여시키는데, 실제로는 바나무허허 혼자 거의 다 만듭니다. 바나무허허는 아부카허허와 와러두허허 두 여신의 몸 일부를 가지고 와서 남자를 만들게 되는데, 물론 자기의 신체 일부도 사용합니다. 예를 들면 자신의 몸에 있는 견갑골이라든지 겨드랑이 털 등을 사용합니다. 그러니까 남자의 성격은 여자에 비해서 복잡해요. 아부카허허, 바나무허허 두 여신의 살을 가지고 왔으니까 마음은 인자하고 성질이 급하겠죠. 그런데 여자를 만들 때 들어가지 않은 요소가 있습니다. 바로 좀 전에 말씀드린 견갑골, 겨드랑이 털, 이런 것들이지요. 그러니까 남자의 성격은 여자하고 굉장히 다른 면도 갖게 됩니다.

그 다른 면이 뭘까요? 남자를 바나무허허의 견갑골, 즉 뼈로 만들었으니 결과적으로 남자는 여자보다 힘이 세어지죠. 또 겨드랑이 털의 일부분을 사용했기 때문에 여자보다 남자가 털이 많다는 얘기도 나오고요. 그리고 또 바나무허허는 땅의 여신이기 때문에 땅바닥에 그대로 누워서 잡니다. 그러면 뭐가 묻어요? 흙이 묻죠. 그래서 견갑골에 묻은 흙이 일부 남자를 만드는 데 들어가는 바람에 남자는 여자보다 때가 많대요. 좀 더러워진 것이죠. 반면 누워서 잤으니까 흙 속에 조금 파묻히기도 하고 그랬겠죠. 그래서 생긴 남자의 성격 중 하나가 마음 씀씀이가 좀 깊은 거래요. 여자보다 좀 더 긍정적이죠. 그 부분은 여러분이 선뜻 인정하기 어려울지 몰라도, 그들은 그렇게 생각했다는 겁니다.

그다음에 남자와 여자의 결정적 차이를 짓는 것들에 대한 얘기가 나옵니다. 짐작하시겠지만, 바로 생식기에 대한 것입니다. 바나무허허가 만든 남자를 다른 두 여신이 와서 봤더니, 여자와 남자는 차이가 있어야 하는데 성질만 빼고 나머지는 크게 차이가 없어 보인단 말이에요. 그래서 겉으로도 차이가 좀 나게 만들어보라고 했지요. 그러자 바나무허허가 곰의 사타구니에서 생식기, 만족어로 생식기를 '소소'라고 하는데요, 곰의 그 소소를 떼어내서 남자한테 붙여줍니다. 그래서 남자는 여자에게는 없는, 그게 하나 더 있다, 이렇게 남자와 여자가 구별된다는 이야기가 뒤에 부연해서 나옵니다.

이처럼 3모링은 전체적으로 여자부터 각종 곤충과 동물, 그리고 남자에 이르기까지를 두루 만들어내는 과정들에 대한 얘기를 하고 있습니다. 여기서 한마디 덧붙이자면 순서를 좀 보세요. 우리가 뭘 만들 때 순서도 중요하잖아요. 남자부터 만들지 않고 여자부터 만들었잖아요. 여신이니까 아무래도 남자보다는 여자를 조금 더 골똘하게 생각하고 우대하지 않았을까요? 여기에는 분명히 그런 뜻도 담겨 있을 것입니다.

4모링

4모링에서는 앞서 말씀드린 악마 '예루리'가 등장합니다. 아부카허허가 바나무허허를 못 자게 하려고 만들었던 오친 여신 있잖아요? 그 오친 여신이 예루리로 변하게 됩니다. 바나무허허가 자꾸 자기를 귀찮게 하니까 오친 여신한테 돌을 두 개 던졌는데, 하나는 오친 여신의 머리에 맞고 하나는 사타구니에 맞습니다. 머리에 맞은 돌 때문에 오친 여신의 머리에 뿔이 납니다. 그래서 오친 여신은 뿔 하나, 머리가 아홉 개, 팔이 여덟 개 달린 괴물이 됩니다.

그림 3
목각 판화로 표현한
오친 여신
© 『살만신화도설薩滿
神話圖說』(인민미술출
판사, 2008)

그다음에 사타구니 쪽으로 던진 돌을 맞고서 오친 여신의 몸에 뭐 하나가 더 생기는데, 이게 좀 전에 말씀드렸던 생식기 소소입니다. 그런데 만족어로 소소는 대체로 남성 생식기를 가리키는 말로 사용된다는 점이 중요합니다. 예루리는 원래 여신이었잖아요? 그런데 바나무허허가 던진 돌 때문에 양성의 신이 됩니다. 그로 인해 예루리는 남성이기도 하고 여성이기도 한, 말하자면 두 성을 공유한 최초의 신이 됩니다.

그래서 예루리는 아부카허허, 바나무허허, 와러두허허 이 세 여신이 갖추지 못했던 능력을 하나 더 갖게 됩니다. 세 여신은 자신의 몸에서 살 따위를 떼어서 뭘 만든다든지 했는데, 이 예루리는 여성성과 남성성을 한꺼번에 갖추게 되면서 스스로 그냥 막 만들어내요, 모든 것들을. 이 예루리는 다른 세 여신보다 특별한 능력을 갖게 된 것입니다.

그렇다면 악이 생성되고 지속되는 이유가 무엇이냐? 예루리 때문이죠. 아무리 예루리를 죽이려고 해도 신이니까 잘 안 죽어요. 안 죽을 뿐만 아니라 남성성과 여성성을 다 갖고 있어서 스스로 뭔가를 만들어내는 능력도 워낙 뛰어나요. 그러다 보니 예루리가 만든 것들을 다 죽여도 또 만들어내고 계속 나오는 거예요. 이 악의 상징인 예루리가 스스로 피조물들을 만들어낼 수 있는 데다 그것도 대량으로 생산할 능력이 있었기 때문에, 아부카허허가 다스리는 세상에 악이 사라지지 않게 된 것이죠.

지금 우리가 사는 인간 세상에도 선한 것만 있는 것은 아닙니다. 악이 아무리 괴멸된다 해도 전부 소멸될 수는 없죠. 만족은 예루리라고 하는 악마 신을 통해서 인간 세상의 이 현상을 설명하려고 했던 것입니다. 악이라는 것은 끊임없이 인간 세상에 남을 수밖에 없다, 굉장히 비극적인 인식이긴 한데요. 아무튼 4모링은 이런 비극적 인식을 한꺼번에 설명할 수 있는 얘기로 채워져 있습니다.

그림 4
만족 부성富姓 소장
예루리 가면
ⓒ『살만론薩滿論』(랴오닝인민출판사, 2000)

5모링

이제 본론이 나옵니다. 5모링입니다. 예루리가 이 세상을 차지하기 위해서 세 여신에 맞서서 대결을 펼친다는 이야기. 〈우처구우러본〉의 한자 제목인 〈천궁대전〉처럼, 말 그대로 '천궁대전'이 벌어집니다. 하늘에 신들이 사는 궁전이 있는데, 그 궁전을 예루리가 차지하려고 해서 벌어지는 대전쟁이 5모링부터 9모링까지 계속 이어집니다.

그런데 예루리가 세 여신도 갖추지 못한 능력을 갖고 있다고 했잖아요? 머리 아홉에 팔이 여덟 개, 그리고 머리에 난 뿔이 워낙 길고 단단해요. 천하무적의 뿔이죠. 예루리가 갖고 있는 이 뿔은 당해낼 도리가 없을 정도로 강력한 뿔인데, 거기다가 양성, 즉 남성성과 여성성까지 같이 갖추고 있어서 자기랑 똑같은 놈들을 무수히 복제해서 만들어냅니다. 그러니 얼마나 대단한 존재입니까? 예루리는 스스로 자만에 빠집니다. 너희들 셋이 다 덤벼봐도 나한테는 안 된다, 내가 이만한 능력이 있는데 나를 감당할 수 있겠냐, 내가 최고다, 나한테 대적할 신은 없다, 이렇게 자만을 하면서 싸움을 걸기 시작합니다.

첫 번째 싸움은 와러두허허와의 싸움입니다. 와러두허허는 별자리 신입니다. 이 별자리 신은 어떤 주머니를 가지고 있습니다. '별-배치-자작나무 주머니'라고 제가 한번 이름을 붙여봤는데요. 이 주머니 속에 별들이 가득 들어 있어요. 와러두허허는 그 별들을 뿌리고 다니죠. 허공에 뿌리면 하늘에 각종 별이 배치되는 것인데, 예루리가 그 주머니를 빼앗으려고 합니다. 그 과정에서 여러 사건들이 벌어지는데, 그중 하나를 얘기해보죠.

예루리가 와러두허허의 별자리 주머니, 그러니까 '별-배치-자작나무 주머니'를 빼앗는 데 일단은 성공합니다. 그래서 땅속에 와러두허허를 같이 끌고 들어가는 과정까지 나와요. 와러두허허가 정신을 차리고 보니까 예루리한테 끌려가서 땅속에 온 거죠. 와러두허허가 깜짝 놀라서 두 눈을 번쩍 뜹니다. 와러두허허는 빛의 상징이거든요. 별빛의 상징이지요. 깜깜한 데서 갑자기 밝은 빛이 나면 어떻게 됩니까? 예루리가 눈이 갑자기 안 보이는 거예요. 앞이 안 보이니까 어떻게 됐겠어요? 정신도 어지럽고 혼란스러웠겠죠. 그 와중에 예루리가 별자리 주머니를 던져버려요. 그런데 하필이면 서쪽으로 던지게 됩니다. 그래서 지금도 별은 동쪽에서 서쪽으로 움직이게 됐다, 그 이유를 이렇게 설명합니다.

이런 식입니다. 이 서사시를 보면 큰 틀에서는 아부카허허와 예루리의 전쟁을 다루고 있지만, 뭐가 생겼다, 뭐가 생겼다, 이를테면 다양한 사물이나 현상의 기원에 대한 이야기들도 다수 들어 있습니다. 아주 소소하게 말이지요. 깨알 같다고나 할까요? 큰 사건을 얘기하면서도 작고 소소한 사건들을 아무렇지도 않게 소개하고 있는 것입니다. 창세신화의 묘미이지요. 그런데 그런 소소한 사건들이 말하자면 신들 간의 싸움의 결과예요. 좋은 것이건 나쁜 것이건 모두 말입니다. 만족의 〈우처구우러본〉, 이 창세신화에 나오는 각종 사물의 기원이나 자연적·사회적 현상은 인간이 의도적으로 빚은 게 아니라 신들이 서로 싸우다가 그런 게 생기고 그런 일이 벌어진 거다, 이런 식으로 설명하는 것이지요.

그 이후에도 예루리는 아부카허허한테 도전해요. 누구에게 빛을 찾는 능력이 있나, 하늘의 색은 뭐냐, 땅의 색은 뭐냐, 이런 내기를 자꾸 걸어요. 일종의 도발이죠. 예루리는 악마의 눈을 가지고 있어요. 악마의 눈이 뭡니까? 머리마다 눈이 하나씩 있는데, 머리가 총 아홉 개니까 눈도 아홉 개인 거예요. 눈이 아홉 개니까 굉장히 능력이 있죠. 그래서 세 여신이 못 보는 것까지 보게 됩니다.

예루리가 보니 캄캄한 밤에 저 북쪽에 온통 얼음이 쌓여 있는 거예요. 예루리가 꾀를 하나 냅니다. 그 얼음을 다 옮겨와요. 얼음 바다를. 그렇게 해서 이 세상을, 하늘이고 땅이고 온 세상을 얼음 바다로 만들어놓습니다. 그런 다음에 아부카허허한테 가서 말합니다. "이 세상은 하늘이고 땅이고 다 하얗다." 그걸 알아냈으니까 자기가 이겼다고 주장하는 것이죠.

이런 주장을 하기 위해서 얼음을 다 옮겨온 것인데요. 실은 우리가 북쪽으로 가보면 따뜻한 남쪽보다는 얼음이 더 많이 펼쳐져 있는 걸 볼 수 있습니다. 만족이 살고 있는 자연환경이 이렇게 우리하고 다르기 때문에, 이런 사건 역시 만족이 거주하고 있는 곳의 자연환경을 설명하는 얘기인 셈이죠. 그러니까 결국은 신들이 싸우다가 만족이 거주하고 있는 자연환경이 어떻게 형성됐는가를 설명하는 얘기라고 하겠습니다.

이렇게 온 세상이 눈 바다로 덮이게 되니까 아부카허허가 그만 꼼짝 못하게 됩니다. 눈 바다에 갇혀서요. 이때 거대한 오리가 나타나서 아부카허허를 도와주는 장면이 나옵니다. 그때 이 세상에 처음 나온 오리는 부리가 괭이 형태로 되어 있어 두껍고 길었다고 합니다. 그런데 아부카허허를 도와주느라고 오리가 얼음을 계속 쪼고 다녔어요. 그러는 바람에 얼음에 눌려서 지금의 오리 부리 형태로 바뀌었다는 얘기도 나옵니다.

6모링

다음은 6모링입니다. 6모링은 '이 세상에서 장생불사하는 신은 누구냐, 또 누가 천하무적의 신성한 큰 신이냐'라는 내용을 담고 있습니다.

악마 예루리가 계속 아부카허허에게 싸움을 걸었잖아요? 싸우면서 지기도 하고 이기기도 했는데, 초반전에는 대개 예루리가 승기를 잡습니다. 아부카허허에게 제압당하지 않았지요. 그래서 악마 예루리는 자기가 수없이 만들어놓은, 자기를 닮은 조그만 신들을 동원해서 하늘과 땅에 쉬지 않고 소란을 일으킵니다. 그럴 때마다 여러 신들이 등장해서 아부카허허를 도와주는 장면들이 나옵니다. 대표적으로 빛과 불의 신인 두카허 여신, 폭풍의 신인 시스린 여신이 등장하는데, 그 신들이 힘을 합쳐 마침내 예루리를 땅속으로 내쫓습니다.

하지만 그 뒤에 또 예루리가 아부카허허에게 나타나서는 내기를 겁니다. 이제부터 하늘을 날아가는 내기를 하자고 그럽니다. 여기에서도 역시 아부카허허가 곤란한 지경에 처하는데, 이번에는 그 여신이 얼음 속에 갇힙니다. 그래서 거의 죽게 되었을 때 아부카허허는 돌을 먹고 생명을 얻어서 살아나 탈출을 하게 됩니다.

뒤에도 다시 나오지만 만족 사람들한테 돌은 굉장한 의미가 있습니다. 돌 그 자체를 생명으로 생각했기 때문이지요. 이게 무슨 말인가 하면, 만족 사람들은 돌 속에 불이 들어 있다고 생각했습니다. 돌과 불을 동일시한 것이지요. 그런데 불이란 무엇입니까? 불은 신화에서 생명의 상징으로 곧잘 얘기됩니다. 거의 그런 뜻을 가지고 있습니다. 그래서 아부카허허가 죽어갈 때 돌을 막 집어 먹어요. 그렇게 자신의 고갈된 생명력을 다시 회복합니다. '돌=불=생명'이 신화적 동일성의 논리로 등장하는 것이지요. 실제로 만족의 다른 신화에서도 돌은 생명력을 갖고 있는 물질로 등장합니다.

우리나라에서도 그 정도까지는 아니어도 기자석祈子石이라고 해서 아들 낳게 해달라고 비는 돌들이 있잖아요. 그런 것도 어떻게 보면 만족의 신화에서 상징하는 것과 상당히 유사한 모습이라고 할 수 있습니다. 그런데 이 만족의 신화에서는 그게 훨씬 원초적인 모습으로 나타납니다. 돌 그 자체가 불이요, 생명이라는 얘기니까요.

7모링

7모링에서는 '세상에는 어떻게 장대竿에 천등天燈을 켜는 풍속이 생겼는가, 왜 생화生花를 사랑하는 풍속이 생겼는가'라는 얘기가 나옵니다.

세 여신 중에서 와러두허허는 예루리와의 싸움에서 지하에까지 끌려가는 수모를 당하면서 자신의 빛을 많이 잃어버렸어요. 그러니 마음이 침울해졌지요. 그런 상태에서 7모링이 시작되는데, 이때 아부카허허가 세 마리 새를 보내 노래를 부르게 해서 와러두허허의 울적함을 달래주는 이야기가 맨 앞에 나옵니다. 밤이면 부엉이를, 아침이면 기러기를, 저녁 무렵엔 까마귀를 보내 노래를 부르게 했어요. '밤-아침-저녁'의 시간 순서에 따라 새들을 울게 한 것이죠. 실제로 이 새들은 지금도 그 순서대로 운다는 이야기를 간단히 덧붙이고 있습니다.

그리고 바나무허허는 자기 마음속에 투무突姆 화신, 그러니까 불의 여신을 품고 다니는데, 이제 그 불의 여신에게 "아부카허허를 좀 도와주라"고 당부합니다. 불의 여신은 너무 헌신적이어서 자기가 갖고 있는 빛의 상당 부분을 소진합니다. 만족의 신화에서 거의 유일하게 헌신적인 모습을 보여주는 여신이지요. 그래서 하늘에 보면 삼형제별이 있고 그 밑에 아주 희미하게 반짝거리는 별이 있는데, 그게 바로 투무 화신이 겨우 간직한 작은 불이 비치는 것이라고 합니다. 마치 천등이 우주를 밝혀주고 있는 것과 같은 모습이지요. 후세 사람들은 그 별을 처쿠 마마車庫媽媽, 즉 그네 여신이라고 부르게 되었고, 그로부터 세상에 높은 그네 대가 비로소 생겼다고 합니다. 그 후 만족 사람들이 밧줄을 메고 머리에 어유등魚油燈을 이고 그네를 타는 것은 이 자상하고 헌신적인 투무 화신을 기리고 존경하는 의식이라고 합니다.

그 뒤에 또 저구루 여신도 매우 헌신적으로 노력을 하는데, 그래서 만족 사람들은 이 여신을 기리기 위해서 꽃을 머리에 달았다는 얘기가 이어집니다. 여러분도 꽃을 좋아하겠지만, 만족의 신화에서 꽃은 저구루 여신을 기리기 위한 것입니다. 꽃은 상당히 밝은 느낌을 줍니다. 빛의 느낌을 주기 때문에 악마가 좋아하지 않아요. 특히 꽃 중에서도 아주 강렬한 색채를 띠는 꽃들이 있어요. 그런 꽃들은 사악한 것들이 별로 좋아하지 않습니다. 혹시라도 여러분 주변에서 사악한 기운이 느껴진다면 아주 강렬한 색깔의 꽃을 화분에 심어서 놓아두시면 예루리 같은 사악한 기운이 근접하지 않을 겁니다. 만족의 신화적 세계관을 믿어보자면 그렇다는 것이에요. 그런데 실제로 우리나라의 민속 신앙에도 꽃들이 굉장히 강렬한 상징으로 나와요. 이것도 다 이유가 있다고 볼 수 있겠습니다.

8모링

8모링에서도 아부카허허를 도와준 흰 까치, 흰 고슴도치, 두더지 등 자연의 존재들에 대한 존경심을 표하는 내용들이 나옵니다.

흰 까치, 흰 새들은 아부카허허의 시녀들입니다. 아부카허허가 예루리랑 싸우느라고 진이 빠져서 항상 힘이 없자 투무 화신이 "돌 좀 드셔보시죠"라고 조언을 합니다. 그래서 아부카허허가 자신의 시녀 신인 새들한테 돌을 계속 가져오게 합니다. 특히 여기서는 까치가 큰 역할을 해요. 만족한테 가장 존중받는 새 중 하나가 까치인데 그 이유를 여기서 파악할 수 있습니다. 만족의 전설이나 민담에 까치 이야기가 많이 나오는데, 주인공이 위기에 처했을 때 까치가 등장해 도와주는 식이죠. 이 또한 창세신화 〈우처구우러본〉에서 기원한 이야기라고 볼 수 있습니다.

여기서 시녀 새들이 가져오는 돌은 오색돌입니다. 돌 중에서 여러 가지 빛깔이 나는 것들이 있어요. 그 돌들을 가지고 와서 아부카허허한테 주죠. 아부카허허는 그 돌들을 먹고 몸이 아주 튼튼해집니다.

또 이 시녀 새들이 돌을 가져올 때 버드나무에 앉아서 예루리의 동정을 살핍니다. 만족한테 굉장히 의미 있는 식물 중 하나가 버드나무입니다. 버드나무 여신이라고 해서 버드나무가 사람을 낳는 이야기도 있습니다. 죽어가는 만족 사람한테 가지를 뻗어 물을 줘서 생기를 불어넣는다는 얘기들도 많이 나옵니다.

〈우처구우러본〉에 보면 홍수가 두 번 이상 계속되었다는 내용도 있는데, 이때 유일하게 살아남은 나무들이 있습니다. 두 번의 대홍수 후 유일하게 살아남은 나무들은 바로 느릅나무와 버드나무입니다. 느릅나무는 아이누 유카르 문학에서 아주 의미 있게 나옵니다. 영웅들이 입는 갑옷이 느릅나무로 만들어지거든요. 만족의 자료에서는 느릅나무보다 버드나무, 아까 말씀드렸듯이 버드나무가 더 의미 있게 나옵니다. 생식력을 갖고 있는 나무이기 때문이죠. 또 버드나무를 하늘나무라고 하여 하늘과 연결되는 나무로 인식하기도 합니다. 버드나무를 타고 하늘로 올라갈 수 있다고 생각하는 거죠. 이처럼 만족 사람들한테 버드나무는 굉장히 중요한 기능을 하는 식물로 등장합니다. 그래서 창세서사시에서도 대홍수가 두 번이나 지나가도 이 나무는 꿋꿋하게 살아남았다고 설명하고 있는 것입니다. 그 버드나무에 까치가 앉아서 예루리의 동정을 살피는 것입니다.

만족의 〈우처구우러본〉에서는 하늘이 9층으로 되어 있다고 봅니다. 그리고 그 아홉 개의 층마다 또 각기 아홉 개의 갈래가 있다고 봅니다. 각각의 갈래에는 30위^位의 여신들이 살고 있는데, 이 여신들과 또 아부카허허가 만들어낸 조그마한 신들이 있어요. 이 조그마한 신들은 아부카허허가 자신의 몸에 생긴 때를 가지고 만들어낸 신들입니다. 30위의 여신들을 만들어냈고, 이들이 다 여신입니다. 아부카허허는 남자 신을 만든 적이 없어요. 다 여신이죠. 그래서 만족의 신화를 보면 전체 신의 숫자, 여신의 숫자를 한 300위 정도라고 얘기합니다. 그 300위의 여신이 바로 이들입니다. 9층 9갈래에 있는 270위의 여신과, 아부카허허가 때를 밀어서 만든 조그마한 여신 30위. 그래서 총 300위의 여신들이 떼를 지어 예루리를 공격합니다. 특히 조그마한 여신들이 무리를 지어 공격하니까 어떻겠어요? 예루리가 상당히 감당하기 힘들었겠죠.

우리가 싸울 때 큰 것들이 달려들면 눈에 잘 보이니까 피하기도 쉽고 그러잖아요. 그런데 이 30개의 미약한 신들은 아주 조그맣죠. 거의 보일락 말락 하는 신들이에요. 이 조그마한 신들이 예루리의 몸속을 파고들죠. 파고들어서 아주 귀찮게 합니다. 예루리가 얼마나 짜증이 났겠어요. 자기 뿔 속에도 들어와 헤집고 다니니까 짜증이 나서 하늘에 구멍을 내겠다고 분기탱천해서 막 치솟아 올라갑니다. 로켓처럼 말이죠. 하늘을 깨부수겠다고.

예루리가 그렇게 올라가긴 올라갔는데 어떻게 되었을까요? 그동안 미약하다는 작은 신들이 예루리의 뿔을 워낙 갉아먹어서 뿔이 옛날의 뿔이 아니었어요. 기어이 뿔이 부러지고 맙니다. 그 부러진 뿔과 함께 예루리가 땅에 떨어집니다. 그때 하필이면 멧돼지가 예루리의 부러진 뿔을 찾게 되고, 그걸 자신의 이빨로 삼죠. 멧돼지의 이빨은 그래서 예루리의 뿔입니다. 멧돼지를 보면 조심하셔야 할 것 같습니다.

9모링

마지막 9모링입니다. 9모링에서는 드디어 예루리가 패배당하고 영원히 땅속에 파묻히는데, 이때 아부카허허가 예루리를 다른 존재로 변신시킵니다. 예루리는 이제 옛날의 예루리 모습이 아닌, 아홉 개의 머리가 달린 새로 바뀌게 되지요.

지금도 만족이라든지 그 일대의 신화들을 보면 아홉 개의 머리를 가진 새들이 다수 등장합니다. 머리 아홉 달린 새들이 등장하면 바로 예루리인 것이죠. 예루리가 스스로 변신한 게 아니고 아부카허허가 그렇게 만들어버린 모습으로 나오는 것입니다. 변신 이전의 예루리보다는 신적 능력이 많이 떨어질 수밖에 없습니다. 전투 능력도 엄청 떨어져 있죠. 이후의 여러 신화에서 예루리는 이제 소소한 영웅의 대적 상대로 전락하게 됩니다. 그에 비해 아부카허허는 영원히 죽지 않는 우주의 어머니 신, 우리가 흔히 대모신, 또는 'Great Mother'라고 부르는 여신이 됩니다. 대우주의 어머니 신이 된 것이죠, 하늘과 땅을 지키는. 그런 다음 아부카허허는 이제 자기를 대리할 사람을 지명하게 됩니다.

와러두허허나 바나무허허는 창세 이래 같이 협조해서 일했던 신들이잖아요? 그런데 이 세상의 만물도 거의 다 만들어지고 자기들을 귀찮게 했던 예루리도 평정을 했습니다. 그다음에 할 일은 무엇이겠어요?

혹시 예루리의 잔당들이 인간 세상을 힘들게 하면 그런 것들을 제압하고, 또 이 세상의 최초에 있었던 일과 온갖 지식과 기술을 전파하는 후계자를 정하는 일들이 남게 되겠지요. 그래서 그와 관련된 내용이 나옵니다. 그럼 그 후계자가 누구냐? 네, 바로 무당입니다. 다른 말로 하면 샤먼. 아부카허허는 이제 샤먼을 지정해서 이 세상의 최초에 있었던 일부터 빼지 않고 쭉 전승하게 하고, 인간들을 자기 대신 보살피도록 온갖 지식과 기술을 건네주게 됩니다. 따라서 아부카허허가 사라지고 난 이 인간 세상에서는 샤먼이 주도적인 역할을 하게 됩니다.

그런데 그렇게 샤먼이 인간 세상을 돌보는 동안에 대홍수가 한 번 나서 모든 것들이 다 사라져버립니다. 그때 뭐만 남게 되느냐? 그것은 앞서 말한 바 있는데요, 바로 느릅나무와 버드나무죠. 그다음에 남은 게 매. 또 여인이 남는데, 이 여인은 누구냐 하면 바로 샤먼입니다. 그래서 대홍수 이후 이렇게 느릅나무, 버드나무, 매, 여인 등이 남았는데, 매하고 여인이 결혼을 해서 만족의 시조들을 낳게 됩니다.

그림 5
만족 '버드나무 여신'을 형상화한 전지
© 『살만전지薩滿剪紙』(랴오닝미술출판사, 2010)

만족과 허저족의 서사시나 신화를 보면, 매는 샤먼의 보조 신으로 자주 나옵니다. 그만큼 이들 민족의 서사시나 신화에서 매는 아주 중요한 기능을 하는 새로 설정되어 있지요. 또 오랜 세월 후에 대홍수가 다시 발생하는데, 여기에서 매우 중요한 변화가 생깁니다. 그게 뭐냐면, 아부카허허는 여신이라고 했잖아요? 그런데 두 번째 대홍수 후에 이 신의 이름이 바뀌게 됩니다. 아부카언두리로 말이죠. 아부카허허에서 아부카언두리로 바뀐 게 그렇게 중요할까요? 물론 중요합니다. 아부카언두리에서 '아부카'는 하늘이라고 그랬죠? 그렇다면 '언두리'가 중요한 의미를 담고 있다고 볼 수 있겠는데요. 언두리가 무슨 의미인가 하면, 허허가 여신을 나타낸다면, 언두리는 바로 남신을 나타냅니다.

이걸 보면 대홍수가 두 번 발생하고 나서 여신에서 남신으로 주도권이 변했다는 것을 알 수 있습니다. 이전까지는 여신의 주도에 의해서 우주의 생성 원리가 이루어집니다. 그런데 두 번의 대홍수가 있고 나니까, 그다음에 우주의 원리를 주도하는 신이 누가 되는가 하면, 바로 남신인 것이죠. 이처럼 여신에서 남신으로 바뀌게 되는 얘기가 9모링의 마지막을 장식하고 있습니다. 그래서 이제부터는 창세의 여신이 아니라 창세의 남신이 주도를 하게 됩니다. 창세의 남신이 등장해서 이 세상의 질서를 바로잡게 되는데, 창세의 여신 같은 경우에는 그 대리를 무당한테 맡겼잖아요? 샤먼한테. 하지만 아부카언두리, 창세의 남신은 그러질 않고 자기와 같은 대영웅신을 내보냅니다. 대영웅 신을 만족어로는 '만니瞞尼'라고 합니다. 만니 92명을 보내서 이 인간 세상에 창세에 대한 이야기도 전달하게 하고, 온갖 우주의 원리가 흐트러지는 일이 생겼을 때 이들이 조정을 하는, 그런 이야기들이 뒤에 쭉 나옵니다. 실제로 지금 만족의 샤먼들이 부르는 무가에서 샤먼들이 신봉하는 대부분의 신은 바로 만니 신들입니다. 그리고 만니 신들은 남성 신들이지요. 남성 신들이 등장해서 이 세상을 새롭게 다스리게 된다는 얘기가 9모링의 대미를 장식하고 있는 것입니다.

〈천궁대전〉이 보여주는 몇 가지 특징

〈천궁대전〉의 몇 가지 특징을 보면 알겠지만, 이 서사시는 자연의 총체적 현상을 다루고 있습니다. 하늘, 땅, 별, 이런 것은 모두 자연 현상의 주체들이고, 이들을 인격화해서 보여주고 있는 서사시가 바로 〈천궁대전〉입니다. 예컨대 하늘, 땅, 별이 있는데, 이것들을 의인화해서 각기 아부카허허, 바나무허허, 와러두허허로 표현했다고 이해하면 되는 것입니다.

그다음, 일원론적 세계관을 들 수 있습니다. 이것은 뭐냐 하면, 이 서사시에서 최초로 등장하는 신은 누구예요? 아부카허허죠. 이 아부카허허에서 모든 게 비롯됩니다. 하나에서 모든 것이 비롯되었다, 라는 사고방식이 바로 일원론적 세계관인 것입니다.

또 선과 악의 뚜렷한 대립을 특징으로 꼽을 수 있어요. 사실 우리나라 신화에서는 선악이 뚜렷하지 않습니다. 반면 만족의 서사시나 신화에서는 선악이 아주 뚜렷합니다. 선과 악이 분명하다는 것이죠. 우리 한반도를 보더라도 한강 이북 쪽의 문화는 중국의 동북 문화와 유사합니다. 그래서 한강 이북 쪽에서 전승되는 이야기들을 보면 대부분 선과 악이 분명하고, 투쟁에 대한 이야기가 꽤 많습니다. 그런 점에서 한강 이북 쪽의 문화는 중국 동북 지역의 만족 신화, 허저족의 신화 등과 좀 더 구체적인 연관 관계 속에서 연구할 필요가 있겠습니다.

그다음, 샤먼인데요. 아부카허허가 예루리를 물리치고 나서 어떻게 해요? 이제 자기 할 일이 없잖아요. 그래서 새로운 샤먼 신을 키워요. 대리로 내세우는 거죠. 만족에서 샤먼이라는 것은 그냥 샤먼이 아니라 창세 여신, 최초의 세상을 창조하고 사악한 기운들과 투쟁적으로 싸웠던 여신의 일을 그대로 이어받은 자로 보면 됩니다. 종교적 사제 정도의 관점보다도 거의 '창세 여신의 대리자' 같은 성격으로 나온다는 특징이 있습니다.

만족의 신화 중에는 샤먼 영웅에 대한 이야기만 다룬 자료들이 꽤나 많습니다. 그 자료들의 주인공은 다 샤먼 영웅, 샤먼이면서 영웅이죠. 샤먼 영웅이 등장해서 인간들의 편에 서서 싸웁니다. 창세의 여신을 대신해서 직접 나서서 싸워나가는 모습은 완연히 영웅의 모습입니다. 온갖 악한 것들과 싸우고, 그 결과 인간을 지켜내는 역할을 하는 영웅. 그러나 신분이 샤먼이니까 여기서는 샤먼 영웅이라고 지칭할 수밖에 없습니다.

그리고 마지막 9모링에서 두 번의 대홍수 이후로 여신의 체계에서 남신의 체계로 신화의 체계 자체가 바뀌게 되는 모습이 나타나는데, 이는 만족의 신화에서뿐만 아니라 전 세계의 신화에서 보편적으로 확인되는 현상입니다. 처음에는 여신이 주도하는 이야기가 나왔다가 오랜 세월이 흐르고 나서 그 주도권을 이제 남신이 쥐게 되는 것이죠. 그때부터 여신은 남신에 종속됩니다.

이런 점들을 고려하면서 이어서 얘기할 만족의 니샨 샤먼이라든지 허저족의 이마칸, 아이누의 유카르와 비교해보시길 바랍니다. 상당히 유사한 점들을 읽어낼 수 있을 뿐만 아니라, 그것들이 각 민족의 자료에서 어떻게 변모되고 있는지도 아울러 파악할 수 있으리라 봅니다.

특히 샤먼의 영웅적 면모와 관련하여 중점적으로 얘기를 해보고자 합니다. 인류 시모신이자 만족을 있게 한 어머니 신. 어머니 신이면서 무당이었던 신. 이 신의 후예로 니샨 샤먼의 예를 들어 이 점을 중점적으로 말씀드리도록 하겠습니다.

인류 시모신인 큰 샤먼의 후예: 니샨 샤먼

〈니샨 샤먼〉의 전승

〈니샨 샤먼〉은 우리나라 신화 중에 〈바리공주〉와 굉장히 유사한 점이 있어서 한때 〈바리공주〉와 비교하는 연구도 진행된 바 있습니다. 어떤 점에서 비슷하다고 보았을까요? 네, 〈니샨 샤먼〉에서는 이미 죽어버린 사람의 혼령을 저승에 가서 가지고 옵니다. 그래서 죽은 사람을 살려냅니다.

여러분이 알고 있는 〈바리공주〉의 내용은 무엇입니까? 자기 아버지, 또는 이본異本에 따라서는 부모가 다 죽을병에 듭니다. 죽을병에 들었는데 바리공주가 저승에 가서 꽃, 물 등을 가지고 와서 이미 죽은 부모를 살려냅니다. 내용이 아주 똑같진 않지만 니샨 샤먼이나 바리공주나 모두 저승에 갔다 와서 이미 죽은 사람을 살려낸다는 점에서 유사성이 확인되는 것입니

다. 니샨 샤먼과 바리공주가 저승에 갔다 오
는 것을, 신화학에서는 저승 여행 신화소라
고 합니다. 〈니샨 샤먼〉과 〈바리공주〉는 바
로 이 신화소를 공유하고 있는 것입니다.

비교 신화학적 관점은 오늘 강연에서는
좀 제외하고 〈니샨 샤먼〉에만 집중해서 보
겠습니다. 〈니샨 샤먼〉은 흔히 만족의 서사
시로만 알려져 있는데 실은 그렇지 않습니
다. 만족뿐만 아니라 그 일파라고 우리가 많

그림 6
니샨 샤먼
© 『니샨살만전尼山薩
蠻傳』(문사철출판사,
1997)

이 이야기하는 허저족, 다우르족達斡爾族, 오로촌족鄂倫春族, 어원커족鄂溫克
族, 이런 소수민족들 사이에서도 전승되고 있습니다.

이것은 무엇을 의미할까요? 〈니샨 샤먼〉에는 특정 민족의 것이 아니라
여러 소수민족이 공유할 수 있는 문화적 요소가 들어 있다는 의미로 파악
할 수 있지 않나 합니다. 그 공통의 문화적 요소가 바로 샤먼교, 우리가 흔
히 이야기하는 샤머니즘입니다. 인간 세상의 모든 악을 제거하는 데 앞장
섰던 샤먼에 대한 숭배신앙을 이들 소수민족이 공통적으로 갖고 있는 것
이죠. 그런 맥락에서 가장 유명한 무당이 바로 니샨 샤먼이었습니다. 그래
서 니샨 샤먼에 대한 얘기가 소수민족 사이에 상당히 널리 퍼졌던 것이라
고 할 수 있겠습니다.

〈니샨 샤먼〉의 중심 내용

〈니샨 샤먼〉의 내용은 대강 이렇습니다.

옛날 로로라는 마을에 발두바얀이라는 엄청난 부자가 있었는데, 중년에
아들을 하나 낳았습니다. 그런데 아들이 열다섯 살이 되었을 때 사냥을 갔

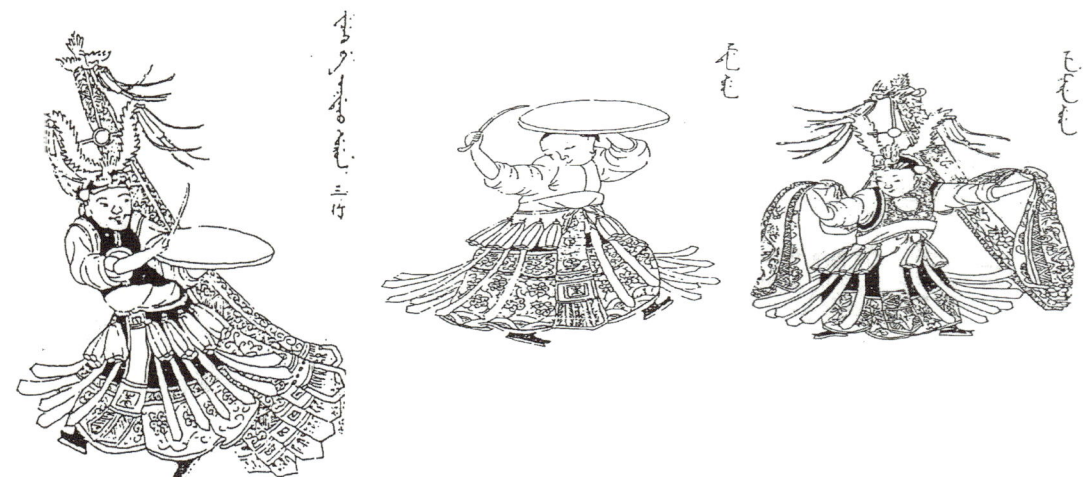

그림 7
왼쪽부터 신을 맞이하
는 만족 사먼. 굿을 하
는 만족 사먼. 춤을 추
고 있는 만족 사먼
© 「살만신앙적역사고
찰薩滿信仰的歷史
考察」(문사철출판사.
1996)

다가 그만 병이 나서 죽었어요. 그래서 부부는 그 후에 아들을 하나 더 낳기 위해 무진장 노력을 합니다. 흔히 우리나라 고전소설에서는 나이가 많은 부부가 자식을 낳기 위해 어떻게 합니까? 명산대천에 빌러 다니잖아요. 이름난 산, 또는 이름난 사찰에 가서 제발 자식 하나만 점지해달라고 빌지요. 이 서사시에서도 부부가 신한테 빌기도 하고, 가난한 사람을 돕는 등 착한 일도 많이 합니다.

어려운 사람 도와주는 식으로 착한 일을 많이 하면 아들을 낳을 수 있대요.(웃음) 이 서사시에 보면 착한 일을 많이 하면 아들을 낳을 수 있다는 거예요. 그래서 발두바얀 부부가 착한 일을 엄청 많이 하고 다닙니다. 그리고 정성이 통했는지 발두바얀이 나이 오십에 아들을 한 명 낳게 됩니다. 그 아들 이름은 서르구다이 피앙고입니다. 이 아들이 열다섯 살이 됐는데 사냥을 하러 가겠대요. 여느 부모 같으면 어떻겠어요? 이전에 낳은 아들이 사냥 갔다가 죽었으니 당연히 못 가게 하겠지요. 그래서 가지 말라고 했는데, 이놈이 고집이 워낙 세서 나는 꼭 가야겠다며 사냥을 나갔다가 갑자기 몸이 얼더니 열이 나고 정신이 혼미해져서 죽었어요. 물론 사냥 갔다가 죽는 것은 여러 가지 원인이 있을 수 있습니다. 보통 신의 허가를 받지 않은 공간에 들어가게 되면 신의 벌을 받는 경우들이 있어요. 그리고 또 짐승 사냥을 하러 갔잖아요? 너무 살육을 많이 하면 문제가 생겨요. 산에는 그 동물들을 관장하는 신이 있는데, 그 산신의 노여움을 사게 됩니다. 서르구다이 피앙고 역시 그런 이유 때문에 죽었다고 볼 수 있겠습니다.

발두바얀이 오십이 다 되어서 낳은 아들이 죽었으니 그다음에 아들을 낳을 수 있겠어요? 아무리 착한 일을 해도 낳기가 어렵죠. 그래서 발두바얀이 하늘이 무너질 판인데, 그때 어떤 노인이 나타나서 니샨이라는 무당 이야기를 들려줍니다. 이 무당이 죽은 사람도 살린다는 굉장한 무당이니까 한번 찾아가서 얘기해보라고 합니다. 그래서 발두바얀이 당장 니샨을 불러다가 우리 애를 좀 살려주십시오, 부탁을 합니다. 그러자 니샨이 발두바얀의 정성에 감동하여 발두바얀의 집에 와서는 굿을 시작합니다. 저승 여행을 하기 위한 것이죠.

이제 니샨은 3년 묵은 수탉과 개를 끌고, 백 덩이의 묵은장과 백 뭉치의 백란지白蘭紙를 어깨에 메고, 여러 신주神主를 주위에 뒤딸리고 저승을 향해 출발합니다. 니샨이 어느 하천에 이르자 절름발이 사공이 나타나 독목선獨木船을 건네주며 몽골다이 낙추가 서르구다이 피앙고를 데리고 지나갔다고 말해줍니다. 몽골다이 낙추가 누구냐, 우리 식으로 말하자면 저승사자입니다. 저승사자인 몽골다이 낙추가 염라대왕의 명령을 받고 서르구다이 피앙고의 혼을 빼간 것이죠. 니샨은 다시 배도 없고 사람도 없는 붉은 내에 다다라 남수고男手鼓를 물 위에 던지고 그 위에 서서 강을 건넙니다. 그리고 저승의 수관문首關門 앞에 이르러서는 세 덩이 장과 세 뭉치 종이를 문 지키는 귀신들에게 주고 통과합니다. 일종의 통행세를 지불한 것이죠. 니샨은 마침내 몽골다이 낙추가 있는 문에 이르게 됩니다.

니샨이 몽골다이 낙추한테 "너는 왜 명이 남아 있는 아이를 네 마음대로 잡아갔느냐"라고 아주 심하게 꾸짖으며 피앙고를 돌려달라고 합니다. 그러자 몽골다이 낙추는 그 아이를 염라대왕의 명령으로 데려왔고, 염라대왕이 아들 삼아 기르며 귀여워하는데 돌려줄 리가 없다며 거절합니다. 니샨은 화가 잔뜩 나서 염라대왕의 성에 가서는 "커라니, 커라니"라고 주문을 읍니다. 그러자 어디선가 큰 새가 나타나서는 서르구다이 피앙고를 움켜잡고 날아가 버립니다. 정확하게 말하자면 서르구다이 피앙고의 혼을 움켜잡은 것이죠. 여기서 큰 새는 '매'일 가능성이 큽니다. 보통 매가 샤먼의 보조자로 많이 나오기 때문입니다. 이 일 때문에 몽골다이 낙추는 염라대왕한테 크게 꾸지람을 듣습니다. 그래서 몽골다이 낙추가 니샨한테 와서 "염라대왕이 서르구다이 피앙고를 잘 지켜내지 못했다고 나를 아주 혼낸다. 그러니까 당신이 좀 어떻게 노여움을 풀게 하는 방법을 알려달라"고 하소연을 합니다. 그러니까 니샨이 자기가 저승을 갈 때 갖고 간 것이 있잖아요? 3년 묵은 닭과 개. 니샨은 몽골다이 낙추에게 그 3년 묵은 닭과 개를 줍니다. 그걸 갖고서 염라대왕의 노여움을 달래보라는 것이었죠. 그러면서 거래를 하는데, 서르구다이 피앙고의 목숨을 90세까지 늘려달라는 거래를 합니다. 그러자 몽골다이 낙추가 어떻게 하겠어요? 니샨의 거래에 응하는 수밖에.

우리나라에도 〈차사본풀이〉 신화에 사람의 목숨을 기록해놓은 저승 명부라는 게 있어요. 수명壽命이 적혀 있는 명부가 있는데, 저승차사가 뇌물을 받고 그 명부에 적혀 있는 나이를 조작하는 얘기들이 나옵니다. 흥미로운 유사점입니다.

어쨌든 니샨이 임무를 무사히 마치고 이승으로 오려는데 문제가 하나 생깁니다. 바로 기름 솥에 불을 때고 있는 자기 남편을 만나게 된 것입니다. 오래전에 죽었던 남편이 자기도 살려달라고 해요. 그러자 니샨이 "너는 죽은 지가 너무 오래되어서 살려줄 수 없다"고 말하죠. 남편은 온갖 쌍욕을 하면서 니샨을 저주합니다. "그럼 너도 죽어봐라"라면서 니샨을 불구덩이 기름 가마에 집어넣으려고 합니다. 그런데 그게 뜻대로 되겠어요? 니샨은 영험한 샤먼인데 말이죠. 니샨은 화가 나서 "더니쿤, 더니쿤" 주문을 웁니다. 그러자 큰 학이 날아와서는 니샨의 남편을 움켜잡고 '풍투성이'라는 지옥에 던져버립니다. 그리고는 두 번 다시 사람의 몸으로 태어나지 못하도록 해버립니다. 한때 자기 남편이었던 사람을 그런 무시무시한 지옥에 빠뜨려버린 것이죠. 니샨의 매정하고도 단호한 모습을 엿볼 수 있는 대목입니다.

그림 8
〈차사본풀이〉를 각색한 영화 〈신과 함께〉 포스터

니샨은 돌아오는 길에 오색 채운이 어려 있는 한 누각에 들어가서 복신福神 오모시마마를 만납니다. 복신은 니샨에게 저승의 형벌과 법도를 가르쳐주고, 이승에서 악한 일을 한 자들이 저승에서 여러 가지 혹독한 형벌을 받는 모습을 두루 구경시켜 줍니다. 잘 보고 이승의 사람들이 착한 일을 하도록 계도하라는 뜻이겠지요. 니샨은 복신을 하직하고 다시 붉은 냇가에 당도하여 남수고男手敲를 타고 물을 건너 발두바얀의 집에 이릅니다. 그런 다음 니샨은 스무 지게의 물을 가져다가 피앙고의 코언저리에 붓고, 마흔 통의 물을 얼굴 주위에 붓고, 향을 잡고 깨우는 말로 교설敲舌하며 빕니다. 그러자 마침내 서르구다이 피앙고가 깨어나게 됩니다. 죽었던 아이를 살렸으니 대단한 일이죠. 부모 입장에서 보면 죽은 아이를 살려냈으니 무엇이 아깝겠습니까? 발두바얀은 기뻐서 크게 잔치를 열고 돈·은·의복 등을 반으로 나누어 니샨에게 주죠.

니샨이 집에 돌아와서 자기 시어머니한테 저승에서 있었던 일을 얘기합니다. 하지 말았어야 할 이야기인데 말이죠. 저승에 가서 실은 죽은 남편을 만났는데, 어쩌고저쩌고 얘기를 하니까 그 시어머니가 뭐라고 하겠어요?

이 년 저 년 하면서 네가 어떻게 그럴 수가 있느냐, 그러면서 관에 고발을 합니다. 우리 며느리가 남편을 죽였다고 말이죠. 그 결과 니샨은 관에 붙잡혀 가서 깊고 깊은 우물 속에 빠뜨려져 죽게 됩니다. 비극적 결말입니다.

〈니샨 샤먼〉의 세 층위를 통해 본 영웅성과 비극성

자, 이제까지 말씀드린 것은 만족의 〈니샨 샤먼〉입니다. 앞서 말했다시피 이 얘기가 여러 소수민족한테도 전승되고 있습니다. 그 내용은 조금씩 다릅니다. 가장 다른 부분이 뭐냐, 바로 결말입니다. 그것을 크게 세 층위로 나눠 설명해볼 수 있습니다.

첫 번째 층위에 해당되는 것은 허저족의 〈이씬一新 샤먼〉입니다. 〈이씬 샤먼〉의 특징은 샤먼의 권능 자체가 인정되고 있다는 것입니다. 이씬 샤먼이 죽지 않는 것으로 설정되어 있기 때문이죠. 이씬 샤먼이 얼마나 위대한 일을 했습니까? 저승에 가서 혼을 탈취해 갖고 와서 죽은 사람을 살려냈으니까, 굉장히 위대한 일을 한 거죠. 그 점에서 〈이씬 샤먼〉은 샤먼의 위대한 행적을 그대로 인정받고 있는 내용의 서사시입니다. 말하자면 샤먼의 위대한 능력을 드러내는 쪽으로 서사시의 기본적인 구조가 짜여 있습니다. 샤먼의 저승 여행은 자신의 신력神力을 증대시키기 위한 것이 그 근본 목적이라고 할 수 있는데, 〈이씬 샤먼〉에서는 그것이 철저히 존중되고 있는 것입니다. 샤먼교 자체에 대한 믿음뿐만 아니라 샤먼에 대한 숭배가 부정되지 않았다는 증거가 될 수 있죠.

만족의 〈니샨 샤먼〉에서 니샨은 저승 여행 중에 만난 오모시마마로부터 "이름이 날 수數"를 타고났다는 예언을 듣습니다. 샤먼의 저승 여행이 곧 샤먼의 신력을 증대시키는 것임을 암시하는 예언이죠. 따라서 그 예언대로라면 니샨 샤먼이 죽지 않는 것으로 결말을 짓는 것이 마땅해 보입니다.

그런데 앞서 설명해드린 바와 같이 니샨 샤먼은 위대한 행적을 보이고도 그만 죽임을 당하고 맙니다. 이것이 두 번째 층위에 해당되는 핵심 내용인데요. 여기에는 만족의 〈니샨 샤먼〉과 다우르족의 〈니상尼桑 샤먼〉이 포함됩니다. 이름이 좀 다르기는 하지만 거의 유사한 것들입니다. 그런데 결말에 보이는 니샨 샤먼과 니상 샤먼의 죽음을 이해하기 위해서는 아내에 의한 남편 살해를 먼저 이해해야 합니다. 만족의 신화에는 아내가 남편을 살해하는 내용이 흔하게 보이는데요, 여기서는 두 가지를 소개하겠습니다.

관씨 성을 가진 여자가 곽씨들만 사는 마을에 시집을 갔는데 남편과의 사이에 사소한 분쟁이 생깁니다. 남편이 아내에게 손해를 보게 했다는 게 그 이유입니다. 그러자 이 여자가 친정 마을로 돌아와서는 인마人馬를 소집해 자기 남편뿐만 아니라 곽씨 마을의 남자들을 대부분 죽여버립니다. 그런데 나중에 좀 우스운 것은 뭐냐 하면, 원래 관씨 여자가 시집갔던 마을, 곽씨 마을 있잖아요? 그 곽씨 마을에서 관씨 여자를 제1대 샤먼으로 부릅니다. 제1대 샤먼이자 그 마을의 우두머리로 관씨 여자를 불러 갑니다. 관씨 여자가 친정으로 돌아와서 살면서 위대한 샤먼으로서 거듭나자 곽씨 마을에서 초청해 간 것이죠. 자신들을 다스려달라고 말이에요. 그 후 곽씨 마을에서는 이 관씨 여자를 자신들의 조상신으로도 받들었다는 얘기입니다.

또 이런 이야기도 있습니다. 옛날에 홍수로 세상의 모든 생명이 다 떠내려가서 일체의 생명이 정지해버리는 사건이 발생합니다. 다만 우크센烏克伸이라는 돌 하나와 포도마마佛多媽媽라 부르는 버드나무 한 그루만 남게 되죠. 그들이 양쪽에서 서로 불을 뿜으니까 물이 점차 줄어듭니다. 그런데 둘은 어떤 이유인지 모르게 싸우다가 아부카허허에게 발각이 되는데, 아부카허허가 이렇게 말하죠. "너희들은 다시 싸우지 말고 부부가 되어라." 그 후 이 우크센이라는 돌과 포도마마라는 버드나무 부부는 4남 4녀를 낳습니다. 이 4남 4녀가 서로 부부가 되어 또 4남 4녀를 낳습니다. 그런데 후에 4녀는 모두 자기의 남편과 반목하여 남편을 죽인 다음 자녀를 데리고 북쪽으로 가서 현재 흑룡강 하류의 허저족 같은 소수민족의 조상이 됩니다. 얼마나 세월이 흘렀을까요? 이 우크센이란 돌과 포도마마라는 버드나무 부부가 다시 4남 4녀를 낳았고, 그 자녀들은 또 부부가 되어 자녀를 낳습니다. 그런데 이번에도 영락없이 4녀는 각기 자기의 남편과 반목하여 남편을 죽인 후 자녀들을 데리고 남쪽으로 가서 현재 흑룡강 상류의 다우르족, 어윈커족 같은 소수민족의 조상이 됩니다. 뒤에 우크센과 포도마마 부부가 또 1남 1녀를 낳았는데, 그들이 부부가 되어 자녀를 번성하여 현재의 만족이 되었다는 얘기입니다.

이 작품이나 관씨 샤먼 얘기의 중심은 여성의 힘입니다. 남성들은 힘이 없어요, 하나도. 그냥 여자의 처분을 바랍니다. 그래서 이 이야기들은 여성의 강력한 힘을 보여준다고 할 수 있습니다. 그런데 이런 모습은 모계제 사회에서 가장 전형적으로 볼 수 있지요. 제가 15년 전에 윈난雲南의 모쒀족摩梭族 – 지구 상에서 거의 유일하게 모계제 사회를 유지하고 있다는 소수민족 – 이 사는 곳을 일주일 답사할 기회가 있었습니다. 거기 가서 보니까 모계제 사회에서의 남성이 얼마나 미약한 존재인지 조금은 알겠더군요. 부계제 사회에서 여성에게 주어진 처지와 반대라고 생각하시면 됩니다. 모계제 사회에서는 경제적 주도권을 여자들이 갖고 있습니다. 자녀 양육권도 마찬가지죠. 그러니 당연히 여성들의 사회적 힘이 강하게 작동될 수밖에 없게 되겠지요. 앞서 말씀드린 두 이야기에는 그런 흔적들, 그러니까 모계제 사회의 요소가 꽤나 들어 있는 것입니다.

그럼 이 이야기들을 기억하면서 〈니샨 샤먼〉의 결말을 다시 한 번 살펴볼까요? 니샨은 저승에서 만난 남편한테 절대 굴복하지 않습니다. "남편, 너 말이야. 나한테 감히 대항을 해? 너는 죽은 지가 오래되어서 못 살린단 말이야." 그런데도 남편은 자기를 살려달라는 요청을 넘어 니샨의 목숨까지 위협합니다. 그러자 니샨 샤먼은 남편을 완전히 죽여버립니다. 다시는 사람으로 환생도 못하게 만들어버리죠. 그렇게 니샨은 남편의 환생 길을 막아버린 후 이승에 와서 자기 시어머니한테 당당하게 얘기합니다. 남편이 살려달래서 거절하고 환생 길도 완전히 틀어막고 왔노라고 말입니다. 그래서 시어머니는 니샨을 관에 고발하게 됩니다. 니샨은 그로 인해 우물 속에 처넣어져 죽게 되고요.

　이러한 결말은 무엇을 의미할까요? 이미 여성의 사회적 권능과 권위, 이런 것이 인정되지 않는, 말하자면 사회적 권력이 여성에서 남성으로 이동해갔던 사정을 나타내고 있는 것은 아닐까요? 여신 아부카허허에서 남신 아부카언두리로 창세 신이 바뀌어가는 과정처럼 말이죠. 일종의 그런 전이 과정이 〈니샨 샤먼〉에도 수용되어 있다고 볼 수 있겠습니다. 그 근거 중에 하나가, 발두바얀이라는 사람이 처음에 아들 낳기를 고집하잖아요? 그 얘기는 뭐예요? 남성 중심의 사회로 재편되고 있음을 간접적으로 보여주는 예라고 할 수 있겠지요. 그런데 니샨 샤먼은 세상이 변한 줄도 모르고 자신 있게 남편을 죽이고 왔어요. 그런 다음 자기 시어머니한테 당당히 얘기를 하니까 시어머니가 좋아할 리가 없죠. 그래서 이런 괘씸한 며느리를 봤나, 하면서 관에 고발했고, 결국 니샨이 벌을 받아 죽게 되는 거죠.

　다우르족의 〈니상 샤먼〉에서는 니상이 시어머니한테 자신의 남편을 죽이고 왔노라고 얘기하지 않습니다. 아예 그런 내용이 없죠. 대신 저승의 남편이 니상을 고발하는 내용이 보입니다. 염라대왕에게 고소장을 내고, 또 황제에게도 고소장을 내죠. 이승과 저승의 왕 모두에게 고소장을 낸 것인데요. 어쨌든 이렇게 고발을 하니까, 그 문제로 염라대왕과 황제가 이 일을 어떻게 처리하면 좋을까 회의를 합니다. 어떻게 결정했을까요? 니상의 남편이 저승에 와서 지낸 기간을 고려하면 두개골은 걷어졌고 콧마루는 떨어졌을 터이니, 이것이 사실이라면 그녀가 비록 능력이 있더라도 살려낼 수가 없을 것이다, 그러나 니상이 살아 있는 한 세상 사람이 죽으면 그녀가 구하러 갈 것이고, 그렇게 되면 세상 사람들은 없어지지 않을 것이다, 뭐 이런 내용의 대화를 나누게 됩니다. 그래서 둘 다 걱정을 하는 거예요. 어떻게 하면 좋을까 하고 말이죠. 궁리 끝에 염라대왕과 황제가 묘안을 냅니다. 그 묘안이란 황제가 니상 샤먼을 궁정으로 오게 해 국모의 병을 고치게 하자는 것이었죠. 죽은 사람도 살려냈는데 아직 살아 있는 사람의 병을 못 고치겠어요? 그런데 니상이 많은 정성을 기울였음에도 국모의 병을 고치지 못합니다. 염라대왕과 황제의 계략에 완전히 말려든 꼴이 돼버렸죠. 그러자 황제는 요언妖言으로 사람들을 현혹하고 백성을 속였다며 니상을 체포하여 철끈으로 묶은 뒤 구천九泉 밑으로 던져버립니다.

이 대목에서 알 수 있는 것은, 샤먼이 점차 어떤 모함의 세계에 빠지고 있다는 점입니다. 자신의 권능을 인정받지 못하고 뭔가 그 권능을 자꾸 깎아내리려고 하는 그런 힘들에 서서히 무너지고 있다는 것입니다. 그게 가장 심하게 나타나는 게 만족의 〈니단尼丹 샤먼의 고사〉입니다. 세 번째 층위의 대표 작품이죠. 이 작품에는 샤먼과 라마가 싸우는 이야기가 나옵니다. 주지하다시피 만족의 기본 종교는 샤먼교입니다. 하지만 청나라가 세워지면서 만족은 자기들의 종교를 버리고 라마교를 받아들이게 됩니다. 우리가 흔히 황교黃教라고도 부르는 종교입니다.

청 정부가 라마교를 받아들인 이유는 간단합니다. 소수민족으로서 정권을 잡았는데, 그 정권을 유지하기 위해서는 뭔가 강력한 종교 집단, 즉 라마교와 같은 강력한 종교 집단의 힘에 의지할 수밖에 없었던 것이죠. 특히 청나라 제2대 황제 태종 때부터 그런 일이 빈번하게 발생하게 됩니다. 그 결과 태종 때부터 라마교가 득세합니다. 그러면서 자연스럽게 만족 샤먼교의 담당 층인 샤먼들과 갈등 관계를 형성합니다. 그 내용이 바로 〈니단 샤먼의 고사〉에 나옵니다.

니단 샤먼은 20세 때 남편이 죽어 과부가 된, 말하자면 과부 샤먼입니다. 니단은 샤먼의 법술을 배워 사람들의 병을 치료해주는가 하면, 사람이 죽은 뒤에도 저승에 가서 죽은 사람의 혼령을 데리고 와서 이야기를 하도록 하는 능력이 있었죠. 그래서 니단 샤먼의 법술은 점차 이 세상에서 위대해지기 시작합니다. 마침 황제의 태자가 중병이 들자, 황제는 두 사람의 라마승을 청하여 병을 치료하게 하죠. 그러나 태자의 병은 더욱 심해졌고 결국 죽고 맙니다. 황제는 통곡을 그치지 않았죠. 그러다가 황제는 니단 샤먼이 죽은 사람의 혼령을 데려온다는 말을 듣고, 사람을 보내 도와줄 것을 부탁합니다. 이 소식을 전해들은 두 라마는 황궁의 대문 뒤에 숨어 있다가 니단 샤먼이 들어올 때 살해하려고 시도합니다. 그러나 니단은 이러한 사실을 알고 바로 공중으로 날아가 황제를 뵙고 저승에 가서 태자의 혼을 데려와 소생시킵니다. 하지만 일이 안 되려고 그러는 것인지, 이번에는 황제가 니단에게 3년 전에 죽은 누이를 살려달라고 청하죠. 니단은 황제에게 혼은 데려와도 몸이 썩어 없으므로 재생은 불가능하다고 말합니다. 앞서 본 작품들에 비춰보았을 때 니단은 당연한 대답을 한 것이죠. 그렇지만 이 말을 들은 라마는 황제에게 니단이 할 수 있으면서도 안 하는 것이라고 말합니다. 그래서 어떻게 되었겠어요? 황제는 니단을 우물 속에 가두어 죽게 합니다. 그런데 니단이 죽자 3일 동안 태양이 빛을 잃어버리는 사건이 발생합니다. 왕이 어찌된 일이냐고 묻죠. 어느 대신이 "한 마리 큰 새가 날개로 태양을 가리고 있어서 그렇다, 활 잘 쏘는 사람에게 그 큰 새를 쏘게 하면 된다, 니단이 죽어 원한을 얻어서 그렇게 된 것이니 제사를 지내주어야 된다", 뭐 그런 얘기들을 쭉 합니다. 그렇게 해서 니단은 샤먼의 조상이 되어 제사를 받게 되죠.

니단이 제사를 받게 되었다는 것은 죽이지 말아야 할 샤먼을 죽였다는 것을 자백한 거나 다름없습니다. 가해자의 자백을 통한 비판인 것이죠. 어쨌든 청 정부 입장에서 라마교를 기분 나쁘게 할 수는 없었기 때문에 어쩔 수 없이 샤먼을 배척할 수밖에 없었던 사정을 우회적으로 비판하고 있는 것입니다. 배척할 수밖에 없었지만, 그렇다고 아예 버릴 수도 없었던 그런 묘한 심정을 〈니단 샤먼의 고사〉에 담아내고 있는 것입니다.

그럼, 이제까지의 설명을 다시 정리해보겠습니다. 〈니샨 샤먼〉 유형의 층위는 샤먼이 저승 여행을 통해서 사자死者의 영혼을 가져올 수 있다는 내용이 가장 기본적인 구조입니다. 이를 반영한 허저족의 〈이씬 샤먼〉, 여기에 모계 사회와 부계 사회의 갈등으로 인해 발생한 남편 살해와 살해자인 여샤먼에 대한 단죄가 덧붙여진 〈니샨 샤먼〉, 기본 구조에 샤먼과 라마와의 투쟁, 여샤먼에 대한 단죄, 여샤먼을 숭배하는 것 등의 내용이 덧붙여진 〈니단 샤먼의 고사〉로 나뉠 수 있습니다.

> 1층위: 영혼 탈취를 위한 저승 여행(기본 구조)
>   – 허저족의 〈이씬 샤먼〉
> 2층위: 기본 구조＋남편 살해＋황제가 니샨 샤먼을 단죄함
>   – 만족의 〈니샨 샤먼〉, 다우르족의 〈니상 샤먼〉
> 3층위: 기본 구조＋샤먼과 라마와의 투쟁＋황제가 니샨 샤먼을 단죄함＋
>   여샤먼에 대한 숭배
>   – 만족의 〈니단 샤먼의 고사〉

거의 동질적인 이야기 구조가 이처럼 다양한 층위를 보이는 것은 특히 결말을 어떻게 구성하느냐의 문제임을 알 수 있습니다. 그에 따라 자료의 성격이 판이하게 달라지고 있는 것입니다. 〈이씬 샤먼〉은 샤먼의 저승 여행을 통한 혼령 탈취에 초점을 맞추고 있고, 〈니샨 샤먼〉은 모계 사회와 부계 사회의 갈등에 초점을 맞추고 있으며, 〈니단 샤먼의 고사〉는 샤먼과 라

마의 투쟁 및 청 정부의 종교 정책에 대한 비판에 초점을 맞추고 있는 것입니다. 이처럼 서로 다른 대상에 초점을 맞추면서 모두 샤먼의 저승 여행으로 그 기본 구조를 삼은 것은, 샤먼의 저승 여행이 만족을 포함한 동아시아 샤먼교의 가장 주된 특징이었기 때문일 것입니다.

허저족의 영웅서사시 이마칸: 〈만투머르컨〉

다음은 허저족의 이마칸입니다. 이마칸은 한국의 판소리를 생각하면 되겠습니다.[1] 판소리의 기본 구조는 창과 아니리입니다. 즉 노래로 하는 창 부분과 말로 하는 아니리 부분이 있는데요. 허저족의 이마칸도 판소리와 같은 방식으로 구연합니다. 노래로 하는 부분이 있고 말로 설명하는 부분이 있습니다. 이마칸은 허저족의 고유의 유산일 뿐만 아니라, 국제적으로도 보존 가치를 인정받은 굉장히 훌륭한 문화유산입니다. 우리랑 비교하면 어쨌든 판소리와 상당히 관계가 있는 갈래가 되겠는데요, 현재 이마칸은 인물 형상, 서사 구조 등을 고려할 때 크게 세 가지 유형이 있는 것으로 연구되고 있습니다.

이마칸의 세 유형

제1유형은 머르컨-코리형型이라고 합니다. 초현실적이고 신기한 능력을 가진 머르컨 및 용감한 코리로 변하는 여자가 주인공입니다. 남자 주인공의 성명 뒤에는 항상 '머르컨'이라는 명칭이 붙습니다. 내용은 남자 주인공이 영웅다운 기개를 발휘하여 서쪽을 정벌한다는 비교적 고정적인 구조

---

1   판소리와 이마칸의 비교는 최원오, 『동아시아 비교서사학』(월인, 2001) 참고.

로 이루어집니다. 잃어버린 부모 또는 죽은 부모의 시신을 찾아 서쪽을 정벌하러 가고, 그 과정에서 코리의 도움을 받아 성지城池의 수령을 정복한다음, 최후에 원수의 성지를 정복하고 부모 또는 부모의 시신을 찾아 원래의 고향으로 돌아온다는 내용이죠. 그 과정에서 남자 주인공과 여자 주인공인 코리의 결합이 지속적으로 이루어집니다. 성지를 정복할 때마다 상대 성지 수령의 누이동생(코리)과 결합하는 것이죠. 그렇기 때문에 여주인공은 복수로 등장합니다. 그리고 부모 또는 부모의 시신을 찾아 돌아올 때 남자 주인공은 원수의 성 안에 있는 모든 재물을 가져오거나 사람들을 포로로 잡아와 자기 고향에 새로운 성지를 건설합니다. 물론 그는 새로운 성지의 성주가 됩니다.

제2유형은 전기고사형傳奇故事型이라고 합니다. 머르컨과 코리가 등장하는 대신 성격이 풍부하고 다양하며 전기적傳奇的 색채가 농후한 남녀가 주인공으로 등장하죠. 작품의 주요 내용은 신화나 전설을 기초로 하고 있습니다. 예컨대 여우 신선과 사람의 우의와 애정을 다룬 것, 능력이 매우 높은 여샤먼이 저승에 가서 혼을 탈취해 오는 것, 타향에서 유랑하는 사람이 큰일을 성취하는 것, 곤경에 빠진 친척을 구하는 것 등이 이에 속하죠. 이 유형의 남녀 주인공은 신기한 능력을 가지고 있고, 내용도 신이한 색채가 농후하지만, 1유형의 고정된 서사 구조에서는 벗어나 있습니다. 전기성과 역사성이 결합된 양상을 보이는 것도 특징입니다. 또한 인물 형상이 개성적이고 다양하다는 특징도 됩니다. 서사문학의 발전 과정을 잘 보여주는 유형이라고 하겠습니다.

제3유형은 생활고사형生活故事型이라고 합니다. 신기한 내용을 다루는 대신 일상생활의 내용을 다룹니다. 그러나 몇 작품은 변형이나 초자연적인 결투, 그리고 초자연적인 능력과 같은 신이한 내용에서 벗어나지 못한 것도 있습니다. 이 유형에서 다루는 주요 제재는 생활 중에 관심을 끄는 현상 또는 사건, 현실 생활 중에 전승되는 각종 이야기, 혼인 관계나 가족 관계, 애정 관계 등 사람과 사람이 맺는 일상생활입니다.

〈만투머르컨〉의 줄거리

이마칸의 세 유형 중에서 오늘 살펴볼 것은 제1유형 머르컨-코리 유형입니다. 이 유형에 속하는 대표 작품 〈만투머르컨〉을 소개해드리겠는데요, 그 내용은 이렇습니다.[2]

쑹화강 동변 중류에 '만투'라는 머르컨이 살고 있었습니다. 성주인 부모는 적에게 잡혀가고 그와 누이만 남게 되죠. 그러나 만투와 누이인 만친터투는 전쟁 중에 헤어지고, 만친터투는 쿠치카 할아버지와 할머니라는 신령에 의해 키워집니다. 그래서 만투머르컨은 혼자서 가까스로 살아가게 되지만, 불행하게도 지랄병(간질)에 걸리고 맙니다. 쿠치카 할아버지와 할머니 신령은 만친터투에게 수쿠툰이라는 신약神藥과 보호신을 만투머르컨에게 가져다주라고 합니다. 그러자 만친터투가 코리(허저어로 매를 뜻함)로 변하여 오빠에게 날아가 신약을 먹입니다.

만투는 어떻게 되었을까요? 보통의 약이 아니고 신약이니만큼 당연히 나았겠죠? 그렇습니다. 만투머르컨의 지랄병은 낫습니다. 그러자 만친터투가 오빠에게 보호신을 목에 걸어주면서 부모의 원수를 갚으러 가라고 말합니다. 이제 만투머르컨은 누이의 권유대로 부모의 원수를 갚으러 서쪽을 향해 갑니다. 그런데 여기서 서쪽이라는 방향은 허저인들에게 조상신이 거주하는 방향이기도 하고, 죽음의 세계가 있다고 생각되는 방향이기도 합니다. 〈만투머르컨〉뿐만 아니라 이마칸에 등장하는 모든 머르컨들

---

2   최원오 편역, 『혁철족의 구비서사시』(역락, 2000)에 전문 수록.

은 서방 정복에 나서는데요, 이와 무관하지 않습니다. 이 점에서 머르컨의 서쪽 정복 서사에는 상당히 신앙적인 색채가 들어 있다고 하겠습니다. 구체적으론 이때의 '신앙적 색채'는 샤먼교입니다. 앞서 보았던 만족의 〈니샨 샤먼〉이나 허저족의 〈이씬 샤먼〉에서 샤먼은 저승 여행을 했지요? 만투머르컨의 서방 정복도 그와 유사한 의미를 띠고 있습니다. 이마칸은 이러한 샤먼교의 신앙적 색채와 특징을 바탕으로 한 영웅서사시입니다.

다시 작품 속으로 돌아가보죠. 만투머르컨은 누이의 권유대로 서쪽에 있는 여러 성지를 차례차례 정복합니다. 처음 맞닥뜨린 성지에는 포쳐위언과 포쿠이언이라 불리는 형제가 살고 있었습니다. 만투머르컨은 이들 형제를 간단하게 물리칩니다. 이어서 두 노인 신령 쿠치카 할아버지와 할머니의 권유로 포쳐위언의 누이 허니터투와 결혼을 합니다. 그리고 술자리를 열어 서열의 자리를 정한 뒤, 술을 마시죠. 또한 성지를 절반으로 나누어 자기를 도와준 두 노인 신령에게 주고, 나머지는 욜크강 하류로 보내 성지를 세우도록 명합니다. 여기서 '전쟁-승전 잔치-서열 정하기와 노획물 배분하기' 등의 순서는 동북아 영웅서사시에서 흔하게 보이는 내용이지요. 이렇게 만투머르컨은 첫 번째 성지를 정복하고서 계속 서쪽으로 가다 허기가 져서 한 집에 들어가게 됩니다. 그곳에서는 그의 누이인 만친터투와 아내 허니터투의 어머니가 미리 음식을 장만해놓고 있다가 만투머르컨을 대접합니다. 그리고 만친터투가 오빠 만투머르컨에게 정보를 전달하죠. 이곳에서 3백 리를 가면 한 성지가 나오는데, 그곳에는 세 형제와 그 누이 모니터투 샤먼이 있다는 것입니다.

그 세 형제 중에서 맏형인 모니우머르컨에게 누이 모니터투가 말합니다. 만투머르컨이 이곳에 오면 싸우지 말고 친구가 되라고 말이죠. 말하자면 만투머르컨에게 항복하라고 권유한 것이죠. 이들 형제는 누이의 권유대로 만투머르컨과 의형제를 맺고, 술잔치를 열어 서열 자리를 정한 뒤 술

을 마십니다. 이어서 성지를 셋째 동
생에게 맡기고, 모니우머르컨과 둘째
동생은 만투머르컨을 따라 서쪽으로
향하게 됩니다. 만투머르컨 일행이
얼마를 가다가 보니 또 허기가 졌습
니다. 그런데 문득 집 한 채가 눈에 띄
어 들어가자 찬킨마마라는 할머니 신
령이 만투머르컨 일행에게 음식을 건
네주며, 이곳에서 백 리를 가면 타이

그림 9
허저족 샤먼

러루와 퍼이러루 두 형제의 성지가 나올 것이며, 그들의 아내 여덟 명은 대
단한 샤먼이라는 정보를 전해줍니다. 그리고 그들과 우호적인 관계를 맺
으라면서, 만투머르컨에게 몸을 보호할 수 있는 옷을 줍니다.

만투머르컨 일행이 서쪽을 향해 한참 가보니 과연 찬킨마마 신령이 말
해준 성지가 나타났지요. 이번에도 누이가 나섭니다. 타이러루와 퍼이러
루 형제의 누이 타이러터투가 만투머르컨에게 자신의 오빠들과 싸우지 말
것을 충고해요. 그러나 만투머르컨은 타이러루, 퍼이러루 형제와 싸우게
되고, 만투머르컨은 타이러루가 휘두른 칼에 의식을 잃고 맙니다. 만투머
르컨은 이대로 죽게 되는 것일까요? 하지만 만투머르컨의 목에는 보호신
이 깃든 목걸이가 걸려 있다고 했지요? 그 목걸이에 깃들어 있는 보호신이
나타나 만투머르컨을 소생시킵니다. 도중에 만투머르컨 일행에게 음식을
주고 다음 성지의 정보를 전해준 할머니 신령도 바로 그 보호신 중 하나였
던 것이지요. 어쨌든 만투머르컨은 깨어나게 됩니다.

깨어난 만투머르컨은 퍼이러루를 죽이고 타이러루까지 죽이려고 합니
다. 그러자 만투머르컨의 누이 만친터투가 나타나서 둘이 싸우지 말고 친
구가 되라고 조언합니다. 타이러루의 누이 타이러터투와 결혼할 것도 권

하지요. 그래서 만투머르컨은 타이러루와 우호적인 관계를 맺고, 술잔치를 열어 자리를 정한 뒤 술을 마십니다. 이때 한 마리 매로 변신한 만친터투가 나타나 오빠에게 모친의 소재를 알립니다. 만투머르컨은 자신의 어머니를 구하게 되어 즐거워하고, 타이러루는 만투머르컨과 그의 어머니에게 사과합니다. 다시 술잔치를 열어 서열의 자리를 정한 뒤 술을 마십니다. 어머니를 찾은 기념인 셈이죠. 그 술잔치 좌석에서 만투머르컨은 모니우머르컨 형제에게 이곳 성지를 관리하도록 하고, 타이러루는 그의 백성들과 함께 자기를 따라갈 것을 명령합니다. 그리고 허니터투를 첫째 부인으로, 모니터투를 둘째 부인으로, 타이러터투를 셋째 부인으로 정하죠. 누이 만친터투는 모니우머르컨에게 보내 아내로 삼도록 하고 말이죠.

그 후 만투머르컨 일행은 정복한 성지의 사람 및 가축을 수습해 큰 범선에 싣고 가서 욜크강 하류에 도착합니다. 이어서 큰곰 한 마리, 날짐승 백 마리, 거위 열 마리를 잡아서 조상신에 제사를 지냅니다. 그리고 도착한 지 사흘째부터 사람들은 새 집을 짓고 성지를 건설하기 시작하죠. 이후 백성들은 모두가 부유하게 살게 됩니다. 행복한 결말입니다. 전체적으로 보자면 패망한 성주의 아들이 부모의 원수를 갚고 새로운 성지를 구축하였다는 게 근간이 되는 내용입니다. 우리의 고전소설 중 전쟁을 소재로 한 영웅소설의 구조와 상당히 흡사한 것을 알 수 있습니다. 멸문지화滅門之禍(한 집안이 다 죽임을 당하는 끔찍한 재앙)를 당한 후 살아남은 명문가 아들이 전쟁에서 공을 세우고 부모를 되찾아 가문을 일으켜 세운다는 점에서 유사한 구조를 보여주는 것이죠.

'머르컨'과 '코리'의 성격

이마칸의 가장 주요한 특징은 머르컨과 코리(매)에 대한 것입니다. 남자

주인공인 머르컨과 그의 누이 또는 아내가 되는 코리에 대한 이해는 이마칸의 작품 세계를 살피는 데 필수적인 요소입니다.

이마칸의 남자 주인공 이름 뒤에 붙는 '머르컨'이라는 말부터 살펴보지요. 머르컨은 어원상 샤먼, 영웅 등의 뜻을 함축하고 있는 것으로 얘기됩니다. 즉 'mergen'은 샤먼 신분과 족장의 신분을 함께 지칭한 어휘일 가능성이 높습니다. 이마칸 작품에서도 남자 주인공은 대부분 족장인 동시에 샤먼으로 설정되어 있습니다. 한편, 'mergen'은 '무리보다 뛰어난 사람'이란 의미도 있는데, 구체적으로 어떤 사람을 말하는 것일까요? 이 질문에 답하려면 몽골어로 'mergen'이 '백발백중의 사수射手'를 의미한다는 점에 주목할 필요가 있습니다. 또한 김부식의 『삼국사기』, 일연의 『삼국유사』 등을 보면 고구려의 주몽 또한 활을 잘 쏘았기 때문에 '朱蒙'이라고 했는데, 朱蒙은 몽골어로 음역音譯하면 'Jöbe-Mergen'(정확한 사수)입니다. 즉 고구려에서도 활을 잘 쏘는 사람을 '머르컨'이라는 어휘를 사용하여 지칭한 것을 알 수 있습니다. 이렇게 머르컨은 샤먼, 영웅, 활을 잘 쏘는 사람 등에게 붙이는 어휘였던 것입니다. 활쏘기는 당연히 수렵 민족에게 필수적인 무술인데, 몽골, 허저족은 바로 수렵 위주의 생활을 했던 민족입니다. 고구려도 고분벽화의 자료에 기대어 보면 수렵 위주의 생활을 했다는 걸 알 수 있습니다.

그렇다면 〈만투머르컨〉에서는 머르컨이 어떻게 그려지고 있을까요?

만투머르컨은 쑹화강에 있는 한 성지城池의 수령 아들로 태어나지만 적에게 부모가 잡혀가고 누이도 전쟁 중에 헤어진 채 고아가 되죠. 후에 누이가 준 신약을 먹고 원기를 회복하고 보호신의 도움을 받아 부모의 원수를 갚으러 서방 정복에 나섭니다. 도중에 포쳐위언, 포쿠이언 형제를 죽이고, 모니우머르컨 삼형제와 의형제를 맺어 세력을 확대한 뒤 마침내 원수의 성지를 정복하고, 정복한 성지의 사람 및 가축을 수습하여 자신의 원래 고

그림 10
허저족 수렵 신
© 『살만교미술적예
술민속학해석薩滿敎
美術的藝術民俗學解
析』(사회과학출판사,
2014)

향으로 돌아와 새로운 성지를 마련하고 수령이 됩니다. 족장으로서의 머
르컨의 모습을 잘 보여주고 있습니다. 한편, 만투머르컨은 고향에 돌아와
서 제물로 사용할 큰곰을 잡을 때 정확한 활쏘기 실력을 보여줍니다. 곰을
잡으러 떠나기 전에 모니우머르컨이 천 년이나 된 떡갈나무 옆에 사는 큰
곰을 산 채로 잡은 사람이 제일 수령이 되자는 이야기를 꺼냅니다. 그래서
두 머르컨이 큰곰을 향해 화살을 쏘았지만 만투머르컨의 화살만 큰곰의
심장을 정확하게 맞힙니다. 이것은 만투머르컨이 백발백중의 사수라는 모
습을 잘 보여줍니다.

　샤먼으로서의 머르컨의 모습 또한 매우 구체적으로 확인됩니다. 만투는

고아가 된 후 지랄병에 걸리는데, 이는 샤먼이 되기 위한 전조로 나타나는 신병神病 혹은 무병巫病이라고 할 수 있습니다. 샤먼이 되기 위한 다음의 절차는 신통력이 큰 샤먼으로부터 치료를 받는 것입니다. 이 작품에서는 만투머르컨의 누이 만친터투가 이러한 역할을 합니다. 만친터투는 쿠치카 할아버지, 할머니 신령이 준 신약을 오빠에게 줘서 복용하게 하죠. 이후 만투머르컨은 환골탈태의 고통을 겪는데, 이것은 샤먼 신령을 자신의 몸에 부착하기 전에 행하는 단계, 즉 '골육骨肉을 청결하게 하는 단계'입니다. 이 단계가 끝난 뒤 만투머르컨은 보조 신령이 깃든 목걸이를 목에 겁니다. 이 보조 신령은 만투머르컨이 위기에 처했을 때 도움을 주는 역할을 하죠. 이로써 만투머르컨은 완전한 샤먼이 되며, 이후 만투머르컨이 행하는 서방 정복은 샤먼으로서의 신통력을 시험하고 확인하는 절차가 됩니다. 이 절차에서 만투머르컨은 여러 코리를 자신의 아내로 맞이함으로써 신통력을 신장시키지요. 샤먼이 혼령을 탈취하기 위해 저승 여행을 하는 원래의 목적이 혼령 탈환이 아니라 자신의 신통력 확장에 있기 때문에, 만투머르컨이 여러 코리를 아내로 맞이하는 것은 샤먼의 저승 여행을 통해 신통력을 확장시키는 것과 유사한 방법이라고 할 수 있습니다.

그리고 이마칸의 영웅은 서방 정복이 끝나면 반드시 자신의 고향으로 돌아오는데, 이것은 샤먼이 저승 여행을 끝내고 원래의 제의祭儀 장소로 돌아오는 것을 상징합니다. 만투머르컨 또한 원래의 고향으로 돌아옵니다. 이처럼 원래의 장소로 돌아온 머르컨은 자신의 서방 정복 동안 도움을 준 신들(여기에는 조상신도 포함됩니다)에게 제물을 바치는 도신跳神을 합니다. 도신이란 우리 식으로 말하면 굿입니다.

지금까지 〈만투머르컨〉의 서사적 전개 과정이 샤먼으로서의 머르컨의 모습을 보여주고 있다는 점을 말씀드렸습니다. 다시 요약해보자면, 〈만투머르컨〉의 서사적 전개 과정은 입무入巫 과정, 샤먼이 되어서 신통력을 시

그림 11
허저족의 이마칸 강창
예술
© 유네스코와 유산

험하고 확대하는 과정, 샤먼 신 및 조상신 등에게 제물을 바치는 도신 과정 등의 연속임을 알 수 있습니다.

다음으로 머르컨의 누이 또는 아내로 나오는 코리에 대해 말씀드리겠습니다. 코리는 매를 가리키는 어휘라고 앞서 말씀드렸는데요, 코리는 샤먼의 보조 령靈으로 인식되고 있습니다. 이마칸에서는 머르컨과 혈육 관계에 있거나 그의 아내가 되는 것으로 그려지죠. 그러나 이마칸에 속한 대부분의 작품에서 머르컨은 샤먼의 형상을 가지고 있기 때문에, 이들 코리가 머르컨을 돕는 것은 샤먼의 보호신 역할을 하는 것에 더 가깝다고 하겠습니다. 샤먼의 분업을 상징하는 것으로도 볼 수 있습니다. 샤먼이 도신을 할 때 여러 조무助巫의 협조를 받는데, 이것을 상징하는 것이 바로 코리라고 할 수 있는 것이죠. 그럼 이마칸에서 코리들이 머르컨에게 어떤 도움을 주고 있는지 정리해보겠습니다.

1. 머르컨이 코리를 아내로 맞이하는 것은 샤먼으로서의 자신의 신통력을 확대하는 것입니다. 머르컨이건 머르컨의 적대자이건 코리로 변할 수 있는 여인을 아내로 다수 맞아들이죠. 만투머르컨의 경우 허니터투, 모니터투, 타이러터투를 아내로 맞이하는데, 이들은 모두 처음에는 적대자의 누이였지만 후에 만투머르컨의 아내가 됩니다.

2. 코리는 머르컨에게 적대자에 관한 정보를 미리 알려주는 기능을 합니다. 머르컨이 서방을 정복하러 가는 길에 지나치게 될 성지에 대한 정보를 미리 알려주죠. 만투머르컨의 누이인 만친터투가 오빠에게 부모가 어디로

끌려갔는지를 알려주는 것은 그 단적인 예입니다.

3. 코리는 머르컨의 누이 및 아내 역할을 합니다. 이것은 적대자도 마찬가지입니다. 이러한 가족 관계는 샤먼교에서 샤먼의 빙신憑神 현상과 연관이 있습니다. 신령이 샤먼의 몸에 빙신됨으로써 샤먼과 신령은 일체가 되는데, 이 일체라는 개념이 이마칸에서는 가족 관계로 치환되어 나타나는 것입니다. 머르컨과 보조 신이 가족 관계로 묶임으로써 그 신성한 색채는 어느 정도 약화될 수밖에 없습니다.

4. 코리는 머르컨이 지상에서 적대자와 싸우는 동안, 공중에서 적대자의 코리와 싸워 머르컨이 성지를 정복하는 일을 돕습니다. 코리로 변하는 능력이 있는 머르컨의 누이 및 아내가 역시 코리로 변하는 능력이 있는 적대자의 누이 및 아내와 공중전을 벌이는 것이죠.

5. 코리는 머르컨의 상처를 치료하거나 사령死靈을 소생시키는 기능을 합니다. 〈만투머르컨〉에서는 이 점을 잘 확인할 수 없지만, 〈마르투오머르컨〉에서는 마르투오머르컨이 원수의 아들이 쏜 화살을 맞고 죽자, 그의 아내가 코리로 변하여 사신蛇神이 있는 곳에 날아가서 회생약을 가져와 남편을 살린다는 내용이 있습니다.

6. 코리는 음식과 가옥假屋을 마련하여 머르컨이 피로를 해소하고 허기를 보충할 수 있도록 하는 기능을 합니다. 이때 코리 등의 보조 신이 만드는 가옥은 실제로 지은 집이 아니라 환상적인 공간입니다. 마치 고구려 〈해모수신화〉에서 해모수가 도술로 가옥을 만들어 유화를 유혹하는 것과 동일한 의미의 환상 공간인 것이죠. 만투머르컨이 그 집에서 자고 일어났을 때, 가옥은 이미 사라지고 "한 장의 노루가죽" 위에 앉아 있게 되는데요, 이것은 만투머르컨이 하룻밤을 보냈던 가옥이 환상적 공간임을 분명하게 말해줍니다.

7. 코리는 머르컨과 적대자가 싸울 때, 그들의 싸움을 화해시키는 기능을

합니다. 만투머르컨의 누이인 만친터투가 오빠에게 부모의 복수를 위해
서방으로 떠날 것을 권하면서도 실제 싸움에 임해서는 싸움을 말리는 것
을 볼 수 있습니다. 심지어는 부모를 잡아간 원수와도 화해할 것을 권합
니다. 이것은 분명 모순되는 점이죠. 처음에는 부모의 복수를 권했지만
막상 싸움에 임해서는 화해를 주선하고 있는 것입니다.

이렇게 머르컨과 그의 가장 강력한 보조 신령인 코리에 대해 말씀드렸
습니다. 보조 신령의 기능을 하는 코리를 머르컨의 두 가지 성격, 즉 샤먼
과 족장으로서의 성격과 연결 지어 다시 정리해보겠습니다. 코리를 아내
로 맞이하는 것은 곧 보조 신령을 획득하는 것이라는 점에서 샤먼으로서
의 자질과 연결되고, 코리의 도움으로 성지를 점령하여 복속시키고 마침
내 새로운 성지를 건설한다는 것은 족장으로서의 자질과 연결된다는 것을
알 수 있겠습니다.

아이누의 유카르 문학

아이누의 영웅서사시를 이해하기 위해서는 아이누의 유카르 문학에 대
한 이해가 필수적입니다. 아이누의 유카르 문학은 카무이 유카르, 오이나,
마트 유카르(또는 메노코 유카르) 등으로 구분되는데요, 다음과 같이 정리
됩니다.

카무이 유카르(신의 유카르)

카무이 유카르Kamui-yukar는 '실제 있었던 것을 말로 모방하여 표현하
다', '신들의 언행을 인간이 언어로 모방·재현하여 서술하다'라는 의미입
니다. 말하자면 카무이 유카르神謠는, 신들이 투수tusu, 巫女의 입을 빌려 자

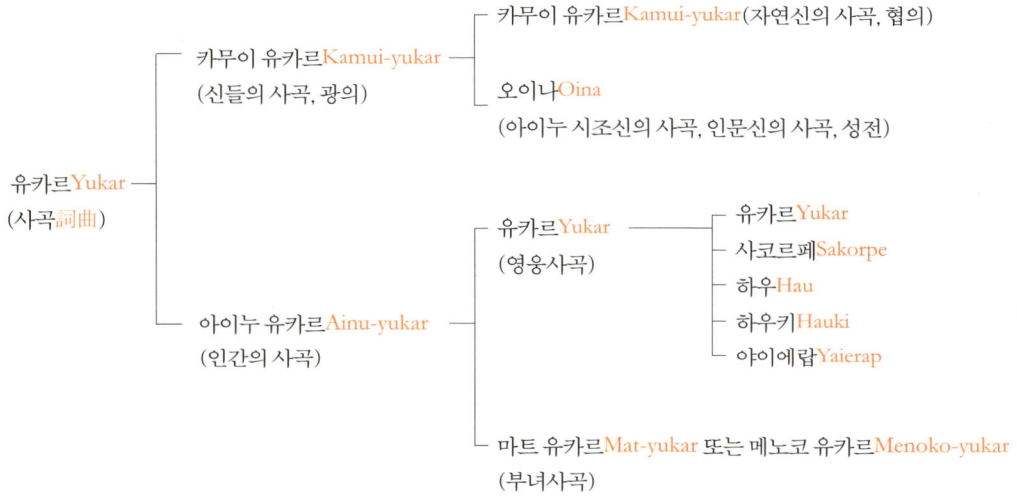

도표 1
아이누의
유카르 문학의 종류

신들의 신상에 관한 이야기를 스스로 서술하고 노래하는, 신화적 내용의
서사시를 말합니다.

　카무이 유카르에 주로 등장하는 주인공은 동물 신, 식물 신, 물신物神, 화
신火神, 풍신風神, 뇌신雷神 등의 자연신입니다. 이 중 동물 신이 주인공으로
등장하는 서사시가 가장 많습니다. 인간이 일정한 법식을 지켜 신들을 숭
배하고 공손하게 제사를 거행했기 때문에, 이들 동물 신이 인간의 생활을
지켜주고 우미사치海幸(바다에서 얻는 사냥감)나 야마사치山幸(산에서 얻는
사냥감)를 부여한다는 설명이 덧붙어 있죠. 이들 동물 신은 신들의 세계에
서는 인간의 모습을 하고 있지만, 인간 세계에 나타날 때는 동물의 모습을
합니다. 인간도 될 수 있고 동시에 동물도 될 수 있는 것이 카무이 유카르에
등장하는 동물 신들의 특징입니다.

오이나(인격신의 유카르)

오이나Oina는 '무술巫術로 망아忘我의 경지에 들어가다' 라는 뜻입니다. 이것은 오이나가 신현神現의 상태에서 발생한 신탁가神託歌로부터 발달하였다는 것을 말해줍니다. 오이나의 주인공은 아이누 시조신으로서 천상에서 인간 세계에 강림하여 아이누 문화의 기초를 개척했다고 믿어지는 아에오이나 카무이Aeoina Kamui, 즉 우리들이 말로써 계승하고 언어로써 전승하는 신입니다.

그림 12
카무이 유카르를 구연한 아이누인 이메카누(1875~1961, 일본명 칸나리 마츠)와 이를 「아이누 신요집アイヌ神謠集」이라는 기록으로 남긴 그녀의 조카 치리 유키에(1903~1922)

카무이 유카르와 비교해보면, 주인공이 자연신에서 인격신人格神으로 바뀌었을 뿐만 아니라 서사시의 내용도 꽤 변모되어 있습니다. 인간 시조신 아이누락쿠르가 인간 생활에 해를 끼친 마신魔神을 징벌하여 그 기초를 공고히 하고 인간을 행복하게 한다는 내용입니다. 또 카무이 유카르에서는 신들이 인간에 군림하고 인간을 지배했던 데 비해, 오이나에서는 인간 시조신이 지배적인 위치가 되어 인간 생활의 행복을 보증하고, 신들은 종속적인 위치로 전락되어 인간 생활을 행복하게 하는 일에 협력하게 됩니다.

유카르(인간 영웅의 유카르)

유카르Yukar, Ainu-yukar의 주인공은 아이누 민족의 이상적 신인神人 포이야운페Poiyaunpe입니다. Poi는 '어리다'를 뜻하고 yaunpe는 '내륙인', 즉 아이누인을 뜻합니다. 그러니까 포이야운페는 '어린 아이누인'인 것입니다. 유카르 한 편은 주인공이 행하는 전투의 수에 따라 삼전기三戰記, 육전기六戰記, 팔전기八戰記 등의 몇 단으로 나뉘어 있습니다. 그래서 이것을 삼전三戰의 노래, 육전六戰의 노래, 팔전八戰의 노래 등으로 부릅니다. 유카르는 아이누 민족의 전기문학戰記文學인 셈이죠.

유카르는 북해도(홋카이도)를 근거지로 하는 야운쿠르yaunkur(내륙인,

아이누인)와 대륙 쪽으로부터 바다를 건너 들어와서 북해도의 일본 해안 중부로부터 오호츠크 해안의 각지에 교두보를 확보하고 살던 레푼쿠르 repunkur, 즉 도래한 이민족과의 전쟁 이야기를 다루고 있습니다. 오호츠크 문화가 북해도 연안에서 번영한 것은 지금으로부터 약 1300년부터 800년 전(600~1100년)까지의 약 500년간으로 볼 수 있기 때문에, 유카르의 내용도 대체로 그 무렵에 현실적으로 벌어졌던 민족적 갈등을 노래한 것이라고 할 수 있지요.

마트 유카르 또는 메노코 유카르(여인의 유카르)

마트 유카르Mat-yukar 또는 메노코 유카르Menoko-yukar는 북해도의 히다카日高, 이부리胆振 지방에서 부녀자들 사이에 전승되고 있는 서사시로 여성이 주인공입니다. 대체로 유카르보다 노랫말이 쉽게 서술된다는 특징을 갖습니다. 여자이면서도 무기를 가진 남자와 싸워 패배당하지 않을 만큼 무력이 뛰어나고, 그런 주인공을 기르는 자매도 역시 무력이 뛰어나 당당하게 적에 대항하여 싸움을 거는 경우가 많습니다. 또 연애를 주 내용으로 하는 경우도 많은데, 유카르와는 달리 꽤 노골적인 묘사로 되어 있기도 하고 저주나 무술巫術도 끼어들어 있으며 요상하고 괴이한 내용도 다수 들어 있습니다. 여성들이 담당하고 여성을 주인공으로 내세운 서사시는 세계 구비서사시의 역사에서 볼 때 대단히 특이하다고 생각됩니다.

아이누의 유카르 문학 갈래를 간단하게 말씀드렸는데요, 다시 정리해보죠. 첫째, 아이누의 모든 유카르 문학 갈래는 1인칭의 자서自敍로 되어 있습니다. 둘째, 아이누 유카르의 문학 갈래는 '무녀의 신탁가→카무이 유카르 → 오이나 → 유카르'에 이르는 문예적 발전 과정을 보여줍니다. 셋째, 신(주로 동물 신)과 인간 영웅(아이누락쿠르, 포이야운페)에 대한 유카르가 남

그림 13
유카르 구연 © 아이누
민족박물관

녀에 따라 각각 나뉘어 있습니다. 즉 여성들이 담당한 유카르 문학 갈래가 카무이 유카르, 마트 유카르라면, 남성이 담당한 유카르 갈래는 오이나, 유카르입니다. 이처럼 남녀에 따라 문학이 구별되어 전승된 사례는 세계적으로도 찾아보기가 어려운 특징이라고 할 수 있습니다.

아이누의 영웅서사시 유카르: 〈쿠투네 시르카〉

〈쿠투네 시르카Kutune Shirka〉는 아이누 유카르 문학의 가장 대표적인 작품입니다. 중심 내용은 이렇습니다. 천천히 읽어보시길 바랍니다.[3]

나(포이야운페)는 양형養兄(길러준 형)과 양자養姉(길러준 누이)에 의해 신이 만든 시누타프카의 산성에서 길러진다. 나는 특별히 만들어진 고상高床에서 보기寶器의 겉을 새기며 지낸다. 어느 날 이시카리石狩의 하구에 황금의 락코海獺(해달)가 출몰하는데, 이것을 생포해낸 사람에게 누이와 보물을 주겠다는 소문이 퍼진다. 이에 여러 동네의 수령이 모여든다. 그러나 양자는 나에게 그런 소문에 신경을 쓰지 말라고 한다.

그 후 나는 잠을 자다가 대들보 신이 나를 지켜보는 것에 미심쩍어 한다. 그래서 잠자리에서 일어나 비단옷, 신검, 황금 혁대, 작은 황금 투구를 꺼내 걸치고, 귀신歸神(죽어서 천국으로 돌아갈 때에 화려하게 꾸며서 신성화하는 것)과 같이 스스로를 꾸미고 문밖을 나선다. 나는 신에 실려 날아가 이시카리의 하구에 도착해서 폰츄프카인, 레픈시리인, 폰모시리인이 황금의 락

---

3   최원오 편역, 『아이누의 구비서사시』(역락, 2000)에 개요와 전문 번역 수록.

코를 잡으려다가 죽는 것을 본다. 그래서 나는 물속에 들어가 그것을 잡아서 내가 사는 산성으로 질주해 가서, 제기祭器가 줄지어 놓인 데에 황금의 락코를 던져버리고 고상에서 잠자고 있는 척을 한다. 그러나 잠에서 깬 양자, 양형은 황금의 락코를 보고 이것으로 인해 전쟁이 일어날 것이라며 분노한다. 마침내 내가 황금의 락코를 잡은 일 때문에 전쟁이 일어난다. 그리하여 이시카리 사람이 주위의 섬들을 불러일으켜서 내가 살고 있는 시누타프카로 밀려온다. 양자, 양형이 나가서 싸운다.

그러는 사이 나는 잠자리에서 일어나 황금의 혁대, 황금의 작은 투구, 비단옷, 신검을 벗어 보물의 진열 뒤에 내던지고 좌좌左座에 있는 옷걸이에서 하인의 옷을 끌어내서 입고 화롯가에 앉는다. 그때 집 꼭대기의 창 위에서 누군가 내려와 황금의 락코에 손을 대자, 나는 하인의 옷을 벗어 내던지고 장비들을 갖추어 입고 침입자를 죽인다. 그다음 다시 장비들을 벗어 던지고 하인의 흉내를 낸다. 또 침입자(레픈시리인)가 황금의 락코에 손대려고 하자, 다시 장비들을 갖춰 입고 그를 죽인다. 그리고 나서 또 하인 흉내를 내고 있는데, 침입자(폰모시리인)가 황금의 락코를 가지고 달아난다. 이에 나는 침입자를 쫓아가다가 내가 사는 마을 개천의 입구에 도착하게 된다. 그자가 배를 타고 달아나자, 나는 그 배로 가서 그를 죽이고 황금의 락코를 되찾는다. 그때 내가 탄 배가 레푼쿠르沖國에 도착한다. 나는 몸을 숨기고 그곳의 동정을 살피는데, 그곳의 수령이 망루에 올라 황금의 락코 때문에 이 오만패시카에 전쟁이 일어날 것을 걱정한다. 옛날에도 이러한 전쟁이 일어났었는데, 아버지께서 까닭 없는 전쟁을 좋아하지 않아서 시누타프카의 편에서 싸웠고, 그 때문에 시누타프카 아가씨가 이곳에 시집을 왔으며, 그녀는 훌륭한 무녀였다고 말한다. 또 이시카리 아가씨가 황금의 락코를 미끼로 유인한 것이 전쟁의 원인이 되었음을 말한다. 이에 나는 그가 레푼쿠르이기는 하지만 우리 인척이 되는 수령이기 때문에 그가 공격받는 일이 있다면 내가 나서서 돕겠다고 생각한다. 그때 오만패시카 아가씨로 변장한 이시카리 아가씨가 황금의 락코를 내게서 빼앗고 전쟁에 끼어들지 말라고 한다. 그 말에 화난 나는 그녀를 베어 죽인다. 나는 진짜 오만패시카 아가씨(레푼쿠르의 누이동생)가 나타나자 그녀에게 황금의 락코를 건네주고, 레푼쿠르의 형과 함께 종횡무진으로 칼을 휘둘러 침입자들을 죽인다. 그때 나에게 실린 신이 바람을 불어 침입자들을 쳐부순다. 이어 우카무패시카인이 침입하자 나는 일순간에 그를 죽인다. 그리고 우카무패시카로부터 신이 오는 소리가 울려 퍼지면서 레푼쿠르의 형을 공격하자, 레푼쿠르의 형이 그 신을 물리친다. 그 후 다 같이 승리의 축제를 연다.

레푼쿠르의 형이 휴식을 취하기 위해 내가 사는 성으로 함께 돌아가고자한다. 내가 사는 성에 들어가니 나의 양형, 양자, 카무이오토프시가 온몸에상처를 입은 채 자고 있다가 일어나서 개가凱歌의 소리를 질러댄다. 양형이술을 빚어 우리 집 신들에게 제사를 지내자고 말한다. 또한 요이치인余市人, 루패스토무인, 샴프토인, 루에나니인을 초청하여 같이 즐긴다. 레푼쿠르의형이 주연의 주빈이 되고, 카무이오토프시가 주연의 주인 격이 되고, 양형과 요이치인 사람이 마주 앉고, 루에나니인은 샴프토인과 마주 앉고, 루패스토무인은 용병傭兵의 대장과 마주 앉는다. 그 뒤로는 하인들끼리만 마주앉는다. 그리고 오만패시카 아가씨는 술병을 손에 들고 이리저리 술을 따른다. 그때 레푼쿠르로부터 신들이 몰려오는 기척이 울려 퍼진다. 이것을 무술巫術이 빼어난 오만패시카 아가씨만이 알아채고 입김을 불어 그 신들을쫓아 보낸다. 또 어떤 두 사람(시라라패스인, 카네패스인)이 왔는데, 오만패시카 아가씨만이 알고 입김을 불지만 두 사람은 날아가지 않는다. 이에"전쟁의 명운을 무당에게 짚어 점쳐보나 우리 형들 어느 누구도 살아날 분결코 없도다. 다만 시누타프카에 그 이름을 울릴 사람인 우리 작은형 한 사람(주인공)만이 살게 되도다"라고 말한다. 과연 차례로 양형, 루에나니인,

루패스토무인, 샴프토인, 카무이오토프시(주인공의 형), 요이치인, 레푼쿠르의 형이 죽는다. 이에 내(주인공)가 이타도리마루虎杖丸의 칼집 끝을 높이 올려 칼자루 머리를 다다미 위에 거꾸로 거니 칼자루 위의 늑대 신, 수컷 용신龍神. 雄神, 여름 여우의 신夏狐神이 두 사람을 찔러 죽인다. 나는 독이 묻은 꼬치에 찔려 위독한 상태에 이른다. 내 한 손은 요이치인 아가씨가 잡고, 다른 한 손은 레푼쿠르의 누이동생이 잡고, 내 흉체는 양자가 꽉 잡아 누르고서 독 꼬치를 뺀다.

그때 레푼쿠르로부터 신이 올라오는 소리가 울려 퍼지면서 말하기를, "마을에 도착한다면 자신의 누이(우캄패시카 아가씨)와 함께 살 것이고, 도착하지 못하면 죽음의 사자가 될 것이다. 시누타프카인(주인공)이 황금의 락코를 놓치지 않으려고, 그 때문에 오만패시카의 마을에까지 싸움이 뻗어나간 그때에, 내(우캄패시카인)가 거들면 야운쿠르의 수령도 위험하기 때문에 내 누이가 거짓 병으로 나를 속였다. 나는 누이동생이 진짜로 병든 것으로 생각한 까닭에 손 거들기가 늦어버렸다. 그런데 레푼쿠르에는 무술을 하는 자가 많아 내가 죽임을 당했지만 신의 은택으로 되살아나서 카네산타로 돌아갔다. 그때에 카네산타에 주연이 있어 젊은 츄프카인, 레픈시리인은 일족을 데리고 카네산타로 와 있었다. 그런데 젊은 츄프카 아가씨, 카네산타 아가씨(락코가 실린 아가씨) 어느 쪽이든 영무靈巫이므로, 우캄패시카 아가씨의 거짓 병을 알게 되었다. 그 때문에 우캄패시카 아가씨는 대들보 위에 새끼로 묶인 채 열탕熱湯의 고문을 당하고 있다. 그래서 시누타프카인에게 알리러 내가 올라가는 것이다. 시누타프카 마을에 제대로 도착한다면 나와 우리 누이는 살 것이고, 그렇지 않으면 죽게 될 것이다"라고 했다.

이에 나(주인공)는 카네산타로 간다. 그곳에는 적지 않은 수령들의 빙신惡神이 마을 상공에 한 무리 구름을 길게 깔고 있었다. 조심조심 그곳에 다가가 동정을 살피니, 주연의 소리로 시끌벅적했다. 그곳에는 츄프카인, 레푼시리인, 폰모시리인, 우캄패시카인이 나에 관해 이야기하고 있었다. 그때 우캄패시카 아가씨가 "시누타프카에 명성 높은 사람(주인공)이 나를 구출하러 온다면 그대들 어떤 놈인들 살아남을 놈 있지 않을 것이다"라고 말하는 것을 듣고 나는 애련의 정을 느낀다. 내가 들어가니 락코가 실린 여자 카네산타 아가씨가 일찍이도 많은 음정淫情을 나에게 품었기에 늦을세라 큰 술잔을 스스로 골라 나에게 술을 따랐다. 나는 술을 마신 뒤 우캄패시카 아가씨를 대들보 위에 묶은 것을 꾸짖고 그녀를 풀어준다. 그때 어느 수령이 일어나서 "시누타프카인과 우캄패시카 아가씨, 새 신랑 신부의 첫 대면이로다. 그러면 주연 석상의 수령들 모두의 주흥을 위하여 무언가 여흥을 하나 해 보여야 할지어다"라고 말한다. 그래서 내가 일어나서 "손을 짚고 두 손 두 발로 엎드려 기는 짓을 하면서 술자리 사이를 손톱으로 긁어 벌려놓겠다"고 말하자 이타도리마루의 여름 여우의 신이 내(주인공)가 되어 뛰니 수령들과 여자들이 모두 도망가려 한다. 그리하여 그들의 울대뼈를 손톱으로 잘라 죽인다. 그때 내가 칼을 뽑아 닥치는 대로 사람들을 죽인다. 그러는 사이 우캄패시카 아가씨는 공중에 올라 락코가 실린 여자, 츄프카 아가씨, 폰모시리 아가씨, 레픈시리와 싸운다.

한참을 싸우는데, 땅 위에 서 있던 폰모시리인이 "우리들이 언제까지 칼싸움을 하더라도 끝장날 것 같지 않으니 맞붙어 싸워 우리들의 무용武勇을 시험하자"라고 말한다. 그래서 폰모시리인, 카네패스인, 우캄패시카인, 폰모시리인을 차례로 때려눕힌다. 그때 우캄패시카 아가씨도 기쁨의 소리를 내면서 내려와서 나의 상처에 숨결을 불어넣어 본래의 온전한 몸으로 바꾸어준다. 그리고 나의 성에 같이 돌아오니 레푼쿠르의 형(오만패시카), 카무이오토프시, 양형이 신으로부터 영혼을 되돌려받아 소생하여 있었다.

우캄패시카 아가씨를 내 곁에 두고 보물 그릇의 조각, 보물 집기의 조각을 일삼아 지내던 어느 날, 나는 산에 가고 싶어서 차림을 하고, 신풍神風을 몰아 달려 동네 개울의 상류로 간다. 그때 우캄패시카 아가씨가 크게 부르짖는 소리가 들려온다. 이에 나는 우캄패시카 아가씨를 약탈하려는 치와시패스인과 싸우다가 심한 상처를 입은 채 신풍에 날려 치와시패스의 마을로 간다. 그리고 마을의 한가운데에 있는 큰 집에 들어가는데, 그 집 안에는 한 여자가 있었다. 내가 신음 소리를 내며 쓰러지자 그 여자가 나를 간호해준다. 그 후 나와 싸운 치와시패스인이 들어오더니 원수를 간호해준다며 여자를 질타한다. 회복된 나는 그 치와시패스인을 죽이고 닥치는 대로 그곳 마을 사람들을 죽인다. 그러자 그곳의 젊은 수령이 "시누타프카에 있는 보물과 함께 우캄패시카 아가씨를 우리 치와시패스로 데리고 온다면 우리 이름이 세상에 알려지게 될 것이로다"라고 말하면서 싸울 것을 명한다. 그러나 그들은 모두 나의 칼에 죽임을 당한다.

나는 치와시패스인으로부터 메나시샴 마을에 용자勇者와 강자強者가 잔뜩 모여 있다는 말을 듣고, 돌아갈 수 없는 마음에 신풍을 몰고 그곳으로 향한다. 그곳에는 적지 않은 수령들의 빙물憑物이 함께 구름을 길게 끼고 있었다. 이에 나는 "무슨 신이, 무슨 영靈이, 나에게 실린다고 하더라도, 소리를 가라앉히도록 하라! 전쟁의 한창때에 내가 위협받은 것은 메나시샴의 마을이기 때문에 거기의 수령들이 있는 모양을 엿보려 한다. 나를 위해 소리를 가라앉혀다오"라고 말하고 마을 근처에 몰래 가보니 마을은 주연의 소리로 시끌시끌하였다. 내가 커다란 집에 들어가 노파를 죽이고 노파로 변신하여 있으니, 한 여자가 들어와서 "어머니, 내가 말하는 것을 잘 들으세요. 포이야운페를 치려고 하는데 그 출발 전에 모든 신들에게 제사 지내기 위해서 술을 빚고, 수령들 여럿이 떼 지어 모여 주연을 벌였는데, 마침 거기에 심부름꾼인 하인이 산에 가서 사슴을 사냥해서 잡아왔어요. 그러나 내 앞에서 수령들이 사슴을 먹는 것을 꺼려요." 그래서 내가 노파 흉내를 내며 주연 석상으로 가보니, 폰모시리인, 츄프카인, 레픈시리인, 카네패스인, 시라라패스인, 카네산타인, 우카무패스인 등이 있었다. 그때 카네패스인이 다른 수령들에게 "수령들 모두가 보아서 알고 있다는 변괴變怪의 빙물이 연기하는 시늉을 흉내 내보거라! 그렇게 한다면 수령들 모두가 구경하게 될 것이로다"라고 말한다. 그러자 카네산타인이 내가 한 짓을 흉내 내려고 술자리 사이를 손톱으로 갈기갈기 잡아 긁어 손을 짚고 네 손발로 파며 엎드렸다. 다른 수령들이 서투르다고 하므로, 내가 일어나서 흉내를 내보겠다고 말한다. 그리고서 그들 수령의 목구멍을 손톱으로 긁어버린다. 그리고 마을 사람들을 닥치는 대로 죽인다. 그때 한 수령이 "우리들이 언제까지 칼싸움의 전투를 할지라도 승부가 끝나지 않을 것이므로 힘 싸움을 하자"라고 말한다. 츄프카인, 메나시샴인의 아우, 메나시샴인의 원로 수령, 폰모시리인을 차례로 때려눕힌다.

그때 아운쿠르의 나라에 신을 담은 구름이 뭉게뭉게 일면서 레푼쿠르의 형(오만패시카인)이 나를 도우러 온다. 그 후 곤봉으로 때리기 싸움을 해서 우카무패시인, 시라라패스인, 카네패스인 등을 때려눕힌다. 그리고 뒤이어 싸움에 참가한 아츠이사라인 형제, 패슈츠루인 여자巫女를 죽인다. 그리고 나서 나는 패슈츠루 마을로 향한다.

〈쿠투네 시르카〉는 미완의 작품입니다. 그러나 다음에 정리한 것에서 알 수 있듯이 '출발-전쟁-귀환'의 반복 구조로 되어 있다는 점에 유의하면, 유카르는 '전쟁' 부분이 확대되느냐 축소되느냐에 따라 장편의 작품이 되기도 하고 단편의 작품이 되기도 하는 서사시 갈래라고 할 수 있습니다.

1. 황금의 락코(해달)가 출현(출발)-이시카리의 하천에서 황금의 락코를 잡음-귀환.
2. 침입자를 물리침(출발)-오만패시카에서 전쟁-귀환.

3. 침입자를 물리침(출발)-카네산타에서 전쟁-귀환.

4. 침입자가 우캄패시카 아가씨를 약탈(출발)-치와시패스에서 전쟁-메나시샴 마을에서 전쟁-패슈츠루 마을로 감.

<쿠투네 시르카>를 이해하기 위해서는 몇 가지를 알아둘 필요가 있습니다. 먼저 아이누의 남계와 여계, 그에 따른 신앙 체계입니다. 아이누의 사회제도에 의하면 남계와 여계가 철저히 분리되어 있습니다. 모계제와 부계제가 철저히 분리된 채로 공존하고 있죠. 모계를 후치-이키르huchi-ikir라고 하고, 부계를 에치-이키르echi-ikir라고 합니다. 그런데 모계나 부계에 따라 신을 대하는 방식에도 차이가 있습니다. 부계는 제사를 통해 신과 접촉하는데, 모계는 제사 대신 빙령憑靈을 통해 신과 접촉하고 신탁을 받습니다. 부계에서는 술로써 신께 제사를 지내고 신명神名을 불러 신의 도움을 청하죠. 또 버드나무 등에 부계의 계통을 새겨 제사를 지내는데, 이것을 이나우inau, 또는 파시pasi라고 합니다. 이에 비해 모계에서는 신명을 부르는 것이 금기로 되어 있습니다. 또 모계의 상징으로서 카무이-카르-우푸소루kamui-kar-upusoru, 즉 신이 만든 작은 대帶를 차고 다니며, 동일한 계통의 우푸소루를 부착한 자매가 있는 남자와의 결혼은 금지되어 있습니다. 이처럼 아이누의 사회는 부계와 모계가 철저히 분리되어 있고 제사 체계 또한 분리되어 있습니다.

다음으로 인간의 손으로 만든 물건에 대한 신앙입니다. 아이누인들은 자신들의 손으로 만든 물건을 이코루ikoru[4]라고 하는데, 인간의 손으로 만든 이코루라면 어떤 것이든 그 물건에는 영력靈力이 들어 있다고 믿습니다. 그래서 이 이코루를 갖는 것은 그 속에 들어 있는 영력을 소유하는 것이

그림 14
<쿠투네 시르카>를 비롯한 아이누 서사시를 채록하고 연구한 도쿄제대 언어학 교수 긴다이치 교스케(1882~1971)

---

4   유카르에서는 보물로 해석한다.

그림 15
집의 수호신을 상징하는 이나우(왼쪽/중앙: 여신, 오른쪽: 남신)
© 『아이누의 제구 이나우의 연구アイスの祭具 イナウの研究』(홋카이도대학출판사, 2014)

되는데요, 허저족의 영웅서사시인 이마칸에서 머르컨이 목에 보호신이라는 목걸이를 걸어 자신을 수호하는 것과 동일한 원리입니다. 이코루에 영력이 들어 있다는 믿음은 아이누 남자들에게 특히 강하지만 여자들에게도 남아 있습니다. 아이누 유카르의 서두를 보면, 대부분 영웅(남자)은 보기寶器나 보검寶劍에 무엇인가를 새기는 일을 하고 양자는 자수刺繡를 하고 있는 것으로 나오는데, 여기에서 영웅이나 양자가 하는 일들은 바로 이코루를 만드는 과정이라고 하겠습니다.

포이야운페의 영웅적 성격

〈쿠트네 시르카〉에서 영웅의 이름은 포이야운페인데요. 포이야운페는 앞서 말씀드린 대로 '어린 본토인', '어린 본도인本島人'이라는 뜻입니다. 레푼페, 레푼쿠르는 도래인을 지칭하고 야운페, 야운쿠르는 본도인을 지칭하는 북해도 아이누인의 관습에 따른 명칭이죠. 이처럼 유카르의 영웅은 소년의 모습을 한 본도인으로 제시되는 것이 보통입니다. 또한 유카르에 등장하는 영웅 포이야운페는 성주의 아들이기도 합니다. 부모가 죽었으므로 성주의 지위를 승계한 '어린 성주'가 되는 것입니다. 〈쿠투네 시르카〉에서는 이 점이 보다 분명하게 드러납니다. 포이야운페가 시누타프카 성지에서 어린 성주로서 대접받으며 누이에 의해 양육되는 것으로 나옵니다.

특히 포이야운페는 많은 가보가 쌓여 있는 보단寶壇 앞의 특별히 만들어진 고상高床에서 양육됩니다. 전투 시 그를 지켜주는 수많은 신령은 이것들에서 기원하는데, 그런 점에서 포이야운페는 수많은 신령들에 둘러싸여 있는 영웅이기도 합니다. 따라서 포이야운페와 레푼쿠르 수령과의 싸움은 둘의 싸움인 동시에 이 신령들의 싸움이기도 합니다. 신령, 즉 사람이면 누구나 갖고 있는 신령이 죽으면 인간 영웅도 죽는 것이고, 인간 영웅이 죽으면 신령 또한 죽게 되는, 말하자면 신령과 인간이 일체가 된 형태가 바로 포이야운페인 것입니다. 한편, 포이야운페는 자신이 갖고 다니는 이타도리 마루에 새겨진 동물들의 정령에 빙의되어 적을 무찌르기도 하는데, 이것은 신령들과 영웅이 일체가 되는 형태를 더욱 극명하게 보여줍니다.

여기서 포이야운페에게 보이는 빙의 현상은 아이누의 독특한 영혼 인식 체계에 근거합니다. 앞서 말씀드린 대로 아이누인들은 인간이 만든 물건에는 영력이 들어 있고, 이 영력은 인간에게 빙의될 수 있다고 믿었습니다. 이것은 아이누의 부계 체계의 제사 의식과도 상관이 있습니다. 아이누의 부계 체계 내에서 제사를 지낼 때 제사 주관자는 자연 신령에 빙의되지 않은 채 신명을 불러 도움을 청하거나 조각된 이나우에 도움을 청하며, 또 반드시 술을 만들어 제사를 올린다는 점 등을 고려하면, 이나우와 빙의, 술과 빙의 현상이 무관하지 않음을 알 수 있습니다. 이것을 다시 정리하면 '이나우-술-빙의'가 될 텐데요. 여기서 '술'이 매우 중요한 매개 기능을 하고 있습니다. 술에 취한 상태는 샤먼에게 신령이 빙의되어 정신을 잃은 상태와 유사한 상태라고 할 수 있는데요, 그 상태에서 부계 계통의 신령의 행위를 모방하여 노래한 것이 오이나입니다. 이것이 유카르에서도 나타난 것이라고 볼 수 있습니다.

정리해보자면, '유카르'의 주인공 포이야운페는 야운쿠르 성주이면서 아이누 부계 계통의 제사 체계, 아이누의 영혼 인식 체계를 잘 보여주고 있는 영웅임을 알 수 있습니다. 이때의 제사 체계, 영혼 인식 체계는 샤먼교와 상당히 연관성이 있어 보입니다. 그 점에서 아이누의 영웅서사시에 등장하는 영웅의 성격은 허저족 이마칸의 머르컨을 연상시킵니다.

양자와 레푼쿠르 여인의 성격

양자는 오이나, 유카르 등의 서사시에서는 거의 필수적으로 등장하는 인물입니다. 영웅의 친누이로 설정되는 것이 보통이며, 무녀입니다. 오이나에서 아이누락쿠르를 양육하는 양자가 무녀인 것과 근본적으로 맥락을 같이하는 것이죠.

아이누인의 신령 인식 관념에 따르면 모든 존재는 토렌 카무이toren kamui라고 하는 빙신憑信을 갖습니다. 토렌 카무이는 인간의 어깨 위에 있으며, 무녀일수록 이 빙신의 힘이 강하고 자연의 영력과 일체가 되어 길흉을 예언할 수 있는 힘을 갖게 된다고 합니다. 또 유카르에 보면 누이가 모두 무녀로 등장하는데, 어린 여자일수록 빙신의 힘이 강하다고 합니다. 실제로 아이누에서 부계 계통의 제사인 카무이노미kamuinomi를 거행할 때 아버지는 어린 딸에게 무술을 하여 신탁을 받도록 했는데요, 이 점을 고려하면 오이나, 유카르 등에서 양자가 왜 무녀로 설정되는지를 분명하게 이해할 수 있습니다. 이것은 레푼쿠르 여자들도 마찬가지입니다. 레푼쿠르 여자들도 모두 나이 어린 무녀로 등장하고 있습니다.

서사시에서는 어떨까요? 〈쿠투네 시르카〉에서 영웅 포이야운페가 만나는 여자들은 무술 능력 및 전투 능력을 발휘하여 포이야운페를 돕습니다. 포이야운페가 황금 락코를 훔쳐 간 폰모시리인을 쫓아가다가 레푼쿠르 땅의 하나인 오만패시카에 도착하게 되죠. 그런데 그곳의 수령 오만패시카-운-쿠르는 레푼쿠르이지만 예전에 자기 아버지가 까닭 없는 전쟁을 좋아하지 않아서 시누타프카의 수령인 포이야운페의 아버지를 도왔고, 그래서 시누타프카 아가씨가 오만패시카에 시집왔다고 하면서 이번에 벌어진 황금의 락코 일 때문에 이 오만패시카에 전쟁이 일어날 것을 걱정합니다. 이에 포이야운페는 오만패시카-운-쿠르가 인척임을 알고 그를 도와 오만패시카에 침입한 우카무패시카인을 물리칩니다. 이때 포이야운페와 오만패시카-운-쿠르는 심한 상처를 입는데, 오만패시카-운-쿠르의 누이인 오만패시카-운-마트가 입김을 불어내서 상처를 치유합니다. 또한 우캄패시카-운-마트도 뛰어난 무술로 포이야운페의 상처를 치료해줍니다. 서사시에서는 그때의 상황을 이렇게 묘사합니다.

자기 몸 위에/숨결을 품고/치유하는 듯/작은 부스럼은 딱지 떨어져서 바로 낫고/큰 부스럼은/부스럼 딱지 끼어가며 낫도다./여기에 있어/내 몸의 곁에/숨을 불어/내 본래의 몸으로/나를 고쳐놓도다.

상당히 멋있는 시적 표현이라고 생각되는데요. 어쨌든 오만패시카-운-마트와 동일한 치료 방식을 사용하고 있다는 점을 지적해야겠습니다. 야운쿠르나 레푼쿠르나 무녀의 역할은 비슷하게 설정되고 있는 것이죠.

아이누의 유카르 문학에서 무녀는 상처를 치유하는 능력을 보일 뿐만 아니라 전쟁에서도 중요한 역할을 하는 것으로 나옵니다. 전쟁 전에 신탁을 통해 전운을 판단하는 역할이 그것입니다. 한편, 이때의 무녀들은 여성은 여성끼리 싸우는 것이 정상적인 전투 방식이라는 인식을 내비치고 있는 점도 특징적입니다. 유카르에서 남성 영웅은 지상에서 싸움을 벌이는 데 비해 여성은 공중에서 싸움을 벌입니다. 그런데 이러한 두 요소는 허저족의 이마칸에서도 이미 확인했던 바입니다. 지상에서 머르컨이 상대 머르컨과 싸우는 동안, 여자들은 코리(매)로 변하여 서로 공중전을 벌였지요. 이로 미루어 유카르에서 무녀들이 공중전을 벌인 것은 이 무녀들이 새의 형상으로 변하여 싸운 것이 아닐까 추측해볼 수도 있습니다. 실제로 아이누에서는 사람에게 빙의되어 있는 빙신의 형상을 새로 인식하였습니다. 그리고 남성보다는 여성이 가진 무력巫力이 더 강력한 것으로 인식되었죠. 그런데 무력이 강할수록 자유자재의 변형 능력을 발휘할 수 있다는 것이 동북아 샤머니즘의 주요한 특징입니다. 그렇게 보면 허저족의 이마칸에 등장하는 코리와 아이누의 유카르에 등장하는 여성들 역시 상당히 친연성 있는 인물들이 아닐 수 없습니다.

요컨대 영웅 포이야운페를 양육하는 양자와 그를 돕는 적국의 여인은 모두 무술巫術의 입김으로써 포이야운페를 치료하는가 하면, 전투에 뛰어들어 적국의 여인과 공중전을 벌이는 무녀임을 알 수 있었습니다. 또한 이러한 모습은 허저족의 이마칸에 등장하는 머르컨의 누이(코리)와 상당히 닮아 있다는 점에서 흥미롭습니다.

동북아 민족의 창세서사시와 영웅서사시의 관계

이제 마무리를 해야 할 것 같습니다.

만족, 허저족, 아이누의 창세서사시, 영웅서사시를 개괄적으로 말씀드리려고 했지만, 지나치게 방대한 내용을 전달해서 오히려 어려움을 안겨드리지나 않았는지 걱정됩니다. 그래서 제가 세 민족의 자료를 통해서 말씀드리고자 했던 점을 간단하게 정리해보도록 하겠습니다.

만족의 창세서사시 〈천궁대전(우처구우러본)〉에서 최초의 창세 여신 아부카허허는 세상의 만물을 창조하고, 천궁을 뺏으려는 악마 예루리를 지하 세계로 내쫓아 하늘나라에 안정된 질서를 만들어냅니다. 그리고 두 번의 대홍수 이후에 최초의 여샤먼에게 자신의 역할을 넘깁니다. 심지어는 이 최초의 여샤먼에게 인류의 시모신始母神 역할까지 하도록 합니다. 아부카허허가 최초의 인간 남녀를 만들어냈는데요, 그 최초의 인류는 두 번의 대홍수로 모두 전멸했습니다. 그런데 그 후의 인류는 자신이 만들어내지 않고 최초의 여샤먼에게 그 역할을 대신하도록 한 것입니다. 또한 이 최초의 여샤먼은 아부카허허로부터 배운 온갖 기술을 사용하여 인간 세상에 발생한 혼돈을 바로잡습니다. 아부카허허가 천궁을 지키기 위해 했던 일들은 모두 완료되었기 때문에 이제는 최초의 여샤먼에게 인간 세상의 일들을 맡기고 있는 것입니다. 말하자면 최초의 여샤먼은 최초의 창세 여신 아부카허허의 일을 대행하여 지상의 일에 관여하고 있는 셈입니다.

따라서 만족의 신화나 서사시에 등장하는 샤먼은 이 최초의 여샤먼의 후예들이라고 말할 수 있습니다. 앞서 살펴보았던 만족의 니샨 샤먼은 이 최초 여샤먼의 후예인 것이죠. 그 후예 중 관씨 성의 샤먼은 족장으로서의 모습을 아울러 보여줍니다. 샤먼 킹Shaman-king의 전형적 모습입니다. 그에 비해 니샨 샤먼은 한참 후대적 모습을 보여줍니다. 샤먼 킹으로 그려지기보다는 역사적 사건 속에 놓여 있는 샤먼으로 그려지고 있습니다. 능력 있는 샤먼이 죽은 사람의 영혼을 저승에서 탈취해 오는 여행, 곧 저승 여행을 원형적 사건으로 삼고 있다는 점에서는 삶과 죽음에 관여하는 샤먼의

⟸ 창세서사시(창세신화), 영웅서사시(영웅신화) ⟹

창세 신 → 창세 신 + 샤먼 영웅[샤먼 킹] → 전투 영웅, 건국 영웅
'우주 만물의 창조와 유지에서 인간 세상의 질서 구축과 유지'로의 사건 전환

위대한 모습이 간취되지만 청 정부와의 관계 속에서 니산 샤먼은 그 위대함에 상처를 입고 역사의 현장에서 사라집니다. 그와 관련하여 청나라 시기 만족의 샤먼이 탄압을 당했던 것, 특히 라마교와의 관계 속에서 탄압을 당했던 것은 더 깊이 파고들 문제입니다. 그렇지만 여기서는 논제의 한계상 그렇다는 점만 간단하게 얘기했을 뿐이고, 초점은 샤먼의 저승 여행에 두었습니다. 샤먼의 저승 여행은 허저족의 서사시에서도 특징적으로 나오는 요소이기 때문입니다.

허저족의 이마칸에는 머르컨과 코리라는 특별한 인물들이 등장합니다. 머르컨은 수령과 샤먼의 신분을 겸한 것으로 나옵니다. 이 또한 샤먼 킹이죠. 그리고 코리는 허저어로 '매'라는 뜻인데, 머르컨의 누이 및 상대편 성주의 누이들이 코리로 등장합니다. 이 누이들은 매로 변신할 수 있는 무녀들이며, 전운을 예고하거나 죽은 사람을 소생시키는 데서 무녀들의 특별한 능력을 볼 수 있습니다. 한편, 이마칸에 등장하는 모든 머르컨은 서방 정복이라는 대과업을 수행하는 주체입니다. 여기서 서방은 허저인들에게 특별한 의미가 있는 방위입니다. 조상신이 거주하는 방향이자 죽음의 세계가 있다고 믿는 쪽이기 때문입니다. 그 서방 정복의 과정에서 머르컨은 여러 성주들을 굴복시키고 그 성주들의 누이, 즉 코리들과 결혼을 하며, 마침내 부모의 원수를 갚은 후 고향으로 돌아와 새로운 성지를 건설합니다. 이러한 과정은 표면적으로는 정치적 관점에서 해석될 여지가 농후합니다만,

그 이면은 샤먼의 저승 여행에 근거를 두고 있습니다. 〈만투머르컨〉을 예로 들어 설명드렸듯이, 만투머르컨은 샤먼이 되기 위한 전조로서 지랄병을 앓고, 그 지랄병이 나은 후 곧바로 서방 정복에 나서 여러 성들을 정복하고 무녀 신분의 코리들과 결혼하며 마침내 부모의 원수를 갚습니다. 물론 그 부모가 살아 있는 경우 되찾아온다는 것은 말할 필요가 없겠지요. 이런 서사 전개 과정은 샤먼의 저승 여행을 문학적으로 변용시킨 결과라고 할 수 있습니다.

다음으로 아이누의 유카르는 허저족의 이마칸과 상당한 친연성을 보여준다는 점에서 주목할 만한 서사시 갈래입니다. 인종적으로는 전혀 다르지만 문화적으로는 매우 유사한 모습을 보여주기 때문입니다. 얼마나 유사한가 하면, 남자 주인공 포이야운페와 여자 주인공 양자, 즉 '길러준 누이'가 보여주는 모습은 머르컨과 코리의 관계를 보는 듯하죠. 포이야운페는 샤먼 킹의 전형적인 모습을 보여주며 '길러준 누이'는 전운을 예고하고 죽은 자를 소생시킵니다. 그뿐만 아니라 상대편과의 전투 시 남자 영웅이 지상에서 싸우는 동안 여성은 공중전을 벌이는 것까지 유사합니다. 다만 아이누가 역사적으로 실제 겪었던 사건, 즉 도래 민족인 레푼쿠르와의 대전투가 배경이 되고 있다는 점만 빼고 말이죠. 그렇다 보니 허저족의 이마칸에 등장하는 영웅 역시 역사적 면모를 풍기지만 아이누의 유카르에 등장하는 영웅은 그보다도 더 역사적 영웅의 면모를 풍긴다고 할 수 있습니다.

창세서사시와 영웅서사시는 서로 별개인 것 같지만, 만족의 창세서사시 〈천궁대전〉, 영웅서사시 〈니샨 샤먼〉, 그리고 허저족의 이마칸 〈만투머르컨〉, 아이누의 유카르 〈쿠투네 시르카〉 등을 일직선상에 놓고 보면, 통시적으로 관통하는 요소가 보입니다. 바로 샤먼 킹의 탄생과 역사적 변천의 과정이죠. 그 점에서 동북아 민족의 영웅서사시는 서구의 영웅서사시와는 좀 다른 특성을 갖고 있다고도 할 수 있습니다. 어찌 보면 이것은 이들 영웅이 민간신앙, 특히 샤먼교와 떼려야 뗄 수 없는 지점에 있기에 파악되는 특성이 아닌가 합니다. 서구의 영웅서사시에 등장하는 영웅들에게서는 샤먼교적 요소가 구체적으로 확인되지 않기에, 이런 특성이 영웅서사시 및 영웅의 개념을 설정할 때 간과되거나 무시되기도 합니다. 하지만 동북아 민족의 영웅서사시를 살펴볼 때에는 동북아 민족만의 역사적 · 문화적 배경이 근거가 되어야 할 것입니다. 지극히 상식적인 얘기지만, 간혹 상식을 초월하는 사유가 범람하기도 하고, 그것을 곧이곧대로 신뢰하는 경향이 있기도 하여, 이런 당부의 말씀을 드리는 것으로 강연을 마치겠습니다.

참고
자료

참고 문헌

김재용, 이종주 공저, 『왜 우리 신화인가 - 동북아 신화의 뿌리, 천궁대전과 우리 신화』, 동아시
    아, 2004.

성백인 역주, 『만문(滿文) 니샨 무인전(巫人傳)』, 제이앤씨, 2008.

최원오, 『당금애기 바리데기』, 현암사, 2010.

최원오, 『동아시아 비교서사시학』, 월인, 2001.

최원오, 『만족의 무속과 무가』, 박이정, 2000.

최원오 편역, 『아이누의 구비서사시』, 역락, 2000.

최원오 편역, 『혁철족의 구비서사시』, 역락, 2000.

사진 자료

EBS 다큐프라임, 〈한국신화를 찾아서: 2부 여신의 비밀〉, 2009.08.10.

富育光, 『薩滿論』, 遼寧人民出版社, 2000.

北原次郎太, 『アイヌの祭具 イナウの研究』, 北海道大學出版會, 2014.

宋小飛 著, 『薩滿教美術的藝術民俗學解析』, 社會科學出版社, 2014.

楊智宏 主編, 『薩滿剪紙』, 遼寧美術出版社, 2010.

莊吉發 譯註, 『尼山薩蠻傳』, 文史哲出版社, 1997.

莊吉發 著, 『薩滿信仰的歷史考察』, 文史哲出版社, 1996.

張振江, 張曉光, 『薩滿神話圖說』, 人民美術出版社, 2008.

아이누민족박물관(http://www.ainu-museum.or.jp/)

유네스코, 허저(赫哲)족의 이마칸 강창예술(講唱藝術)[Hezhen Yimakan storytelling], 〈유
    네스코와 유산〉 사이트 내 '인류무형문화유산'.(http://heritage.unesco.or.kr/ichs/
    hezhen-yimakan-storytelling/)

제
4
강

슬라브 민족의 풍습과 민담에
나타난 신과 정령들

이재정 (계명대학교 실크로드중앙아시아연구원 교수)

　저는 러시아 상트페테르부르크대학교에서 러시아 민속학, 그중에서도 정령담을 주제로 공부했습니다. 정령담이라면 조금 생소할지 모르겠지만 숲의 정령 레쉬, 물의 정령 보쟈노이 등에 관한 이야기들을 말합니다. 저는 이 정령들을 한국의 도깨비와 비교하는 논문을 썼습니다. 러시아의 대표적인 정령 레쉬와 보쟈노이는 한국의 도깨비와 유사한 측면이 굉장히 많습니다. 그래서 러시아와 한국의 정령들을 비교 연구하면서 개인적으로도 재미있었고, 민족들의 사고 체계에 관한 유익한 정보도 많이 알게 되었습니다.

　오늘 강의는 '슬라브 민족의 풍습과 민담에 나타난 신과 정령들'이라는 제목으로 준비했습니다. 저도 처음 접한 내용들이 있어서 아주 흥미롭게 준비할 수 있었습니다. 특히 고대 슬라브 신화 같은 경우에는 단편적으로만 알고 있었던 내용이기 때문에 강의를 준비하면서 많은 것을 새로 알게 되었습니다. 그런 내용을 여러분과 함께 이야기 나눌 수 있는 기회가 생겨서 뜻깊은 시간이 될 것 같습니다.

슬라브 민족과 신화 이야기

슬라브 민족은 현재 유럽 전체 인구의 약 삼분의 일을 차지하는 최대 민족으로서 인도 유럽어의 한 종류인 슬라브어를 사용하는 민족을 통틀어 일컫는 명칭입니다. 원래 고대 슬라브인들은 비스툴라강과 드네프르강 사이 지역에 거주했는데 점차 중앙유럽과 동유럽으로, 그리고 발트해 남쪽 연안에서 발칸반도 북부 지역까지 이주를 하게 되었습니다. 이들은 정착 지역을 기준으로 동슬라브족, 서슬라브족, 남슬라브족으로 나뉘었는데, 중앙유럽과 동유럽으로 이주한 슬라브족은 서슬라브족으로 불리며, 오늘날의 폴란드, 체코, 슬로바키아 사람들이 여기에 속합니다. 발칸반도 지역에 정착한 슬라브족들은 오늘날의 불가리아, 슬로베니아, 크로아티아, 마

그림 1
슬라브 민족의 분포

케도니아, 보스니아, 세르비아, 몬테네그로를 형성하였습니다. 그리고 드네프르강을 넘어 동쪽으로 흘러간 사람들을 동슬라브족이라 칭하는데, 러시아인, 벨라루스인, 우크라이나인이 대표적입니다. 동슬라브인은 5~8세기경이 되어서야 독자적인 세력을 형성하기 시작했고, 『원초 연대기』[1]에 따르면 862년(또는 864년)에 키예프를 중심으로 키예프 루시라는 국가를 형성하였습니다.

일반적으로 슬라브 신화란 슬라브 민족이 아직 여러 지역으로 분산되지 않았던 10세기 말까지 고대 슬라브족들이 지녔던 다양한 신화적 관념의 총체를 의미합니다. 슬라브인들이 세 갈래로 갈라지면서 그들의 신화 역시 조금씩 다른 변이형을 지니게 되었고, 독립된 지역적 특성을 반영한 서슬라브 신화, 동슬라브 신화, 남슬라브 신화가 등장했습니다.

그 대표적인 예로 '늑대 인간'을 들 수 있습니다. 늑대 인간은 지역에 따라 특성이 좀 다른데 동·서슬라브에서는 주술사가 변신하거나 주술에 걸린 인간이 늑대로 변했다, 또는 태어날 때부터 늑대 인간으로 태어났다는 설화가 대세입니다. 그러나 남슬라브에서는 그 외에도 흡혈귀가 그러하듯 늑대 인간한테 물린 사람이 늑대 인간이 되었다는 설화가 전해집니다. 그래서 남슬라브에서는 늑대 인간과 흡혈귀를 동일한 존재로 보기도 합니다. 동슬라브 민족이 세운 키예프 루시 시대에 쓰인 『이고리 원정기』[2]에서 프세슬라프 대공이 밤만 되면 늑대로 변해 돌아다녔다는 기록이 있긴 하지만, 현재 동슬라브 지역에서는 늑대 인간에 대한 이야기가 잘 보전되거나 활발하게 재생산되지는 않습니다. 그러나 서슬라브족에 속하는 폴란

---

1 『원초 연대기(Повесть временных лет)』는 고대 동슬라브 국가인 키예프 루시의 역사서이다. 1113년경 키예프에서 편찬되었으며 850년경에서 1110년경에 걸친 역사를 다뤘다.

2 키예프 루시 문학을 대표하는 기념비적 서사시로 게르만족의 〈니벨룽의 반지〉나 프랑스의 〈롤랑의 노래〉에 비견할 만큼 문학성을 인정받고 있다. 작자 미상이며 18세기 말에 발견되었는데, 대체로 1180년대 작품으로 알려져 있다. 조주관 편역, 『러시아 고대문학 선집 1』(열린책들, 1995)에 우리말 번역이 수록되어 있다.

드에서는 이와는 달리 늑대 인간 캐릭터를 여러 콘텐츠에 적극 활용하고 있습니다. 폴란드 작가 안제이 사프코프스키의 판타지 소설 『위처』를 바탕으로 만든 게임 〈더 위처 3〉가 대표적인 예라 할 수 있습니다.

그림 2
게임 〈더 위처 3〉의 늑대 인간

이처럼 각 지역의 신화들은 오래도록 이어져 내려오면서 차이가 많이 생겼습니다. 그러나 동일한 고대 슬라브 민족의 신화에 기원을 두기 때문에 주요 특징에 있어서 공통점이 더 많이 나타납니다. 오늘은 슬라브족 가운데 최대 부족인 동슬라브족의 신화에 역점을 두어 살펴보고자 합니다.

고대 슬라브인들은 기원전 10~11세기경 인도 · 유럽 공동체 민족들로부터 갈라져 나오면서 오랜 기간에 걸쳐 형성되었습니다. 따라서 슬라브 신화에도 인도 · 유럽 신화의 특징들이 많이 남아 있습니다. 예를 들면 천둥과 무사의 신(페룬), 가축과 하계의 신(볼로스), 천부 신(스트리보그), 축축한 대지의 어머니이자 직물과 방적의 여신(모코쉬), 태양신(다쥐보그) 등의 형상은 인도 · 유럽 신화에서 그 기원을 찾을 수 있습니다.[3] 그 밖에도 슬라브 신화에서는 유럽의 여러 신화들과 비슷한 유형이 많이 발견되는데, 이는 자신들의 신화를 글로 기록할 수 있게 된 시기에 민중 속에 이미 이란계와 스칸디나비아계, 그리고 그리스계 신화들이 섞여 들어와 있었기 때문입니다. 예컨대 슬라브족의 천지창조에 관한 이야기도 다양한 형태로 존재합니다.

천지창조 신화는 크게 세 유형으로 분류할 수 있습니다. 첫 번째 유형은 우주란卵형 천지창조 신화로서, 끝없이 펼쳐진 바다 말고는 아직 아무것도

---

3   Об индоевропейских истоках славянской мифологии см.: Иванов Вяч. Вс., Топоров В. Н. Исследования в области славянских древностей. М.: Наука, 1974.

없었던 태곳적에 오리가 바다 위를 날아가다가 소용돌이 속으로 알을 떨어뜨렸는데 이 알이 두 쪽으로 갈라져서 아래쪽은 땅이 되고 위쪽은 하늘이 되었다는 내용입니다. 두 번째 유형은 유일신으로부터 세계가 탄생했다는 신화인데 그 내용은 다음과 같습니다. "아직 이 세상에 어둠만이 존재했던 때에 이미 로드Род(탄생, 출생)가 있었는데 그가 우주의 시초이자 모든 신들의 아버지이다. 그는 류보비Любовь(사랑)를 낳았고 우선 천상의 왕국을 만들고 나서 지상을 만들었으며, 천계의 물로 바다를 만들었다. 그런 다음 땅의 어머니를 낳았는데, 땅의 어머니는 끝을 알 수 없는 깊은 암흑으로 떠났다. 로드의 얼굴에서 태양이 태어났고, 가슴에서는 달이, 눈에서는 별이, 고뇌에서는 밤이, 숨결에서는 바람이, 눈물에서는 비 · 눈 · 우박이, 목소리에서는 천둥이 태어났다." 세 번째 유형은 이 두 유형의 혼합형으로, 태고에 신이 있었는데, 그는 생각만으로 황금 알을 만들었으며 그 황금 알에서 천지 만물의 창조신인 로드가 태어났다는 내용입니다.

동슬라브 신화의 만신전

동슬라브 신화에 나타난 신과 정령들을 기능과 위계에 따라 상위 신, 중위 신, 하위 신으로 나눌 수 있습니다. 슬라브 신들에 대한 전반적인 이해를 돕기 위해 간략하게 표로 정리해보았습니다.

고대 슬라브 민족들은 세계가 천계, 지상계, 지하계로 나뉘어 있다고 믿었습니다. 그래서 상위 신들은 각자의 기능에 따라 천계나 지하계에 거주한다고 생각했습니다. 이런 세계관을 잘 보여주는 석상이 있는데, 1848년 우크라이나 즈브루치강 근처에서 발견되어서 즈브루치 석상이라고 부릅니다. 제작 시기는 10세기경이고 높이는 2.67미터입니다. 석상은 사각 기둥 형태로, 각 면에는 층을 세 개로 나누어서 여러 형상들이 조각되어 있습

상위 신	중위 신	하위 신
• 스바로그: 신들의 아버지, 불의 신 • 페룬: 천둥과 번개의 신 • 볼로스(벨레스): 가축과 부의 신 • 모코쉬: 대지의 모신, 운명의 신 • 다쥐보그: 풍요를 주는 태양신 • 스트리보그: 바람과 날씨의 신 • 스바로지치: 불의 신 • 호르스: 태양신 • 세마르글: 불의 신	• 야릴로: 봄 태양신 • 쿠팔라: 여름 태양신 • 스베토비치: 가을 태양신 • 콜랴다: 겨울 태양신 • 라다: 사랑과 결혼의 여신	• 레쉬: 숲의 정령 • 보쟈노이: 물의 정령 • 루살카: 물의 요정 • 도모보이: 집의 정령 • 키키모라: 집 안의 정령 • 반니크: 목욕탕 정령 • 볼로트니크: 늪의 정령 • 폴레보이: 들판의 정령 • 바바 야가: 마녀

도표 1
동슬라브 신화의 신과 정령들

그림 3
즈브루치 석상
(10세기경)

니다. 제일 위층은 천계, 중간층은 지상계, 아래층은 지하계를 대표하는 신 또는 인물을 새긴 것입니다. 즉, 각 면의 위층은 반지를 들고 있는 결혼과 사랑의 여신 라다, 뿔을 들고 있는 모코쉬, 말과 칼이 함께 그려진 페룬으로

그림 4
블라디미르 대공이 드
네프르 강가의 언덕에
세운 만신전

추정되며, 네 번째 형상은 아직 정확하게 규명되지 않았습니다. 중간층은 지상에 살고 있는 인간, 그리고 아래층은 하계의 신들, 아마도 볼로스를 표현한 것이 아닐까 싶습니다.

앞서 언급했던 러시아 최초의 역사서 『원초 연대기』에 따르면, 블라디미르 대공이 드네프르 강가의 언덕에 만신전을 세워놓고 다양한 자연신들을 숭배했다는 기록이 있습니다. 블라디미르 대공의 만신전에는 나무로 만든 페룬, 호르스, 다쥐보그, 스트리보그, 세마르글(시마르글), 모코쉬, 이렇게 여섯 신상이 있으며, 이들을 숭배하는 의식을 행했습니다. 이 여섯 신 외에도 볼로스(벨레스)라는 신이 있는데, 이 신은 비록 블라디미르 대공의 만신전에는 나타나지 않지만 슬라브 신화에서 중요한 자리를 차지했으며 특히 민중의 사랑을 많이 받았습니다.

상위 신

위에 언급한 상위 신들 중 일부만 살펴보도록 하겠습니다.

스바로그

상위 신들 중에서 가장 오래된 신은 스바로그입니다. 스바로그는 신들의 아버지, 불의 신, 야장治匠 신입니다. 페룬보다도 오래된 슬라브의 신격으로, 그리스 신화의 헤파이스토스(불과 대장장이의 신)와 같은 신격과 기능을 지닌 것으로 알려져 있습니다. 이 신은 블라디미르 대공의 만신전에는 없지만, 고대 문헌과 민간전승에서는 종종 불의 신으로서 동슬라브인들에게 대장간의 불집게를 가져다주었고 구리와 청동과 철을 제련할 수 있는 방법을 전했다고 합니다. 동슬라브인들의 민속에는 불 숭배 사상이 잘 보존되어 있습니다. 불은 깨끗하고 성스러우며 정화와 치유의 능력이 있다고 믿었습니다. 하지 축제인 이반 쿠팔라 축제 때 모닥불을 뛰어넘는 의식을 행하는 것도 바로 이런 이유에서입니다. 또한 새신랑, 신부가 결혼식 후 둘째 날 모닥불을 뛰어넘는데, 이는 신혼부부에게 부와 자손을 기원하는 풍습이었습니다. 그렇기 때문에 누군가가 불을 함부로 대하거나 욕을 하는 등 불경스럽게 대하면 불이 날아가서 그를 아프게 하거나 그의 집을 불태운다고 믿었습니다. 날아다니면서 사람에게 병을 내린다든가 화재의 원인이 되는 불은 우리나라의 도깨비불을 연상시킵니다.

페룬

스바로그 다음으로 큰 신으로는 페룬을 들 수 있습니다. 페룬은 뇌신雷

그림 5
이반 쿠팔라 축제를
묘사한 그림

神으로서 게르만 민족의 뇌신인 토르와 그리스 신화의 제우스와 비슷한 면모를 보입니다. 화가 나면 천둥 번개를 지상으로 떨구어 자기를 분노케 한 사람을 맞추기도 하지만, 천둥과 번개를 동반한 비를 뿌려 풍요를 가져 다주기도 합니다. 19세기 극작가 오스트롭스키의 〈뇌우〉에서는 남편이 아닌 다른 남자와 바람을 피운 여주인공이 자신이 번개에 맞아 죽을 거라는 두려움에 떠는 모습이 그려졌는데, 번개로 사람을 벌한다는 페룬에 대한 민중의 믿음이 아주 늦은 시기까지 존재했음을 알 수 있습니다.

페룬은 전쟁과 무기를 관장하는 신으로도 간주됩니다. 그래서 그에 대한 숭배는 대중적이기보다는 주로 귀족들에 의해 이루어졌습니다. 공후와 귀족들은 전쟁에 나가기 전 페룬 상 앞에 모여서 무기를 내려놓고 그의 이름으로 맹세하며 승리를 빌었습니다. 페룬 신당은 키예프뿐만 아니라 노브고로드에도 있는데, 특히 봄에 참나무 주위를 원무를 추면서 기우제를 지냈습니다. 페룬에게 제례를 올리면서 인간을 제물로 바쳤다는 기록도 있습니다.[4] 페룬에 대한 경배의 표시로 페룬 신목인 참나무로 불을 지피고 밤낮으로 꺼지지 않게 지켰는데, 만약 이 불이 꺼지면 불 담당자가 사형에 처해지기도 했습니다.[5]

그림 6
페룬을 형상화한 부조

블라디미르 대공은 988년에 기독교를 수용하고 세례를 받은 후 이런 신당을 없애고 그 자리에 교회를 지었습니다. 수도사들도 민중으로부터 페룬을 지우려고 노력했습니다. 그럼에도 페룬 신앙은 17세기까지 민중에 남아 있었는데, 노브고로드에는 수도원을 페룬 수도원이라 명명하기도 했으며 심지어 번개 모양의 화살을 손에 쥐고 있는 성상화도 있습니다. 또한 수도사들은 민중에게 페룬의 신목인 참나무 근처에서 노래 부르는 것은 페룬을 숭배하는 행위라는 이유로 금지시켰습니다. 그리고 기독교 수용후 페룬의 형상은 선지자 엘리야(러시아식 명칭은 '일리야')에 흡수되었습니다. 엘리야는 기도를 하여 불과 물을 구한 성인이므로 동슬라브인들이 그를 페룬과 쉽게 결부시킬 수 있었습니다.

볼로스(벨레스)

전능한 페룬과 경쟁 관계에 있는 신이 있습니다. 바로 볼로스(벨레스)인데, 천상을 주재하는 페룬과는 달리 인간이 소유한 가축과 부를 돌보는 가축의 신, 풍요의 신으로 숭배되었습니다. 페룬의 신상이 주로 산이나 언덕

---

4   이덕형, 『다쥐보그의 손자들』 재인용, 성균관대학교 출판부, 2002, 35쪽.

5   Е. Левкиевская Мифы русского народа, 2002, Москва. С.23

그림 7
가축의 보호자인 '성인
블라시우스'

등 높은 곳에 세워진 반면, 볼로스의 신상은 산록의 평지나 강변에 세워졌습니다.

고대 루시 시대에 가축은 곡물과 더불어 부를 상징하는 재물로 상거래의 중요 대상 이었습니다. 어떤 사람이 부자인지 여부를 판단할 때 그 집에 가축이 몇 마리 있는지가 주요 기준이었습니다. 그런 이유로 볼로스 는 가축의 신일뿐만 아니라 상거래와 부의 신으로 간주되었습니다.

볼로스의 아주 중요한 상징물은 털 또는 머리카락입니다. 고대 슬라브 인들의 신화 체계에서 털이나 머리카락은 부, 행복, 다산, 번식력을 상징합 니다. 그래서 예전 결혼식 풍속을 살펴보면 신혼부부가 자식을 많이 낳고 부유하게 잘살기를 바라는 뜻에서 새신랑, 신부를 모피 코트 위에 앉히거 나 동물 가죽 위에 신혼부부의 잠자리를 마련해주기도 했습니다.

고대 슬라브인들은 털에 대한 이런 상징적 관념을 식물의 생산력과도 결부시켰습니다. 추수 무렵 들판에 마지막 이삭 다발을 베지 않고 남겨놓 았는데, 이는 볼로스에게 감사드리는 것으로 '볼로스의 구레나룻'이라고 불렸고 19세기까지 이런 관습이 남아 있었습니다.

또 볼로스 형상은 뱀과 연관되기도 합니다. 이는 기독교 수용 전에는 뱀 이 풍요, 물, 비를 상징하고, 우박과 악천후로부터 파종을 보호해주는 농경 지 수호신으로 여겨졌기 때문입니다.

기독교 수용 이후 볼로스는 가축의 보호자인 성인 블라시우스(러시아식 명칭은 '바실리')에 동화되었습니다. 러시아인들은 성 바실리 축일(2월 28 일)을 '가축의 날'이라고 부르며 이날에는 특히 가축에게 여물을 많이 주 고, 일을 시키지 않았습니다. 벨라루스에서는 식물의 줄기에서 뽑은 섬유의 형태가 털과 유사했기 때문에 식물의 줄기에서 뽑은 섬유로 실을 잣고 직물을 짜는 작업 또한 볼로스의 보호하에 이루어진다고 여겨 이날은 실을 잣는 작업을 금하였습니다.

모코쉬

페룬과 볼로스가 경쟁 관계가 되는 데 결정적인 역할을 한 여신이 모코쉬입니다. 마코쉬Макошь로도 불리는데, 일부 학자들은 어머니를 뜻하는 단어 '마찌Мать'와 운명 또는 곡식 알갱이를 보관하는 용기를 뜻하는 단어 '코쉬кош'가 결합된 것으로 보았습니다. 즉 모코쉬는 풍성한 수확의 어머니 또는 행복의 어머니라고 생각했습니다. 또 다른 학자들은 모코쉬를 '축축한, 습기가 있는'이라는 뜻을 지닌 단어 '모크리Мокрый'와 결부하기도 했으며, 또는 방적이라는 뜻을 지닌 단어 '모코스mokos'의 어근에서 파생한 이름으로 보기도 하였습니다.

모코쉬는 블라디미르 대공의 만신전에 나타난 유일한 여신으로, 풍요의 여신, 운명의 여신, 가사家事, 특히 실을 잣는 일의 수호신이며 어둠과 하계를 담당하는 여신입니다. 그 밖에도 하늘과 땅의 물을 결합하여 자연과 대지를 소생시키고 삶에 활기를 불러일으키는 신성으로서 매우 중요한 고대의 농경 여신이라는 의견도 있습니다. 봄 제례에 사용되는 수건에는 모코쉬가 하늘을 향해 두 손을 뻗은 형상이 수놓여 있는데, 마치 밭갈이를 하고 파종을 마친 들판에 비를 청하고 있는 것처럼 보입니다.

민중은 모코쉬가 원래 천둥의 신인 페룬의 부인이었으나 나중에 볼로스와 바람을 피워서 페룬이 그녀를 천계에서 볼로스의 왕국인 하계로 쫓아냈으며, 그때부터 모코쉬가 볼로스의 기능을 일부 부여받았다고 여겼습니다. 모코쉬는 민중의 사랑을 받은 신 중 하나로, 기독교 수용 후에는 성녀

그림 8
모코쉬 여신

파라스케바가 그 기능을 대신했습니다.

모코쉬는 실을 잣는 일을 관장하는 여신이기 때문에 그리스의 운명을 관장하는 여신들, 즉 운명의 실을 뽑는 클로토, 인생의 길이를 정해 운명의 실을 감거나 짜는 라케시스, 실을 잘라 생명을 거두는 아트로포스 등과도 비교되며, 북유럽 신화의 과거, 현재, 미래를 관장하는 여신인 우르드, 베르단디, 스쿨드와 연관 짓기도 합니다.

다쥐보그

농경 생활을 했던 슬라브인들에게는 만물에 생명력을 부여하는 태양도 중요한 신격이었습니다. 태양신의 이름은 다쥐보그Дажльбог인데, '다쥐Дажль'라는 단어와 '보그бог'라는 단어가 결합된 이름입니다. 학자들 간에 다쥐라는 단어의 의미에 관한 이견이 있었습니다. 일부 학자들은 다쥐를 비를 뜻하는 '도쉬지дождь'에서 파생된 단어로 간주하여 다쥐보그를 비의 신이라고 생각했습니다. 그러나 『이빠찌예프 연대기』의 1144년도 편에서

"다쥐보그는 태양이자 왕이다", "다쥐보그는 스바로그의 아들이다"라는 문장을 발견함으로써 이 신의 기능을 확실히 파악하게 되었습니다. 현재는 다쥐라는 단어가 '주다'라는 의미를 갖고 있는 '다찌дать'와 연관된 것으로 해석하고, 다쥐보그를 태양의 빛을 통해서 천상의 풍요로움과 불을 지상에 주는, 행복과 부를 베푸는 신으로 간주합니다.

또한 러시아 영웅서사시 『이고리 원정기』에서 이고리 공의 군대가 전쟁에서 패배했을 때 "다쥐보그의 자손들이 분개했다"라는 표현이 있는 것으로 보아 슬라브인들이 이 신을 자신들의 수호신 또는 조상으로 여기고 있었음을 추정할 수 있습니다.

스트리보그

이 신들 외에도 스트리보그Стрибог라는 신이 있는데, 이 신은 블라디미르 대공의 만신전에 있었지만 자료가 많이 남지 않아 그에 관한 연구는 아직 미흡한 편입니다. 다른 학자들은 '스트리стри'라는 단어가 고대 인도 · 유럽어로 '아버지'라는 뜻이 있으므로 '아버지 신'으로 보기도 합니다. 최근에는 '스트리'라는 단어가 '전파하다'라는 뜻을 갖는다고 보고 이 신을 행복이나 부를 나눠주는 신으로 간주하기도 합니다. 일부 학자들은 바다를 항해하면서 장사를 했던 선원들이 이 신을 특별히 사랑했다는 점과 『이고리 원정기』에서 바람을 스트리보그의 손자라고 칭하고 있다는 점을 근거로 바람의 신이 아닐까 추정합니다.

스바로지치

이제껏 살펴본 여섯 신은 그 기원이라든가 기능 면에서 어느 정도 규명

되었지만, 아직 학계에서 가설만 난무하는 미지의 존재로 남은 신이 있습니다. 이 신의 이름은 스바로지치인데, 기록 문헌과 풍속에 남아 있는 자료가 거의 없어서 그의 기능을 정확히 알 수 없습니다. 단지 이름에 '이치(-ич)'라는 어미가 결합되어 있는 것으로 보아 불의 신인 스바로그와 연관되리라고 추정할 뿐입니다.[6] 그래서 일부 학자들은 이 신을 스바로그의 아들로 보기도 합니다. 그러나 스바로그와 스바로지치가 함께 언급되거나, 그들의 친족 관계에 대해 언급된 자료가 전무하다는 점에서 이 견해가 큰 지지를 받고 있지는 못합니다. 스바로그와 스바로지치의 관계를 '하느님은 성부, 성자, 성령의 세 위격을 가지며, 이 세 위격은 동일한 본질을 공유하고 유일한 실체로서 존재한다'는 기독교 삼위일체론의 관점에서 이해해보는 것은 어떨까 생각해봅니다.

중위 신

천계의 신처럼 전능하지는 않지만, 계절 의례나 소그룹과 관련된 의례를 담당하는 신들이 있습니다. 야릴로, 쿠팔라, 스베토비치, 콜랴다, 라다 등이 그들인데, 이들은 중위 신으로 분류됩니다. 여기에서는 야릴로와 쿠팔라에 관해서만 살펴보겠습니다.

야릴로

야릴로는 봄 태양의 신으로, 풍요, 정욕의 신, 목부의 수호신입니다. 야릴로는 '야르Яр'라는 어간에서 그 기원을 찾을 수 있는데, 야르는 '성적으

---

6 고대에는 일반적으로 명사의 지소적 의미를 나타낼 때 명사에 어미 '이치(-ич)'를 결합하여 사용하였는데, 시간이 지나면서 아버지의 이름에 이 어미를 사용하여 누구의 아들임을 표현하게 되었습니다.

로 흥분하다', '성욕으로 불타오르다'라는 의미가 있습니다. 야릴로와 축축한 대지의 어머니에 관한 전설을 살펴보면 이 야릴로에 대해 더 잘 이해할 수 있습니다. 다음은 〈만물의 아버지 야릴로〉라는 전설입니다.

젊고 활기차고 밝게 빛나는 야릴로가 말했다. "어둠을 뚫고 축축한 대지의 어머니를 한번 봐야겠어. 예쁘게 생겼을까? 우리 생각을 하고는 있을까?" 야릴로의 시선이 짙은 암흑을 뚫고 잠자고 있던 땅에 닿았다. 환하게 빛나고 뜨겁게 타오르는 야릴로의 열기가 태양을 통해 땅으로 전해졌다. 축축한 대지의 어머니는 아름다운 처녀의 모습으로 잠에서 깨어나 기지개를 켰다. 그녀는 생명의 활기를 불러일으키는 태양의 황금빛을 탐욕스럽게 빨아들였다. 그러자 삶에 대한 열망과 희열이 그녀의 온몸을 감쌌다. 사랑의 신, 영원한 젊음의 신 야릴로가 축축한 대지의 어머니에게 달콤하게 말을 걸었다. "축축한 대지의 어머니여, 빛의 신인 나를 사랑해주오. 그러면 내가 푸른 바다와 황금빛 모래, 초록빛 풀, 붉은 꽃들과 쪽빛 꽃들로 너를 꾸며줄 터이니. 헤아릴 수 없을 정도로 많은 아이를 낳아주오." 축축한 대지의 어머니는 야릴로의 말에 매혹되어 그와 사랑에 빠졌다. 그녀는 야릴로의 열정적인 키스로 곡물과 꽃들, 어두운 숲, 푸른 바다, 담청색 강, 은빛 호수를 치장했다. 그녀가 야릴로의 열정적인 키스를 받아들이자, 그녀의 몸속 깊은 곳에서 새가 나와 밖으로 날아갔으며, 굴속에서 산짐승과 들짐승들이 뛰쳐나왔다. 강과 바다에는 물고기들이 헤엄쳤으며, 공중에는 날벌레들이 날아다니기 시작했다. 모든 생명들이 아버지 야릴로와 어머니 축축한 땅을 찬양하며 노래하였다.[7]

7   http://sokrnarmira.ru/index/0-7511

이처럼 야릴로가 축축한 대지의 어머니를 욕정이 가득한 눈빛으로 바라보았더니 잠자고 있던 대지의 어머니가 잠에서 깨어났고, 곧 둘이 결합하여 지상계에 동식물이 생겨나게 되었다는 전설입니다. 이런 까닭에 야릴로는 풍요의 신으로 여겨집니다.

세시풍속이 이런 관념을 뒷받침합니다. 슬라브인들은 춘분에 풍요와 다산을 기원하면서 야릴로 축제를 열었습니다. 마을 사람들은 '야릴리나 플레시Ярилина плешь'라는 언덕에 모여서 모닥불을 피웠습니다. '플레시 плешь'라는 단어는 방언으로 남성의 생식기를 의미합니다. 마을 사람들은 그 언덕에서 술을 마시고 난잡하게 놀았으며, 처녀들은 원무를 추며 노래를 불렀습니다. 일부 지역에서는 이 축제에 여자들만 참여했습니다. 늦봄 혹은 초여름에 '야릴로의 생식기를 묻다Ярилову плешь погребать'라는 일종의 '야릴로 장례식'을 거행했습니다. 나무나 헝겊으로 인형을 만들어 관에 넣어 땅에 파묻었는데, 이는 남성성과 여성성의 결합을 통해 땅의 생산력을 증가시키고자 하는 의도로 이해됩니다.

쿠팔라

야릴로 외에도 19세기 말까지 민간의 인식 속에 깊숙이 남아 있던 중위 신으로 쿠팔라가 있습니다. 쿠팔라는 여름 태양의 신입니다. 흔히 쿠팔라 Купало라는 이름이 '목욕하다'라는 의미를 지닌 단어인 '쿠파짜 купаться'에서 생겨났다고 보는데 이는 사실과는 다릅니다. 쿠팔라의 어원은 인도 · 유럽어의 '불타다, 끓다'라는 의미를 지닌 어근 'kip'에서 찾을 수 있습니다. 이 신의 이름은 자연의 다산력, 생산력, 태양, 삶의 원천과 연관되어 있습니다. 앞서 언급한 바 있는 쿠팔라 축제는 만물이 절정에 달하는 절기인 하지에 행해지는, 원래 여름 태양을 향해 곡물과 과실이 잘 자라기를 기원하는 축제였습니다. 그러나 기독교 수용 후에 하짓날의 쿠팔라 축제가 세례자 요한(러시아식 명칭 '이반') 탄생 대축일로 대체되었으나, 농경과 관련된 민간신앙이 워낙 강했기에 그 흔적을 완전히 없애진 못했습니다. 그래서 쿠팔라 축제에는 민간신앙과 기독교 속성들이 뒤섞여 있습니다. 그런 이유로 축제명도 쿠팔라 축제가 아니라 이반 쿠팔라 축제로 바뀌게 된 것입니다. 그리고 세례자 요한이 강물에서 세례를 준 것과 관련해서 이날에 목욕하는 의식이 생겨났습니다. 그래서 태양신 축제 때 서로 상반된 속성을 지닌 물과 불의 의식들이 함께 행해졌습니다.

이날에는 마을 사람들이 넓은 들판에 모여 모닥불을 지폈는데, 모닥불 한가운데에 태양을 상징하는 수레바퀴를 연결한 장대를 꽂았습니다. 저녁이 되면 모닥불 뛰어넘기를 합니다. 불길이 셀 때 먼저 결혼하지 않은 청년이 모닥불을 뛰어넘습니다. 이는 자신의 민첩성, 신체적 우월성을 처녀들에게 보여주어 호감을 사기 위해서였습니다. 총각과 처녀가 손을 잡고 모

그림 9
화관 띄워 보내기를
묘사한 그림

닥불을 성공적으로 뛰어넘으면 그들이 결혼할 것이라고 여겼습니다. 그 외에도 높이 뛴 사람의 곡식이 잘 자라고 그해에 행운이 따른다고 믿어서 더 열심히 뛰기도 했습니다. 또한 불에는 정화의 능력이 있다고 믿었기 때문에 모닥불을 뛰어넘음으로써 자신의 몸에 있는 부정한 기운을 모두 날려버렸습니다.

이날에는 미래에 대한 점도 많이 쳤는데, 대표적으로 강에 화관 띄워 보내기를 했습니다. 처녀들은 들풀과 들꽃으로 화관을 만들어 강에 띄웠는데, 화관의 움직임에 따라 미래를 예견했습니다. 예를 들면, 화관이 강가로 흘러가면 결혼이 임박했다는 뜻, 멀리 떠내려가면 결혼까지는 오래 기다려야 한다는 뜻, 화관이 가라앉으면 결혼할 운명이 아니라는 의미로 받아들였습니다. 처녀들이 강에 화관을 띄울 때 강가에 청년들이 기다리고 있었는데, 강가 쪽으로 흘러온 화관을 주우면 그 화관의 주인과 결혼한다는 속설 때문이었습니다.

이날은 태양의 정기가 가장 센 날로, 이때 채집한 식물들은 특별한 능력을 지니고 있다고 믿었습니다. 그래서 주로 병을 치료하거나 악귀를 쫓는 데 사용되었습니다. 특히 이날 밤에 고사리 꽃을 따면 동물의 말을 알아듣거나 보물을 찾는 능력을 갖게 된다고 믿었습니다. 이런 민간신앙이 고골의 소설 「이반 쿠팔라 전야」의 모티브가 되었습니다.

하위 신

블라디미르 대공의 만신전에 모셔진 일곱의 최고 신격과 중위 신격보다는 하위 신이지만, 주관하는 일이나 기능 측면에서는 인간사의 길흉화복에 오히려 적극적으로 관여하고 있는 존재들이 있습니다. 슬라브인들은 집에는 도모보이가, 숲에는 레쉬가, 호수와 강에는 보쟈노이와 루살카가,

들판에는 폴로트니크와 같은 정령들이 살고 있다고 믿었습니다. 밭을 갈고, 나무를 하러 숲에 가고, 집 안에 불을 지피고, 물을 길어 오고, 추수를 하는 등 거의 모든 일상생활 속에서 이러한 정령들은 농민들의 반려자였습니다. 만신전의 일곱 주신이 일반 농민들에게는 쉽게 접근하기 어려운 존재였던 반면, 정령들은 일상생활에서 항상 대면했던 대상이었습니다. 정교에서는 이런 존재를 미신으로 간주했지만, 러시아 농민들은 자신들의 생활과 밀접한 공간 곳곳에 주인이 있다고 생각했습니다. 그중 일부만 살펴보겠습니다.

레쉬

슬라브인들에게 숲은 이중의 의미를 지닌 공간이었습니다. 사냥을 하고 땔감 및 산열매, 식물을 채집하는 장소이자 가축을 기르는 장소이면서도, 인적이 드물고 어떤 일이 벌어질지 모르는 공포의 공간이기도 했습니다. 더 나아가 부정한 존재들이 집중되어 있는 곳, 부모에게 저주받은 아이들이나 죽은 사람의 영혼이 머무르는 곳이었습니다. 민간에서는 이렇게 저주받은 사람들, 세례를 받지 않고 죽은 사람들, 사고로 갑자기 죽은 사람들이 레쉬가 된다고 믿었습니다. 세례를 받지 않고 죽거나 사고로 갑자기 죽은 사람들은 마을의 공동묘지에 묻힐 수 없었기 때문에 마을 사람들은 이들을 숲으로 데리고 가서 장례를 치렀습니다. 이런 사람들의 영혼은 '저' 세계로 가지 않고 '이' 세계에 머무르면서 일정한 조건이 갖춰지면, 예를 들어 사람이 부정한 시간에 부정한 장소에 나타나면 자신이 인간세계로 나와 인간과 접촉할 수 있다고 믿었습니다.

레쉬는 한국의 도깨비처럼 모습을 자유자재로 바꿀 수 있었습니다. 곰이나 늑대, 작은 산짐승 또는 나무(소나무, 잣나무, 사시나무 등)나 심지어 버

그림 10
레쉬

섯으로도 변할 수 있었습니다. 보통은 일반 사람과 비슷한 형상을 띠고 있는데, 이때는 외관상 특이함이 동반됩니다. 상의의 오른쪽 섶이 아래로 가고 왼쪽 섶이 위로 가게 입거나(일반적으로 오른쪽 섶이 왼쪽 섶보다 위로 가게 입었음), 신발을 오른쪽 왼쪽을 바꿔 신거나, 다리를 꼬고 앉을 때 왼쪽 다리를 오른쪽 다리 위에 올려놓거나, 허리띠를 안 하거나(허리띠는 십자가와 같은 의미), 눈썹이나 속눈썹이 없거나, 털이 무척 많은 사람으로 그려집니다. 키 또한 자유자재로 변화시킬 수 있어서 때로 오래된 나무보다 더 커다란 모습으로, 또는 버섯보다 더 작은 모습으로 나타나기도 합니다.

러시아인들은 레쉬를 선한 존재 또는 악한 존재로 따로 규정짓지 않고 양가성을 지닌 정령으로 간주했습니다. 인간들이 레쉬와 어떤 관계를 형성하느냐에 따라서 레쉬는 인간에게 이로운 존재가 될 수도 있고 해로운 존재가 될 수도 있기 때문입니다.

레쉬는 숲에서 지켜야 할 행동 수칙들을 어겼을 경우 벌을 줄 뿐 그 밖의 경우에는 인간에게 큰 피해를 주지 않습니다. 자기에게 존경을 표하는 사람은 보호해주고 도움을 줍니다. 예를 들면 잃어버린 가축들을 찾는 데 도움을 주고, 버섯이나 열매를 따러 숲에 들어온 사람이 레쉬에게 도움을 청하거나 선물을 주면 열매나 버섯이 많이 자라는 곳으로 데려가줍니다. 또 사람이 숲속에서 위험에 처하지 않게 보호해주며 미래의 위험에 대해 알려주기도 합니다.

한편 레쉬는 장난을 좋아해서 숲에 들어온 사람이나 가축을 홀려서 전혀 엉뚱한 장소로 안내하기도 하며, 한 장소를 계속 맴돌게 하기도 하고, 또 웃음소리를 내거나 박수를 쳐서 사람들을 놀라게 하기도 합니다. 그러나 레쉬는 명절이나 일요일에 숲에서 일을 하거나, 숲에서 욕을 하거나 시끄럽게 떠드는 사람, 나무를 함부로 베는 사람들에게는 벌을 주었습니다.

앞서 언급했듯이 레쉬는 인간의 경제활동과 밀접한 관계가 있는 정령입니다. 러시아인들은 레쉬가 수렵, 목축업을 관장한다고 믿었으며, 성공적인 경제활동에는 이 정령의 도움이 필수적이라고 여겼습니다. 고대 러시아인들은 레쉬와 원만한 관계를 맺고 그의 보호와 도움을 받으려 노력했으며, 특히 사냥꾼이나 가축지기들은 레쉬의 호감을 사기 위해 제물을 바치거나 계약을 했습니다.

가축지기나 사냥꾼은 레쉬와 계약을 할 때 달걀을 사용했습니다. 이것은 달걀이 지니고 있는 특별한 상징적 의미 때문입니다. 달걀은 삶의 영원한 순환성, 삶의 무한성을 상징합니다. 따라서 가축지기나 사냥꾼들은 레쉬와 계약을 체결할 때 달걀을 주면서 숲의 주인인 레쉬의 생명력을 강화하고 심지어 재생시키고자 했던 것입니다.

레쉬의 비호를 유지하기 위해 가축지기들이 지켜야 하는 일련의 행동규범들이 있었습니다. 붉거나 검은 산열매를 먹으면 안 된다, 버섯을 따면 안 된다, 나무를 베선 안 된다, 산짐승을 죽이면 안 된다, 머리카락과 수염을 깎아서는 안 된다, 성관계를 해서는 안 된다, 등등. 이런 규범을 어겼을 때에는 가축 떼가 가축지기의 말을 듣지 않게 되고, 산짐승이 가축을 공격하기 시작한다고 믿었습니다.

이런 규범들은 유독 가축지기들에게만 엄격하게 적용되었습니다. 아마도 가축지기들이 일정한 지역에 거주하지 않고 떠돌이 생활을 하다가 봄이 되면 한 마을에 고용되어 생활하는 외지인이기 때문일 것입니다. 이 규범들의 일차적 목적은 물론 가축지기가 다른 일에 정신이 팔려 가축을 제대로 돌보지 못할 것을 미연에 방지하기 위해서였겠지만, 마을 공동체의 이익을 보호하고자 하는 부차적 이유도 있었습니다. 농민들은 농사일이 끝나면 열매나 버섯을 채집하고 나무를 해서 땔감을 구했는데, 숲에서 많은 시간을 보내는 가축지기들에게 이런 작업을 금지함으로써 마을 주민들의 이익을 보호하기 위한 장치였습니다. 성관계를 해서는 안 된다는 규범 또한 마을의 처녀와 불미스러운 일이 발생하지 않도록 하기 위한 수단이었습니다. 수염이나 머리카락을 깎으면 안 된다는 사항 또한 털이 갖고 있는 상징성 때문이었을 것으로 이해됩니다.

최초로 레쉬를 언급한 문헌 기록은 15세기의 『성 그레고리 이야기』인데, 여기서는 레쉬를 신으로 부르고 있습니다. 그러나 기독교적 관념이 점점 널리 퍼지고 강화되면서 18세기에는 이미 레쉬를 더 이상 신이라 부르지 않게 됩니다. 그러나 레쉬에 대한 숭배 전통은 여전히 남아 있었습니다. 기독교는 고대 러시아인의 자연관이나 세계관을 바탕으로 형성된 기존의 민간신앙들을 없애려고 노력했고, 그 과정에서 많은 신화적 존재가 기독교적 관념에 흡수되거나 동화되어 사라졌습니다. 그렇지만 오늘날까지도, 특히 숲과 접촉이 잦은 지역의 사람들에게는 레쉬가 신앙의 대상으로 남아 있으며 레쉬와 관련된 여러 이야기들이 전해지고 있습니다.

보쟈노이

숲의 공간에 레쉬가 거주하고 있다면, 물의 공간에는 보쟈노이와 루살카가 거주하고 있습니다. 그중 보쟈노이는 강, 호수, 저수지, 또는 냇가에 사는 정령으로, 특히 물레방아나 다리에서 자주 사람들에게 모습을 드러냅니다. 이 정령은 레쉬보다 더 위험한 존재로 인식되었는데, 아마도 물의 공간이 육지보다 더 위험하게 느껴졌기 때문일 것입니다. 원래 물에 빠져 죽은 사람이 보쟈노이가 된다고 믿었는데, 기독교 수용 후에는 신에게 버림받아 물속으로 떨어진 천사가 보쟈노이가 된다고 여기기도 했습니다.

보쟈노이의 형상은 길고 흰 수염을 가진 노인으로 배가 불룩하게 튀어나왔고, 종종 나체로 사람들에게 모습을 드러냅니다. 또한 온몸이 진흙과 이끼 혹은 물고기 비늘로 덮여 있다고 묘사됩니다. 강과 호수의 정령이기 때문에 수중 생물(물고기나 물에서 생활하는 조류)들의 모습으로도 변할 수 있습니다.

그림 11
보쟈노이

레쉬가 단순히 선한 존재 또는 악한 존재로 규정되지 않고 두 가지 성격을 다 갖고 있는 양면성을 지닌 정령으로 그려지는 반면, 보쟈노이는 대부분 부정적인 존재로 인식되었습니다. 이 정령은 사람들이 타고 있는 배를 뒤집거나 가라앉히고, 사람들을 물속으로 데려가며, 물고기를 못 잡게 그물을 찢거나 엉키게 만들었습니다. 물레방아가 못 돌아가게 물의 흐름을 끊거나 아예 물레방아를 고장 내기도 했습니다.

보쟈노이로부터 피해를 받지 않기 위해서 사람들은 우선 물에 들어가기 전에 보쟈노이에게 허락을 받았는데, 짧게 기도를 하거나 십자가를 목에 걸고 들어갔습니다. 또한 보쟈노이의 휴식을 방해하지 않기 위해 밤에는 물을 길러 가지 않았습니다.

특히 생업이 물의 공간에서 이루어졌던 어부들과 방앗간 주인들도 보쟈노이의 환심을 사기 위해 노력했습니다. 어부들은 처음 잡은 물고기를 보쟈노이에게 바쳤으며, 밀로 만든 음식, 소금, 담배, 신발을 선물로 주기도 했습니다. 방앗간 주인도 봄이 되면 빵, 보드카, 가축, 특히 검은색 털을 가진 소와 염소를 제물로 바쳤습니다. 가을에는 돼지 비곗덩어리와 돼지 창자를 바쳤습니다. 그 이유는 추수 후 곡물을 빻을 때 물레방아가 잘 돌아가게 하려고 기름을 바르는데, 보쟈노이가 이 기름을 핥아 먹지 못하게 하기 위해서였습니다.

루살카

또 다른 물의 정령으로는 루살카가 있습니다. 한국에서는 루살카를 흔히 인어로 번역하지만 이것은 정확한 해석이 아닙니다. 사실 루살카와 인어는 완전히 다른 존재인데, 서유럽의 영향으로 흔히 이들을 동일한 존재로 생각하게 되었습니다. 물에 빠져 죽은 여자, 결혼하기 전에 죽거나 사랑

그림 12
루살카를 묘사한 그림

때문에 죽은 여자, 세례를 받지 않고 죽은 아이, 부모에게 저주받은 아이, 사산아가 루살카가 됩니다.

동슬라브 민족의 루살카는 인간의 모습과 완전히 동일합니다. 창백한 얼굴에 투명한 몸을 하고 흰옷(수의)을 입고 있으며, 풀어헤친 머리카락 위로 화관을 쓴 모습입니다. 이런 형상에서 루살카에 대한 민중의 인식을 추정할 수 있습니다. 죽은 자를 장례 치를 때 머리카락을 다 풀어헤치고 하얀 옷을 입혀서 관에 눕혔습니다. 그리고 화관은 처녀들만 썼습니다. 러시아의 남서 지역에서는 루살카가 몸에 아무것도 걸치지 않고 나체로 돌아다니는 처녀라고 생각했습니다.

루살카는 일 년의 대부분을 강이나 호수에서 지내는데, 호수나 강가의 바위에 앉아 머리를 빗는 것을 좋아합니다. 그림 12를 보면 루살카는 사람들에게 아무런 피해도 끼치지 않을 것 같지만, 물속에 들어온 사람들을 꼬

집거나 깨물거나 또는 간지럽혀 죽이기도 했으며 목욕을 하거나 강가에서 빨래하는 사람을 물속으로 끌어들여 죽이기도 했습니다.

성경 강림 대축일 주간을 루살카 주간이라고도 합니다. 루살카는 이 시기에 물으로 나와서 숲으로 이동합니다. 사람들은 교차로, 다리, 숲 등에서 종종 루살카를 발견하게 됩니다. 이 주간에 루살카는 들판에서 원무를 추고 숲에서 그네를 타고 노래를 부르면서 청년들을 물속으로 유혹하거나 노래로 청년들의 눈을 멀게 했습니다. 그래서 사람들은 이 정령을 매우 위험한 존재로 인식했습니다.

하필이면 보리꽃이 피는 시기인 삼위일체 대축일에 루살카가 들판에서 춤을 추는 이유는 무엇일까요? 루살카를 어떤 존재로 인식하느냐에 따라 전혀 상반된 답이 존재합니다. 우선 루살카를 물과 연관된 정령으로 여긴 지역에서는 루살카가 뛰어다닌 곳의 식물들이 다른 곳보다 무성하게 자라고 알곡도 더 풍성하게 열린다고 보았으며, 루살카가 들판에서 원무를 추는 것은 풍년을 기원하는 춤이라고 해석하였습니다. 그러나 루살카를 부정한 존재로 인식한 지역에서는 루살카가 농작물을 짓밟고 종자를 먹어버리고 우박과 폭우를 퍼붓는 존재였습니다. 또 루살카는 '죽은 존재'였기에 이들이 춤을 추면 식물의 기운을 다 빼앗아가 식물은 누렇게 변하고 더 이상 자라지 않는다고 생각했습니다.

성경 강림 대축일 주간의 마지막 날에는 루살카 송별 의식을 행했습니다. 우선 루살카 역할을 할 머리칼이 긴 마을 처녀를 정하거나 그렇지 않으면 헝겊으로 루살카 인형을 만들었고, 참가자 모두 흰옷을 입고 머리에 화관을 썼습니다. 루살카는 머리에서부터 발끝까지 나뭇가지, 꽃, 풀 따위로 치장하고 얼굴이 보이지 않게 머리카락을 풀어헤치고 그 위에 화관을 썼습니다. 마을 사람들은 루살카 주변을 돌면서 춤을 췄고, 나중에 루살카로 선정된 처녀가 마을을 한 바퀴 돌고 나서 숲으로 사라지는 것으로 의식이 끝났습니다. 벨라루스에서는 마을에서 제일 예쁜 처녀를 루살카로 선정하고 머리에 화관을 씌웠는데, 이 처녀는 이 화관을 강물에 떠내려 보내고 마을로 돌아와서 즐겁게 시간을 보냈습니다.

바바 야가

러시아의 정령들 중에서 가장 잘 알려진 존재는 바바 야가입니다. 사실 바바 야가를 정령으로 봐야할지 아니면 요술담의 등장인물로 봐야할지에 대한 학자들 간의 의견이 분분합니다. 실제로 현재 바바 야가는 신앙적인 대상으로서 남아 있기보다는 허구적인 이야기인 요술담에서 주로 등장하기 때문입니다. 요술담에서 바바 야가는 흔히 절구를 타고 날아다니는 늙은 마녀로, 주인공을 도와 그가 어려운 과제를 무사히 마칠 수 있도록 도와주는 선한 조력자로, 거꾸로 주인공을 죽음의 세계로 몰고 가거나 곤경에 빠뜨려 주인공이 풀어야 하는 과제를 더 어렵게 만드는 적대자로도 그려집니다. 그러나 바바 야가는 이보다 더 복합적인 존재입니다.

바바 야가와 떼려야 뗄 수 없는 물건이 있는데 바로 절구통과 절굿공이입니다. 바바 야가는 어딘가로 이동할 때 항상 절굿공이를 손에 들고 절구통에 앉아 하늘을 날아다닙니다. 신화적 상징체계에서는 절구통은 여성성을, 절굿공이는 남성성을 상징합니다. 그러므로 일부 학자들은 바바 야가를 남성성과 여성성을 동시에 갖고 있는 생명의 원천으로서 창조의 여신이라고 해석하기도 합니다.

〈아름다운 바실리사〉 이야기에서 묘사되는 바바 야가의 집은 사람의 뼈로 울타리를 만들었고, 사람의 머리가 말뚝에 꽂혀 있으며, 사람의 다리로 문기둥을 만들었고, 사람의 손이 빗장을, 날카로운 이가 난 입이 열쇠 구멍을 대신하고 있다고 하여, 바바 야가의 식인 행위를 암시하고 있습니다.

그림 13
바바 야가의 오두막

　　그러나 다른 한편으로는 바바 야가가 밤, 태양, 낮을 상징하는 검은 기사, 붉은 기사, 하얀 기사를 자기 마음대로 부리고 있다는 점에서 자연현상과 밤낮의 순환을 조절하는 여신으로 그려지기도 합니다.

　　〈가장 근사한 새, 빛나는 매의 깃털〉이라는 이야기에서는 바바 야가와 두 언니에 대해 언급합니다. 막내인 바바 야가는 물레와 황금 바늘을 가지고 있고, 작은 언니는 은 접시와 황금 알을, 큰 언니는 황금 자수틀과 바늘을 갖고 있습니다. 이 물건들로 보아 바바 야가와 그녀의 언니들이 자연의 순환을 조절하거나 운명을 관장하는 여신인 모코쉬와 연관이 있음을 알 수 있습니다. 심지어 일부 학자들은 바바 야가의 기원이 모코쉬라고 말하기도 합니다.

　　〈바바 야가〉 이야기에서는 머리를 문 앞쪽에 두고 오른쪽 다리를 한쪽 구석에, 왼쪽 다리를 다른 쪽 구석에 놓은 채 몸을 쭉 뻗고 코가 천장을 향하게 누워 있는 바바 야가를 묘사하고 있는데, 이 모습은 관에 누워 있는 시신을 연상시킵니다. 실제로 고대 러시아인은 땅이 꽁꽁 얼어 있는 겨울에는 시신을 매장하지 않고 마을과 멀리 떨어진 숲속에 나무로 구조물을 지어 그곳에 유해를 보관했습니다. 이 구조물은 바바 야가의 집인 '닭다리 위의 오두막'과 흡사합니다. 그래서 바바 야가를 조상신으로 간주하기도 합니다.

바바 야가의 오두막은 '이' 세계와 '저' 세계를 연결해주는 경계적 공간으로도 간주되는데, 미야자키 하야오의 애니메이션 〈하울의 움직이는 성〉에 등장하는 성이 바로 이 닭다리 위의 오두막에서 모티브를 얻은 것입니다.

바바 야가가 등장하는 요술담에은 주로 어려운 과제

그림 14
〈하울의 움직이는 성〉
포스터

를 받은 청년 또는 처녀가 그 과제를 풀기 위해 바바 야가에게 가서 도움을 청하고, 청년(처녀)이 바바 야가의 시험을 통과함으로써 그녀로부터 선물이나 특별한 능력을 부여받아 결국 어려운 과제를 해결하여 집으로 돌아간다는 동일한 서사 구조를 갖고 있습니다. 민속학자 프롭은 이런 이야기가 성인식을 문학적으로 표현한 것으로 보았는데, 주인공이 상징적인 죽음과 재탄생을 거치며 새로운 신분을 획득하는 과정에 관여하는 존재로 바바 야가를 설명했습니다. 일정한 나이에 다다른 소년(소녀)이 외딴 곳으로 가서 과제를 수행하고 새로운 능력을 습득하여 새로운 신분을 획득하고 공동체의 일원이 되는 성인식 과정에서, 바바 야가의 오두막은 기술이나 지식을 획득하는 장소이고 바바 야가는 그것을 주재하는 샤먼이나 마을의 지도자가 아닐까 조심스럽게 추정해볼 수도 있습니다.

민담에 나타나는 신화적인 동물 '불새'

비록 신앙의 대상은 아니지만 민담 속의 신화적 존재로서 여러 콘텐츠

그림 15
〈이반 왕자와 불새, 그리고 회색 늑대 이야기〉에
나오는 불새(이반 빌리빈의 그림)

그림 16
스트라빈스키의 발레 〈불새〉

속에서 재생산되고 있는 '불새'에 대해 소개하고자
합니다.

불새가 등장하는 민담 중 가장 유명한 것은 〈이반
왕자와 불새, 그리고 회색 늑대 이야기〉입니다. 이반
왕자가 아버지의 명으로 불새를 잡으러 길을 떠났다
가 회색 이리를 만나게 되고, 이 회색 이리의 도움으
로 불새와 황금 갈기를 가진 말, 그리고 어여쁜 옐레
나 공주를 얻어서 집으로 돌아와 왕이 된다는 이야
기입니다. 또 다른 이야기로는 젊은 사수가 왕의 명
령으로 불새와 바실리사 공주를 잡아 와서 왕이 된
다는 이야기가 있습니다. 그러나 이런 이야기들보다
우리에게 더 잘 알려진 것은 스트라빈스키의 발레
〈불새〉인데, 이 작품 역시 러시아 민담에 나오는 불
새를 테마로 합니다. 이반 왕자는 불사신 코쉐이에
게 납치된 약혼녀를 찾으러 길을 떠났다가 황금 사
과를 먹고 있는 불새를 잡습니다. 이때 놓아달라는
불새의 부탁을 들어주자 불새는 그 보답으로 이반
왕자가 코쉐이를 죽이고 약혼녀를 찾는 데 도움을
준다는 내용입니다.

불새는 환상의 동물로서, 빛나는 깃털과 불같은
날개, 그리고 크리스털처럼 빛나는 눈을 갖고 있습
니다. 이 새는 천국의 정원에 살면서 낮에는 황금 새
장에서 쉬고 밤이 오면 정원을 환히 밝혀줍니다. 흔
히 젊음과 아름다움, 그리고 영생을 주는 황금 사과
를 먹는다고 그려집니다. 많은 사람들이 이 새를 잡

으려고 노력을 하는데, 그 이유는 이 새가 노래를 하면 부리에서 진주가 떨어지거나, 아픈 사람을 치료하고 눈이 안 보이는 사람의 시력을 되돌리는 등 탁월한 치유 능력이 있기 때문입니다.

당연히 이 불새의 이미지는 러시아 문학이나 예술 작품에도 영향을 끼쳤으며, 특히 민속 공예품의 소재로 많이 사용되고 있습니다.

슬라브 신화의 특징

슬라브 민족의 세계관을 살펴보면 세상은 신과 신적 존재들이 거주하는 천계와 사람, 동식물이 살고 있는 중간계, 그리고 죽은 이들이 거주하는 하계로 구분되어 있습니다. 이 세계들은 구분되어 있지만 서로 연결되어 있기 때문에 왕래가 가능했습니다. 각각의 세계는 독자적인 법과 규범이 존재하며 그 세계를 다스리는 신들이 모든 것을 관장했습니다. 고대 슬라브 민족의 만신전에는 여러 신들이 있는데, 이들 대부분은 자연력을 표상하고 있습니다. 만신전의 신들은 두 부류로 나뉩니다. 첫 번째 그룹은 태고의 혼돈의 세상을 지배한 신들로서 고래의 신들이고, 두 번째 그룹은 젊은 신들로 세계의 질서를 잡고 그 세계를 통치하는 신들입니다.

고대 슬라브 신화는 구조적으로 복잡하고 내용적으로도 방대합니다. 안타깝게도 오늘날까지 전해 내려오는 다양한 고대 슬라브 민족의 신앙과 그 당시 그들과 이웃한 민족들의 신앙을 기록한 자료가 거의 남아 있지 않습니다. 그 이유는 첫 번째로, 슬라브 민족의 문자가 늦게(기원전 9세기) 고안되었고 그들의 신화가 오랫동안 구전으로만 전해져 내려왔기 때문입니다. 두 번째 이유는 슬라브 민족의 역사와 관계됩니다. 슬라브 민족은 그리스정교의 수용과 사회주의의 무신론 정책으로 인해 오랫동안 그들 고유의 종교 전통이 단절되었습니다. 그래서 이전의 세계관에 대한 기록이 거의 사라졌습니다. 현재 우리가 알고 있는 슬라브 신화는 주로 다른 민족들이 기록한 자료들이나 민속학적 자료를 바탕으로 한 것으로, 인도·유럽 신화 비교 연구를 통해서 재구성한 것이라서 체계적이지 못하고 꽤 중구난방인 편입니다. 또한 기독교 수용 이후 슬라브 민족이 지니고 있던 고유의 종교적·신화적 중요 요소들이 사라지게 되었다는 점 또한 신화의 체계화 작업을 어렵게 했습니다. 그러므로 이 강의에서 시도한 신의 분류나 소개 또한 한계를 지니고 있다는 점을 감안해주시기 바랍니다. 그렇더라도 슬라브 신화와 민담은 낯설면 낯선 만큼 우리에게 새로운 상상력과 감동을 안겨주리라 믿어 의심치 않습니다.

권혁재 외, 『동유럽 신화』, 한국외국어대학교 출판부, 2008.

블라디미르 프로프 지음, 최애리 옮김, 『민담의 역사적 기원(Пропп В. Исторические корн и волшебной сказки)』, 문학과지성사, 1990.

알렉산드르 아파나세프 지음, 서미석 옮김, 『러시아 민화집(Афанасьев А. Русские народ не сказки)』, 현대지성사, 2004.

윤우섭, 「러시아문화 속의 여성신화」, 『슬라브연구』 14권, 한국외국어대학교러시아연구소, 1998.

이덕형, 『다쥐보그의 손자들』, 성균관대학교 출판부, 2002.

이수경, 「마녀 바바 야가의 형상 연구」, 『슬라브연구』 21권 1호, 한국외국어대학교러시아연구소, 2005.

조주관 편역, 『러시아 고대문학 선집 1』, 열린책들, 1995.

Левкивеская Е. Мифы русского народа М., 2002.

Мадлевская Е. Русская мифология. М., 2007.

Зеленин Д. Избранные труды очерки русской мифологии. М., 1995.

Малаховская А. Наследие бабы-Яги СПб., 2006.

Рыбаков Б. Древняя Русь. Сказания. Былины. Летописи М., 2016.

https://www.liveinternet.ru/users/3073298/post328545242

https://history.wikireading.ru/254362

https://artsgtu.ru/bg_rod.php

동아시아 초원 민족의 영웅서사시와
중국의 신화 다시 쓰기

: 〈장가르〉·〈마나스〉·〈게세르〉를 중심으로

문현선 (동아시아 신화 연구자)

살아 있는 신화, 믿음을 구성하는 이야기

안녕하세요? '동아시아 신화 연구자'라는 수식어가 붙어 있는데, 제 전공을 좀 더 정확하게 말씀드리자면 중국의 신화입니다. 중국 신화를 공부하는 과정에서 동아시아, 나아가 유라시아 전체의 신화들까지 관심 영역을 확장해나가고 있는 중이지요. 석사 논문은 중국 창조 신화를 주제로 썼고, 박사 논문은 중국 현대 문화 속에 나타난 고전 서사를 주제로 썼습니다. 구체적으로는 고전 서사를 소재로 한 영화와 텔레비전 드라마에 대한 연구였는데, 이와 같은 대중문화 스토리텔링은 이른바 '현대의 신화'에 해당합니다.

우리는 '신화'라는 말을 들으면 보통 '아주 오래된 이야기', 즉 고대의 이야기들을 떠올립니다. 그러나 '현대의 신화'라는 롤랑 바르트의 개념은 신화라는 것이 지금 이 순간 우리의 삶 속에서도 기능하고 있다는 사실을 시사합니다.[1] 글자 그대로 해석하면 '신화神話'라는 용어는 '신의 말'로 풀이되

---

1   롤랑 바르트 지음, 이화여자대학교 기호학연구소 옮김, 『현대의 신화』, 동문선, 1997.

지요. 신탁이나 예언처럼 신성한 언어라고 할 수 있습니다. 반면에 우리가 일반적으로 잘 알고 있는 신화의 정의는 '신들에 대한 이야기'입니다. 그리스 로마 신화처럼 말이죠. 또한 '신화myth'라는 말의 어원이라고 할 수 있는 그리스어 '미토스mythos'는 역사문화공동체의 고유한 신념이나 신앙, 가치관 등을 반영하는 이야기를 가리킵니다. 이와 같은 정의에 따르면, 결국 신화는 '믿음[信]에 대한 이야기'가 됩니다. 대표적인 것이 불교 신화나 기독교 신화 같은 종교적인 신화들이지요. 이 가운데 어느 것이 진짜냐고 묻는다면, 신화 연구자로서 저는 그 모두가 신화의 정의에 해당한다고 답하고 싶습니다. 그리고 그 가운데서도 제가 가장 관심을 가지고 있는 것은 오늘날 우리의 삶에도 여전히 영향을 끼치는 살아 있는 신화, 우리의 믿음을 구성하는 이야기로서의 '신화'입니다.

오늘의 주제인 '동아시아 초원 민족의 영웅서사시와 중국의 신화 다시 쓰기'에 대한 본격적인 강의에 앞서, 신화 연구자로서 여러분께 먼저 한 가지를 부탁드리고 싶습니다. 신화에 대해, 특히 '아주 오래된 이야기'로서 고대의 신화에 대해 이야기할 때는 '국가'나 '민족'에 대해 우리가 보통 품고 있는 관념들을 잠시 접어두셨으면 합니다.

하나의 민족이 하나의 국가를 구성한다든지, 여러 개의 민족이 하나의 국가 경계 안에 포함된다든지, 하나의 민족이 여러 국가의 경계에 따라 분할된다든지 하는 생각들은 사실 민족국가nation state 또는 국민국가라는 근대 개념과 불가분의 관계를 맺습니다. 신화 세계로 들어갈 때는 이런 고정 관념들을 살짝 내려놓을 필요가 있지요. 오늘날 우리가 너무도 자연스럽게 여기는 영토 국가의 경계는 고대 신화 세계의 경계와 일치하지 않기 때문입니다. 예를 들어, 오늘날 중국 신화라고 하면 현재의 중화인민공화국 영토 내에 거주하는 모든 민족들의 신화가 포함됩니다. 하지만 과거에 이 신화들은 하나의 역사문화공동체 내에만 포함되는 것도 아니었고, 특정 시기 특정 왕조의 역사에 국한되는 이야기들도 아니었습니다. 신화 세계에서 '중국'의 범주는 '중화中華'나 '중원中原'으로 지칭되는 문화 영역과 분명히 다릅니다. 바로 그런 이유로, 이 강의는 기본적으로는 '중국의 신화 다시 쓰기'라는 주제에 무게 중심을 두지만 결국 중화인민공화국이라는 영토 국가의 경계에 포함되지 않는 이야기까지 나아갑니다. 오늘날까지도 신화의 구체적인 시공간 조건에 대해서는 알려지지 않은 것이 훨씬 더 많고, 학술적으로 신화와 실재를 연결하는 일은 명백하게 드러난 증거들에 근거해야만 합니다. 여러분도 그 점을 익히 아시리라 믿습니다. 그러니 지금부터는 현재 통용되는 국가와 민족의 경계 및 그 개념들을 잠시 내려두시고, 앞으로 제가 들려드리는 이야기들을 먼저 들어주시기 바랍니다.

동아시아 초원 민족의 3대 영웅서사시

처음에는 이 강의의 제목을 '3대 영웅서사시 〈장가르〉·〈마나스〉·〈게세르〉와 중국의 신화 다시 쓰기'로 정했습니다. 이 서사시 작품들은 '몽골의 3대 서사시'라고 불리기도 하고 '중화인민공화국의 3대 서사시'라고 불리기도 합니다. 둘 다 전적으로 중국 신화학계 내부의 관점을 반영한 명명이라 할 수 있지요. 제가 처음 이 영웅서사시들에 대해 읽었을 때 바로 이런 명명들이 눈에 들어왔습니다. 그런데 구체적인 자료들을 읽어 들어가니 이 신화들은 몽골과 위구르, 티베트, 키르기스 등 오늘날 중국 서북부의 다양한 민족들 사이에서 공유되는 신화 자료였습니다. 국경을 넘고 나면 러시아나 몽골, 그리고 중앙아시아 국가들과 이야기의 경계가 겹쳐 있었고요. 그러니 중국의 외부에서 그 신화를 연구하는 동아시아 신화 연구자가 느끼기에 이러한 명명은 분명 한쪽으로 치우친 것이었습니다. 그래서 '유라시아 초원 민족의 영웅서사시와 중국의 신화 다시 쓰기'라고 제목을 써

보았는데, 제가 주로 〈장가르〉·〈게세르〉·〈마나스〉를 다루려고 하는 터라 '유라시아'에 포함되는 유럽의 영웅서사시가 내용에서 배제되더군요. 그래서 '동아시아 초원 민족의 영웅서사시와 중국의 신화 다시 쓰기'라는 조금은 엉성한 제목을 취하게 되었습니다.

앞서 말씀드린 것처럼 중국에서는 〈장가르〉·〈마나스〉·〈게세르〉를 3대 서사시로 꼽습니다. 그 가운데서도 〈게세르〉는 지역에 따라 '게사르'라고 불리기도 합니다. 흥미로운 것은 영웅의 이름만 다른 게 아니라 영웅서사시 또는 신화의 내용도 지역에 따라 상당한 차이를 보인다는 사실입니다. 나중에 시베리아 지역의 게세르 신화에 대해서도 들어보실 기회가 있을 테니, 저는 중국 신화 전공자로서 일단 중국이라는 영역 안에서 이야기를 해볼 생각입니다. 우리나라의 외래어 표기법에 따르면, 이 신화적인 영웅서사시의 주인공은 '거싸얼格薩爾'이라는 이름으로 불립니다.

중국에서 〈장가르〉는 여러 갈래의 몽골 민족들 사이에서 공유되고, 〈마나스〉는 몽골과 위구르 지역에서 공유되며, 〈게세르〉는 몽골과 티베트에서 공유되는 것으로 알려져 있습니다. 중국이라는 나라는 모두 아시는 것처럼 다민족 국가입니다. 공식적으로 56개의 민족이 존재하지요. 민족 구성을 살펴보면, 적어도 90퍼센트가 넘는 압도적인 다수의 한족漢族과 나머지 55개 민족이 존재합니다. 그래서 한족을 제외한 나머지 민족들은 '소수민족'이라는 이름으로도 불립니다만, 저는 개인적으로 '비한족非漢族'이라는 용어를 선호하는 편입니다. 확인되는 통계에 따르면 적어도 전체 인구의 약 92퍼센트 이상이 한족이기 때문에 그에 비해 양적으로 '소수少數(minor)'인 집단이지만, 신화적 다양성의 차원에서는 오히려 '다수多數(major)'에 해당하기 때문입니다.[2] 앞서 말한 이른바 '중국의 3대 영웅서

---

2   문현선, 「중국 창조 신화의 구조와 의미」 이화여자대학교 중어중문학과 석사학위 논문, 2000.

사시', 그러니까 '동아시아 초원 민족의 3대 영웅서사시' 또한 바로 이러한 '비한족 신화'에 속합니다. 정확하게는 중국 서북부 지역의 비한족 신화이지요.

우리는 '북서'라는 표현이 더 익숙하지만, 중국에서는 '서북'이라는 표현을 더 자주 씁니다. '서북', '서남', '동남', '동북'과 같은 방식으로 동과 서를 기준으로 두는 것이지요. 아마 이쯤에서 떠오르는 단어가 있으실 것 같습니다. '동북'이라는 말을 들으면 우선 '동북공정東北工程'이 떠오르실 겁니다. '민족'이라는 말과 함께요. 중국 동북 지역의 대표적인 비한족으로서 '조선족'이라는 역사문화공동체는 우리와 불가분의 관계에 있기 때문입니다. 하지만 처음 말씀드렸던 것처럼 지금 당장은 '민족'이나 '국가'와 같은 근대적인 개념들을 잠시 내려놓기로 하겠습니다.

짐작하시듯이, 이른바 '3대 영웅서사시'는 중국 서북부 비한족 신화 연구에서 매우 중요한 자료로 간주됩니다. 이 지역에서 구비 전승되는 서사시들은 주로 공동체의 영웅들을 기리고 노래하는데, 이 영웅들의 연대기 대부분이 다량의 신화 모티프를 포함하고 있습니다. 다시 말해, 장가르, 마나스, 게세르는 중국 서북부 지역 민족들이 숭상하는 신화적 영웅입니다.

중국의 서북 지역에서 이 이야기들은 특별한 사람들을 통해서만 전승됩니다. 아무나 그 이야기들을 마음대로 전할 수 있는 게 아니지요. 그래서 이 이야기들을 전하는 '이야기꾼'은 사회에서 중요한 지위를 차지합니다. 신화적인 영웅들의 이야기를 전승하는 능력은 '신의 선택'을 받은 특별한 사람들에게만 주어지는 것이니까요. 신의 선택을 받았기에 이 사람들은 사회적인 인정과 존경을 한 몸에 받습니다. 이런 사람들을 몽골어로는 '툴리치tuulich'라고 부르는데, 〈장가르〉 이야기를 하면 장가르치, 〈마나스〉 이야기를 하면 마나스치, 〈게세르〉 이야기를 하면 게세르치라고 합니다. 툴리치, 장가르치, 마나스치, 게세르치……. 신화적인 영웅들의 이야기를 전하는 특별한 사람들, 즉 이 신화의 이야기꾼들을 지칭하는 데는 하나같이 '치'라는 접미사가 사용됩니다. 이는 우리말의 '그치', '저치', '이치'처럼 사람을 지칭하는 대명사처럼 보입니다. 실제로 몽골어와 우리말의 어원에서 그 유사성을 찾는 학자들도 있지요. 이러한 학설에 따른다면, '장가르치'는 〈장가르〉 이야기를 하는 사람, '마나스치'는 〈마나스〉 이야기를 하는 사람, '게세르치'는 〈게세르〉 이야기를 하는 사람이 됩니다.

툰드라, 타이가, 초원

잠시 중국에서 유라시아로 시야를 좀 넓혀보겠습니다. 그렇다면, 이 이야기들은 주로 어디에서 많이 전해지고 들려올까요? 이번 신화 여행은 유라시아 서부에서 시작되었습니다. 기억나시지요? 처음에는 저 멀리 유럽에서 가장 오래된 것으로 알려진 로마 신화의 영웅들에 대한 이야기를 들었고, 다음에는 순록을 타는 사람들의 이야기를 들었지요. 그다음에는 곰을 숭배하는 사람들의 이야기를 들었고, 바로 앞 시간에는 슬라브 사람들의 신화적인 이야기를 들었는데, 지금까지 그 이야기들이 공유되는 지역을 살펴보면 매우 흥미로운 공통점을 발견할 수 있습니다.

다음 지도를 보실까요? 그중에서도 우리가 여행하고 있는 신화 세계는 유라시아이니 그쪽으로 시선을 옮겨보겠습니다. 유라시아 대륙의 가장 위쪽 부분에 해당하는 파란색 지역이 바로 순록을 타는 사람들의 세계입니다. 얼어붙은 땅[凍土], 자연의 특성에 따라 러시아 말로 '나무 없는 고지대'라는 말에서 기원한 툰드라라는 이름이 붙은 곳이지요. 거의 일 년 내내 얼음으로 덮여 있는 이 지역에서는 아주 짧은 기간만 풀 같은 것이 자랍니다. 바로 이 지역에서 순록을 타는 사람들의 이야기가 나왔지요.

그다음으로 아이누 신화, 만주족 신화, 허저족 신화가 기억나시나요? 곰

그림 1
툰드라, 타이가,
스텝 기후 지도

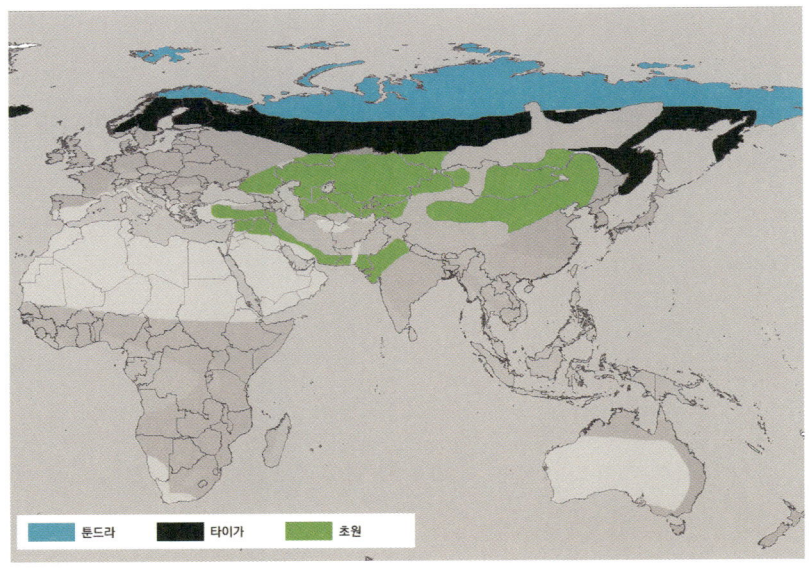

툰드라   타이가   초원

을 숭배하는 사람들의 이야기였지요. 이런 이야기들은 툰드라의 바로 아래에 위치한 삼림 지역에서 주로 공유되고 있습니다. 타이가라고 불리는 침엽수림 지대, 삼림 한계선의 아래쪽 지역이지요. 이 지역에서 '숲'과 관련해 곰 숭배를 하는 사람들의 이야기가 쭉 나옵니다.

바로 앞 시간 슬라브 민족의 신화에서도 '숲의 신'에 대한 이야기들이 있었습니다. 그 이야기들에서 사냥꾼들은 숲의 신을 잘 모심으로써 이익을 취하는 거래 관계를 형성하였습니다. 하지만 나무꾼들은 대부분 숲의 신과 적대 관계에 있었지요. 물론 이해에 따라 합의가 이루어지는 경우도 있었지만요. 어쨌거나 이 신화들은 모두 이 '숲', 타이가 지역의 자연 조건과 불가분의 관계를 맺고 있습니다. 지도에서 녹색으로 표시된 부분이 타이가 지역입니다. 툰드라 지도와 견주어보면, 위도 상으로 바로 그 아래 지역을 차지한다는 것을 알 수 있습니다.

이른바 '초원'이라 불리는 스텝 지역은 이 삼림 지대에서 좀 더 내려옵니다. 북극에 가까운 곳부터 아래로 툰드라, 타이가, 초원이죠.

그리고 이 초원 지대의 바로 아래쪽에 우리 모두가 잘 알고 있는 이른바 '4대 문명의 발상지'가 위치합니다. 오늘날에도 최고의 인구 밀집 지역으로 손꼽히는 온대의 평원 지역은 인류 역사상 가장 오래된 문명들이 꽃을 피운 곳으로 명성을 떨쳐왔지요. 이 문명권의 바로 위쪽이 오늘 우리가 중점적으로 다룰 초원 지역, 즉 유목 민족의 세계입니다. 유목 문화와 농경 문화가 갈라지는 기점, 또는 두 문화가 만났던 접점이기도 하지요. 지도에서 연두색으로 나타나는 부분인데, 이 길은 유라시아 고대사에서 '초원의 길'이라 불리기도 했습니다.

남쪽에서 북쪽으로 짚어보자면, 인도 대륙의 서쪽에 인더스 문명이 있었습니다. 서쪽이 인더스강, 동쪽이 갠지스강입니다. 초원은 갠지스강으로부터 시작해서 만주의 아무르강에 이르는 광대한 지역입니다.

지도에서 연두색 부분은 유라시아를 가로지르는 수평대를 형성하지만, 실제로 스텝의 자연 조건에 적응해 살았던 이곳 사람들이 움직일 때는 이처럼 수평으로만 이동한 것이 아니었습니다. 가축에게 먹일 물과 풀을 찾아서 아래쪽으로 내려가기도 하고 위쪽으로도 올라가기도 했지요. 위도가 높은 쪽으로 올라갈 때는 당연히 순록 치는 사람들의 세계인 툰드라 지역까지 이르렀다가, 위도가 낮은 쪽으로 내려올 때는 농경 민족들의 세계까지 닿았습니다. 따뜻할 때는 위쪽으로 더 올라갈 수 있었고, 추울 때는 더 아래쪽으로 내려갈 수밖에 없었겠지요.

'중화인민공화국'의 3대 서사시

이 유목 민족의 세계를 주름잡았던 신화적 영웅들이 바로 장가르, 마나스, 게세르입니다. 중화인민공화국 3대 영웅서사시의 주인공이자, 동아시아 초원 민족 3대 영웅서사시의 주인공이기도 하지요. 그런데 사실 이런 서사시는 그리 오래된 것이 아닙니다.

신화라고 하면 보통 기원전 5천 년이나 1만 년 정도로 거슬러 올라가는 굉장히 오래된 '옛이야기'라고 생각하기 쉽습니다. 단군 신화는 대략 5천 년 전으로 알려져 있지요. 그리고 역사 기록에 따르면 그 시기 중원은 전설적인 제왕인 요임금이 다스리고 있었답니다.

단군의 고조선 건국으로부터 시작되는 우리 역사를 일컬어 흔히 '반만 년 역사'라고 하는데, 중국의 경우에도 발견된 유적과 유물을 근거로 추론되는 역사는 대략 5천 년 정도가 됩니다.(물론 문헌 기록에 따른 전통적인 역사관에서는 1만 년까지 소급하는 주장들도 있습니다.) 문화로 확인되는 정착민의 역사가 약 5천 년 전부터 시작되었다면 이른바 황하 문명권이라 불리는 중원 지역에는 기원전 9세기나 10세기부터 이미 몇몇 역사문화공동체가 존재했을 것입니다. 또한 이 시기에 중원 외의 다른 지역에도 서로 다른 문명권이 존재했으리라는 것이 현재의 정설입니다. 그림 2의 지도에서 확인되듯이, 오늘날 중화인민공화국의 영토 안에는 황하 문명 외에도 다양한 유라시아 역사문화공동체와 그 문명의 흔적이 남아 있습니다.

반면 〈장가르〉, 〈마나스〉, 〈게세르〉 이야기가 오늘날과 같은 형태로 완성된 것은 15세기 정도라고 합니다. 물론 15세기에 이르러서야 이 신화적 이야기들 자체가 처음 등장하는 것은 아닙니다. 오늘날과 같은 형태로 최종 완성된 시기가 그즈음이라는 것이지요. 이 시기에 초원 지대 유목 민족 영웅서사시의 롤 모델이 될 만한 역사적인 인물이 등장했기 때문입니다.

누굴까요? 모든 초원 민족들의 롤 모델이 될 만한 인물이라면? 맞습니다. 인류 역사상 가장 큰 제국을 건설했던 유목 세계의 영웅 칭기즈칸입니다. 그리고 그가 세운 몽골 제국이 있었지요. 13세기부터 14세기까지가 바로 몽골 제국의 시대였습니다. 몽골 제국은 칭기즈칸 일족의 나라가 아니

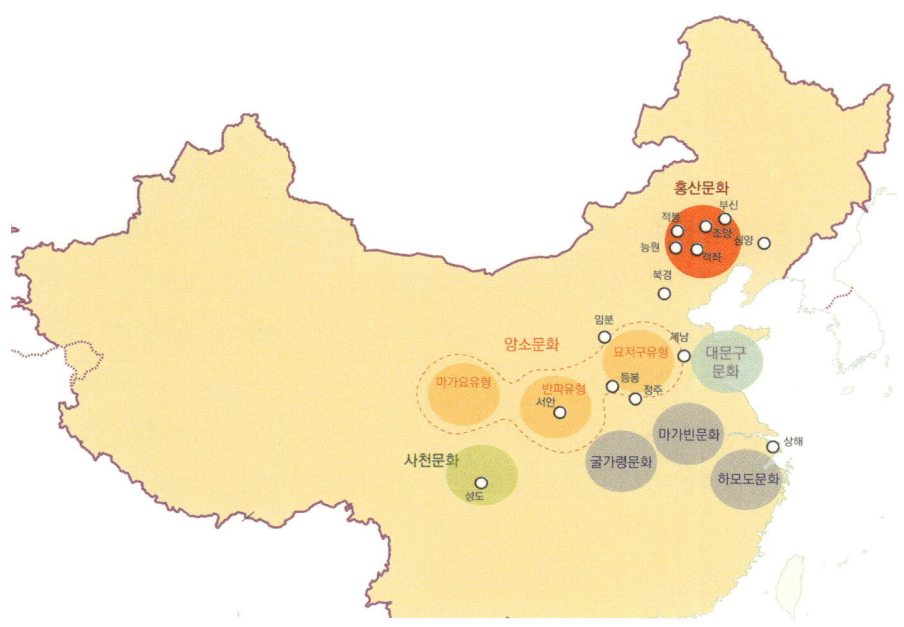

그림 2
중국 영토 내의 다양한
고대 문명

있었습니다. 제국이었으니까요. 제국은 여러 민족과 언어, 문화를 포괄하지요. 실제로 칭기즈칸의 일족은 극소수였고, 그의 제국은 혈연과 지연에만 의지하는 구성체가 아니었습니다. 초원의 거의 모든 민족이 칭기즈칸과 몽골의 이름 아래 있었지요. 그래서 그들은 스스로를 '몽골인'이라고 지칭하게 되었습니다. 우리가 오늘날 '몽골인'이라고 부르는 수많은 민족들이 모두 혈통의 관점에서 '몽골인'인 것은 아니지요.

몽골 제국이 해체되면서 그에 속했던 수많은 초원 민족들은 뿔뿔이 흩어졌습니다. 그 가운데 다른 문명권에 흡수된 공동체도 있고, 나름대로 독립의 기반을 마련하고 국가라는 기틀을 세운 공동체도 있었습니다. 그런 과정에서 파편화된 제국 건설자의 신화는 각각의 역사문화공동체에서 구심점으로 기능했지요. 칭기즈칸이라는 위대한 제왕의 연대기가 모든 초원 민족들이 추구하는 이상적인 영웅 신화의 모범으로 변모한 것입니다. '3대 영웅서사시'는 이 이야기들 가운데 가장 뛰어나다고 평가될 뿐 아니라 완전한 형태로 현재까지 전승되어 살아남은 예술 작품들입니다. 물론 이 영웅서사시들 속에는 보다 훨씬 더 오래된 고대의 이야기들이 단편적으로 전해지기도 합니다. 그 뒤에 덧붙여진 이야기들도 있겠지요. 그러나 이 영웅서사시들의 전체적인 구성이 완비된 것은 대략 15세기쯤이라고 생각하시면 될 것 같습니다.

자, 그럼 이제 중국에서는 이 이야기를 어떻게 다루고 있는지에 대해 알아보도록 하겠습니다.

저는 원래 대학원에서 중국의 신화로 석사 논문을 썼습니다. 그런데 박사 과정에서는 더 이상 중국의 고대 신화를 공부하지 않았지요. 가장 큰 어려움은 바로 언어였습니다. 중국어문학 전공자로서 저는 만다린mandarin이라고 부르는 중국어를 배웠습니다. 중국어로는 푸퉁화普通話라고 하는 중화인민공화국의 표준어이지요. 타이완에서는 궈위國語라고 부릅니다. 오늘날 중화인민공화국과 타이완에서 사용하는 표준어는 다소의 차이가 있기는 해도 기본적으로는 동일합니다. 모두 몽골 제국 이후 정형화되어 발전해온 현대 중국어이지요. 만다린이라는 이름은 원래 '만주의, 만주인의, 만주어의'라는 의미를 가집니다. 만주족 왕실이 지배했던 청나라를 통해 중국의 언어가 영어권에 알려졌기 때문이지요. 현대 중국어를 부르는 다양한 이름에서도 확인되는 것처럼, 중국의 언어와 문화는 매우 복잡한 양상을 띠고 있습니다. 문자가 존재하지 않는 민족들이 대부분인 상황에서 그 언어와 문화를 포함하는 신화는 연구하기에 더더욱 어려운 대상일 수밖에 없지요. 중국의 56개 민족 가운데 문자를 가진 민족은 겨우 20여 개에 불과합니다. 나머지 민족들은 자신들의 언어에 부합하는 문자를 가지고 있지 않지요. 심지어는 그 언어들조차 현재는 소멸되어가는 중이고요.

비한족 가운데 극소수에 해당하는 민족은 그 인구가 겨우 몇천 명 안팎이라고 합니다. 이러한 민족들은 몇 세대가 지나면 민족 자체도 소멸하고, 사용하는 언어도 소멸하고, 문화까지도 소멸해버릴 위험에 처해 있지요.

하지만 다행스럽게도 그들의 이야기, 예를 들어 각 민족의 신화와 같은 오래된 이야기들은 현재 모두 기록으로 남아 있습니다. 무엇으로 기록되었을까요? 제가 잘 알고 있는 언어와 문자, 그러니까 중국의 표준어인 푸퉁화와 그 문자로 다 기록되어 있습니다. 기본적으로는 한자漢字로 기록되어 있는 셈이지요. 이와 같은 작업은 1980년대에 이미 완료되었습니다. 중화인민공화국이 수립된 이후 지속적으로 이루어진 작업이었고, 개혁 개방 이후에는 이미 총서로 발간을 마친 상태입니다. 예를 들어『중화민족고사대계中華民族故事大系』[3]라는 책에는 중화인민공화국 내에 존재하는 모든 민족, 즉 56개 민족의 신화와 전설, 민담이 다 실려 있습니다. 소멸이 진행 중인 소수의 비한족 역사문화공동체의 이야기도 물론 포함되어 있지요. 언젠가 그 민족의 언어와 문화가 완전히 사라지더라도 한자로 기록된 이야기는 남아 있게 될 테죠. 저는 표준 중국어로 그 이야기들을 읽고 이해할 수 있습니다. 하지만 제게는 직접 해당 역사문화공동체의 언어와 문자를 이해하지 못한다는 한계가 있었지요. 신화 연구자로서 넘어설 수 없는 장벽에 부딪힌 셈이었습니다.

20세기 초반의 서구 신화학자들은 중국 신화에 세 가지 특징이 있다는 점을 강조했습니다. 바로 희박성, 산재성, 단편성입니다. 희박성은 중국 신화의 자료가 희박하다, 즉 학자들이 신화 자료라고 할 만한 것을 찾기가 어렵다는 말입니다. 산재성은 중국의 신화 자료들이 한 권의 '신화서'가 아니라 여러 종류의 다양한 문헌에 여기저기 흩어져 있다는 뜻입니다. 단편성이란 흩어져 있는 신화 자료들을 모아놓아도 하나의 총체적인 줄거리를 이루지 못하고 파편화된 정보만을 전달한다는 사실을 가리킵니다.

『산해경山海經』[4]이라는 책을 예로 들어보겠습니다. 전통적으로『산해경』

3 이 책은 1995년 상해문예출판사(上海文艺出版社)에서 전 16권으로 간행되었다.
4 인용문은 정재서 역주본『산해경』(민음사, 1996)을 참고하였다.

은 지리서로 분류되어 왔습니다. 중국 고대의 신화적인 인물과 사건에 대한 기록을 많이 포함하고 있어서 상상의 지리서로 불리기도 합니다. 그런데 이 책에 실린 내용들은 매우 단편적인 정보만을 담고 있는 데다 서로 중첩되거나 엇갈리기 때문에, 같은 인물의 이야기를 모아놓고 보아도 줄거리 연결이 안 되는 경우가 대부분입니다.

그 가운데 치우蚩尤라는 신화적 인물에 대한 다음과 같은 기록들을 예로 들어보겠습니다.

> 치우가 무기를 만들어 황제黃帝를 치자 황제가 이에 응룡應龍으로 하여금 기주의 벌판冀州野에서 그를 공격하게 하였다. 응룡이 물을 모아둔 것을 치우가 풍백風伯과 우사雨師에게 부탁하여 폭풍우로 거침없이 쏟아지게 했다. 황제가 이에 천녀天女인 발을 내려보내니 비가 그쳤고 마침내 치우를 죽였다.(「대황북경 大荒北經」)

> 응룡이 치우를 죽이고 또 과보를 죽이고 그리고 남방으로 가서 살았기 때문에 남방에는 비가 많다.(「대황북경 大荒北經」)

> 송산宋山이라는 곳이 있는데 이름이 육사育蛇라고 하는 붉은 뱀이 있다. 어떤 나무가 산 위에서 자라는데 이름을 풍목楓木이라고 한다. 풍목은 치우가 버린 차꼬(족쇄)와 수갑, 이런 것들이 풍목이 된 것이다.(「대황남경 大荒南經」)

모두 『산해경』에 실린 치우의 죽음에 대한 기록이지만, 한데 모아놓고 읽어보아도 황제가 치우를 죽였다는 사실만 확인될 뿐 구체적인 정황이 제대로 묘사되지 않고 사건의 기승전결도 뚜렷하지 않습니다. 사실 저는

2004년과 2005년에 '신화 원형 개발 프로젝트'에 참여해
『산해경』의 단편적인 기록들을 모아 줄거리가 있는 이야기
로 다듬는 작업을 했습니다. 개연성 있는 줄거리를 만들기
위해 치우의 이름이 발견되는 모든 문헌 자료를 샅샅이 뒤
지던 기억이 아직도 생생하네요. 중국의 신화학계에서도 이
러한 작업이 이루어진 바 있습니다. 아마 서점에서 중국 신
화를 키워드로 도서 검색을 하시면 가장 먼저 눈에 띄는 책
일 텐데, 위앤커袁珂라는 중국 신화학자가 평생을 바쳐 쓴
『중국신화전설』이 있습니다. 이 책은 중국의 문헌 신화, 그

그림 3
치우의 형상

러니까 한자로 기록된 한족의 신화를 집대성한 노작勞作으로 손꼽힙니다.
책을 보면 중국의 신화와 전설, 민담 등이 어느 정도 줄거리를 가지고 연결
되어 있지요.

　　그런데 여기 흥미로운 사실이 한 가지 더 있습니다. 그리스 로마 신화는
모두 잘 알고 계시죠? 사실 원래부터 하나의 이야기처럼 보이는 그리스 로
마 신화도 현대 작가가 엮은 일종의 문학 작품이랍니다. 우리가 알고 있는
그리스 로마 신화는 고대 그리스의 서사시인 호메로스의 작품이 아니라
미국 작가인 불핀치가 이야기로 엮은 뒤 영어로 옮긴 이야기 책입니다.[5] 고
등학교 영어 교사였던 불핀치는 어린 학생들이 그리스어나 라틴어로 된
고전을 공부하기 어려워하는 것을 보고 쉽게 읽을 수 있는 영어로 번역했
습니다. 서사시처럼 특별한 소양이 있어야만 감상할 수 있는 어려운 예술
작품이 아니라 읽기 쉬운 이야기로 각색하기도 했고요. 불핀치의 『그리스
로마 신화』가 처음 출간된 것은 19세기 중반인 1855년의 일입니다. 그리

---

[5]　토머스 불핀치Thomas Bulfinch(1796~1867)는 미국의 작가이다. 그가 쓴 『불핀치의 신화』 3부작 중
　　제1부 『신화의 시대』가 이후 고대 그리스 로마 신화의 표준이 되었다. 그의 책은 주로 오비디우스와
　　베르길리우스의 작품에 의존했다.

스 로마 신화는 아득한 고대의 이야기이지만, 우리에게 익숙한 판본은 비교적 최근의 작품인 것이지요. 이처럼 신화는 원래 굉장히 오래된 고대의 이야기이지만, 실제로 우리가 현재 보고 읽는 신화의 판본들은 대체로 좀 더 가까운 시대의 문학 작품입니다. 오늘날 우리에게 전해지는 〈장가르〉, 〈게세르〉, 〈마나스〉의 최종 판본이 대개 15세기 이후에 정형화된 것처럼 말이죠. 앞서 다른 선생님들께서 강의하셨던 슬라브 신화의 판본이나 북유럽 신화를 다룬 스노리의 『에다』 등도 고대의 문헌이 발견되어 정리본이 발간된 시점은 대개 근대에 이르러서였습니다. 그러니 신화학자의 입장에서 그 가운데 어떤 것이 정말 고대로부터 내려온 순수한 원형이고 또 어떤 것이 윤색되거나 삽입되었고 삭제되거나 누락되었는지 등의 사실을 확인하는 작업은 결코 쉬운 일이 아닙니다. 그래서 저는 결국 고대의 중국 신화를 연구하는 일을 포기했어요. 저 개인의 입장에 따르자면, 각 민족의 신화는 적어도 해당 민족의 언어와 문자에 대한 이해를 전제로 접근이 가능한 것인데, 제가 모든 비한족 신화의 언어를 이해하는 건 평생을 바쳐도 불가능한 일로 보였거든요. 중국에는 공식적으로 명명된 56개의 민족 외에도 다른 언어와 문화를 지닌 수많은 소수자들이 존재하고 있으니까요.

다시 한족과 비한족에 대한 이야기를 해보겠습니다. 제가 아까 한족의 비중이 얼마나 되는지 말씀드렸던가요? 공식적으로는 92퍼센트라고 알려져 있지만 연구자에 따라서는 95퍼센트 정도로 더 높이 산정하기도 합니다. 심지어는 97~98퍼센트까지 이야기하는 경우도 있고요. 지속적인 인구 변동이 발생하고 있을 뿐 아니라 1가정 1자녀 정책 때문에 등록되지 않은 더 많은 인구가 있다고 보는 견해가 일반적이니까요. 이런 조건들을 고려할 때, 한족이라는 역사문화공동체는 겉으로 드러나는 것보다 훨씬 규모가 클 것이라고 추측됩니다. 그러니까 나머지 55개 민족은 기껏해야 8퍼센트에 불과하지요. 14억 중에서 90퍼센트 이상이 한족이고 나머지

55개 민족은 10퍼센트 미만인 겁니다. 더욱이 비한족 가운데는 자기 언어를 가졌으면서도 독자적인 문자가 없는 경우가 상당히 많습니다. 그러니 중국 신화 연구자라면 모름지기 문자가 없는 언어에 접근하는 방법을 터득해야만 합니다. 문자가 있는 민족의 신화라도 본연의 모습을 제대로 파악하자면 현대 중국어를 거치지 않고 그 이야기에 접근할 수 있도록 다수의 비한족 언어를 습득해야만 하지요. 그래서 몇 개의 언어를 배워야 중국 신화를 이야기할 수 있을까, 언어를 배우다가 전공 연구를 마감하지 않을까, 그런 생각 끝에 '이야기' 그 자체에 관심을 가지고 있던 저는 조금 색다르게 신화에 접근하는 방법을 궁리하게 되었습니다. 바로 신화라는 이야기의 '구조'를 파악하는 방식이었습니다. 저는 석사 논문에서 그 신화라는 '이야기의 구조'를 파악하는 데 중점을 둠으로써 서로 다른 언어와 문자로 구성된 중국 내 여러 민족의 창조신화를 동시에 다룰 수 있었습니다.

앞서 중국 신화의 3대 특징을 희박성, 산재성, 단편성이라고 말씀드렸습니다. 그러니까 중국 신화의 특징이라는 것이 자료가 거의 없고, 있어도 뿔뿔이 흩어져 있고, 흩어진 자료들을 모으더라도 이야기가 안 된다는 거죠. 연구 자료로서의 가치가 매우 낮다는 이야기입니다. 따라서 중국 신화 학자의 가장 큰 연구 과제 가운데 하나는 어떻게 해서든 이야기가 되는 신화 자료를 찾아내는 것입니다. 그런데 찾아보니 한족의 문헌 가운데는 그 같은 자료가 거의 존재하지 않는 반면, 중원을 벗어난 다른 지역, 다시 말해 서남과 서북 등 비한족의 집중 거주 지역에는 이러한 자료들이 상당수 존재했습니다. 그림 4 지도에서 노란색으로 표시된 곳들이죠. 위구르 자치구, 티베트 자치구, 닝샤 회족자치구 등 비한족들이 모여 사는 지역들입니다. 참고로, 동북의 조선족 자치구도 비한족 집중 거주 지역 가운데 하나입니다.

특히 서남부의 윈난성(운남성)은 특정 민족의 자치구는 아니지만 20여

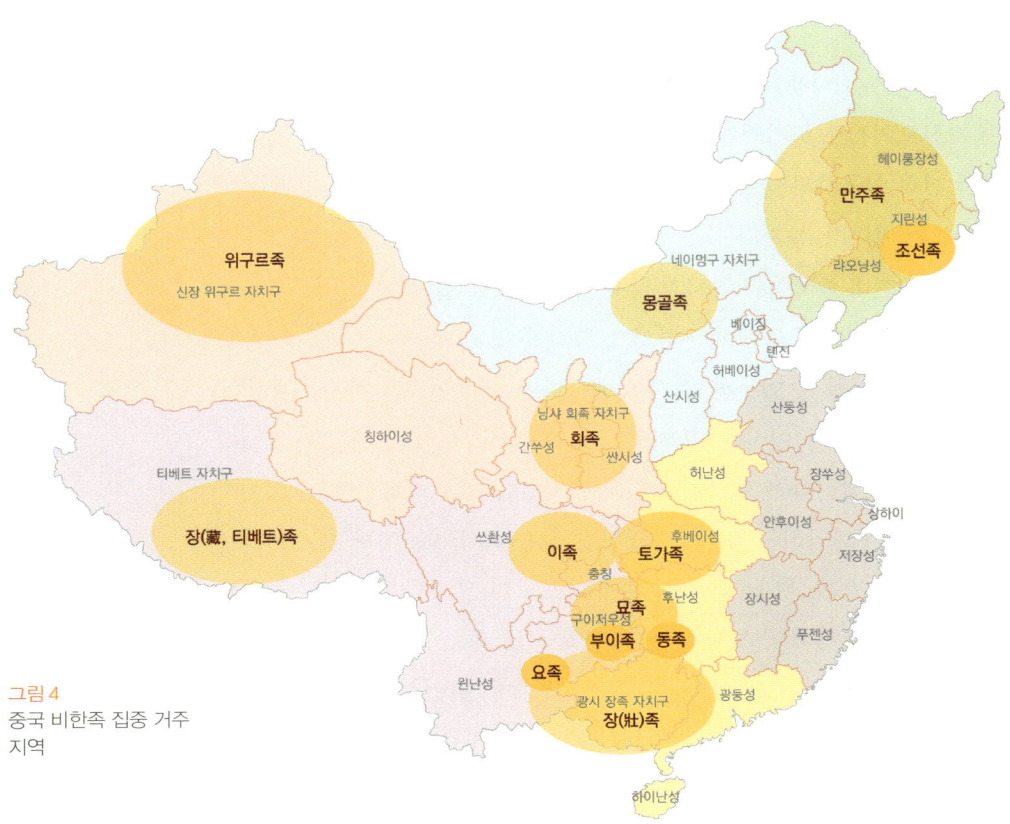

그림 4
중국 비한족 집중 거주
지역

개의 서로 다른 민족이 거주하고 있는 중국 최대의 비한족 지역입니다. 그만큼 다양한 신화 자료가 존재하는 곳이죠.

그리고 서북 지역이 바로 3대 영웅서사시의 고장입니다. 이 지역은 중국 전체 면적의 거의 삼분의 일에 해당합니다. 다만 사람이 살기 매우 어려운 곳이기에 인구 밀도가 낮은 편이죠. 또한 우리가 잘 알고 있듯이 민족 간 분쟁이 가장 극심한 지역이기도 합니다. 지도에는 티베트 지역과 신장 위구르 자치구, 그리고 닝샤 회족 자치구 옆 네이멍구 자치구, 즉 몽골 자치구로 표시되어 있습니다.

이 지역에는 도시가 몇 개 없습니다. 각 자치구의 중심지를 제외하고는 인구가 밀집할 수 있는 조건이 아닙니다. 모두 다 흩어져서 사는 구조라고 하겠습니다. 티베트 같은 지역에서는 야크를 키우는데, 야크는 히말라야나 티베트 고원, 몽골 북부에 사는 동물입니다. 수컷은 야크, 암컷은 나크라고 하지요. 그런 동물들을 키우는데 겨울에는 아예 풀어줍니다. 풀어줬다가 봄이 되어서 돌아오면 다시 거둡니다. 겨울에는 사람이 먹을 것도 없기 때문에 가축을 키울 수가 없는 거죠. 풀어주고 봄이 되어도 돌아오지 않는다면, 그 생명체와의 인연이 다한 것으로 간주하죠. 돌아오지 않는 것도 자연의 섭리이니 어쩔 수 없는 사실로 받아들입니다.

그 정도로 생존 자체가 굉장히 어려운 지역이기 때문에 면적이 넓다고 하더라도 그 면적만큼 인구의 비율이 높지는 않습니다. 실제로 오늘날 이들 지역에서 인구 분쟁이 일어나고 있는 이유는 외지에서 오는 한족의 수가 현지의 티베트인이나 위구르인의 수를 압도하는 수준에 이르고 있기 때문입니다. 2016년 조사에 근거할 때, 닝샤나 칭하이 등지에서는 한족이 전체 인구의 과반수를 이미 넘어섰고, 신장에서도 50퍼센트에 육박하고 있습니다. 그나마 자치 민족의 비율이 가장 높은 티베트 지역에서도 외지에서 온 한족의 비율이 6퍼센트에 가깝습니다. 이 민족들은 오랫동안 자신들의 역사문화공동체가 거주해왔던 자치 지역에서도 점차 소수자가 되어가고 있는 셈이죠. 그렇기 때문에 더 격렬한 저항이 일어나고 있는 겁니다. 그리고 서로 다른 민족군끼리의 팽팽한 대립을 빌미로 군대까지 동원되고 있는 상황이지요.

음악은 잘 들으셨나요? 현악 4중주였는데, 어떤 느낌이 드셨어요? 딱 들으니까 중국 음악 같은가요? 아니면 뭔가 이국적인 느낌이 드나요? 현악 4중주로

그림 5
니에 4중주단이 연주하는 〈캉딩칭거〉

편곡을 했는데, 이 음악의 원곡은 〈캉딩칭거康定情歌〉라는 중국 쓰촨 지역의 민요입니다. '캉딩의 사랑 노래'라는 의미이지요. 캉딩이라는 지역은 쓰촨의 가장 안쪽 지역, 말하자면 티베트와 경계를 이루는 지역입니다. 〈캉딩칭거〉는 캉딩 지역에서는 〈아리랑〉처럼 널리 불리는 노래이고, 남녀 간의 사랑을 그리는 연가이기도 합니다. 원래 민요 가운데에는 사랑 노래가 가장 많은 법이지요.

> 물 흐르듯 저 산까지 말을 달려, 물 흐르듯 저 산 위의 구름처럼.
> 물 흐르듯 단아하게 비추는 햇발, 물 흐르듯 엄연한 캉딩의 성벽.
> 달빛은 둥글둥글, 물 흐르듯 엄연한 캉딩의 성벽.
> 물 흐르듯 이 씨네 큰 아씨, 물 흐르듯 사람됨이 어찌나 잘났는지.
> 물 흐르듯 장 씨네 큰 도령, 물 흐르듯 그녀에게 반해버렸지.
> 달빛은 둥글둥글, 물 흐르듯 그녀에게 반해버렸지.

대략 이런 내용입니다. 1절에서는 총각이 처녀한테 반하고, 2절에서는 처녀가 총각하게 반하지요. 가사도 단순하고 직설적이고, 장단과 가락도 아주 소박합니다. 악기 없이도 부르고 악기 반주에 맞춰서도 부르니까, 사실 가락도 조금씩 바뀝니다. 하지만 엇비슷하게 들리기 때문에 듣기만 해도 캉딩칭거 유형의 노래라는 사실을 알 수 있습니다. 이 지역에서는 이와 같은 노래들이 아주 다양한 이본이 있는 채로 불리고 있습니다. 그래서 캉딩 지역의 〈아리랑〉이라고 말씀드린 거죠. 〈아리랑〉처럼 가는 곳마다 그곳에 익숙한 장단과 가락을 섞어, 그곳의 생활과 정서를 담아내는 가사로 변형을 일으키는 노래라 하겠습니다.

아무튼 이 지역을 중심으로 남쪽이나 북쪽이 모두 비한족의 집중 거주지입니다. 중국 신화 연구자의 입장에서는 굉장히 중요한, 다른 지역과 확연히 구별될 정도로 많은 신화 자료가 존재하는 곳이지요. 종류도 다양하고 양적으로도 매우 방대한 내용의 신화 관련 자료들이 존재합니다. 바로 〈장가르〉, 〈게세르〉, 〈마나스〉와 같은 영웅서사시들이지요.

실제로 이 서사시들은 대개 20만 행, 100만 행, 500만 행 이런 식으로 엄청난 길이의 작품입니다. 〈마나스〉의 경우 연창을 하면 1주일에서 2주일, 심지어 3주일까지도 공연을 한다고 합니다. 처음부터 끝까지 혼자서 연창을 하는 마나스치는 존경을 받지 않을 수 없겠죠. 물론 언제나 이야기들을 다 연창하는 것은 아닙니다. 〈마나스〉는 마나스 자신의 이야기뿐 아니라 그의 아들과 손자까지 3대, 판본에 따라서는 8대에 이르는 씨족 내부의 역사를 다룹니다. 각 세대에 연관된 거의 모든 주변 사람들의 이야기를 다루고 있는 셈이죠. 그러기에 500만 행에 이르는 방대한 양이 되는 겁니다. 당연히 제가 그 이야기를 모두 들려드릴 수는 없겠죠.

다만 이 이야기들에는 공통된 줄거리가 보입니다. 대체로 부족에서 고아가 된 어린아이가 주인공이 됩니다. 아이는 어떤 사연에 의해 씨족이나 부족과 같은 공동체에서 쫓겨났거나 가족이나 부족이 몰살당하는 과정에서 구사일생으로 살아나죠. 그 뒤 우여곡절을 거치며 친구들을 만나고 그들의 도움으로 자신의 무리를 만들고 힘을 모아 공동체를 이끄는 우두머리가 됩니다. 그런 뒤에 자신의 옛 터전을 되찾고 이웃 나라의 공주와 결혼을 해서 공동체를 성장시키고 대적하는 주변의 다른 나라와 민족을 모두 물리치는 영웅이 됩니다. 대체로 이런 이야기 구조에 따르죠.

그럼, 이제부터 각각의 작품을 살펴보겠습니다.

〈장가르〉

〈장가르〉는 현재 몽골 오이라트부의 영웅서사시로 거의 확정되고 있는

그림 6
1990년 소련에서 발행한 〈장가르〉 550주년 기념우표

데, 중국 비한족뿐 아니라 몽골 공화국과 러시아 연방 지역에서도 공유되는 이야기입니다. 민간에서 끊임없이 가공되고 수정되었기 때문에 현존하는 판본이 적어도 60개 이상이라고 알려져 있지요.

당연히 이야기의 세부 사항들은 조금씩 다르고, 때로는 그 차이로 인해 이야기의 구조가 변하기도 합니다. 지역마다 해당 지역의 자연과 풍속 등 특수한 조건들을 반영하고 있기 때문이지요. 우리 고전 소설인 『홍길동전』만 해도 여러 지역의 지자체에서 자기네가 그 고전의 지분을 훨씬 더 많이 가지고 있다고 주장을 하잖아요. 최근에는 문화 자원으로서 이야기의 중요성을 뒤늦게 깨달은 지자체들이 공유하는 하나의 신화나 전설에 대해 저마다 더 많은 지분을 가지고 있다고 주장하는 일이 점점 더 늘고 있습니다. 이야기가 생성되고 전파되었던 시대의 경계와 오늘날의 경계가 다르기 때문이겠죠. 우리나라 고전의 경우에도 이런 일들이 부지기수로 발생하는데, 우리보다 훨씬 큰 지역을 차지할뿐더러 다양한 민족이 공존하는 중국은 더 말할 나위가 없습니다. 하나의 전설이 서너 지역에 공유되면서 그 지역들이 저마다 훨씬 더 많은 지분을 갖는다고 주장을 하고, 또 이로 인한 이권 때문에 중국 내 각 성이나 시, 지역 단위들끼리 격렬한 싸움이 일어나는 경우도 종종 있다고 합니다.

장가르에 관한 이야기들도 마찬가지입니다. 말씀드린 것처럼 이 이야기들은 중국뿐 아니라 몽골 공화국이나 러시아 연방의 몇몇 국가들에서도 오래된 판본들이 발굴되고 있습니다. 러시아 연방 안에서 살아가는 몽골인의 후예도 적지 않으니까요. 몽골은 제국이었다는 사실을 기억해주십시오. 예를 들어, 중국에서 '하사커哈薩克'라고 불리는 비한족이 있는데, 카자흐족입니다. 러시아 연방에는 코사크라 불리는 민족군이 존재하지요. 코사크 기병으로 유명한, 과거 차르의 군대를 대표했던 러시아 기병대에서 발군의 역량을 보였던 민족군입니다. 눈을 감고 들어보시면 '하사커'와 '코사크'라는 명칭의 언어적 유사성을 실감하실 겁니다. 원래는 같은 민족이었지만 몇백 년 동안이나 떨어져 살아왔기 때문에 현재는 문화인류학적으로 완전히 다른 민족으로 구분되는 역사문화공동체들입니다. 이들은 현재 서로 다른 언어와 문화를 향유하고 있지요.

그래서 장가르라는 이름의 해석에 대해서도 여러 가지 가설이 존재합니다. 페르시아어로는 '세계의 정복자'라는 뜻을 지닌다고 하고, 튀르크어로는 '승리자' 또는 '고아'라는 뜻을, 몽골어로는 '능력자'라는 뜻을 갖고 있다는군요. 그러나 그 언어학적 유사성이나 문화적 기원을 고려할 때, 이 이름 또한 여러 문화권이 접촉하면서 서로 전이되거나 전유되었을 가능성이 있습니다. 신화 세계에서 이러한 문화 변동의 증거, 특히 이름과 관련된 증거들은 상당히 자주 발견되는 편입니다. 사하라가 원래 '사막'을 의미하는 이름인 것은 알고 계시죠? 그러나 오늘날 우리는 그곳을 '사하라 사막'이라 부릅니다. 현지어로는 '사하라 사하라'가 되는 셈입니다. '발해'도 마찬가지입니다. 우리 고어에 'ᄇᆞ롤'이라는 말이 있습니다. 바다라는 뜻이죠. 그런데 이것이 한자문화권에서 전유되면서 'ᄇᆞ롤'에 해당하는 '발'과 바다라는 뜻의 '해'의 합성어로 바뀌었습니다. 우리 고어의 관점에서는 'ᄇᆞ롤 ᄇᆞ롤'이 되는 겁니다.

이런 식의 언어 혼종 내지는 전유 같은 것들이 신화 안에서는 자주 일어납니다. 어쨌거나 '세계의 정복자'라는 이름을 보시니 뭔가 칭기즈칸이라는 영웅의 이미지가 확 떠오르지 않나요? 칭기즈칸은 실제로 어렸을 때 부족이 몰살당하면서 고아가 되었고, 의형제들의 도움을 받아 공동체의 우두머리가 되었으며, 대적하는 모든 주변 민족들을 압도하고 최후의 승리자가 되었죠. '승리자'와 '고아'라는 상반되는 의미의 튀르크어 또한 그의 경력과 완전히 맞아떨어집니다.

유라시아 초원 민족들은 혈통적으로 보아 크게 튀르크계, 몽골계, 통구

그림 7
장가르 기념비

스계로 나뉜다고 합니다. 퉁구스계는 보통 고아시아족이나 만주인이라 부르기도 합니다. 물론 이런 구분이 절대적으로 명확한 것은 아닙니다. 예를 들어, 몽골 사람이라는 문화적 경계와 몽골리안이라는 인종적 경계가 완전히 일치하지는 않습니다. 앞서도 말씀드렸던 것처럼, "나는 몽골 사람이다"라는 주장 속에는 과거 몽골 제국의 일부였다, 그 제국의 시민이었다라고 하는 의식이 남아 있습니다. 세계 제국 시민으로서의 자부심이 존재하는 것이지요. 그러니까 사실 그 안에는 굉장히 다양한 언어와 인종, 문화 요소가 복잡하게 얽혀 있습니다. 결국 몽골 제국이라는 성공적인 역사문화공동체에 대한 공동의 기억이 '몽골 사람'이라는 정체성을 만들어낸 거지요.

실제로 칭기즈칸의 몽골은 수적으로 매우 규모가 작은 집단이었습니다. 그런데 지금은 초원 지대에 거주하는 대부분의 민족들이 몽골리안의 후예라 자처합니다. 그러니까 하나의 제국, 즉 거대한 역사문화공동체의 기억이 신화 안에서 매우 중요한 역할을 했다고 기억하시면 될 것 같습니다.

사진은 실존하는 장가르 기념비입니다. 기념비 하단에는 "장가르의 고향江格爾的故鄉"이라는 글이 적혀 있고요. 장가르의 고향을 자처하는 곳은 대체로 네이멍구 서부와 신장 위구르 자치 지역의 경계 지역에 해당합니다. 기념비에서도 확인되듯이, 이 영웅은 말을 탄 채 창을 들고 달리는 기마 민족의 형상을 보여줍니다. 다만 이 영웅은 우리가 쉽게 떠올리는 몽골 기마병의 모습이 아니라, 중무장을 하고 있는 근대식 군대의 장수처럼 보이죠. 후대의 군사적인 지식들이 반영된 형태로 지금의 조각상이 만들어진 것입니다. 이 기념비를 유심히 봐주세요. 이와 유사한 조형물을 다른 데서도 확인하게 되실 테니까요.

그림 8
『장가르전기』

이 책은 『장가르전기江格爾傳奇』입니다.[6] 여기서 촨치傳奇란 전설적인 일대기를 가리키지요.

이제 〈장가르〉 영웅서사시의 일부를 확인해보도록 하겠습니다. 체레노프의 상트페테르부르크 판본입니다.[7] 이 판본은 모두 26개의 단락으로 나눌 수 있는데, 각 단락의 제목을 살펴보면 일단 도깨비들을 물리치는 이야기가 계속해서 나옵니다. '도깨비'는 사람이 아닌 이물異物입니다. 신화 세계에서 적대자는 대부분 사람이 아닌, 비인간인 존재로 그려지죠.

1장 : 장가르 칸이 길고 하얀 도깨비를 물리치다
2장 : 장가르 칸이 심각한 시련과 고난을 겪고 구리 도깨비 칸을 물리치다
3장 : 사나운 노란 구레그 도깨비를 빨간 셔브시오르가 치다
4장 : 사납고 까만 흐네스 사자가 홍고르를 산 채로 납치하였으나 장가르 칸이 구출하다
5장 : 오란 홍고르가 사나운 샤르 도깨비를 산 채로 납치하다

6   何德修, 『江格尔传奇』, 新疆青少年出版社, 2006.
7   체레노프가 1979년 레닌그라드의 구소련 지리정보관에서 발견하여 인쇄한 26장의 판본.

6장 : 시그셔레그와 홍고르, 홍혜의 황금 가슴이, 시련을 극복한 장가르 칸 의 수하가 되다

7장 : 올란 홍고르가 도오타홀의 손자 도오타의 아들 몽흐라이를 사로잡다

8장 : 올란 홍고르가 죽을힘을 다하여 사나운 마그나이 칸을 장가르의 수하 로 들이다

9장 : 무거운 손 사바르가 사나운 힐겡 칸을 장가르 칸의 수하로 들이다

10장 : 세상에서 가장 아름다운 민양이 장가르의 명령으로 황금 투레그(돌 궐) 칸의 금빛 얼룩말을 장가르에게 끌고 오다

11장 : 세상에서 가장 아름다운 민양이 장가르의 명령으로 힘찬 후르멩 칸 을 잡아오다

12장 : 열여덟 살에 사나운 차간 줄 칸의 게젱젤 공주를 홍고르가 데리고 와 혼인하다

13장 : 장가르 칸의 명령으로 사나운 사르 사날르가 후데르 자아르의 자앙 (코끼리) 타이즈 칸의 나라를 접수하여 장가르의 수하로 들이다

14장 : 홍고르가 바타르 하르 질강 칸과 전투를 벌이고 나서 화해하고, 장가 르 칸은 바타르 하르 질강 칸과 동맹을 맺다

15장 : 장가르 칸의 아들 하르 질강, 황금 가슴의 아들 알리아 송호르, 올란 홍고르의 아들 허쇼 올란 셋이 바담의 올란 영웅을 산 채로 납치해 오다

16장 : 장가르 칸이 왕위에 오르다

17장 : 샤르 비르메스 칸의 황금 갑옷과 창을 홍고르가 빼앗아 오다

18장 : 남쪽의 샤르 헤르멩 칸의 후렝 할장 말을 홍고르가 이끌고 오다

19장 : 타히 비르메스 칸의 백만 마리의 말을 사날르가 이끌고 오다

20장 : 막나이 칸의 불빛 태양 장군이 장가르가 아끼는 다섯 가지를 요구 하다

21장 : 홍고르가 아홉 귀신의 나라에 가서 흡혈을 당하다

22장 : 샤르 시렘 칸의 멍호라이에 의해 도둑을 맞은 제르드 말을 홍고르가 구해 돌아오다

23장 : 장가르 칸이 말을 훔쳐간 헤렘의 아들 몽호라이와 싸워 이기다

24장 : 장가르 칸이 사나운 막나이 칸과 싸우다 패배한 홍고르를 살려내다 (4장의 변이)

25장 : 아왈랑가 칸과 싸워 패배한 올란 홍고르를 장가르 칸이 구출하다

26장 : 사나운 잠발 칸의 미친 일곱 장군을 올란 홍고르와 무서운 손 사바르가 물리치다

10장에 "세상에서 가장 아름다운 민양이 장가르의 명령으로 황금 투레그(돌궐) 칸의 금빛 얼룩말을 장가르에게 끌고 오다"라는 구절이 보이시죠? "세상에서 가장 아름다운"이라고 하니 곱디고운 미인이 떠오르실 것 같은데, 이 구절은 모두 '민양'이라는 장가르의 의형제를 수식하는 관형어입니다. 일종의 관용사죠. "훙헤의 황금 가슴"에서도 확인되는 것처럼, 영웅서사시에서는 특정 인물을 지시하는 관용적인 수식어가 따로 존재합니다. 그래서 수식어만 등장해도 어떤 인물의 이야기인지 알 수 있을 정도죠.

여기서 전투를 통해 장가르가 자기 부하들과 동료들을 만나는 이야기가 등장합니다. 장가르는 전투를 통해 적을 물리치고 새로운 동료들을 얻습니다. 이 과정에서 처음에는 수평적으로 동지들을 모으고, 그다음에는 수직적으로 휘하의 친위대들을 모으게 되지요.

세상에서 가장 아름다운 민양이.

처음에는 저도 이 구절을 봤을 때 절세가인을 떠올렸습니다. 그런데 여

기서 '아름다운'이라는 형용사는 전사로서 뛰어나다는 뜻이지요. 이 전사는 사실 장가르가 가장 신임하는 근위대 가운데 한 사람인데, 작품 속에서는 나중에 살해당합니다. 이 또한 서사시의 중요한 사건들 가운데 하나입니다. 유목 민족 서사시에서는 대체로 가까운 근위대, 결연을 맺거나 신임하는 전우였던 전사가 죽으면서 영웅의 나라 또한 서서히 기울어가는 모습이 자주 그려집니다.

> 세상에서 가장 아름다운 민양이 장가르의 명령으로 황금 투레그,
> 돌궐 칸의 금빛 얼룩말을 장가르에게 끌고 오다.

영웅은 동료들과 부하들을 만나면서 성장합니다. 그리고 이 사람들은 적진에 가서 적의 가장 귀중한 재산을 가져다주지요. 유목 민족들에게 재산 목록 1호는 애마죠. 말을 끌어 오는 건 재산을 모두 가져오는 것과 같은 의미입니다. 그리고 그다음에는 그의 딸을 데려와 결혼을 합니다. 이런 식으로 부족이 확장해가는 모티프가 거의 모든 영웅서사시에 포함됩니다.

그런데 12장 제목을 좀 보시죠. 서사시가 시작되어 한참을 왔는데, 장가르는 아직 열여덟 살입니다. 영웅서사시의 주인공들은 상당히 조숙합니다. 전사들을 만나고 부하들을 거느리고 하는 일을 일곱 살에 시작하기도 합니다. 열한 살이거나 열세 살인 경우도 있지만, 어쨌거나 십대 이전 또는 십대 초반의 어린 소년 시절에 이미 영웅으로서의 삶을 시작합니다.

완전히 현대화된 도시 문명에 길든 우리들에게는 매우 낯선 풍경이지요. 하지만 제가 얼마 전에 보았던 다큐멘터리에서도 정말 딱 두세 살 먹은, 걸음마를 막 뗀 아이들이 활을 가지고 놀더군요. 그냥 장난감이 아니라 진짜 활이었어요. 그러니 영웅서사시의 이런 표현들이 완전히 거짓말은 아닌 셈이죠. 제가 기억하기로는, 칭기즈칸도 열 살 때 의형제들을 규합하기

시작해서 열세 살 때는 아버지를 죽인 원수와 담판을 지으러 갔습니다. 초원 지역에서는 아무래도 우리가 생각하는 것보다 훨씬 더 빨리 한 사람의 몫을 하는 전사로서의 성장이 이루어지는 겁니다. 어린아이가 소년으로 성장하는 순간, 전사로서 한몫을 하게 되는 순간, 그 소년은 바로 영웅이 되지요. 세상에서 가장 무서운 것이 중학교 2학년이라고 하지 않던가요? 2차 성징을 마친 나이, 그러니까 열다섯 살 정도면 이제 한 그룹을 이끄는 대장으로서, 지도자로서 역할을 충분히 할 수 있다고 보는 거예요.

또 서사시에서 이들은 엄마 배 속에 있을 때부터 말을 했다고 전해지기도 합니다. 어떤 경우에는 스스로 출산일을 정해 완전 무장을 하고 태어났다고 버젓이 말해지기도 합니다. 다른 사람들과는 달라도 확실히 다른, 영웅의 비범함이나 신통력을 장차 백성들에게 보여줄 필요가 있었던 것이지요. 실제 그런 일이 있었는지 여부는 그리 중요한 문제가 아니었을 겁니다.

그림 9
마나스 동상

〈마나스〉

이 동상은 마나스입니다. 그런데 여기서 기념비에 쓰인 글자들을 지우고 나면 이 동상이 장가르인지, 마나스인지, 게세르인지, 또 다른 영웅인지 확신하기가 힘들어집니다. 모두 말을 타고 무기를 들었으니까요.(사실 게세르가 조금 더 독특한 편이기는 하지요.) 그것은 티베트 불교의 영향을 받았기 때문입니다. 티베트 불교에는 '탕카anka'라 불리는 종교화가 있습니다. 일종의 탱화인 셈인데, 게세르의 동상은 대부분 그 전통적인 형상을 반영하고 있습니다. 그런데 이 마나스 동상은 좀 더 서구적인 기병대의 느낌이 드네요. 말의 생김새도 그렇고요.

〈마나스馬納斯〉는 위구르 민족의 영웅서사시라고 말씀드렸는데, 지금 소개할 것은 키르기스 민족에게 전승되는 판본입니다. 키르기스인의 영웅서사시 〈마나스〉는 중국에서 발굴된 것만 8부라고 합니다. 그만큼 다양한 이본이 존재한다는 뜻이겠지요. 이 작품은 약 20여만 행으로 구성되었다고 하는데, 그 20여만 행은 온전히 '마나스'와 연관되는 내용이고 사실 그 뒤에 500만 행의 어마어마한 내용이 부연되어 있습니다. 8대에 이르는 후손들과 그 동료들의 이야기이지요.

이 앞부분의 20여만 행을 '협의의 〈마나스〉'라고 부르는데, 특히 마나스와 그의 아들 세메테이, 손자 세이테크의 이야기까지가 보통 완전한 줄거리를 가진 신화로 간주됩니다. 뒤로 갈수록 신성한 역사에서 통속적인 연애담까지, 민담의 색채를 띤 이야기까지 포함하는 것을 알 수 있습니다. 세속화된다는 뜻이지요. 좀 더 대중의 구미에 맞는 극적인 줄거리로 방향을 바꾸는 것입니다. 연인들의 애정담이라든가 가족들 사이의 갈등담이라든가, 오늘날 대중문화에서 텔레비전 드라마들도 인기를 끌면 회차를 늘리고 이상한 갈등 구조를 덧붙이잖아요. 초원의 영웅서사시들도 마찬가지입니다. 서사시들은 신성한 역사이기도 하지만, 그 지역 사람들이 마음 놓고 즐길 수 있는 유일한 오락이기도 했으니까요. 그래서 이 영웅서사시의 앞부분은 신성한 역사이자 경건한 신화인데, 뒤로 가면 갈수록 사람들을 유인하는 극적인 에피소드들의 나열로 바뀌게 되는 것입니다.

〈마나스〉는 2006년 중국 국무원의 비준을 받아 국가급 비물질 문화유산으로 등재되었습니다. 〈장가르〉 서사시와 함께요. 이쯤 되면 〈게세르〉 역시 국무원의 비준을 받아서 국가급 비물질 문화유산으로 등재되었으리라는 점이 짐작되시죠? 네, 같은 해인 2006년에 중국 서북 지역의 3대 영웅서사시가 모두 중국의 비물질 문화유산으로 등록되었습니다. 이른바

'4대 민간 고사'라 일컬어지는 한족의 전설과 민담 〈맹강녀 이야기〉, 〈백사전〉, 〈동영과 칠선녀 이야기〉, 〈양산백과 축영대 이야기〉도 같은 해에 비물질 문화유산으로 등재되었지요. 그리고 그 이야기들을 소재로 한 기념우표도 발행되었습니다. 민간 고사의 여러 판본 가운데 공통적인 모티프를 골라 8장 정도로 그 내용을 압축해서 발행한 것입니다. 제가 미처 확인은 못했지만, '3대 영웅서사시'로도 틀림없이 비슷한 사업이 진행되었을 겁니다.

그림 10은 신장 지역의 국제문화관광페스티벌馬納斯國際文化旅遊節에서 공연된 연극 〈마나스〉의 한 장면입니다. 신장 커저우 등지에서는 〈마나스〉와 관련한 다양한 페스티벌을 진행하고 있지요. 지방정부가 주도적으로 해당 지역의 신화 모티프들을 발굴하고, 이를 소재로 한 대형 공연들을 주관하면서 외국 관광객을 끌어모으고 지역의 홍보에 앞장서고 있는 것입니다.

그럼 〈마나스〉 제1부 내용만 요약해서 말씀드리겠습니다.[8]

〈마나스〉의 내용은 영웅의 탄생과 어린 시절, 초기 전투, 알라토 정벌로 요약될 수 있습니다. 알라토 정벌은 매우 중요하게 다루어지는데, 마나스가 옛 땅을 회복하는 사건이 바로 이 영웅서사시의 핵심이기 때문입니다. 알라토는 마나스가 처음 살았던 키르기스인들의 원주지입니다. 영웅으로 성장한 마나스는 이 옛 땅을 찾기 위한 전투를 벌입니다. 그것이 바로 알라토 정벌입니다. 여기서 승리를 거두면서 마나스는 키르기스인들의 영웅으로 불리게 되지요. 이야기의 시간적 배경은 러시아 공국 시기로 추정되는데, 러시아가 공국에서 제국으로 성장하는 과정에서 키르기스인들이 독립적인 영역을 구축했던 역사적 사건이 바로 영웅서사시 〈마나스〉의 원형이라고 하겠습니다.

---

8   사금바이 오로즈바코프 지음, 양민종 옮김, 『마나스 – 중앙아시아 유목 민족의 구비 서사시』, 한국문화사, 2017.

그림 10
연극 〈마나스〉 공연
장면

　그런데 여기에 알맘베트의 역사가 끼어듭니다. 알맘베트라는 사람의 연대기라고 볼 수 있지요. 알맘베트는 마나스의 가장 가까운 전우이자 의형제입니다. 영웅서사시 〈마나스〉는 이렇게 주인공에서 그 주변 인물로 이야기를 확장해나갑니다. 주인공 이야기를 하다가 갑자기 그의 의형제나 주요한 적과 같은, 텔레비전 드라마로 치자면 서브 캐릭터의 연대기를 짚어나가기 시작하죠. 심지어는 몇 주 동안이나 이 곁가지 인물의 이야기를 하다가 그 이야기가 다 끝나고 나서야 비로소 주인공의 사건으로 다시 돌아가는 형식을 보여주기도 합니다. 그렇게 해서 끊임없이 이어지는 이야기가 500여만 행에 이르는 것입니다. 물론 알맘베트가 중요한 이유는 마나스의 일생에서 결정적인 역할을 하기 때문입니다. 마나스는 알맘베트의 도움으로 결혼하게 되지요.

　영웅서사시 〈마나스〉에서 주목할 만한 또 다른 특징은 '친구와 적이 모두 가까운 곳에 있다'는 진리입니다. 마나스는 알맘베트로부터 시작해 그 뒤로도 계속 결연을 맺어가며 친구를 사귀거나 그들과 어깨를 나란히 하고 싸우면서 전우애를 키워나갑니다. 적은 바로 그들 가운데서 출현하지요. 주로 친척들 가운데 시기하는 인물이 등장하고, 그 인물이 끝까지 평생의 적수가 됩니다. 예를 들어 〈게세르〉에서는 작은아버지가 그토록 주인공을 시기하고 괴롭힙니다. 그 이야기에는 불교의 연기설緣起說이 반영되어 있습니다. 이러한 악연이 전생의 업으로부터 시작된다는 내용이죠. 어쨌거나 초원 민족의 영웅서사시에서는 이처럼 가까운 친척이 음해하는 모티프들이 두드러지게 나타납니다.

또 하나 재미있는 점은 쿄쿄토이의 추도식에 대한 내용입니다. 쿄쿄토이는 마나스의 연장자로서 그를 도와줬던 조력자인데, 이 사람이 죽고 나서 추도식을 하는 장면이 상당히 길게 한 장을 차지하고 있거든요. 그 안에 키르기스인들의 일상 의례와 제사 의식, 예의범절 같은 것들이 복합적으로 축약되어 있지요.

그다음은 마나스의 '북경' 정벌입니다. 여기에 '북경北京'이라는 지명이 등장하지요. 하지만 이 지명이 과연 오늘날의 '베이징'을 가리키는 것인지는 확실하지 않습니다. 유럽에서는 고대의 중국을 가리켜 '키타이'라고 표현하기도 했는데, 〈마나스〉 서사시에도 키타이라는 지명이 등장하거든요. '키타이'라는 이름은 원래 거란족이 세운 나라를 가리킨다고 합니다. 그래서 이것이 당시의 중원 국가를 가리키는 것이냐 아니냐에 대한 논쟁이 지속되고 있지요. 북경이라는 이름은 원래 북쪽에 있는 수도를 가리키는 일반 명사입니다. 그래서 〈마나스〉 서사시 속의 북경이 상대적으로 북쪽에 위치한 어떤 수도를 가리키는 것인지, 아니면 중원 국가의 수도로서 베이징을 가리키는 것인지 분명하지 않은 것이죠. 다음의 정벌이 남쪽과 남서쪽, 즉 코노르바이 정벌에 대한 이야기인 만큼 '북경'이라는 지명은 단지 영웅의 세력 확장 방향을 가리키는 것일 수도 있습니다. 이 정벌에서 돌아온 다음에 마나스는 세상을 떠납니다. 하지만 마나스의 이야기는 끝나지 않습니다. 그의 아들, 그의 손자, 그 뒤로 그 자손들의 이야기가 계속 이어지지요.

〈게세르〉

마지막은 티베트 신화로 더 잘 알려진 〈게세르格薩爾〉입니다. '게세르'는 중국어로는 '거싸얼'이라고 표기됩니다. 앞서도 말씀드렸지만, 게세르는 지역에 따라 게사르라고도 읽힙니다. 그 어음적 유사성에 따라 카이사르, 차르와 같은 어원을 지니는 것으로 유추되기도 하지요.

〈게세르〉 신화의 기원은 거의 11세기까지 소급되기도 합니다. 기원으로 따지자면 초원의 다른 영웅서사시들에 비해 한참 앞서지요. 그런데 이 영웅의 신화에 대한 기원이 무척 다양합니다. 티베트에 기원을 두는 경우도 있고, 히말라야와 시베리아에 기원을 두는 경우도 있습니다. 그래서 그 계통마다 기원의 시점과 이야기의 구조에 상당한 차이가 있지요. 해당 지역의 여러 민족을 통해 이야기가 퍼져나가면서 각 지역의 자연 조건이나 사회 조건에 따라 제각기 지역화한 것 같은 느낌이 강합니다.

공식적으로 영웅서사시 〈게세르〉는 11세기 이래 티베트 민족의 집단적인 지혜가 축적된 문학 작품으로 평가됩니다. 그런데 이 신화의 내용은 중국 안에서만도 티베트족, 몽골족, 투족, 투자족, 나시족, 부미족, 유고족 등 적어도 10여 개의 비한족에게 공유되고 있습니다. 중국의 서북과 서남 지역

그림 11
탕카의 형상을 빌려온
게세르 기념비
(출처: http://www.dege.
gov.cn)

여러 민족들의 신화와 불가분의 관련을 맺고 있는 것이지요.

유고족이라는 이름에서 뭐가 떠오르시나요? 유고슬라비아? 유고족은 슬라브 계통의 민족들, 동유럽에 정착한 민족들과 어떤 관련을 맺고 있을 겁니다. 나시족이나 부미족, 투족 등은 앞의 지도에서 중국 윈난성에 다수가 거주하는 비한족입니다. 즉 히말라야 남쪽의 역사문화공동체들이죠. 그러니까 게세르의 이야기는 동유럽에서 히말라야 남부의 인도차이나에 이르는 광대한 지역에 분포한 여러 민족들의 신화와 모종의 관련을 맺고 있는 것입니다. 실제로 〈게세르〉 신화는 천신이 티베트 고원에 내려와 '게세르 왕'이 되어서 이 지역의 요괴와 마귀들을 제압하고 약자를 구하며 나라를 통일한 뒤 하늘로 돌아가기까지의 영웅적인 사적을 다루고 있습니다.

다양한 지역의 판본 가운데서도 눈에 띄게 두드러지는 대조를 보이는 것이 티베트 판본과 몽골 판본입니다. 몽골 판본은 시베리아 계통의 〈게세르〉 신화로부터 영향을 많이 받았습니다. 반면 티베트나 쓰촨 지역에서 공유되는 〈게세르〉 신화들은 전혀 다른 양상을 보이지요. 티베트 서남부는 쓰촨과 접경한 지역으로, 아까 들으셨던 〈캉딩칭거〉의 고장입니다. 이 지역에는 티베트족뿐 아니라 한족, 회족 등 다른 비한족 민족들이 섞여 살고 있으며 여러 민족 사이의 혼혈이 존재합니다. 이 지역은 몽골 제국의 통치기에 상대적으로 심한 정치적 탄압을 받기도 했기 때문에 그 신화에도 자연스럽게 몽골에 대한 적대적 시각이 반영되었습니다. 이 지역의 게세르 신화 속에서 몽골의 왕은 가장 강력한 적대자 가운데 하나입니다. 하지만 주인공이 스스로의 역사문화공동체를 적대시할 수는 없기에, 몽골 판본에서는 이 강력한 적이 다른 적대자로 대치되고 있지요. 판본에 따라 이처럼 엄청난 차이를 보이기도 하는 것이 〈게세르〉의 영웅서사시입니다.

그림 12는 〈게세르〉 신화를 소재로 삼은 가무극 〈게세르 등극대전〉의 한 장면입니다. 게세르 왕의 등극을 축하하는 제전을 재현한 것이죠. 배경으

그림 12
티베트 가무극 〈게세르 등극대전〉의 한 장면

로 보이는 돔 위의 첨탑은 라마교 사원의 전형이라고 할 수 있습니다. 서울에서도 이와 같은 첨탑을 세운 사원을 찾아볼 수 있지요. 티베트 불교는 사실 티베트 지역에서만 영향력을 끼친 것이 아닙니다. 몽골 제국에서도 상당히 큰 영향력을 행사했고, 청나라의 공식 종교도 티베트 불교였지요. 그러고 보면 당시 초원 민족들에게 가장 폭넓은 영향을 끼쳤던 것이 바로 티베트 불교였던 것 같습니다. 그래서 정서적으로 상당히 긴밀하게 연관되어 있지요. 물론 정치적으로도 밀접한 연관이 있습니다. 다른 한편으로, 티베트 불교는 히말라야 지역의 토착 신앙들과도 불가분의 관련을 맺습니다. 심지어는 불교의 의식 속에서도 샤머니즘적 특징들을 찾아볼 수 있지요.

　이미 짐작하시겠지만, 이와 같은 대형 무대극은 이미 관광 상품으로 개발되어 지방정부의 지원을 받고 있습니다. 지역 개발에서 매우 중요한 위치를 차지하지요. 그런데 〈게세르〉와 관련한 이러한 의식들은 사실 좀 더 복잡한 양상을 띱니다. 여전히 해당 지역의 종교적인 의식으로서 경건하게 다루어지는 한편으로 국가적인 차원에서 산업적 지원을 받고 있기 때문입니다. 종교적인 신성성을 가지고 있는 의식과 홍보와 산업의 일부로

그림 13
게세르 탕카

재창조된 의식이 뒤섞여 공존하는 것입니다.

그림 13은 게세르 왕의 탕카입니다. 게세르는 말을 달리는 경주에서 우승함으로써 왕의 지위와 신성한 왕비를 얻게 됩니다. 그러니 경주에서의 우승은 〈게세르〉 신화의 핵심 모티프라 할 수 있겠죠. 다른 동아시아 영웅서사시의 주인공들처럼 게세르 역시 말을 타고 달리는 초원 민족들의 특성을 강하게 드러내고 있는 셈입니다.

오늘날에도 게세르는 여전히 종교적인 신앙의 대상으로 남아 있기 때문에, 티베트 등지에서는 게세르 왕을 그린 탕카들을 수없이 만나게 됩니다. 전승되는 수량도 많지만 지금도 끊임없이 창작되고 있지요. 우리나라에서도 새로운 절이 세워질 때마다 탱화가 계속 그려지지 않습니까? 티베트 불교도 마찬가지입니다. 게세르 왕의 탕카는 끊임없이 재생산되고 있지요.

이제 〈게세르〉 신화 속으로 좀 더 들어가 보도록 하겠습니다.

초원의 영웅서사시들은 대개 '결연을 통한 동료나 부하의 확보', 그리고

'공동체의 근간이 되는 공주와의 결혼'이라는 모티프를 포함합니다. 이때 영웅의 신부는 대체로 그 공동체를 대표하는 최고의 아름다움을 지닌 사람입니다. 가장 선하거나 가장 젊고 아름답거나 가장 부유한 여성, 혹은 그 조건을 두루 갖춘 신부감이죠. 영웅들은 대부분 이런 대상과 결혼을 하는데, 종종 그 결혼은 한 번 또는 그 이상의 시련을 겪게 됩니다. 다른 적대자가 신부를 납치해 가고, 이로 인해 전투가 일어나며, 승리한 영웅은 신부를 되찾죠. 실제로 칭기즈칸의 개인적인 경험에도 그와 같은 역사가 있었습니다. 첫 번째 부인이 적대자에게 납치되었다가 돌아와서 큰아들을 낳거든요. 이와 같은 사건이 초원의 유목 민족들 사이에서는 적잖이 반복되었던 것 같습니다. 그래서 그와 같은 모티프가 영웅서사시의 주요한 단락으로 자리 잡게 된 것이겠지요.

〈마나스〉의 서사시에서도 말씀드렸듯이, 초원의 영웅서사시에서 결의형제와의 관계는 매우 중요합니다. 생사를 같이하는 동지와의 만남이기 때문이지요. 따라서 그의 죽음은 영웅 자신의 쇠락과 불가분의 관련을 지닙니다. 인류 최고最古의 서사시라 불리는 〈길가메시〉에도 영웅과 그 의형제의 이야기가 등장하지요. 그 신화에서 의형제의 죽음은 불사의 생명에 대한 욕망과 연결됩니다. 이처럼 신화적 영웅이 의형제의 상실을 통해 자신의 삶을 반추하게 되는 구조는 초원의 영웅서사시에서 공통적으로 발견됩니다.

영웅서사시의 구조

조지프 캠벨Joseph Campbell이라고 들어보셨죠? 신화에 관심이 있는 분이라면 모두 고개를 끄덕이실 만큼 유명한 분이죠. 이분은 원래 신화학자가 아니라 신화 수집가였어요. 전 세계의 모든 이야기들을 다 모아서 읽어

보고, 정리해서 분류하고, 번역해서 출간했는데, 이런 과정을 거듭하다 보니까 이야기들이 모두 엇비슷한 구조를 가지고 있다는 사실을 깨닫게 되었지요. 간단히 정리하자면 누군가 일단 집을 떠나서, 어떤 특이한 일을 경험하고, 집으로 돌아오는 이야기가 됩니다. 너무 단순해서 구조라고 말하기도 쑥스러울 정도인데, 또다시 생각해보면 정말 모든 이야기가 이런 구조로 되어 있는 거예요. 사실 우리의 삶 자체가 이 구조에서 크게 벗어나지 않죠.

나중에 종교학자였던 아르놀트 판 헤넵Arnold van Gennep이 쓴 책『통과의례The Rites of Passage』(1909)를 읽은 조지프 캠벨은 신화와 같은 인류의 원형적인 이야기들이 결국은 인간 삶의 본질적인 구조를 반영하고 있다는 결론에 이르렀습니다. 판 헤넵은 개인이 한 단계에서 다른 단계로 이행하는 데서 겪는 어려움을 사회 차원에서 해결하기 위해 고안된 의례들이 있는데, 이 의례들이 사회를 존속시키고 유지하는 데 중요한 역할을 한다는 사실을 피력했습니다. 이것이 바로 '통과의례'입니다. 대표적인 것이 '관·혼·상·제'에 해당하는 의례, 즉 성인식, 혼례식, 장례식, 제사입니다.

어린아이가 어른이 되는 과정, 솔로가 커플이 되는 과정, 살아 있는 사람이 죽은 사람의 세계로 옮겨 가는 과정, 그다음에 죽은 사람이 산 자의 세계로 돌아오는 과정. 이 과정들은 사실 인생에 대단히 큰 영향을 줍니다. 그리고 이 필연적인 과정들에서 개인이 감내해야 할 간극은 너무도 큽니다. 그래서 사회는 개인을 위해, 나아가 사회의 존속과 유지를 위해 통과의례를 마련하게 되는 것입니다. 이 의례의 절차는 대개 개인이 사회를 떠나 어딘가로 가서, 우리가 일상적으로 경험하지 못하는 것을 경험할 수 있는 지역에 고립되어 있다가 다시 일상으로 복귀하는 구조를 가지고 있습니다. 조지프 캠벨은 바로 이러한 분석에 착안해 '출발-모험-귀환'의 3가지 단계

를 거치는 영웅의 모험 도식을 만들어냈습니다.[9]

이 과정에서 일련의 시험, 즉 고립되어 있는 과정에서 일어나는 모험을 제대로 거치고 돌아오는 개인은 영웅으로서 사회에 재통합됩니다. 돌아오지 못하는 사람은 탈락하고 말지요. 모험의 핵심은 보통 가짜와 진짜를 가리는 시험입니다.

〈반지의 제왕〉이라는 영화를 많이들 보셨을 것입니다. 이 영화는 시리즈로 제작되어서 2001년부터 2003년까지 3년 동안 연속으로 개봉했지요. 이 영화의 1부 제목이 바로 '반지 원정대'입니다. 원정을 떠나는 거죠. 길을 떠나면서 함께할 사람들을 모으는 이야기가 그 내용입니다. 또 마지막 편의 제목은 '왕의 귀환'입니다. 왕이 되어 돌아오는 내용이지요. 사실 영화의 주인공은 프로도라고 하는 평범하기 그지없는 중간계 종족이지만, 그의 일행 가운데는 위대한 왕이 존재하죠. 신화 속의 전형적인 영웅이라고 할 수 있는 아라곤 왕입니다. 왕국에서 쫓겨난 계승자가 영웅이 되어 돌아와 왕좌에 오르는 이야기는 전형적인 영웅 신화의 구조를 따르고 있죠. 그리고 그 사이에 두 번째 시리즈가 있습니다. 사실 영화에서는 가장 지루한 전투가 이어지는 내용이었죠. 혹시 제목이 기억나시나요? 네, 맞습니다. 바로 '두 개의 탑'이었죠. 왜 탑일까요? '탑'은 곧 영웅 자신입니다. 영웅 신화에서 모든 싸움은 자신과의 싸움에 다름 아닙니다. 하나의 탑은 과거의 나고, 또 다른 탑은 내일의 나입니다. 어제의 나와 내일의 나. 내일의 나를 찾으면 성공적으로 모험을 마칠 수 있고, 어제의 나를 버리지 못하면 결국 모험에서 돌아오지 못하게 됩니다.

영웅 신화의 도식에서 모험은 보통 12단계로 나뉘지만,[10] 사실 저 안에서 12단계가 언제나 순서대로 나열되는 것은 아닙니다. 중요한 것은 출

---

9   조지프 캠벨 지음, 이윤기 옮김, 『천의 얼굴을 가진 영웅』, 민음사, 2004.
10   크리스토퍼 보글러 지음, 함춘성 옮김, 『신화, 영웅, 그리고 시나리오 쓰기』, 비즈앤비즈, 2013, 47쪽.

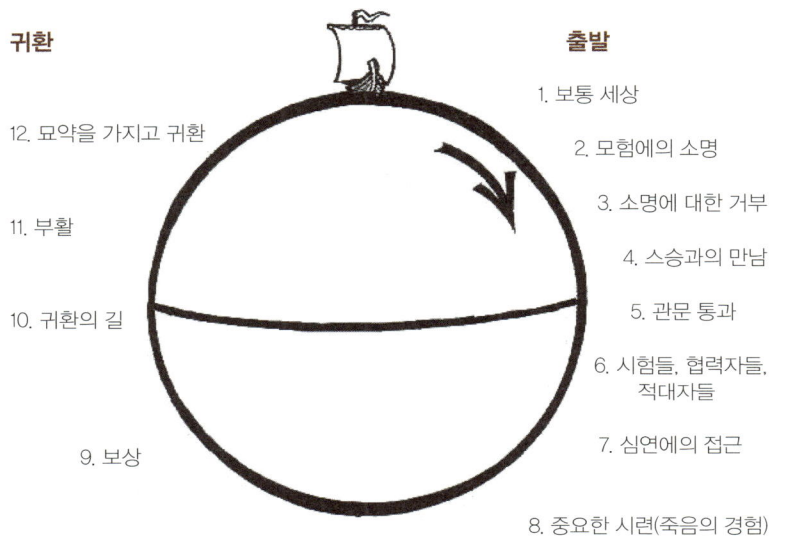

그림 14
영웅의 모험 도식
(조지프 캠벨)

귀환

12. 묘약을 가지고 귀환

11. 부활

10. 귀환의 길

9. 보상

출발

1. 보통 세상

2. 모험에의 소명

3. 소명에 대한 거부

4. 스승과의 만남

5. 관문 통과

6. 시험들, 협력자들,
적대자들

7. 심연에의 접근

8. 중요한 시련(죽음의 경험)

발-모험-귀환의 3단계이지요.

일단 첫 번째 단계에서는 일상 세계가 등장합니다. 우리에게 너무나 익숙한 이 세계를 어떤 사람은 편안하게 받아들이고, 어떤 사람은 벗어나고 싶어 합니다. 벗어나고 싶어 하는 사람들은 모험의 준비가 되어 있는 사람들이고, 편안하게 느끼는 사람은 당연히 모험을 떠나려 들지 않습니다. 그냥 지금 이대로가 좋은데, 갑작스럽게 떠나지 않으면 안 되는 상황에 빠지죠. 이른바 소명이 떨어지는 겁니다. 떠나야만 해요. 하지만 지금 이대로가 좋기 때문에 소명을 거부합니다. 그런데 거부에는 대가가 따르지요. 소중한 무엇인가가 파괴되는 경험입니다. 그래서 그 파괴의 경험과 함께 그걸 파괴하는 사람, 파괴자 내지는 파괴하면서 새로운 길을 가르쳐주는 사람, 스승이라는 존재가 등장합니다.

다음으로 중요한 것은 첫 관문의 통과입니다. 여기서는 다섯 번째로 등장하죠. 관문은 바로 고립으로 들어가는 문입니다. 〈반지의 제왕〉이라는 영화에는 샘이라는 친구가 있어요. 이 친구는 우연히 창문 밑에 있다가 프로도의 모험에 대해 듣게 되는 바람에 원정대의 일원이 됩니다. 전혀 모험 계획이 없었는데 떠나게 되지요. 이처럼 모험에는 준비가 된 사람도 있고, 준비가 안 된 채 끌려가는 사람도 있습니다. 그러나 일단 모험이 시작된 다음에는 돌이킬 수가 없죠. 첫 관문을 통과하게 되면 다시는 돌아오지 못합니다. 돌아오더라도 그 돌아온 집은 예전의 집이 아닌 거예요. 내가 변했기 때문에.

영화 속에서 고향을 떠나는 샘이 옥수수밭 한가운데서 "여기서부터 한 발만 더 가면 어제까지 내가 가본 적이 없는 곳"이라는 말을 합니다. 단지 한 걸음. 그런데 그 한 걸음을 내딛으면, 다시는 돌아갈 수 없지요. 지금 이 순간도 지나가면 '과거'가 되어버리니까요. 앞으로 나아갈 뿐 돌이킬 방법은 없습니다. 관문에는 그와 같이 중요한 의미가 있습니다.

그다음은 함께 모험의 길을 걸어갈 사람들을 만나는 과정이겠죠. 초원의 영웅서사시에서는 동지들을 만나는 과정입니다. 의형제, 동료, 부하들을 만나는 과정이지요. 그리고 사람들을 만나는 이 과정에서 주인공은 끊임없이 시험을 당합니다. 사람에 대해, 목적에 대해, 신념에 대해, 끊임없이 극복해야 할 대상들과 맞부딪치지요. 뒤에서는 쫓아오고, 앞은 낭떠러지고, 독약을 먹거나, 죽었다 깨어나거나…… 이걸 계속합니다. 모험은 어디까지인지 알 수 없는 채 점점 심각해지고 바닥까지 내려가 결국은 죽습니다.

〈반지의 제왕〉의 경우, 주인공 프로도가 중독되어 기절했다가 깨어나는 장면이 서너 번 있었던 것으로 기억합니다. 죽음과 유사한 경험을 반복하는 겁니다. 왜 계속 죽었다가 깨어나느냐 하면, 과거의 내가 완전히 사라지지 않아서, 그를 죽이는 과정을 되풀이하는 겁니다. 과거의 내가 한 번에 죽어야 한 번에 깨어납니다. 과거의 내가 완전히 사라지고 새로운 나를 얻었을 때에야 돌아올 수 있게 되는 거예요.

힘든 일을 겪을 때 보통 '바닥을 쳤다'라는 비유를 사용하지요? 그런데 바닥을 쳤다는 사실을 언제 알 수 있을까요? 그런 경험이 있으세요? 아, 이제야 바닥을 쳤구나, 하는 깨달음을 얻은 경험. 바닥으로 떨어질 때는 바닥이 어딘지 모릅니다. '도대체 어디까지 떨어져야 끝나는 거야?'라는 생각을 하게 되죠. 모험이 계속될 때는 사실 정말 죽을 것 같은데, 그런데도 자꾸만 더 힘들어지면서 마냥 죽을 것 같은 거예요. '대체 언제 이 상황이 끝나지' 하는 생각이 들죠. 그런데 바닥을 쳤다고 하면, 대개는 '아, 이제 숨을 쉴 수 있을 것 같아'라고 느끼는 바로 그때입니다. 이제 올라가나 보다 싶을 때. 바닥을 치고 난 다음에야, 우리는 그 사실을 알게 되죠. 그제야 비로소 귀환의 여정이 시작되는 거예요. 물론 이 귀환의 여정이 지난하고 지루한 경우도 있지만, 죽음을 경험하고 난 뒤에는 대개 순조로운 귀환의 수순을 밟게 되죠.

〈게세르〉 신화에서 영웅은 끊임없이 성장을 위한 시련을 경험합니다. 왕이 된 뒤에도 주술에 걸려 나귀로 변하기도 하면서 7년 동안이나 남의 방앗간에서 가축으로 부림을 당하지요. 그래서 나중에 주술이 풀리고 나서는 그 적대자인 마왕 망가스를 죽이고, 한때 자신이 가장 사랑했던 첫째 왕비마저 죽이고 맙니다. 왕비가 마왕의 속임수에 넘어가서 게세르를 배신했거든요. 게세르 왕의 신화를 보면, 주인공이 한 번은 용서를 하지만 두 번은 용서하지 않습니다. 이런 구조로 보아 주인공의 죽음과 같은 고통이 때로는 한 번에 끝나지 않고 반복된다는 것을 알 수 있습니다.

중국 비한족 신화의 위상과 신화 다시 쓰기

자, 그러면 이제 이 영웅 신화들이 중국에서 어떻게 활용되고 있는지 한

번 살펴보겠습니다.

거듭 말씀드리지만 다민족 국가인 중국에서 한족은 압도적인 비율을 차지하며, 비한족들은 영토 내의 특정 지역에 밀집해 있는 편입니다. 예를 들면 동북, 서북, 서남 지역 등이죠. 동남 지역을 제외한 삼면을 비한족 지역이 에워싸고 있는 형국입니다. 이 동남 지역 가운데 황하를 중심으로 하는 지역을 중원이라 부릅니다. 그리고 그 아래쪽을 강남江南이라고 하지요. 중원과 강남은 전통적으로 중원 문화, 즉 중화 문화의 핵심 지역이었습니다. 한족의 문화 권역이라고도 할 수 있겠지요. 나머지 지역은 모두 '변방'이었습니다.

제가 중국 신화를 전공했다고 하면 많은 분들이 동북공정에 대한 이야기를 하십니다. 그런데 중국 내의 비한족 지역은 동북에만 존재하는 것이 아닙니다. 오히려 서북과 서남 지역이야말로 한족과 다른 민족들이 집중적으로 거주하고 있는 신화의 보물 창고지요. 수적으로나 양적으로나 다양하고 풍부한 이야기들이 존재합니다. 그러니까 동북공정만 있는 것이 아니라, 서북공정과 서남공정도 있습니다. 우리 입장에서는 매우 민감하게 반응할 만한 문제일 수 있지만, 이 문제는 좀 더 거시적인 차원에서, 그러니까 중국 내 비한족 지역 전반에 대한 정책적인 차원에서 살펴볼 필요가 있습니다. 한족과 비한족의 대비라는 입장에서 말이죠.

여기서 '한족'이라는 역사문화공동체에 대해 좀 짚어볼 필요가 있습니다. 한족은 우리가 얼핏 생각하는 것과 달리 혈연 집단이 아니라 일종의 언어, 문자, 문화 공동체입니다. 물론 중국의 역사에는 기원전 200년쯤부터 기원후 200년까지 400년 동안 한漢이라는 나라가 존재했습니다. 그렇다면 한족이 이 중국 역사상 두 번째 통일 왕조의 후예인가? 그렇지 않습니다. 그러나 이 시기에 오늘날 우리가 '중국'이라고 일컫는 단일한 문화 정체성이 형성된 것만은 분명합니다. 문자와 서체의 정비, 유학의 경전화, 역사를 기록하는 방식, 역사를 기록할 종이의 발명 등 중국을 환기하는 수많은 문화적 창조가 이 시기에 집중적으로 이루어졌습니다. 그래서 동아시아의 지역에서는 중국 문화를 얘기할 때 일반적으로 '한'이라는 접두사를 사용합니다. 한자, 한문, 한시, 한어, 한족. 그리고 이와 같은 정체성에 동의하고 그 문화를 수용한 사람들은 서서히 한족이라는 공동체에 동화되어 왔습니다. 2천 년이 넘는 역사를 통해 하나의 민족을 형성해온 것입니다. 이런 방식이라면 현재는 90퍼센트에 이르는 한족이 언젠가는 100퍼센트가 될지도 모르겠습니다.

이와 같은 역사문화공동체의 정체성 확립에서 신화는 매우 중요한 역할을 담당합니다. 영웅 신화의 구조에 대해 설명하는 과정에서 확인한 바와 같이, 통과의례는 개인의 사회 통합이라는 기능을 수행합니다. 종교학자들의 견해에 따르면, 영웅 신화의 도식에 부합하는 그 수많은 이야기들이 모두 이러한 의례들을 보조하는 언어적 상관물로 기능하지요. 〈장가르〉가 몽골인을 단합시키는 구심점 역할을 담당하고, 〈마나스〉가 키르기스인의 자립과 고토의 수복에서 원동력으로 작용하며, 〈게세르〉가 티베트의 독립에서 민족적 자긍심을 고취하고 있는 것처럼 말입니다. 다른 한편으로 이 이야기들은 '중화인민공화국의 3대 영웅서사시'로서 비한족을 포함하는 다민족 국가로서의 중국의 이미지를 제고하고 이국적인 문화 취향을 전시함으로써, 국제적인 관광지로서 중국의 위상을 홍보하는 역할을 수행하기도 합니다. 중국 내에 거주하는 수많은 비한족의 신화들은 대부분 이와 같이 양가적인 사회적 위상을 지니고 있는 셈입니다. 다시 말해 중화인민공화국이라는 경계 안에서는 국가와 민족의 단합을 위해 기능하는 신화들이 그 경계 밖에서는 주변의 다른 역사문화공동체들, 예를 들어 우리나라에서 한반도와 한민족에게 고유한 것으로 간주되는 신화들과 중첩되기도 하고 어긋나기도 하면서 갈등을 일으키게 되는 것이죠. 그러니 필연적으로 우리는 동북공정에 대해 예민해질 수밖에 없는 겁니다.

요즘 중국에서는 '신화 다시 쓰기重述神話, Rewriting Myths'라는 학술 경향이 상당히 주목받고 있는 듯합니다. '신화 다시 쓰기'라는 명명은 '동북공정' 등의 경험에 비추어 중국의 패권주의를 경계하게 만드는 효과가 있지만, 이와 같은 학술 경향이 중국 정부의 주도로 시작된 것은 아닙니다. 그 계기를 제공한 것은 이른바 '세계신화총서'의 발간이었습니다. '세계신화총서'는 스코틀랜드 캐논게이트 출판사의 수석 편집자이자 발행인인 제이미 빙이 기획하고, 1999년부터 7년 동안 전 세계 33개 출판사와 협의를 거쳐 추진해온 21세기 최대의 국제 출판 프로젝트입니다. 프로젝트의 내용은 예술적인 측면에서 명망을 얻고 있는 참여 국가의 작가들을 섭외해 해당 문화권이나 국가, 민족 등에 고유한 신화 소재로 새로운 문학 작품을 창작하게 하자는 것입니다. 구체적으로는 2038년까지 백 명의 작가에게 백 권의 신화 문학을 창작하도록 함으로써 새로운 문학 총서를 발간하자는 것이지요. 지금까지 인류에게 남아 있는 중요한 신화들을 소재로 문학 작품들을 창작하고 이를 '세계신화총서'라고 명명하자, 그리고 계약을 맺은 30여 개의 출판사가 동시에 번역해서 동시에 출간함으로써 새로운 세기의 '문학 총서'로 삼자는 계획에 전 세계 30여 개의 출판사가 동의를 한 것입니다. 20세기에 전 세계의 국민 문학이 총서로 기획 발간되었다면, 21세기에는 전 세계의 신화가 문학 총서로 재탄생하고 있는 셈이죠.

우리나라에서는 문학동네 출판사가 이 프로젝트에 참여했고, 중국에서는 충칭출판그룹重慶出版集團이 참여했습니다. 요즘 중국에서는 출판사들이 대부분 미디어 그룹으로 변신을 꾀하고 있어서, 기존의 출판사들이 대부분 출판을 포함하는 미디어 그룹으로 거듭나고 있습니다. 이와 같은 명명에서도 그 변화를 확인할 수 있지요.

다시 '세계신화총서'로 돌아가보겠습니다. 현재 이 총서 기획에 속하는 책들은 이미 어느 정도 출간이 진행되고 있습니다. 총서의 첫 번째 책은 우리나라에서 『신화의 역사』라는 제목으로 출간되었지요.[11]

이 책은 총서에서 유일하게 소설이 아닌 인문서입니다. 카렌 암스트롱이라는 작가가 쓴 일종의 신화 연대기이지요. 구석기 신화에서 시작해서 신화 전설의 시대, 역사 전설의 시대에 이르기까지 현존하는 인류의 신화들을 통해 신화의 필요성을 역설하는 내용을 담고 있습니다. 저자는 인류의 역사에서 신화의 영속성을 강변합니다. 신화는 오늘날까지 살아남았고, 앞으로도 영원히 살아남을 것입니다. 인간의 실존이 그것을 필요로 하기 때문이지요. 그러니 우리가 살고 있는 이 시대를 위한 새로운 신화가 새로이 탄생할 필요가 있는 것은 아닐까? 인류의 삶이 새로운 이야기, 새로운 신화를 요청하기 때문에 이 시대에는 이 시대를 살고 있는 사람들의 신화가 필요하다는 것이 저자의 주장이지요.

『신화의 역사』는 이와 같이 '세계신화총서' 프로젝트의 취지를 밝히는 선언과도 같은 내용입니다. 이 첫 번째 책 이후 '세계신화총서'는 2016년까지 열세 권이 발간되었습니다. 모두 신화를 소재로 '다시 쓰기'를 한 소설들이지요. 일본, 영국, 아일랜드, 스코틀랜드, 이스라엘이 두루 포함되는데, 아직 한국에서는 계약된 작가가 없는 것으로 알고 있습니다. 반면 중국 작가는 이미 네 명이지요. 열세 권 가운데 네 권이 중국 작가의 작품입니다.

'세계신화총서' 프로젝트의 목표는 고대 신화의 재발간이 아닙니다. 고대의 신화를 그대로 전승하는 게 아니라, 인류의 신화를 토대로 새로운 문학을 창조하는 데 목적을 두고 있지요. 말하자면 이 기획은 새로운 시대, 21세기를 위한 새로운 문학 작품 전집을 지향하고 있습니다. 다들 예전에 집에 세계명작전집 같은 책이 한 질씩은 다 있으셨잖아요? 서재나 거실에

---

11   카렌 암스트롱 지음, 이다희 옮김, 『신화의 역사』, 문학동네, 2005.

일종의 국민문학총서라고 할 수 있는 책들이 진열되곤 했었죠. 과거에는 그런 기획 출판 도서들이 무척 많았습니다.

이제는 국민 문학, 세계 문학의 시대가 가고 드디어 신화 문학의 시대가 온 것입니다. 이런 프로젝트를 통해서 출판 문화를 다시 활성화시키고, 문학의 죽음이니 위기니 하는 문제들을 극복하면서 문학을 되살릴 수 있지 않을까? '세계신화총서'는 바로 이런 취지에서 시작된 것입니다.

총서의 첫 번째 책인 『신화의 역사』에서 저자인 카렌 암스트롱은 이런 입장을 표명했습니다.

> 오늘날에도 여전히 삶을 위해 '신화'를 필요로 하는 '인간'의 실존적 특성을 강조하고, '지금, 여기, 우리'의 삶을 이야기 할 새로운 시대의 "신화 다시 쓰기"를 제안한다.

이 책은 무겁지 않으면서도 내용이 충실해서 시간이 나실 때 한번 읽어 보실 만합니다. 구석기 시대부터 현대에 이르기까지 인류 발전의 역사를 신화의 흐름에 맞추어서 정리를 했기 때문에 흥미롭기도 하고요. 글 자체가 술술 잘 읽히고 번역도 상당히 유려해요.

앞에서도 말씀드린 것처럼, '어제와 다른 나'를 위해, 그러니까 개인의 성장을 위해 필요한 서사가 영웅 신화라고 한다면, 그와 같은 구조를 가진 이야기는 새롭게 다시 창작된다 하더라도 언제나 사람들한테 같은 감동 내지는 같은 울림을 줄 수 있을 겁니다. 그래서 현재적인 예술적 감각이 있는 작가들을 통해 오늘날의 현실에 부응하는 새로운 신화를 창조하자는 취지인 것입니다. 보편 신화의 관점에서 인류에게 이로운 신화 문학을 창조해보자는 시도이죠. 원래의 취지는 그러하지만, 이 문제가 중국에서는 조금 다른 의미로 받아들여지는 측면이 있는 것 같습니다. 다민족으로 구성된 사회의 통합을 위해, 국가적 단합을 위해 신화의 기능이 절실하기 때문이겠지요. 제가 처음에 민족국가의 영토 경계에 대한 부분은 잠시 뒤로 미뤄두자고 말씀드렸었는데, 현재 중국의 신화 다시 쓰기에서는 이렇게 다시금 민족국가의 영토 경계 개념이 불쑥 앞을 가로막습니다.

그림 15
소설 『거싸얼 왕』

일단 중국에서 이 신화 다시 쓰기 작업에 참여하고 있는 작가는 쑤퉁, 리루이, 예자오옌, 아라이 이렇게 네 명입니다. 모두 중국 내에서 인지도가 높거나 국제적인 명망을 얻고 있는 작가들이지요. 실은 제가 이 중에서 아라이라는 작가의 작품인 『거싸얼 왕』(원제『格薩爾王』)[12]을 번역했습니다. 거싸얼 왕, 그러니까 게세르 신화의 모티프를 소재로 삼고 있는 작품입니다.

다른 작가들의 책은 국내에서 각각 『눈물』(원제『碧奴』)[13], 『사람의 세상에서 죽다』(원제『人間』)[14], 『후예』(원제『后羿』)[15]라는 제목으로 출간되었습니다.

이 가운데 『사람의 세상에서 죽다』와 『눈물』은 중국의 민간 전설에서 모티프를 가져온 작품입니다. 4대 민간 고사인 〈맹강녀 이야기〉, 〈백사전 이야기〉, 〈동영과 칠선녀 이야기〉, 〈양산백과 축영대 이야기〉 중 앞의 두 이야기가 소설로 '다시 쓰기'된 것입니다. 중국에서 국가급 비물질 문화유산으로 등재되어 기념우표까지 발행된 이야기들이 인류의 21세기를 대표하는 새로운 시대의 신화로 거듭나고 있지요.

다음으로 『후예』는 중국의 고전에 실려 있는 신화입니다. 이처럼 문자로

12　아라이 지음, 문현선 옮김, 문학동네, 2016.

13　쑤퉁 지음, 김은신 옮김, 문학동네, 2007.

14　리루이 지음, 김택규 옮김, 시작, 2010.

15　예자오옌 지음, 김은신 옮김, 문학동네, 2014.

남아 있는 신화들을 문헌 신화라고 하지요. 앞의 두 가지가 민간에서 구술로 전해지는 구비 신화였던 것과 대비됩니다. '후예'는 문헌 신화 속 영웅의 이름입니다. '후'는 제후라는 뜻이고, 실은 '예'가 이름이지요. 예는 활을 매우 잘 쏘는 궁술의 신이었습니다. 그런데 '활 잘 쏘는 사람' 하면 누가 떠오르세요? 딱 '주몽'이라는 이름이 기억나지요. 우리 신화 속의 주몽도 활 잘 쏘는 사람이었지요. 이처럼 활을 잘 쏘는 능력은 몽골이나 여진, 만주 등 서북과 동북을 막론하고 중원 북방의 역사문화공동체들에서 두드러지는 고유한 특징입니다.

여기서 잠깐 『산해경』 이야기를 해보겠습니다. 앞서 고대 중국의 상상 지리서로서 풍부한 신화 에피소드를 담고 있는 책이라고 말씀드렸는데, 바로 그 책에 이 예라는 신화적 영웅이 등장합니다. 이 책에 따르면, 예는 동이족東夷族의 수장으로서 천제로부터 붉은 단궁丹弓과 하얀 소전素箭을 받아 하늘에 떠 있는 열 개의 해 가운데 아홉 개를 떨어뜨리면서 세상을 구한 영웅입니다.

이 이야기는 우리 신화 속 '소별왕 대별왕' 이야기와 매우 흡사하지요. 제주 신화 〈천지왕 이야기〉 속의 신화 에피소드 말입니다. 거기에는 천지왕의 두 아들이 떠오른 두 개의 해 때문에 고생하는 사람들을 위해 하나의 해만 남기는 내용이 담겨 있습니다. 사실 이런 모티프는 몽골이나 중국 서남부 여러 민족의 신화에도 공통적으로 등장합니다.

하늘과 땅 사이 세상 만물이 오늘날과 같은 형태로 재구성된 이야기, 이러한 신화를 창조 신화에서는 '천지 조정 신화'라고 합니다. 해가 여러 개 있어서 다 없애고 하나만 남겼다, 달이 여러 개 있어서 다 없애고 하나만 남겼다, 이런 이야기들입니다. 그래서 오늘날 우리는 하나의 해와 하나의 달을 보고 있는 거죠.

어쨌거나 '세계신화총서' 속 중국 신화는 이처럼 중국의 민간에서 전해지는 구비 신화와 한족의 문헌 신화 등 다양한 원천 서사^{source narrative}에서 소재를 취하고 있습니다. 그 마지막 이야기가 바로 티베트와 몽골 등 서북부 민족들 사이에서 공유되는 〈게세르〉 이야기이지요. 소설 『거싸얼 왕』을 쓴 작가 아라이는 현재 쓰촨 지역의 작가협회 주석으로 티베트계 작가입니다. 아라이는 쓰촨성의 티베트족 지역에서 나고 자랐습니다. 〈캉딩칭거〉의 고장이죠. 다시 말해, 이 소설은 중국 내 티베트계 작가가 쓴 티베트 신화 문학 작품입니다. 그리고 티베트 작가가 썼기 때문에 그 소설의 원천이 되는 신화는 당연히 티베트 지역의 〈게세르〉 이야기가 되겠지요. 민간의 구비 신화와 문헌에 실린 한족 신화, 그리고 비한족을 대표하는 티베트 신화가 나란히 '중국 신화'로서 '다시 쓰기'되어 21세기라는 새로운 시대를 대표하는 인류의 '보편 신화'로 자리매김하고 있는 셈입니다. 그러니 중국 안에서 이 '신화적 사건'이 얼마나 의미심장하게 받아들여질지 어느 정도 짐작되실 겁니다.

이제 신화 본연의 이야기로 되돌아가보겠습니다. 신화는 인간이 지어낸 최초의 이야기이지요. 문자 기록이 남아 있지 않은 시절에 대한 '태초의 이야기'가 지금까지 전승되어 남아 있는 겁니다. 그런데 아까 말씀드린 것처럼 이 이야기들의 최종적인 형태는 우리가 쉽게 떠올리는 것보다 훨씬 후대에 정리되었습니다. 예를 들어 지금 연구되고 있는 〈장가르〉나 〈마나스〉, 〈게세르〉 등의 최종 판본은 거의 15세기 이후의 자료들입니다.

물론 이 이야기들을 전하는 사람들은 신의 선택을 받았기 때문에 그 이야기를 한 글자도 고칠 수 없다고 합니다. 그것이 이야기를 전하는 사람들의 운명이죠. 아라이의 『거싸얼 왕』에서 소설의 주인공은 신화 속의 영웅인 게세르 왕이지만, 또 다른 주인공은 신으로부터 선택받아 그 신화를 전하는 이야기꾼이 된 진메이라는 인간입니다. 진메이는 평범한 양치기였다가 신의 선택을 받아 게세르치가 되었고, 나중에는 그 신화 전승의 능력을 잃고 평범한 삶으로 되돌아옵니다. 게세르치로서 신에게 받은 이야기를 자신의 것으로 받아들이기 위해 갈등하고 고뇌하는 진메이의 여정이 소설의 주된 줄거리이지요. 소설은 한편으로 게세르 신화를 구술하면서 다른 한편으로 그 이야기를 전하는 게세르치 진메이의 인간적인 갈등과 시련을 보여줍니다. 저는 처음에 이러한 이중 구조가 소설을 흥미롭게 만드는 가장 중요한 요소라고 생각했습니다. 여러 가지 여건상 제가 처음 이 문학 작품을 읽으면서 느꼈던 모든 감정을 번역이라는 형태로 다 담아내지 못했다는 사실이 아쉬울 뿐입니다. 저는『거싸얼 왕』이라는 소설이 아라이라는 티베트계 중국 작가가 지니고 있는 양가성을 반영하는 문학 작품이라고 생각합니다. '게세르'라는 이름이 '거싸얼'로 표기되는 현실이나, 이야기 속의 진메이가 신으로부터 선택받아 그의 이야기를 전하는 과정에서 이야기의 흔적들을 하나씩 확인해나가는 과정, 그리고 신으로부터 전해 들어서 아는 이야기와 자신이 확인한 사실이 서로 위배될 때 느끼는 딜레마 등이 한족과 비한족 사이, 고대와 현대 사이, 신화와 소설 사이의 경계에 위치한 아라이라는 작가의 정체성과 맞물리고 있다고요.

　이처럼 고대의 신화 모티프가 현대 작가를 통해 새로운 믿음을 형성하는 문학 작품으로 재탄생할 수 있다는 신념이 '세계신화총서' 기획을 이끌어온 원동력이라 할 것입니다. 그리고 이러한 작업의 타당성이나 정치적 올바름에 대해서는 또 다른 고민과 비평이 필요할 테지요. 이는 또한 고대의 신화 연구에서 한 발 물러나 '구조로서의 신화'를 연구하기로 한 제가 가장 관심을 가지고 있는 영역이기도 합니다. 오늘날에도 살아서 나름의 역할을 수행하고 있는 신화, 또는 신화적 이야기, 이른바 '현대의 신화'라 불리는 이야기들은 무엇을 말하고 있을까요? 다음에서 다루게 될 중국 애니메이션 〈나의 붉은 고래 大魚海棠〉가 어쩌면 그 답을 해줄지 모르겠습니다.

중국 애니메이션 〈나의 붉은 고래〉

혹시 이 포스터를 보신 적이 있나요? 혹은 극장에서 이 애니메이션을 보셨나요? 이것은 2016년에 국내에서도 개봉한 중국 애니메이션 〈나의 붉은 고래〉(2016)의 포스터입니다. 중국어 원어명은 〈대어해당大魚海棠〉이지요. 중국에서 이 작품은 중국 애니메이션 역사상 최고의 쾌거라 불립니다. 중국적인 아름다움을 2D와 3D의 결합으로 잘 구현해낸 성공적인 장편 애니메이션 작품으로 대중성과 예술성을 동시에 만족시키는 수작이라는 평가가 대부분입니다. 중국에서는 애니메이션이 개봉하는 것과 동시에 관련 기사와 연구 논문들이 쏟아

그림 16
〈나의 붉은 고래〉 포스터

져나오기 시작했고, CNKI와 같은 중국 학술 사이트에서 검색하면 다수의 학위 논문, 학술지 논문, 기사들이 나오지요. 현재 약 500편 이상의 기사와 논문이 검색됩니다. 이 애니메이션은 내용이나 형식 면에서 '중국적 아름다움'을 잘 구현해냈을 뿐 아니라 3D라는 최첨단의 과학 기술을 예술적으로 승화시키는 데 성공한 작품으로 다른 작품들과 비교될 정도의 호평을 받고 있습니다.[16] 정말 그런지 궁금하신가요? 국내에서 개봉했던 작품이기 때문에 현재는 포털 사이트에서 직접 다운로드해서 보실 수도 있습니다.

이 애니메이션을 감독한 량쉬안梁旋은 중국의 카이스트라고 할 수 있는 칭화대 출신입니다. 2004년에 처음으로 이 작품을 구상하고 7분짜리 단편 애니메이션으로 선보인 바 있는데, 그 이후 장편 애니메이션 대작을 완성

---

[16] 특히 2015년 개봉해 큰 인기를 끌었던 〈대성귀래大聖歸來〉와 같은 3D 애니메이션과 비교된다. 〈대성귀래〉가 할리우드 애니메이션이나 재패니메이션의 영향을 과도하게 드러내는 반면, 〈대어해당〉은 3D 기술이 돋보이면서도 중국적인 특색을 잃지 않았다는 것이 평가의 핵심이다.

하기까지 12년의 시간이 걸린 셈입니다. 투자, 기술 등 여러 가지 측면에서의 문제가 있었겠지요. 하지만 2000년대 이후 중국에서는 애니메이션 제작에 대한 국가적인 차원에서의 지원이 확대되고 있으며, 이 작품 또한 그러한 지원의 혜택을 적잖이 입은 것으로 알고 있습니다.

이 작품은 2016년 금마장상에 노미네이트되었습니다. 금마장상은 중화 문화권에서 유서 깊은 영화제이죠. 홍콩, 타이완을 비롯해 중국 대륙과 화인 문화권까지 통틀어 중국계 영화인들의 대잔치라고 할 수 있습니다. 실사 영화들과의 경쟁에서 밀려 수상은 못했지만, 중화 문화권 내에서 분명한 위상을 차지하고 있는 것만은 분명합니다. 그 이후 2017년에는 부다페스트 국제 애니메이션 영화제에서 최고 작품상을 수상하기도 했습니다. 시체스 영화제, 런던 국제 영화제 애니메이션 부문 후보로도 오르는 등 국제 영화제에서 수상 경력이 화려한 작품입니다.

그런데 저를 포함해서 이 애니메이션을 관람한 한국 관객들은 별다른 감흥을 느끼기 어려운 것 같습니다. 서사 구성도 허술하고 주인공도 그다지 매력적이지 않지요. 더욱이 애니메이션 작품에서 이와 같은 신화적 이야기 구조는 매우 보편적이어서 전혀 신선한 구석이 없습니다. 영웅 신화의 구조에서 보더라도 어딘지 부족하고 어설픈 부분들이 자꾸만 발견됩니다. 하지만 중국 내부의 관점에서 다시 한 번 들여다보면, 이 작품이 지닌 나름의 가치가 두드러집니다. 먼저 이 애니메이션은 중국의 고전『장자莊子』에 실린 우언寓言으로부터 시작합니다.『장자』에는 고대 중국의 신화에서 소재를 취한 알레고리들이 적잖이 실려 있죠.

『장자』의 첫 장인 「소요유」에 이런 이야기가 있습니다.

북쪽 바다에 물고기가 있는데 그 이름을 곤이라고 한다.
곤의 크기는 몇천 리가 되는지 알 수 없다.

이어서 등 길이가 몇천 리에 이르는 이 어마어마한 크기의 물고기는 새로 변하는데, 그 거대한 새는 한 번 날기 시작하면 구만 리를 간다고 합니다. 매우 『장자』다운 이야기지요. 이 이야기로 애니메이션이 시작되는 겁니다. 그런데 어떻게 끝이 날까요? 애니메이션 속에서 저 거대한 물고기는 바로 '인간의 영혼'입니다. 우리가 사는 세상의 사람들이 죽으면 그 영혼은 물고기가 되어 다른 세계로 갑니다. 그런데 그 세계는 우리가 사는 세상의 바다 밑에 있습니다. 그래서 그들의 하늘이 곧 우리 세상의 바다이지요. 그 세계의 사람들은 열여섯 살이 되면 커다란 고래로 변해서 사람 세상으로 구경을 나옵니다. 어쩐지 익숙한 설정이지요? 인어공주도 열여섯 살에 바다 위 세상을 구경하러 나오지요. 다른 세상을 구경하는 것, 이는 신화적 구조에서 성인으로의 입문을 위한 첫 관문 통과의 의식과 연관됩니다. 어쨌거나 저 세계 사람들은 고래로 변해 이 세계로 오고, 이 세계 사람들은 죽어서 저 세계로 갑니다. 고래가 되어서요. 이 세계든 저 세계든 사람의 영혼은 물고기로 변해 서로 다른 세상을 오고가는 거지요. 애니메이션 속에서 물고기가 된 이 세계의 영혼은 저 세계로 내려갔다가 다시 이 세계로 돌아와 새로운 생명으로 탄생됩니다. 저 세계의 영혼도 그 길을 같이 따라와 새로운 생명으로 탄생하죠. 그리하여 새로운 인류의 탄생으로 이야기가 끝납니다. 그리고 그 이야기를 전하는 사람은 그들 가운데 아주 오래 산 사람입니다. 좀 더 분명히 밝히자면, 저 세계에서 태어나 우리가 사는 세계로 와서 인간으로 오랜 삶을 살아온 영혼입니다. 그 신화적 사건을 직접 경험한 사람이 전하는 만큼 이 애니메이션은 아주 '믿음직한' 이야기가 됩니다. '현대의 신화'가 되는 셈이죠.

　애니메이션 〈나의 붉은 고래〉는 도가 사상을 대표하는 사상가 장자가 쓴 곤과 붕의 신화를 가져와서 전체적인 틀을 세우고, 그 안에 중국의 문헌 신화에 나오는 신화적인 인물들을 잔뜩 끌어들입니다. 혹시 '신선 적송자'라고 들어보셨나요? 고대 중국 회화를 보면 학을 타고 날아가는 도사의 형상이 자주 보이는데, 그 곁에 소나무 한 그루라도 있으면 거의 100퍼센트 적송자입니다. 신선 세계의 대표 주자인 셈이죠. 그런데 애니메이션에도 바로 이 신화적인 인물이 등장합니다. 학을 타고 날아가는 신선을 보면서 애니메이션의 주인공은 "송자 오빠松子哥"라고 외쳐 부릅니다. 적송자 오빠를 만나고 나면 또 그 곁에 누조嫘祖 언니가 있습니다. 누조는 쓰촨 지역에 전승되는 신화 속 양잠의 여신이지요.

그러니까 이 애니메이션에는 중국 안에 있는 각 지역 문화권의 신화 인물들이 맥락 없이 등장하고 있는 겁니다. 애니메이션 전반에 걸쳐 중국 각 지역, 각 민족의 문화 요소들이 두서없이 나열되다가 맨 마지막에는 '이 세계'에 한 쌍의 새로운 인류-남녀가 탄생하는 것으로 갈무리되는 거예요. 새로운 인류의 탄생은 창조 신화의 전형적인 모티프이지요. 그리고 '이 세계'는 의심할 여지없이 중화인민공화국이라는 다민족 국가를 환기하고 있습니다.

또한 애니메이션 전반에 걸쳐 붉은색, 꽃등, 풍등, 홍목 가구, 당초 문양, 폭죽, 치파오 등 중국을 떠올리게 하는 다양한 이미지들이 망라됩니다. 그 가운데는 사실 재패니메이션을 통해 익숙해진 이미지들도 존재하죠. 그런데 그 이미지들에 대해서 중국 사람들은 또 이렇게 이야기합니다. 다 중국에서 일본으로 전래된 것이라고요. 재패니메이션이 중국 고전의 수많은 모티프들을 인용해왔던 것은 부인할 수 없는 사실이죠. 또 일본 전통 문화 속의 수많은 요소들이 중국으로부터 전래된 것도 사실이고요. 하지만 일본 전통 문화의 모든 것이 중국으로부터 전래된 것은 아니고, 전래된 것이라 해도 분명 일본적인 것으로 변모했을 겁니다. 재패니메이션 속의 중국 이미지들도 마찬가지죠. 문제는 이처럼 사실과 사실 아닌 것이 망라되어 있을 때, 우리가 100퍼센트 사실만을 정확하게 가려내는 일이 점점 어려워진다는 데 있습니다.

폭죽에 대해 잠간 이야기해보겠습니다. 폭죽은 고대 중국의 4대 발명품 가운데 하나이고, 오늘날에도 중국을 생각하면 떠오르는 상징물이지요. 그래서 이 애니메이션에도 등장하지만 오늘날 중국의 현대 영화 속에는 유난히 폭죽 터지는 장면이 자주 등장합니다. 2008년 베이징 올림픽 개막식에서도 폭죽 연출이 가장 인상적이었죠. 그런데 이 발명품은 근대에 이르러 중국과 중국인들에게 뼈아픈 기억을 남기기도 했습니다. 중국의 4대 발명품 가운데 하나인 폭죽이 그들 자신의 맥락에서는 여흥의 도구가 되었는데, 서구로 넘어가서는 총포로 발전해 제국의 몰락을 이끄는 기폭제가 되었거든요. 중국 고대사의 마지막 왕조인 청 제국이 바로 그 포화로 사라졌죠. 아픈 기억이 아닐 수 없습니다. 그런데 2000년대 이후 중국이 G2로서 국제적인 영향력을 행사하게 되면서 그 폭죽은 다시금 중국의 시그니처가 됩니다. 경제적인 번영과 문화적인 성취의 상징으로서요.

이제 애니메이션의 신화적 이야기 구조로 다시 돌아가도록 하겠습니다.

주인공의 세계는 다른 세계[異界]입니다. 이 다른 세계는 바로 우리의 바다 밑바닥, 해저에 있습니다. 천상, 지상, 지하로 나뉘는 3차원적 신화관에서 해저는 지하와 동일시됩니다. 천상이 상급의 세계라면, 지하는 하급의 세계입니다. 이 세계에는 신도 사람도 아닌 '주인공'이 살고 있습니다. 그리고 그들은 우리의 영혼을 관장하는 존재입니다. 인간의 영혼을 관장하는 이 하급 세계의 하늘이 바로 우리 세계의 바다입니다. 영혼을 관장하는 이들은 열여섯 살이 되면 우리 세계를 탐색하러 옵니다. 신화적인 구조에서 열여섯 살은 성인식을 앞두고 있는 입문자에 해당하죠. 바다로 나오는 것은 곧 '첫 번째 관문'을 넘는 일입니다. 이 모험을 무사히 마치고 돌아가면 그 사람은 자신의 세계에서 한몫을 하는 '어른'이 될 겁니다. 주인공인 '춘椿'도 커다란 물고기로 변해 우리 세계의 바다로 나오지요. 그리고 한 소년을 만납니다. 우리 세계의 사람이죠. 이 소년은 '춘'을 살리기 위해 꽃다운 목숨을 희생합니다. 그리고 그 영혼은 춘의 세계로 가지요. 애니메이션의 줄거리는 춘이 소년의 영혼을 우리 세계로 돌려보내기 위해 분투하는 과정에 초점이 맞춰져 있습니다. 결국 소년의 영혼은 우리 세계로 돌아옵니다. 그러나 소년을 사랑하게 된 '춘'도 그의 뒤를 따릅니다. 이 과정에서 소녀는 많은 것들을 희생하게 되죠. 혈족을 잃게 됩니다. 친구도요. 그런 희생을 통해 영혼을 관장하는 존재로서의 정체성을 버리고, 우리 세계에서 '사람'으로서의 삶을 선택하게 되는 거죠. 선택은 원하는 것을 가지는 것이 아니라, 원하는 하나를 가지는 대신 다른 모든 것을 포기하는 것이라고 하던가요. 그래서 우리 세계로 오게 된 소녀는 새로운 인류의 짝이 됩니다.

이야기가 두루뭉술해서 뭐가 뭔지 모르겠다는 생각이 들기도 하는데, 찬찬히 살펴보면 이렇게 요약되는 줄거리를 가지고 있습니다. 애니메이션을 직접 보시면, 제가 지금 말씀드린 내용들이 단번에 정리되실 거예요.

이 애니메이션에서 또 한 가지 주목할 만한 이미지는 바로 '다른 세계'의 모습입니다. 대부분의 사건들이 바로 이 '다른 세계'에서 벌어지지요. 그림 17에 나타난 애니메이션 속 '다른 세계'의 모습을 보면 특이한 건축 양식이 눈에 띕니다. 이것은 복건 지역 객가客家들의 독특한 건축 양식을 환기시킵니다. '토루土樓'라고 하는데 일종의 성채입니다. 객가는 생존을 위해 중국의 북부에서 남부로 이주한 공동체입니다. 고대 중국에서는 화북에 거주하고 있었던, 그러니까 중원 지역의 한족들이 그 원류라고 하지요. 이 사람들은 남부 지역으로 끊임없이 이주하면서 정착해왔는데, 토착민들과는 전혀 다른 전통적인 문화를 고수해왔습니다. 이 이주 공동체가 타자로부터의 자위를 목적으로 구축한 성채가 바로 토루인 셈입니다. 그런데 앞서도 말씀드렸듯이 애니메이션 속의 '다른 세계'에는 객가의 전통 문화 요소만 존재하는 것이 아닙니다. 치파오를 입고 있으니 만주족의 문화 요소도

포함되어 있고, 성인식에 동원되는 제의적인 요소들은 티베트의 토착 신
앙을 환기시킵니다. 이런 식으로 '한족의 중원 문화'와 대비되는 거의 모든
'중국의 신화 요소'가 망라됩니다. 때로는 한족의 신화 요소도 포함되고요.
이런 방식으로 애니메이션은 우리를 설득하고 있는 겁니다. "이 모두가 중
국이다"라고 말이지요.

　애니메이션은 소설과 마찬가지로 문화 예술에 속합니다. 이 텍스트들
은 정책적인 연구 보고서와 달리 일반 대중의 감정에 호소하지요. 물론〈나
의 붉은 고래〉가 중국 내에서 흥행을 거둔 것처럼 세계적인 관심을 끌지는
못했습니다. 아직은 보편 신화로서 기능할 만한 역량을 갖추지 못했다고
도 할 수 있겠지요. 이 작품이 국제 영화제에서 우수한 성적을 거둔 것과는
별개의 문제라고 하겠습니다. 영화제 수상작이 언제나 대중의 취향을 만
족시키는 것은 아니니까요. 오히려 반대인 경우도 있고요.(사실 영화제 수
상작은 재미없다고 평가되기 일쑤죠.) 그런 의미에서는 절반의 실패라고도
할 수 있을 겁니다. 그러나〈나의 붉은 고래〉에는 높은 평점을 주지 않았던

그림 17
애니메이션 〈나의 붉
은 고래〉에 나타난 토
루의 시각적 이미지

관객들도 제2, 제3의 〈나의 붉은 고래〉에는 보다 호감을 갖게 될지 모릅니다. 이야기는 거듭될수록 세련되어지고 관객의 취향을 반영하기 마련이니까요. 관객들은 서서히 그 이야기에 익숙해지겠지요. 그리고 그 이야기들은 언젠가 정말 인류의 새로운 '신화'가 될 수도 있습니다. 인류는 지금도 여전히 삶을 위해 '신화'를 필요로 하는 '인간'의 실존적 특성에 따라 '지금, 여기, 우리'의 삶을 이야기할 새로운 시대의 '신화 다시 쓰기'를 실천하는 중이니까요. 아마 새로운 신화들은 어디서든 끊임없이 이야기될 겁니다. 신화는 때로는 인간의 '바람'을 이야기하고, 때로는 우리가 아는 현실을 '정당화'합니다. 〈나의 붉은 고래〉가 아직은 누군가의 '바람'일 뿐이지만, 언젠가는 우리가 거부할 수 없는 현실을 '정당화'할 수도 있지요. 예를 들어 문자가 없고, 언어와 문화를 잃어가는 중이며, 언젠가는 완전히 소멸할지도 모르는, 중국 내 비한족 역사문화공동체의 현실 같은 것 말입니다.

애니메이션에서는 '다른 세계'라고 이야기하지만, 시각적인 이미지는 오늘날 중국 안에 실제로 존재하는 '어떤 것'입니다. 중국 국민들에게 이 모든 것이 어떻게 받아들여질지는 사실 꽤 자명하지요. 그래서 저는 여러분이 이 애니메이션 작품을 한번 꼼꼼히 들여다보셨으면 좋겠습니다. 재패니메이션의 아류작이다, 뻔한 이야기다, 라고 치부하기 전에요. 이와 같은 '신화적 이야기 구조'를 가진 문화 콘텐츠가 등장할 때, 한 번쯤은 중국이 아니라 중국의 바로 옆에 있는 이웃 나라로서, '바깥'의 관점으로 이러한 작품들을 깊이 있게 파악할 필요가 있다는 생각을 합니다. 그래서 저의 개인적인 취향에 부합하는 매우 선호하는 작품이 아님에도 이렇게 소개한 것입니다. 이러한 문화 콘텐츠들이 쌓이고 모여서 오늘날 중국의 새로운 신화로 기능하고 있다는 말씀을 드리고 싶어서요. 그럼, 오늘 강의는 여기서 마치도록 하겠습니다.

강봉구, 「마나스의 후예?: 키르기스 민족정체성 형성의 특징」, 『러시아연구』 제19권 제1호, 서울
　　대학교 러시아연구소, 2009.

롤랑 바르트 지음, 이화여자대학교 기호학연구소 옮김, 『현대의 신화』, 동문선, 1997.

문현선, 「중국 창조신화의 구조와 의미」, 이화여자대학교 중어중문학과 석사 학위 논문, 2000.

사금바이 오로즈바코프 구술, 양민종 옮김, 『마나스 ─ 중앙아시아 유목 민족의 구비 서사시』, 한
　　국문화사, 2017.

아라이 지음, 문현선 옮김, 『거쌔얼 왕』, 문학동네, 2016.

아르놀트 판 헤넵 지음, 전경수 옮김, 『통과의례』, 을유문화사, 2000.

양민종, 「구 소련 중앙아시아 구비 영웅 서사시 마나스 연구 서설」, 『슬라브연구』 제18권 1호, 한
　　국외국어대학교러시아연구소, 2002.

엘미라 쾨췸쿨로바, 「키르기스의 구전전통과 서사시 마나스」, 계간 『아시아』, 2011년 겨울호.

유원수 옮김, 『몽골 대서사시 게세르 칸』, 사계절, 2007.

이선아, 『단군신화와 몽골 게세르칸 서사시의 신화적 성격 비교』, 고려대 대학원 박사 학위 논문,
　　2012.

일리야 N. 마다손 지음, 양민종 옮김, 『바이칼의 게세르 신화』, 솔, 2008.

장벤갸초 우웨이 지음, 채복숙 옮김, 『꺼사르 왕』, 경혜, 2013.

정재서, 『산해경』, 민음사, 1996.

조동일, 『동아시아 구비서사시의 양상과 변천』, 문학과지성사, 1997.

조지프 캠벨 지음, 이윤기 옮김, 『천의 얼굴을 가진 영웅』, 민음사, 2004.

조현설, 『동아시아 건국신화의 역사와 논리』, 문학과지성사, 2003 중 제1장 「티벳 건국신화의 형
　　성과 재편」.

조현설, 「마나스 ─ 키르기스 전쟁 영웅의 행로」, 『세계의 영웅신화』(신화아카데미 편), 동방미디
　　어, 2002.

친기즈 아이뜨마또프, 「천국과 말, 그 시끄러운 이중창」, 계간 『아시아』, 2011년 겨울호.

카렌 암스트롱 지음, 이다희 옮김, 『신화의 역사』, 문학동네, 2005.

칼미크-오이라드 민중 지음, 니콜라이 체데노비치 비트케예프, 에드윈 바드마예비치 오발로프
　　엮음, 유원수 옮김, 『장가르 ─ 영웅을 기다리는 유목민의 노래』(전3권), 한길사, 2011, 2016,
　　2018.

크리스토퍼 보글러 지음, 함춘성 옮김, 『신화, 영웅, 그리고 시나리오 쓰기』, 비즈앤비즈, 2013.

中國民間故事集成全國編輯委員會, 『中華民族故事大系』, 上海文艺出版社, 1995.

何德修, 『江格尔传奇』, 新疆青少年出版社, 2006.

시베리아와 신화

양민종 (부산대학교 노어노문학과 교수)

　중앙아시아 구비 서사시 연구 붐이 모스크바에서 일었던 적이 있습니다. 1980년부터 1990년대 초 사이인데요. 당시 소비에트 한림원 산하 동방문학출판사는 서사시 〈마나스Manas, Манас〉를 네 권으로 나누어 키르기스어와 러시아어로 출판했습니다. 고리키 세계문학연구소와 모스크바대학교 문학이론학과의 연구자들이 키르기스어의 러시아어 번역과 주석을 담당했습니다. 저는 1990년부터 1993년 초까지 고리키 세계문학연구소에서 유학하면서 서사시 연구와 발간 과정을 눈여겨볼 수 있었습니다. 동방문학출판사가 펴낸 『마나스』는 지금까지 관련 서사시의 저본으로 여겨지고 있습니다.

　저는 당시의 인연으로 소비에트 영역 내의 비러시아 문학과 문화, 신화에 관심을 갖게 되었고, 모스크바대학교에서 '단편 서사 형태'를 주제로 학위 논문을 쓰면서 중앙아시아 답사를 시작했습니다. 한국에서 교편을 잡은 뒤에는 답사 지역을 알타이와 시베리아 일대로 넓혔고, 유라시아 지역의 현지 이야기들을 모아서 책을 내는 것이 직업처럼 되었습니다. 유학 시절 초기에 접했던 그 서사시 〈마나스〉와 〈게세르Geser, Гэсэр Хаан〉를 우리

말로 번역하기도 했습니다.

오늘 제가 발제하려고 한 주제는 원래 '시베리아 샤머니즘과 신화'였습니다. 저는 경기문화재단의 강의 시리즈가 이야기로서의 '신화'에 초점을 둔 것을 모르고, 2016~2017년 바이칼 인근 지역을 답사하면서 관찰했던 현지 네오샤머니즘의 종교화 현상에 대해 말씀드리려고 했습니다. 그런데 강의 시리즈의 주제와 맞춰야 할 것 같아서 강의명을 '시베리아와 신화'로 고치고 내용도 바꿨습니다. 혹여 샤머니즘 이야기를 듣고자 온 청중 분들께는 양해를 구합니다. 언젠가 기회가 되면 차플리카M. A. Czaplicka가 답사를 하면서 보았던 시베리아 샤머니즘부터 엘리아데M. Eliade의 견해를 거쳐 최근 제가 기록한 네오샤머니즘 현황까지 이야기를 나누면 좋겠습니다.

신화, 인류의 문화유산

신화에 대한 정의는 실로 다양합니다. 연구자에 따라서는 '신성한 이야기'에서 '새빨간 거짓말'까지 폭넓게 설명됩니다. 최근에는 신화의 죽음을 말하는 학자들도 있지만, 신화가 다른 장르로 변용되거나 다양한 콘텐츠의 소재가 되어 여전히 살아 있다고 말하는 이들도 많습니다. 신화와 관련된 의례는 거의 사라졌지만, 신화 모티프가 문학을 넘어 영화 · 드라마 · 게임 시나리오에 이르기까지 다양한 장르에서 활용되고 있으니, 신화에 대한 다양한 시각은 나름대로 논리가 있습니다.

저는 신화에 대한 다양한 시각들이 다 맞다고 생각합니다. 다만, 신화라는 동일한 용어로 서로 다른 시각을 설명하면서 오해가 생겨난다고 봅니다. 여러분은 앞서 시리즈 강의를 들으면서 여러 견해를 접했을 것으로 짐작합니다. 제가 일일이 다른 연구자들의 견해를 말씀드리면 중복이 될 것 같으니 평소에 듣기 어려운 국제기구의 시각으로 신화에 대해 잠시 말씀드리고 본론으로 넘어가겠습니다. 유엔UN 산하기관에서 신화에 관심을 갖는 것이 좀 의아하게 느껴질지 모르겠습니다만, 이는 사실입니다.

유네스코UNESCO가 건축물을 비롯한 각종 유형 유물 등 눈에 보이는 인류의 유산을 '유형 문화유산'으로 분류하고, 보존할 필요가 있는 자연유산에 대해 적극적 관심을 보이기 시작한 때는 1972년입니다. 각국에 산재된 문화유산을 '인류 대표 문화유산'으로 등재하는 협약이 1972년에 체결되었기 때문이죠.[1] 이 협약은 인류가 보존·전승해야 하는 문화유산을 '탁월성'과 '보편성'이라는 자질을 기준으로 세계유산으로 지정하여 유네스코 인류 대표 문화유산 목록에 등재하고, 세계인의 관심을 환기하는 계기를 만들었습니다. 문화유산과 함께 보호할 필요가 있는 자연유산에 대한 등재 작업이 이루어지면서 여러 국가에서 자국의 문화유산과 자연유산을 유네스코에 등재하기 위한 눈에 보이지 않는 경쟁도 벌였습니다. 한국과 일본 등 역사·문화적으로 밀접한 관계를 맺고 있는 지역에서는 국가의 자존심을 건 등재 노력도 이어졌습니다. 군함도를 둘러싼 한일 간의 갈등 같은 것이 대표적인 사례이지요.

신화를 비롯해서 눈에 보이는 뚜렷한 실체를 갖지 않은 무형 문화유산에 대한 국제적인 관심도 조금씩 커졌는데요. 무형 문화유산에 대한 국제적인 관심과 보존 노력이 가시화되면서 1999년에 '인류 문화 걸작 등재 제도'가 생겨납니다. 이후 무형 유산에 대한 관심이 더 커지면서, 전 세계의 무형 문화유산을 보호하고 증진하려는 국제사회의 움직임도 빨라졌습니다. 그 결과, 2003년 유네스코는 '세계 무형 문화유산 보호 협약'을 성사시키며, 무형 문화유산을 유형 유산과 동등한 입장에서 인류 대표 문화유산으로 등재하는 카드를 꺼내게 된 것이죠.

---

1   세계 문화 및 자연 유산 보호 협약(Convention concerning the Protection of the World Cultural and Natural Heritage)

2003년 협약은 1972년 협약과는 다른 문화유산 등재 기준을 보입니다. 1972년에는 유산의 탁월성과 보편성이 등재 기준이었지만, 2003년 협약은 그것들이 기준이 아니라 '신화를 비롯한 무형 문화유산을 보유하고 있는 공동체나 단체, 전승자 혹은 연희자의 입장을 반영'해서 해당 무형 문화유산을 인류 무형 문화유산으로 등재한다는 기준을 만들었습니다.

예를 들면, 우리나라의 '김장 문화Kimjang; Making and Sharing Kimchi in the Republic of Korea'가 2013년에 아제르바이잔의 수도 바쿠에서 개최된 '제8차 유네스코 무형 유산 보호 협약 정부 간 위원회 회의'에서 인류 무형 문화유산으로 등재됐잖아요. 그런데 등재를 앞두고, 일본식의 '기무치'가 등재될지, 아니면 우리의 '김치'가 등재될지를 놓고 한일 간에 묘한 신경전이 있었습니다. 언론이 국가 간 경쟁을 자극하는 기사들을 보도하면서 한일 양국 국민들 사이에 갈등이 일고, 이웃한 두 나라가 서로 얼굴을 붉히는 사태가 벌어진 거죠. 하지만 특정 음식의 레시피가 아닌 그 음식을 둘러싼 문화가 등재되면서 무형 문화유산을 보는 유네스코의 시각이 우리 언론이 접근한 시각과는 완연히 다르다는 것을 알 수 있었습니다. 트럼프 미국 대통령이 언론을 믿을 수 없는 집단이라고 공격하는데요. 지나친 면이 있지만, 어느 정도는 타당할 수 있겠다는 생각이 듭니다.

2003년 협약이 나오면서, 이미 세대를 통해 전승되며 변화해온 문화가 무형 문화유산으로 등재될 가능성을 가지고 해당 무형 문화유산을 갖고 있는 공동체와 집단, 연희자 개인 등의 입장을 반영한다는 등재 원칙이 알려져 있었거든요. 북한도 2015년 나미비아의 빈트후크에서 개최된 '유네스코 제10차 무형유산 보호 협약 제10차 정부 간 위원회 회의'에서 '김치 담그기 풍습Tradition of Kimchi-making'을 인류 대표 무형유산 목록에 등재했습니다.

우리 김장 문화가 등재된 이후, 2014년부터 서울시에서는 매년 11월 시

그림 1
인류 무형 문화유산으
로 등재된 '김장 문화'

청 앞 광장에다 커다란 김장대를 만들어놓고 다수가 참여하는 김장 문화
재현 행사 '서울 김장 문화제'를 하고 있는데, 이런 퍼포먼스는 유네스코의
의도를 정확하게 이해한 접근이라고 평가할 수 있습니다. 관광이라는 측
면에서도 흥미로운 접근이고, 당일 만든 김치를 불우 이웃 돕기에 활용하
는 점도 바람직하고요. 시청 앞에서 김장하는 모습은 김장이 일종의 축제
이자 문화이고, 오늘날 살아서 변화하며 전승되고 있음을 잘 보여줍니다.

유네스코 이야기를 조금 더 해보면, 유네스코에서 말하는 무형 문화유
산이란 '공동체나 집단, 개인이 자신의 문화유산의 일부분으로 스스로 인
식하는 관습Practices, 표현Manifestations, 지식Knowledges' 등을 말합니다. 또
한 이와 관련된 전달 도구와 문화 공간들을 얘기하는데, 그 범위 안에 신화
가 포함됩니다. '세대와 세대를 거쳐 전승되고 인간과 자연, 역사의 변천
과정에서 공동체와 집단을 통해 끊임없이 변화하는 무형 문화유산'을 인
류 대표 무형유산으로 선정해서 등재하겠다는 입장입니다. 유네스코의 이
러한 접근 전략은 왜 중요할까요? 기존의 접근과 사뭇 다른 유네스코의 시
각은 '문화 다양성을 보호'하고, 인류의 '창조성을 증진'하는 데 기여한다
는 점에서 의미가 있어 보입니다.

세계화가 화두가 된 지 오래입니다. 세상이 비슷해져가는 거죠. 세상이 비슷해지는 것은 어떤 면에서는 편안함을 줍니다. 하지만 인류가 갖고 있던 개별적인 문화의 특성을 우리가 인지하지 못하는 사이에 조금씩 잃어버리고 엇비슷한 형태로 나아가게 된다면, 인류 문화의 다양성은 박물관에서나 찾게 될지도 모릅니다. 세계화를 통해서 문화의 다양성이 훼손된다는 것은 인류의 정체성에도 영향을 미치는 중요한 문제입니다. 다양성이 창조성을 낳는 원천 가운데 하나라면 인류는 바로 그 원천 하나를 상실할 수 있는 것이죠. 그 때문에 유네스코는 인류 무형 문화유산을 단지 과거의 보존에 그치는 게 아니라 인류의 미래 가치로도 보면서 '세대에서 세대로 이어지는 전승 행위' 그 자체의 중요성을 부각한 것이라고 생각합니다.

흥미롭게도 1990년대에 들어서면서 여러 국제기구에서 '다양성'에 관심을 보이기 시작합니다. 가령 '지속 가능한 발전'을 화두로 내세우는 유엔개발계획UNDP 같은 곳에서 생물의 멸종을 방지하고 효율적이고 정의로운 자원의 활용을 강조하면서 생물 다양성에 대한 관심을 환기시킨 적이 있는데요. 이러한 노력은 '생물 다양성 협약'과 이를 준수하기 위한 '나고야 협약'으로 구체화되었습니다. 어떤 관점에서 시작되었든 문화 다양성과 생물 다양성을 지키려는 노력은 정당하게 평가받을 필요가 있다고 생각합니다.

시베리아 이야기

유네스코는 살아서 전승되는 신화와 서사시를 인류 대표 무형 문화유산 목록에 등재하여 보호하려는 노력을 하고 있습니다. 오늘은 유네스코가 무형 유산으로 등재한 〈마나스〉와 이미 화석이 되어서 자료로 남아 있는 〈게세르〉에 대해서 살펴보고자 합니다.

이 두 이야기는 중앙 유라시아 평원으로 불리는 시베리아 초원 지대의 대표적인 서사시입니다. 〈장가르 Janggar, Жанhр〉와 함께 유라시아 초원 지대의 3대 장편 서사시라고도 불립니다.

두 서사시의 전통이 남아 있는 시베리아 지역은 사실 소수민족의 땅이 아니라 슬라브계 러시아인들이 완전하게 장악한 곳입니다. 오늘 이야기의 제목을 '시베리아와 신화'로 정한 만큼, 시베리아 지역의 주류 신화를 먼저 말한 뒤, 〈마나스〉와 〈게세르〉

그림 2
9~11세기경의 러시아

로 넘어가는 것이 자연스럽습니다. 전체를 보면서 부분을 살펴야 건강한 접근이거든요.

그림 2는 9세기에서 11세기 사이의 러시아를 보여줍니다. 벨라루스, 우크라이나, 러시아로 분리되기 이전의 동슬라브인 최초 국가의 영역을 분홍색으로 표시했는데, 이 국가를 키예프 공국 혹은 '키예프 루시'라고 부릅니다. 당시 러시아는 서쪽으로는 독일 기사단의 위세에 눌려 있었고, 남쪽으로는 비잔틴 제국에 막혀서 흑해로 진출하지 못했습니다. 동쪽으로는 유목민들에 둘러싸여 있었고요. 강력한 주변국들로 인해 타이가 숲의 삼림지대에 머물며 북쪽의 바이킹으로부터 지도자를 영입하는 약소국이었

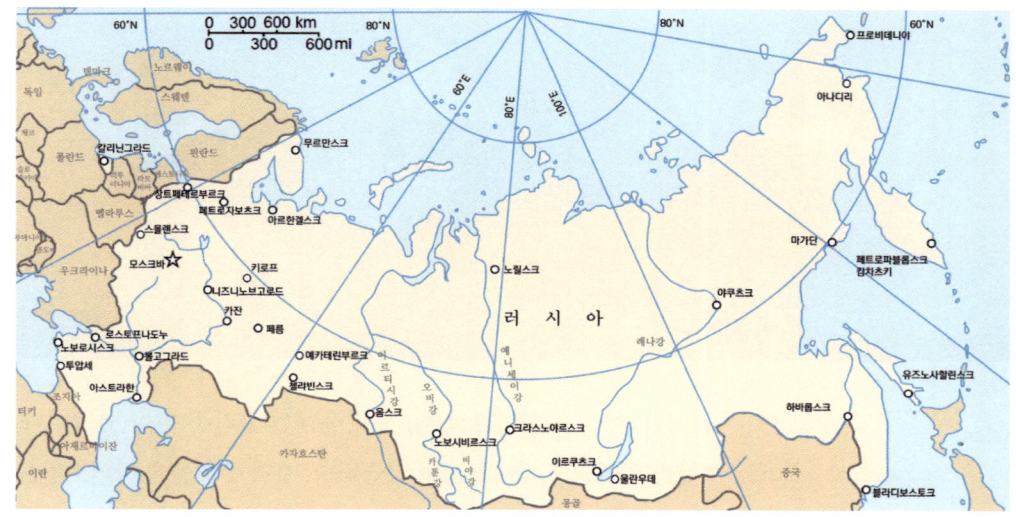

그림 3 러시아 지도

습니다. 이러하던 러시아가 유럽과 아시아에 걸쳐서 지구에서 가장 넓은 영토를 가진 국가로 성장합니다.

그림 3에 보이는 러시아 지도의 한복판이 시베리아인데요, 동경 60도인 우랄산맥의 동쪽 지역과 북위 50도 북쪽 지역이 교차하는 곳입니다. 하바롭스크의 남쪽에 있는 연해주는 시베리아에 포함되지 않습니다. 또한 우리가 잘 아는, 하바롭스크보다 위도가 낮은 블라디보스토크도 당연히 시베리아에 속하지 않습니다.

그림 4의 오른쪽은 러시아 국기인데, 백·청·적의 삼색기입니다. 여기서 백색은 순수를, 청색과 적색은 열정을 상징합니다. 일부 견해에 따르면, 러시아의 북부 지역은 영구동토대永久凍土帶에 해당하는 눈과 얼음의 세상이라는 뜻에서 흰색으로, 중부 지역은 타이가 삼림지대라는 의미에서 푸른색으로, 남부 스텝과 산악 지역은 더운 곳이라는 뜻에서 붉은색으로 표시한다고 합니다. 이를 정설로 받아들이기는 어렵지만, 러시아 국기가 넓은 영토의 특징을 반영한다는 주장이 상당히 흥미롭습니다.

그림 4
러시아 영토와 국기

또 '시베리아Siberia는 시비르Sibir강에서 유래했다'라는 말이 있습니다. 실제로 우랄산맥 인근에 시비르강이 있습니다. 지역 주민들은 시비르강을 '잠자는 땅'이라는 뜻이라고 말합니다만, 시베리아가 시비르에서 나왔는 지는 검증할 도리가 없습니다.

한편 시베리아의 면적은 아주 넓지만 총인구는 3천 2백만 명 정도입니 다.[2] 러시아 인구가 1억 4천 3백만 명인 것을 볼 때, 시베리아라는 넓은 땅 에 사는 사람들은 그다지 많은 편이 아닙니다. 시베리아의 인구 3천 2백만 명 가운데 95퍼센트가 슬라브계 러시아인들이고, 원주민은 5퍼센트 전후 입니다. 즉 서사시 〈마나스〉와 〈게세르〉를 전승해온 사람들과 유사한 원주 민이 모두 합해서 150~160만 명 정도인 것이니, 시베리아는 완전한 러시 아 땅이라고 볼 수 있습니다. 블라디보스토크에서 시작해 모스크바까지 이어지는 시베리아 횡단열차를 타고 가다 보면, 울란우데Ulan-Ude, 사하 Sakha(야쿠트Yakut) 지역, 알타이Altai, 투바Tuva에서 원주민의 비율이 높게 나옵니다. 이들을 제외한 다른 곳은 대부분 슬라브계 러시아인들이 압도 적으로 많은 러시아인들의 세상입니다. 러시아 문화에 동화된 원주민들은

2   제임스 포사이스 지음, 정재겸 옮김, 『시베리아 원주민의 역사』, 솔출판사, 2009.

슬라브계 러시아인들의 세상에서 소수자로 살고 있습니다.

우리가 답사할 지역에 대한 이해를 높이기 위해 시베리아에서 흔히 볼 수 있는 러시아 정교의 신화를 먼저 살펴볼 필요가 있습니다.

민속과 결합된 러시아 정교의 신화

러시아는 988년에 기독교를 도입했습니다. 비잔틴 제국에서 그리스 정교 형태의 기독교를 받아들인 후, 슬라브인들의 민속신앙과 융합하여 로마 가톨릭도 아니고 완전한 그리스 정교의 형태도 아닌 독특한 러시아 정교회가 만들어졌습니다. 특히 성상화 이콘Ikon을 두고서는 기독교와 토속신앙이 융합된 새로운 신화를 보여준다고 말합니다. 흥미로운 점은 러시아인들의 다수가 러시아 정교의 교회 건물을 예배 의식을 위한 성스러운 곳으로 보는 동시에 기적을 이루는 종교적인 그림인 성상화를 보존하는 장소로서 이해한다는 점입니다. 러시아인들은 성상화가 인간의 손으로 그려졌다고 믿지 않고 신의 섭리로 만들어졌다고 보는 경향이 짙기 때문에, 성상화에 대고 소망을 기원하기도 합니다. 베로니카 성녀가 골고다 언덕을 오르는 예수의 얼굴을 닦은 손수건에 예수의 모습이 생겨난 기적을, 러시아인들은 성상화를 보면서 느끼는 것이죠. 그래서 제정 러시아 시절, 러시아군이 전장에 나갈 때면 언제나 성상화를 들고 갔다고 합니다. 그렇다면 러시아 정교의 성상화를 한번 보도록 하죠.

그림 5는 러시아 정교의 성자 게오르기가 1147년 이무기를 물리치고 모스크바를 개척한 사건을 묘사한 성상화입니다. 말발굽 아래에서 창에 찔리는 것이 이무기입니다. 슬라브 사람들이 변방을 병합하면서, 그 지역에 있던 '악한 이교도' 무리를 정복한다는 신화적 이야기를 성경의 입장에서 그린 것으로 보입니다. 그런데 그림에 흥미로운 부분이 있습니다. 전체적

그림 5
성 거오르기 이콘

으로는 성경의 모티프를 모방했는데요, 성자 게오르기가 들고 있는 방패에 태양 이미지가 있습니다. 또 그림의 오른쪽 상단에는 태양의 일부분이 둥글게 노출되어 있습니다. 여러분은 이번 신화 시리즈의 러시아 편에서 다뤄보그라는 태양신을 알게 되었을 겁니다. 이 성상화의 태양 이미지가 바로 슬라브인들이 믿는 이교의 신입니다. 그리스 신화에서도 태양의 신이 인간과의 소통에서 중요한 역할을 합니다. 최고신 제우스가 인간들과 멀리 떨어져서 존재하기 때문에 인간의 소망을 듣고 미래를 예측해주는 역할을 맡은 신이 필요했습니다. 그 역할을 맡은 신이 아폴론인데, 아폴론은 그리스 신화의 태양신입니다.

러시아 정교의 대표적인 성상화 가운데 하나인 성 게오르기 성상화에 이교의 태양신이 분명하게 자리 잡은 모습은 러시아 정교가 완전한 기독교의 형태가 아니라 일정 부분 과거 신화의 영향을 받았음을 짐작하게 해줍니다. 이러한 짐작은 17세기 중반, 러시아 교회의 분열의 역사에서도 확인할 수 있습니다. 러시아 마지막 왕조인 로마노프 가문이 집권한 이후 세속화된 교회의 재산 문제를 개혁할 필요가 있었는데, 이때 러시아 정교의 교리도 분명하게 만들 필요가 있었습니다.

러시아는 1240년 이후 1480년 사이 240년간 몽골의 지배를 받는데, 이 시기는 러시아 역사의 암흑기임에 틀림없습니다. 하지만 러시아 교회의 입장에서는 그다지 나쁜 시기가 아니었습니다. 몽골은 종교를 탄압하는 경우가 없었고, 러시아 정교회의 재산을 건드리지도 않았습니다. 그래서 러시아 정교회는 몽골 지배기에 자연스럽게 교회 재산을 불려나갈 수 있었죠. 15세기 말에는 러시아 전 국토에서 경작 가능한 농지의 40퍼센트 가까이가 교회에 속하게 될 정도였습니다. 교리 문제 역시 심각한 상황이었죠. 수도권의 일부 중앙 교회들을 제외한 지방의 경우, 민속신앙이 정교회에 침투한 정도가 훨씬 심했습니다. 정교회는 기복신앙의 형태를 보였고, 교회 의례에서 가톨릭과 정교의 핵심 교리인 삼위일체까지 부정하는 모습이 보편화되었습니다. 따라서 성부와 성령을 뜻하는 손가락 두 개를 펴고 기도하는 의례를 개혁하는 것을 시작으로, 위로부터의 교리정화 개혁이 시도되었고, 이로써 러시아 정교회는 구교도와 신교도로 양분되어 피를 흘리는 사건을 연출하게 됩니다. 성상화를 몇 개 더 보면서 러시아 정교회에 내재한 비기독교적인 요소의 신화를 좀 더 관찰할 필요가 있습니다. 서구와 비슷하면서도 다른, 러시아만의 특성을 바로 이런 성상화들을 통해서 짐작할 수 있거든요.

러시아는 14세기 중반까지 성상화를 자체적으로 그리지 않았습니다. 모든 성상화는 그리스에서 수입하는 것이 원칙이었죠. 1370년 그리스인 성상 화가 페오판 그레크Feofan Grek가 지금의 이스탄불인 콘스탄티노플에서 노브고로드로 오면서 성상화를 그리고 작화법을 가르치게 됩니다. 그제야 비로소 러시아에 성상화를 그리는 전통이 생겨나죠. 페오판 그레크의 제자들 가운데 안드레이 루블료프Andrei Rublyov(1360~1430)는 러시아 중세 회화의 대표 작가로 알려지는데, 그리스 성상화풍과는 다른 러시아식의 성상화를 그렸습니다. 1370년 이후 러시아에서 성상화 그리기가 허용되면서 다양한 작품들이 등장하는데, 일부는 정교회의 입장에서 도저히 받아들이기 어려운 형태를 취했습니다. 성상화 작화에 나타난 이런 혼란은 250년 이상 지속됩니다. 로마노프 왕조(1613~1917)가 들어선 이후에는 페오판 그레크와 루블료프 및 이들의 직계 제자들이 그린 성상화만을 신성한 힘을 가진 진품으로 선언하는 해프닝이 벌어지기도 했습니다.

그림 6
〈블라디미르 성모상〉
(트레티야코프 미술관, 모스크바)

그림 7
러시아식 장식을 한 블라디미르 성상화

그림 6의 성상화는 블라디미르 성모상입니다. 12세기에 콘스탄티노플에서 키예프로 옮겨졌고, 현재 모스크바 동쪽에 있는 도시 블라디미르에 소장되어 있습니다. 기적의 힘을 지녔다고 알려져 있어, 해마다 블라디미르 성상화를 모스크바의 구세주 교회로 잠시 이동시키는 시기에 이 성상화를 직접 보고 소원을 빌려는 러시아인들로 장사진을 이룹니다. 러시아에서 가장 유명하고 신성하다고 여겨지는 성상화입니다.

성모의 얼굴이 어떤가요? 막 태어난 예수를 안고 있지만 기쁨보다는 슬픔으로 가득하지 않습니까? 자식이 태어났는데도 슬픈 이유는, 아들이 33세가 되면 죽는다는 사실을 이미 알고 있기 때문입니다. 자식의 죽음에 대한 신탁을 받은 어머니의 마음이 어떻게 즐거울 수 있겠습니까?

블라디미르 성모 성상화는 러시아에서 다양한 형태로 그려졌습니다. 앞서 말씀드린 페오판 그레크의 화풍에 따라 러시아에서 제작된 블라디미르 성모 성상화(그림 7)를 한번 보겠습니다. 러시아 사람들이 화려한 장식을 선호하기 때문에 화려하게 장식을 했지만, 여전히 성모의 표정이 어두운 것을 발견할 수 있습니다. 예수가 안겨 있는 위치를 보죠. 그리스 정통 스타일에 따라 콘스탄티노플에서 제작된 성상화와 마찬가지로 예수가 성모의 오른쪽 가슴에 안겨 있습니다. 다음으로 〈피에타〉 조각을 봅시다.

그림 8은 15세기에 제작된 미켈란젤로의 〈피에타〉입니다. 조각과 회화 등 모든 피에타 장르 작품들 가운데 대표작입니다. 이 작품에서도 성모가 예수의 머리를 오른쪽으

로 안고 있습니다. 석가모니 부처가 열반에 든 그림이나 조각을 찾아보면 부처가 오른쪽에 머리를 두고 누워 있습니다. 예술은 상징을 통해 의미를 전달하는 경우가 많습니다. 일종의 예술 작품 창작 문법인 것이죠. 생명을 상징하는 인간의 심장이 왼쪽 가슴에 있으니, 죽음을 상징하기 위해서는 보통 주인공의 머리 부분을 오른쪽에 놓는 방법을 활용하는 것 같습니다.

그림 8
미켈란젤로, 〈피에타〉
(성 베드로 대성당, 로마)

러시아 문화를 떠올리면 언제나 유럽과 비슷하면서도 무엇인가 조금 다른 듯한 느낌을 받는데, 이런 부분을 러시아식 창의성이라 부르기도 하고 러시아적인 미학이라 부르기도 합니다. 러시아인들은 문화에서도 외래적인 요소를 조금씩 변형해서 자신들의 색채를 넣는 경우가 많습니다. 성상화에서도 그런 전통은 여전했던 것이지요.

러시아 미술사를 공부하는 분들은 안드레이 루블료프를 기억할 필요가 있습니다. 페오판 그레크로부터 그리스 성상화 작화법을 배운 뒤 러시아 스타일의 그림을 만들어낸, 러시아 성상화와 회화 예술의 선구자라고 볼 수 있습니다. 루블료프의 '삼위일체' 성상화는 샤갈을 비롯한 다수의 러시아 현대 미술가들에게 영향을 미쳤고, 서구에서 러시아 미술에 대한 편견을 바꾸게 한 작품이기도 합니다.

그림 9는 루블료프의 화풍을 이어받은 러시아인 성상 화가의 작품입니다. 그리스 성상화와 분위기가 완전히 다릅니다. 우선 성모와 아기 예수의

그림 9
〈카잔의 성모〉
© priroda.inc.ru/ikona/molitva1

그림 10
루블료프 화풍으로 만든 성상화 부조
© artnow.ru

표정이 많이 밝아졌습니다. 황금색 화려한 색상도 특이하죠. 이러한 밝은 분위기와 화려한 색상이 루블료프 화풍이고, 러시아 성상화의 특징이 되었습니다. 아기 예수의 위치를 보세요. 성모의 심장이 있는 왼쪽 가슴에 예수가 안겨 있습니다. 전통적인 그리스 정교의 입장에서 벗어난 파격입니다. 아기 예수의 손은 두 개의 손가락을 펴고 있습니다. 삼위일체가 아닌 성부와 성령을 중시하고, 인간의 속성을 가진 예수를 조금 하위에 존재한다고 보는 17세기 이전 러시아 정교의 기본적인 생각을 반영하고 있습니다. 17세기 중반에 러시아에서 교리 개혁이 일어나면서 두 개의 손가락을 사용하는 것이 전면 금지되고, 이후 러시아 정교가 분열의 위기를 맞게 됩니다.

그림 10은 루블료프 화풍으로 만들어진 부조인데요. 루블료프가 시작한 러시아식 성상화의 특징을 고스란히 보여줍니다. 온화한 표정과 분위기, 심장에 안긴 예수, 두 개의 손가락 등 위의 〈카잔의 성모〉 성상화와 판박이입니다. 러시아 정교회에는 루블료프 화풍의 여러 성상화가 고스란히 남아 있습니다. 물론 그리스 스타일의 전통적인 성상화도 있고요. 성상화만 보더라도 러시아 정교가 민속적인 요소와 융합되고, 가톨릭이나 그리스 정교에서 일정 정도 러시아 스타일의 신화 세계로 이동해 있는 사실을 확인하는 것은 어렵지 않습니다.

러시아인들의 민속 신화적인 요소는 이정도로 마무리하고, 이제 알타이로 이동하겠습니다.

알타이 이야기

시베리아의 인구 대부분이 슬라브계 러시아인인 데서 짐작할 수 있듯이 시베리아의 대표적인 문화는 러시아 문화입니다. 소수민족의 문화는 시베리아 전역에 흩어져 있어서 눈에 잘 띄지 않습니다. 시베리아 전역이 러시아 문화로 가득한 가운데, 알타이 지역만큼은 독특하게 튀르크계 알타이인들이 만들고 전승해온 문화가 지역 대표 문화로 남아 있는 곳입니다. 그림 11의 알타이 지도에 나타나 있듯이, 알타이는 알타이 지방Altai Krai과 알타이 공화국Altai Republic(고르노알타이Gorno-Altai 자치공화국)으로 구성되어 있습니다.

알타이 지방의 경우, 주민의 대부분이 슬라브계 러시아인입니다. 알타이의 한복판에 있는 험준한 산악지대인 고르노알타이 자치공화국에만 절반 가까운 주민들이 튀르크계 원주민들이고요. 고르노알타이는 '산악 알타이'라는 뜻으로, 4천 미터가 넘는 벨루하산을 비롯한 험산 준봉이 가득하고, 카툰강과 비야강이 발원하는 곳입니다.

고르노알타이 자치공화국에 답사를 가보면, 마을마다 이야기를 해주는 할머니들이 있습니다. 공화국의 주도인 고르노알타이스크에는 알타이의 서사시를 악기 연주와 함께 연희하는 전문 남성 이야기꾼들도 있고, 민속 악기와 서사시를 가르치는 교육기관도 있습니다.

알타이 지역의 이야기들은 '초르촉Chorchoc', '카이Kai', '마나스' 등으로 불립니다. 초르촉은 할머니와 할아버지가 들려주시는 옛날이야기를 닮았습니다. 초르촉을 이야기할 때 노래 부르듯이 말하는 경우가 있지만 악기를 수반하는 경우는 거의 없습니다. 카이는 초르촉보다 좀 더 심각한 이야기를 다루는데, 이야기가 길어서 악기 연주가 필수적입니다. 노변정담을 닮은 초르촉 이야기와 달리, 카이는 알타이 영웅에 대한 서사가 주류를 이

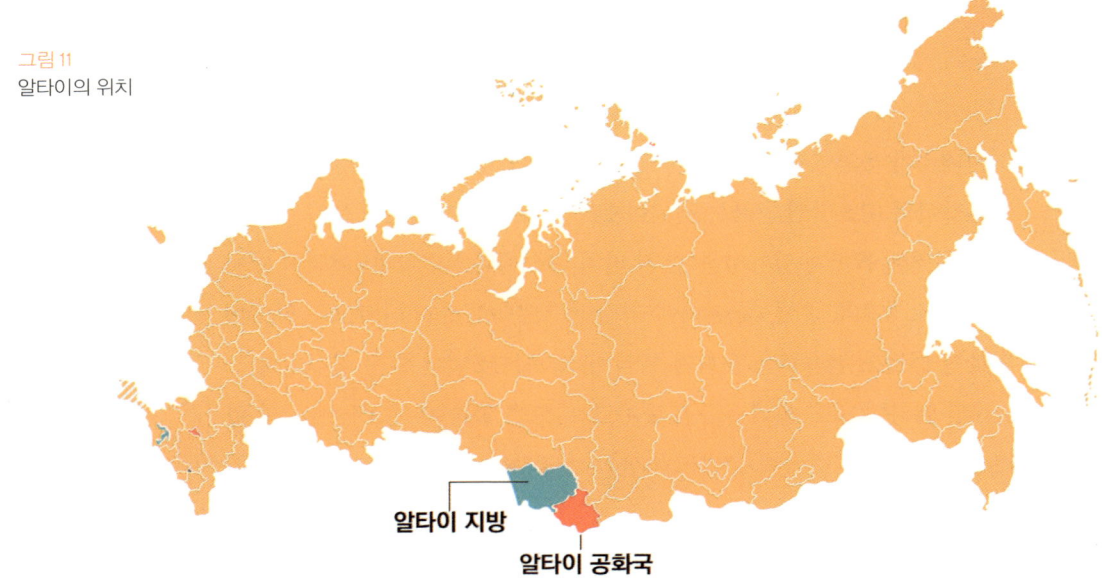

그림 11
알타이의 위치

알타이 지방
알타이 공화국

룹니다. 40여 편의 카이 장르 영웅서사시가 있다고 합니다. 〈알립 마니시〉
와 〈쿠무젝아아루〉, 〈여황제 알튼차츠〉, 〈알타이인의 아버지 탄자강〉 등이
카이로 분류되는 이야기들이지요.[3] 우즈벡 서사시로 알려진 〈알파미시〉도
들어보았을 텐데요. 〈알파미시〉의 각본들이 우즈벡과 카자흐스탄, 키르기
스스탄 등지에서 발견되기 때문에 나라마다 서로 〈알파미시〉를 자국의 서
사 전통이라고 주장하지요. 하지만 러시아 지역 알타이 〈알파미시〉가 알파
미시 장르의 원류라는 시각도 있습니다.

서사시 〈마나스〉의 경우 키르기스 사람들은 자기네 나라의 문화라고 하
지만, 중국 사람들은 중국 내에 있는 소수민족의 문화라고 합니다. 중국은
2009년에 〈마나스〉를 자국의 세계 문화유산으로 등재했죠.

고르노알타이에서는 초르촉, 카이, 마나스를 낭송하는 사람들을 모

---

3   〈알립 마니시〉, 〈쿠무젝아아루〉, 〈여황제 알튼차츠〉는 양민종, 『알타이 이야기』(정신세계사, 2003)에
    소개되어 있다.

두 다 연행자라는 의미의 '아큰 Akyns'이라고 부릅니다. 아큰은 다시 초르촉치와 카이치, 마나스치로 나뉘죠. 초르촉을 연행하는 사람을 초르촉치, 카이를 연행하는 사람은 카이치, 마나스를 연행하는 사람을 마나스치라고 부릅니다. 동영상을 보시면 이해에 도움이 될 것입니다.[4]

그림 12
알타이 공화국

서사시 〈마나스〉

〈마나스〉는 세계에서 가장 긴 영웅서사시로, 그 발생 시기를 두고서 의견이 갈립니다.

16세기 이후라고 주장하는 사람들은 서사시 내에 있는 지명 및 인명, 여러 기술들이 1500년도 이후에 나왔다고 말하며 구체적인 증거를 내놓는데, 이 주장이 가장 합리적인 접근으로 보입니다. 다른 학자들은 12~14세기 이후 몽골의 세계 제국화 과정을 마나스의 시작으로 듭니다. 이 주장을 펼치는 사람들은 12~14세기에 유라시아 지역에서 〈마나스〉와 유사한 거대 서사시들이 다수 발견되었다고 이야기합니다.

한편 키르기스스탄의 마나스연구소에서는 서사시 〈마나스〉의 발생을 9~10세기에 거란이나 요에 대항하는 키르기스인의 독립 과정과 연결 지

---

4 마나스치의 〈마나스〉 구연 사례: 중국 내 키르기스인의 〈마나스〉 소개(https://www.youtube.com/watch?v=kMDklwoLf34), 《The Art of Akyns, Kyrgyz Epic Tellers(키르기스 제작)》(https://www.youtube.com/watch?v=jiYQi6VQ6bc&feature=relmfu).

그림 13
마나스 공원(키르기스
스탄, 탈라스)

어 설명합니다. 〈마나스〉에 키타이Kнтan와의 대립 구도가 등장하는데, 키타이는 거란을 뜻하기 때문이지요. 키타이는 러시아 말인데요, 키르기스스탄에서도 오래전부터 사용되었던 단어입니다. 9세기경, 거란은 요나라로 바뀌고 나서 남송과 대립하는 위치에 있었습니다. 그래서 서사시 발생 시기가 9~10세기라고 주장합니다. 키르기스스탄의 수도인 비슈케크에 가면 〈마나스〉 서사시 탄생 1천 주년을 기념하는 동상이 시내 곳곳에 있는 것을 볼 수 있습니다.

서사시 〈마나스〉의 범주에는 마나스 서사시와 그의 아들 세메테이와 손자 세이테크 서사시를 포함시키는 것이 일반적입니다. 20세기 초 대표적인 마나스치인 사금바이 오로즈바코프Sagymbai Orozbakov는 마나스 서사시만 연희했던 독특한 인물인데요.[5] 그를 제외한 대부분의 마나스치는 마나스 · 세메테이 · 세이테크 3부작으로 구성된 서사시를 〈마나스〉로 보는

[5] 사금바이 오로즈바코프 지음, 양민종 옮김, 『마나스 - 중앙아시아 유목 민족의 구비 서사시』, 한국문화사, 2017.

입장입니다. 사금바이 오로즈바코프에 필적할 만한 명창인 사야크바이 카랄라예프Sayakbai Karalaev는 〈마나스〉 3부작을 완창하여 20만 행에 달하는 기록을 남기기도 했습니다.

중국에서는 키르기스스탄에서 인정되는 〈마나스〉 3부작에 다섯 세대를 더해서 8대에 걸친 영웅서사시를 내놓았습니다. 그 〈마나스〉의 전체 길이는 23만 6천 행입니다. 카랄라예프로부터 채록한 20여만 행에 중국 측이 추가로 3만 행을 보탠 것입니다. 〈마나스〉 채록에 중국이 기여한 바라고 볼 수 있지요.

그림 14
마나스치

서사시 〈마나스〉의 최초 채록본은 타지크Tadzhik어로 되어 있고, 상트페테르부르크대학교 문서 보관소에 있습니다. 이를 타지크어 판본이라고 부르는데, 1501년을 전후해서 기록된 것으로 알려져 있지요. 타지크어는 고대 이란어의 한 부류라고 합니다. 타지크어 판본의 존재로 인해 서사시의 발생 기원을 적어도 15세기 이전으로 볼 수 있습니다.

본격적으로 서사시 〈마나스〉를 서양 학문의 방법론으로 채록한 연구자로는 발리카노프C. C. Valikhanov와 라들로프V. V. Radlov가 있습니다. 발리카노프는 카자흐스탄 사람이고, 라들로프는 터키 사람입니다. 이들의 노력으로 사라질 수도 있었던 〈마나스〉 서사시가 채록될 수 있었습니다. 〈마나스〉 서사시를 완창했던 사금바이 오로즈바코프와 사야크바이 카랄라예프의 연행이 채록되면서 〈마나스〉 서사시의 대체적인 내용이 기록으로 남게 되었습니다.

키르기스스탄의 한림원과 마나스연구소는 사금바이 오로즈바코프 채록본을 〈마나스〉의 저본으로 인정합니다. 그 채록본은 4권으로 이루어져 있는데, 1984년 이후 러시아어로 번역도 이루어졌습니다. 〈마나스〉 3부작으로 불리는 마나스 · 세메테이 · 세이테크 서사시의 경우, 사야크바이 카랄라예프의 연행 과정 채록본이 저본으로 인정되고 있습니다.

키르기스스탄 비슈케크에 있는 마나스연구소는 〈마나스〉 이본을 약 80여 편 수장하고 있습니다. 오로즈바코프와 카랄라예프 채록본을 제외하면 과거로부터 전승되어온 이야기라고 말하기 어렵다는 것이 대체적인 평가이지만, 두 명창의 연행과 다른 내용을 가진 〈마나스〉 서사시도 존재하는 것이죠. 두 명창이 연행한 규모는 20만 행이지만, 새롭게 창작된 내용들까지 포함하면 50만 행을 넘습니다.

알타이 지역의 다른 신화들

〈마나스〉 이외의 알타이 지역 신화도 살펴볼 필요가 있습니다. 알타이는 유라시아 지역에서 드물게 창세신화가 나오는 곳입니다. 알타이 창세신화의 최고신은 하늘 신 '울겐Ulgen'으로 알려져 있습니다. 보통 울겐을 '알타이 쿠다이 울겐Altai Kudai Ulgen'이라 부르는데, 알타이는 '알타이 지역'을 지칭하고 쿠다이는 '신'이라는 뜻입니다. '알타이 신 울겐'이라는 말이죠. 알타이 창세신화에는 이 울겐이 하늘과 땅을 만드는 이야기가 나옵니다.[6]

알타이 신화에는 창세신화와 더불어 홍수신화도 있습니다. 알타이에는 높은 산이 많은데요. 알타이 지역의 봉우리들이 만들어진 유래를 설명하면서 홍수신화가 등장하지요. 어느 날, 울겐이 알타이에 사는 용사들의 타락한 모습을 보고는 물로 심판을 하게 됩니다. 40일 동안 비를 내려 세상이 물에 잠기게 하죠. 알타이 용사들은 자신의 죄를 뉘우치며 울겐에게 살려

---

6   양민종, 『웅장한 자연에 담긴 재미난 이야기 - 시베리아』, '세계의 신화' 시리즈, 웅진다책, 2017.

달라고 빕니다. 울겐은 이들의 애원을 외면할 수 없어서 용사들의 키를 불쑥 키우고는 산으로 만들어버립니다. 알타이 산악 지대의 기기묘묘한 형상의 봉우리들은 이렇게 만들어진 것이죠. '40'이라는 수는 중의적인 의미를 갖고 있다고 생각됩니다. 많다는 의미도 있고, 키르기스인들의 40개 부족을 뜻하기도 합니다. 마나스를 돕는 용사들의 수도 '40'이고, 키르기스스탄 국기에 있는 햇살의 개수도 40개입니다.

알타이는 이야기의 보고라고 할 만큼 전설이 많습니다. 오비강의 유래를 담은 〈비야강과 카툰강의 달리기 시합〉은 러시아인들도 흥미를 가진 전설입니다. 앞서 보았던 러시아 시베리아 지역의 지도(그림 3)를 다시 보면, 오비강이 표시되어 있습니다. 오비강의 상류에 비야강과 카툰강이 있습니다. 오비는 '둘'을 뜻합니다. 사실 두 개의 강이 합류하는 양수리 지형에는 어디에나 흥미로운 전설이 있기 마련입니다. 우리나라에서도 양수리에 얽힌 이야기는 쉽게 찾아볼 수 있지요.

오비 이야기는 "옛날에 알타이 땅에 마음씨 고약한 부인과 선량한 남편이 살았습니다"로 시작합니다. 카툰강이 부인이고 비야강은 남편입니다. 부인의 타박이 너무 심한 것을 알고 알타이의 신들은 카툰과 비야에게 달리기 시합을 할 것을 권고하죠. 진 쪽이 이긴 쪽의 말을 잘 듣는 것으로 말입니다. 알타이 신들은 비야를 응원하는 입장이라서 카툰이 빨리 달리지 못하게 계속 흙더미를 내려놓습니다. 그래서 카툰강은 구불구불하게 흐르고 산봉우리 사이를 지나가게 되지요. 반면 비야의 경우에는 얼른 달려갈 수 있도록 평평한 지형을 만들어주죠. 비야는 천성이 낙천적이라 달리기 시합을 하면서도 천천히 갑니다. 그래서 비야강은 평원을 느긋하게 흐르는 모습이 되었습니다. 카툰과 비야는 결승점에서 거의 동시에 만나죠. 그래서 서로 화해하고 사이좋게 하나의 강을 이루고 바다를 향해 흘러갑니다. 그 강의 이름이 '둘'을 뜻하는 오비강입니다.

알타이에서 서구인 최초로 민속 이야기들과 여러 신들을 연구한 사람은 러시아 정교 알타이 지역 선교사인 베르비츠키V. I. Verbitsky였습니다. 그는 1890년에 알타이 민속학 저서 『알타이의 민족들』을 펴냅니다. 우리말로도 나왔습니다.[7] 이 책은 기독교 선교사의 시각으로 기술한 내용이라서 모든 것을 기독교와 이교도, 선과 악 등 이분법으로 따진 것이 흠이라고 하겠습니다. 베르비츠키는 알타이 땅에 다수의 서로 다른 종족이 거주하고, 그들의 신이 조금씩 다른 것도 알고 있었지만, 알타이의 신성을 최고신인 하느님에 해당하는 '울겐'과 사탄에 해당하는 '에를릭Erlic'으로 분류하고 말았죠. 사람들은 보통 자기 세계관이라는 프리즘을 통해 세상을 보는 법이거든요. 어쨌든 이러한 기록도 최초의 사례로서 의미가 있기는 합니다.

베르비츠키는 울겐과 에를릭 밑에 수많은 알타이의 신과 신화를 배치시킵니다. 그리고 울겐이 사는 곳은 하늘, 에를릭이 사는 곳은 땅속이며, 그 사이에 인간들이 거주하고 있다는 식으로 설명하면서, 알타이를 상계 · 하계 · 중계로 나누었습니다. 지극히 기독교적인 접근입니다. 실제로 여러분이 알타이에 들어간다면, 보통 노보시비르스크까지 비행기를 타고 가서 거기서 다시 육로로 현지에 들어가는데, 길에서 만나는 경기도와 같은 넓은 지역이 알타이입니다. 고르노알타이 지역은 이를테면 경기도로 둘러싸여 있는 서울처럼 알타이 내부에 있는 산악 지역입니다. 고르노알타이에 들어가면 베르비츠키의 설명이 사실을 반영하진 못한다는 것을 쉽게 알아차리게 됩니다. 고르노알타이에서 멀지 않은 곳에 '온 쿠다이On Kudai'라는 마을이 있는데, 이곳은 알타이의 제신들에게 들어가는 입구가 되는 곳입니다. 온 쿠다이 마을의 평원에는 암각화들이 즐비하게 서 있어서, 이곳이 고대 문명의 중심 가운데 하나임을 말해줍니다. '온'은 '10'을 뜻합니다.

---

7   V. I. 베르비츠키 지음, 김영숙 옮김, 『알타이의 민족들』, 국립민속박물관, 2006.

'쿠다이'가 신을 의미하니까 '온 쿠다이'는 '십 위位의 신 마을'인 것이죠.

이 마을에는 쿠르부스탄Kurbustan이라는 신과 울겐, 에를릭이 있고, 알타이 쿠다이, 알타이 쩨네리Altai Tseneri, 죠스Tsos, 콕Kok과 같은 신들도 있습니다. 이들이 수직적인 위계질서를 가진 신전을 구성했는지는 알 수 없습니다. 다만 현지의 샤먼들은 만신을 모시면서 자신에게 맞는 몸주를 선택하는데 죠스나 콕을 선택하기도 하고, 울겐을 선택하기도 합니다. 백여 년 전에는 석가모니 부처님이 샤먼들 사이에서 인기가 있는 몸주였다고 하는데, 최근에는 예수님이 가장 인기 있는 몸주라는 말을 들었습니다. 만신들이 모시는 신도 유행을 타서 시절에 따라 바뀌는 것이지요. 그러니 알타이에 거주하는 신성은 기독교나 그리스 신화에서 보는 것과 같은 수직적인 위계가 아닌 수평적인 질서를 갖고 있었을 수도 있습니다.

부랴트 이야기[8]

이제 오늘 강의의 마지막 부분인 부랴트Buryat 지역입니다. 부랴트에는 12세기 이후 몽골인들이 진출한 것으로 알려져 있고, 그 이전에는 에벤키Evenki인들이 거주했습니다. 그렇다면 현재 부랴트 지역에서 관찰되는 현지 신화와 서사시는 12세기 이후부터 부랴트에서 전해져 내려온 것으로 추정할 수 있습니다. 물론 에벤키 사람들의 신화와 전설로 유추되는 이야기들도 있습니다.

이 지역의 대표적 전설인 〈바위가 된 바이칼의 앙가라 공주〉는 에벤키의 이야기로 알려져 있습니다. 부랴트인은 몽골어의 지역 방언인 부랴트어를 사용하는 반면, 에벤키인은 퉁구스어 계열로 분류됩니다. 전설에 등장하

---

8 부랴트 지역의 개관, 신화, 서사시, 샤머니즘 등에 대해서는 특히 양민종, 『샤먼 이야기』(정신세계사, 2003)를 참조할 것.

는 앙가라와 이르쿠트 등은 17세기에 이 지역을 병합한 러시아인들이 기록한 지명인데, 에벤키 사람들이 사용했던 말이라고 합니다. 진위 여부를 확인할 자료가 없어서 에벤키어와 부랴트어의 17세기 고어를 연구해야만 정확한 평가가 가능할 것입니다.

여하튼 바이칼 인근의 이르쿠츠크주와 울란우데에 다양한 신화와 전설들이 전해오는 것이 사실입니다. 부랴트인들의 대표 이야기로 〈바얀 한가이의 솥〉이 있는데요. 바얀 한가이는 숲속에 사는 산신령 같은 신입니다. 사냥꾼들이 사냥하러 숲으로 갈 때, 무사귀환과 풍성한 사냥을 기원하며 제물을 바치고 의식을 드렸던 관행의 대상이지요.

한편 알타이 지역 이야기들이 다양한 장르를 보이는 것과 달리, 부랴트인의 이야기들에는 샤머니즘 세계관을 담고 있는 울리게르Uliger 서사시 계열의 전설이 상당히 많습니다. 울리게르는 부랴트인들의 종교적인 세계관을 반영한 서사문학 장르입니다. 울리게르 서사시들은 대체로 지역의 샤먼들에 의해 구전되었습니다. 오늘 그 내용을 살펴볼 〈게세르〉 신화 서사시를 비롯해서 〈알탄 샤가이〉, 〈알람쥐 메르겐〉 등 소설적인 형식을 갖춘 이야기들이 다수 발견됩니다.

〈게세르〉 신화 서사시는 울리게르 계열의 대표적인 장편 서사시입니다. 바이칼 인근에서 19세기 말에서 20세기 초 사이 무수한 이야기를 수집했던 전설적인 수집가 캉갈로프Khangalov는 울리게르 계열 서사시들이 낭송되는 현장에서 종교적인 느낌, 그러니까 무언가 신기神氣 같은 것을 느꼈다고 기록하고 있습니다.

부랴트인들에 대해서는 여러 차례 언론에서 조명되었기 때문에 아마 들어보셨으리라 짐작됩니다. 기본적으로 에히리트Ekhirit, 불라가트Bulagat, 혼고도르Khongodor, 코린Khorin이라는 네 부족으로 구성되어 있습니다. 부랴트인은 현재 내몽골과 외몽골에 거주하는 몽골인들과 같은 몽골계 사람들이지만 오랫동안 러시아 땅에 거주하면서 새로운 정체성을 갖게 된 이들입니다. 그리고 실제로 그 종족 수는 넷보다 더 많습니다. 알랴르Alyar 라는 부족도 있고요.

인구가 가장 많은 에히리트는 바이칼호의 서쪽 지역, 주로 이르쿠츠크 시와 이르쿠츠크주에 살고 있습니다. 이들은 다른 지역의 부랴트인과 달리 에벤키와의 혼혈이 이루어진 사람들로, 러시아인과의 혼혈도 상당히 많습니다. 부랴트인들 가운데 가장 부랴트에서 먼 사람들이라고 볼 수 있지요. 사실 에히리트인의 샤머니즘이나 이야기들은 부랴트 몽골계보다 알타이와 더 비슷한 특징을 보입니다. 에히리트인의 주신은 '후헤 문헤 텡그리Xuxe Munxe tengri'인데요. 후헤 문헤는 '영원한 푸른 하늘'을, 텡그리는 '신'을 뜻합니다. '영원한 푸른 하늘 신'인 것이죠.

불라가트인은 '부드르구 사가안' 신을 모십니다. '눈의 신'이라는 뜻입니다. 부드르구는 '눈'이라는 뜻이고, 사가안은 '희다'라는 뜻입니다. 불라가트인들의 거주 영역이 바이칼호의 북동부라서 추위가 심하고 눈이 많이 오는 특성을 갖고 있는데, 이를 반영한 것으로 보입니다.

혼고도르인은 '우우라그'라는 신을 모시는데, '황소'라는 뜻을 갖고 있습니다. 이들의 토템은 '부하 노욘'이라고 불리는 황소입니다. 바이칼 인근 지역에 가면 언덕 위에 서 있는 황소 그림이나 조각이 흔히 보이는데, 바로 이 황소가 부하 노욘입니다. 혼고도르인은 바이칼호에 있는 28개의 섬 가운데 가장 큰 알혼섬에 거주한 사람들로서, 바이칼호의 동쪽 지역에 집촌을 이루고 있습니다.

코린이라는 사람들은 코리, 호리라고도 불립니다. 코리라는 발음이 고려 혹은 코리아와 유사하고 〈선녀와 나무꾼〉 설화가 공통으로 전승된다는 점에 주목한 연구자들은 코리와 한국인의 연관성을 말하기도 합니다. 하지만 이런 주장의 근거가 그다지 커 보이지는 않습니다. 코리 사람들은 '혼슈부운'이라는 '백조'를 토템으로 하며, 부하 노욘도 토템으로 숭배합니다.

신화 서사시 〈게세르〉

신화 서사시 〈게세르〉는 부랴트 전 지역에서 고루 관찰되는 대표적인 신화입니다. 〈마나스〉 서사시는 유네스코 인류 무형 문화유산으로 등재되어 있지만, 〈게세르〉는 그렇게 되기 어렵습니다. 서사시의 구전이 중단되었기 때문에, 살아 있는 신화나 서사시의 맥락을 상실했다는 이유에서입니다. 하지만 부랴트 자치공화국에서는 〈게세르〉를 활용한 축제를 개최하고 있고, 서사시 구전 전통을 되살리려는 움직임을 보이고 있으므로 앞으로 어떻게 될지는 모릅니다.

〈게세르〉는 샤머니즘 세계관을 보여주는 희귀한 자료로서, 그 내용이 풍부해서 역사적인 가치와 민속학적인 가치가 매우 큽니다. 유네스코 등재 여부와 무관하게 책 읽는 즐거움을 주며, 우리가 어디서 한 번쯤 들어본 듯한 이야기들의 원형을 보여주고 있기 때문에 시베리아와 동아시아를 이해하기 위해서는 읽어볼 가치가 있다고 생각됩니다.

〈게세르〉의 줄거리는 지상 세계에서 문제가 발생하자 그 문제를 해결하기 위해 하늘 신이 지상으로 강림하여, 마침내 지상의 악을 해결하고 평화와 번영을 가져온다는 내용입니다. 〈단군 신화〉에서도 이와 유사한 스토리라인을 추출할 수 있어, 〈게세르〉와 〈단군 신화〉의 연관성에 주목하는 분들도 있습니다.

〈게세르〉 서사시에는 하늘 세계에서 발생하는 문제도 나오는데, 그 원인이 상세히 서술됩니다. 하늘 신들의 세상 역시 인간들의 세상과 마찬가지로 사랑과 미움이 존재하고, 서로에 대한 오해와 분노에서 갈등이 발생하죠. 이에 대한 해결책을 폭력적인 방법으로 모색하는 과정이 묘사됩니다.

먼저 하늘에서 문제가 발생한 원인을 살펴보면, 알란 고혼Alan Gohon이라는 서쪽 신이 병들자 병의 원인을 두고서 하늘 신들이 서쪽(55위 신)과 동쪽(44위 신)으로 갈라져 서로 반목하게 됩니다. 하늘 신들 가운데 중재 역할을 맡은 신을 서로 자기편으로 끌어들이는 가운데, 서쪽과 동쪽 신들 사이에 기어이 전쟁이 벌어집니다.

전쟁은 서쪽 신들의 일방적인 승리로 끝납니다. 이어서 지상으로 추방된 동쪽 신들은 괴물이 되어 인간 세상에 고통과 질병을 퍼뜨립니다. 서쪽 신들은 지상의 혼란을 제거하고 평화와 조화를 복원할 방안에 대해 고민할 수밖에 없습니다. 마침내 서쪽 진영 하늘 신들의 수장인 한 히르마스Khan Khirmas의 둘째 아들인 벨리그테Beligte가 인간의 몸을 빌려 지상에 강림해 나쁜 존재들을 물리치게 됩니다. 벨리그테는 하늘에서 내려온 처녀 알란 고혼이 변신한 지상의 여인과 지상에서 태어난 지상의 남자 셴겔렌Shengelen이 결합하여 낳은 아들의 모습으로 지상에 오죠. 벨리그테가 인간으로 태어난 뒤 뉴르가이Nurgai라는 이름을 얻게 되는데 뉴르가이는 코홀리개라는 뜻으로, 나중에 이 아이가 범상치 않은 행위를 하고 스스로 하늘에 속한 존재라는 사실을 증명하면서 그 이름이 비로소 영웅을 뜻하는 '게세르'로 바뀌게 됩니다.

게세르는 많은 어려움을 겪지만 서쪽 하늘 신들의 도움을 받으면서 지상에 창궐한 악을 물리치고 지상에 평화를 실현하죠. 지상의 문제가 해결된 뒤, 게세르는 하늘로 복귀하지 않고 지상에 계속 머무는 선택을 합니다. 그래서 지상의 사람들은 발원을 할 때 하늘을 향해서 기도를 올리지 않고, 땅 위의 큰 산이나 강, 또는 호수 등 거대 자연물을 향해 기도를 올리게 되었다고 합니다. 게세르가 그런 거대 자연물에 거할 것이라는 믿음 때문이라는 것이죠.

해피 엔드로 마무리되는 〈게세르〉 신화 서사시는 마치 잘 짜인 소설처럼 흥미롭고 논리적인 스토리텔링을 갖추고 있습니다. 샤머니즘적인 요소도 풍부하지만, 바이칼 인근 지역의 전통적인 민속 요소와 철학도 두루 담겨 있습니다. 또 〈게세르〉 서사시에는 부랴트인의 하늘 세계가 고스란히 드러납니다. 최고의 하늘 신은 후헤 문헤 텡그리인데요. 알타이 지역이나 키르기스, 사하 야쿠트 공화국 등 튀르크인 거주 영역에서는 발견되지 않는 신성입니다. 튀르크 사람들에게 울겐, 윌겐Ülgen, 쿠르부스탄에 해당하는 신성이 부랴트에서는 후헤 문헤 텡그리입니다.

하지만 후헤 문헤 텡그리는 신들에게 모습을 드러내거나 직접 신들과 소통하지 않습니다. 푸른 하늘의 모습으로 본인이 존재한다는 사실만 알릴 뿐입니다. 이 후헤 문헤의 뜻을 다른 신들과 지상에 전해야 할 때에는 소통의 신 에세게 말라안Esege Malaan을 통합니다. 에세게 말라안을 서쪽 진영의 55위 신들의 대표자인 사간 히르모스Sagan Khirmos와 동일시하는 연구자들도 있지만, 대체로 별개의 존재로 이해하고 있습니다.

〈게세르〉, 샤머니즘 세계의 경전

〈게세르〉의 전통적인 연행자는 앞서 말씀드린 대로 지역 샤먼들이었습니다. 〈게세르〉 서사시와 현지 샤머니즘의 관련성을 보여줍니다. 1917년 이후 사회주의 체제하에서 샤머니즘 전통이 사라지면서 〈게세르〉 서사시의 전편을 낭송할 수 있는 연희자들이 모두 사라졌습니다. 오늘날에는 게세르 축제가 개최될 때나 지역 샤먼이 굿을 할 때 본풀이와 유사한 형태로 〈게세르〉 서사시의 한 부분을 연행하는데 부분적인 낭송이나 연희는 이루어지지만, 서사시 완창을 하는 사람들은 자취를 감췄습니다.

소비에트가 해체된 이후 〈게세르〉 서사시를 샤머니즘의 경전으로 적극 활용하는 지역 샤먼 단체가 있습니다. 바로 샤먼 센터 '텡그리'입니다. 이 단체는 부랴트 자치공화국 법에 따라 정식으로 등록된 합법적인 종교 기관으로서 국가 보조금을 받으며 공식적으로 샤머니즘 의례를 하고 있습니다. 샤먼 센터 '텡그리'는 〈게세르〉 신화 서사시를 샤머니즘의 경전으로 삼고 다양한 기도서를 개발하며 현지 샤머니즘을 종교적인 형태로 만들고 있습니다. 특히 샤머니즘이 개별 종족의 조상과 관련된 신앙으로 다른 종족 사람들을 포교하는 일이 없던 원칙에서 벗어나, 샤머니즘을 조상신을 매개로 하는 보편 종교로 변모시키려는 특징을 갖고 있습니다. 말하자면 자신들의 신학을 만들어가는 과정에서 서사시 〈게세르〉가 주요 자료로 활용되고 있는 것이죠.

참고자료

사금바이 오로즈바코프 지음, 양민종 옮김, 『마나스 – 중앙아시아 유목 민족의 구비 서사시』, 한국문화사, 2017.
양민종, 『샤먼 이야기』, 정신세계사, 2003.
양민종 엮음, 『알타이 이야기』, 정신세계사, 2003.
양민종, 『웅장한 자연에 담긴 재미난 이야기 – 시베리아』, '세계의 신화' 시리즈, 웅진다책, 2017.
일리야 N. 마다손 지음, 양민종 옮김, 『바이칼의 게세르 신화』, 솔출판사, 2008.
제임스 포사이스 지음, 정재겸 옮김, 『시베리아 원주민의 역사』, 솔출판사, 2009.
V. I. 베르비츠키 지음, 김영숙 옮김, 『알타이의 민족들』, 국립민속박물관, 2006.

유라시아의 여신 신화

문현선 (동아시아 신화 연구자)

　유라시아의 고대 신화 속에서 여신은 확고부동한 위상을 지니고 있습니다. 미국의 비교신화학자 조지프 캠벨은 생명을 잉태하고 생산하며 성장시키는 원형적인 어머니라는 여신의 존재에 주목한 바 있고,[1] 저 역시 지난번 '중동신화여행'을 통해 유라시아 여신들과 그 신화에 대해 이미 말씀드린 적이 있지요.[2] 그러니 이번에는 우리에게 좀 더 가까운 동아시아 지역으로 옮겨서 유라시아 여신 신화의 특징과 의미를 살펴볼까 합니다. 여기에는 물론 우리 신화도 당연히 포함됩니다.

문헌 신화와 구비 신화

　신화는 전승 방식에 따라 크게 두 가지로 분류됩니다. 하나는 문자 기록이 남아 있는 경우이고, 다른 하나는 기록이 남지 않은 경우죠. 그래서 문헌

1　　조지프 캠벨 지음, 이진구 옮김, 『신의 가면 1: 원시 신화』, 까치글방, 2003.

2　　문현선, 「제8강 삶과 죽음, 여신의 두 얼굴」, 『중동신화여행』, 아시아, 2017. 『중동신화여행』은 경기문화재단이 주최하는 신화 강좌의 네 번째 프로그램으로 2017년에 출간되었다.

신화와 구비 신화로 크게 나눌 수 있습니다.

그런데 아시아 문화에서 문자를 배운 사람들은 어떤 사람들이었을까요? 여성? 남성? 대체로 남성이었죠. 고대 사회에서 문자는 권력과 떼려야 뗄 수 없는 연관이 있었기에 문헌 신화는 남성 권력자들과 긴밀하게 연관되었습니다. 역사가 시작된 이래, 문자를 배운 사람들은 대부분 남성이었고, 문헌으로 기록된 이야기들의 서술 주체 또한 남성이었죠.

그래서일까요? 당연하게도 기록된 신화들에는 남성이 주인공인 이야기가 많습니다. 우리 신화를 먼저 살펴보겠습니다. 문헌 신화라면 가장 먼저 뭐가 떠오르나요? 〈단군 신화〉죠. 그다음은 〈주몽 신화〉? 그리고 박혁거세, 김수로……. 다 뭘 하신 분들인가요? 네, 나라를 세운 분들입니다. 바로 건국 신화의 주인공들, 건국의 영웅들이죠.

기본적으로 기록된 우리 신화는 나라를 세운 영웅들의 이야기, 즉 건국 신화와 관련이 있습니다. 물론 이 건국 신화들에도 여성이 등장하기는 합니다. 주로 건국 영웅들의 어머니나 아내인 인물들이죠. 이 여성들에게는 심지어 분명한 이름까지 있습니다. 우리 역사에서 근대까지도 여성에게는 특별한 이름이 부여되지 않았던 현실을 감안할 때, 신화 속에서 자기 이름을 가진 여성은 매우 독특한 존재라고 할 수 있겠죠.

예를 들어, 〈단군 신화〉에는 단군의 어머니 웅녀, 〈주몽 신화〉에서는 주몽의 어머니 유화 부인이 등장합니다. 그리고 소서노라는 이름의 아내도 보이죠. 주몽의 아내는 소서노였죠. 그런데 주몽에게는 또 다른 아내가 있었습니다. 소서노를 만나기 전, 주몽이 부여를 떠나기 전에 맞아들였던, 그래서 어머니 유화 곁에 두고 떠난 예씨 부인이죠. 이 여성에게는 이름이 없습니다. 그저 예씨라는 가문의 표지만 남아 있지요. 하지만 그 아들에게는 이름이 있습니다. '유리.' 부러진 칼을 가지고 주몽을 찾아오는 바로 그 아들이지요. 이처럼 우리 문헌 신화에 등장하는 여성들은 대부분 건국 영웅의 주변 인물인 경우가 많습니다. 딸은 상대적으로 적게 출현하고, 대부분 어머니이거나 아내였지요.

그렇다면 문헌에 기록되지 않은 신화들에 어머니나 부인 또는 딸이 주변 인물이 아닌 중심인물로 등장하는 이야기가 있는가. 이런 질문에 대답하자면, 있습니다. 분명히 있어요. 사실은 상당히 많이 남아 있죠. 아마 이제는 꽤 많이 알고들 계실 텐데, 우리나라 신화 가운데 이야기의 형태가 상대적으로 가장 완전하게 남아 있는 지역은 어디일까요?

바로 제주도입니다. 제주도는 우리나라 가장 남쪽에 위치하고 있지요. 또 섬이라는 지형적 특성 때문에 이야기가 한번 흘러 들어가면 잘 안 빠져나옵니다. 그래서 이야기들이 차곡차곡 쌓여서 상대적으로 많이 살아남았고, 또 남아 있는 이야기들도 비교적 완전한 구조를 지니고 있는 편입니다. 다른 지역에서도 같은 이야기가 발견되는데, 제주도 신화와 비교하면 세부의 구체성도 떨어지고, 중간중간 누락된 단락도 적지 않습니다. 그래서 같은 이야기라면 가장 완전한 형태로 남아 있는 제주도 판본이 구비신화 연구의 주요한 대상이 되곤 하지요.

5강에서 말씀드렸던 영웅서사시 〈장가르〉, 〈마나스〉, 〈게세르〉는 모두 기본적으로 남성 영웅들에 대한 신화였습니다. 어느 국가, 어느 민족인지 확정하기 어려운 부분도 있었지만, 특정 역사문화공동체의 신화라는 점이 분명했습니다. 그러니까 중국의 서북부, 즉 유라시아 초원 지대에서는 문헌 신화가 아닌 구비 신화에서도 남성이 주인공이었던 셈이죠.

그런데 우리나라의 구비 신화에서는 대부분 여성 영웅이 주인공입니다. 아까 말씀드렸듯이 어머니, 아내, 딸의 이야기들이죠. 문헌에 실린 이야기들이 대부분 남성 영웅이 등장하는 건국 신화인 것과는 대조적으로, 입에서 입으로 전하는 구비 신화 속 주인공들은 거의 모두 여성이고, 더욱이 이들은 모두 남다른 모험의 경력을 자랑하는 여성 영웅입니다.

대표적인 구비 신화의 주인공들을 살펴볼까요? 바리데기, 당금애기, 자청비, 가믄장아기……. 그런데 여기서 한 가지 특이점이 발견됩니다. 이름에 '아기'나 '데기'와 같은 접미사가 붙는 경우가 많아요. 민담에 기원을 두는 수많은 전래동화의 주인공처럼 일반명사를 이름으로 삼는 겁니다. 예를 들어 백설공주는 하얀 눈 같은 피부를 가져서 백설공주라 불렸고, 신데렐라는 늘 벽난로 앞에서 재를 치우느라 재를 뒤집어써서 재투성이(신데렐라)라고 불렸죠. 보편성과 일반성이 강조되는 이 이름들은 이야기의 주인공이 단순한 개인이 아니라 특정한 사회·문화적 맥락을 지니는 전형이라는 점을 확인시켜 줍니다.

　먼저 〈바리데기〉부터 살펴보겠습니다. 아마도 구비 신화 가운데 가장 잘 알려진 이야기일 겁니다. 그런데 바리데기라는 이름을 들으니 자연스럽게 떠오르는 호칭이 있습니다. '부엌데기.' 아마 들어보셨을 거예요. 사전적인 정의에 따르면, 부엌일을 맡아서 하는 여성을 낮잡아 이르는 말이지요. '데기'라는 접미사는 앞에 오는 말과 관련된 일을 하거나 그런 성질을 가진 사람의 의미를 갖고 있습니다. 그런데 이 '데기'라는 접미사를 곰곰이 곱씹어 보면 아무래도 '애기'라는 말에서 멀지 않다는 생각이 듭니다. '애기'는 나이 어린 젖먹이 아이를 뜻하는 말이지만, 예전에는 젊은 아가씨를 종종 이런 호칭으로 부르곤 했었죠. 그러고 보면 '바리'와 '데기'가 합쳐진 이름 '바리데기'는 버려진 애기라는 뜻일 수도 있겠습니다. 버린 아기, 그래서 바리데기라는 이름이 붙은 거죠. 또는 버려졌다는 특성을 지닌 사람이라는 뜻이겠지요. 신화나 전설 또는 민담에 이런 이름들이 종종 출현합니다. 익명은 아닌데 익명 같은 이름, 일반명사가 고유명사인 이름이 되는 경우죠. 국어 교과서에 보면 가끔 그런 이름들이 존재하지요? '무명씨無名氏', 이름 없는 사람을 가리키는 '이름'입니다. 어느 작가의 소설에는 '야무也無'라는 할머니 이름이 등장해요. 알고 보니 딸부자인 아버지가 딸을 또 낳은 후 면사

무소에 가서 호적을 만들 때, 직원이 묻자 "까짓것 '아무개'면 어때요?" 해서 붙은 이름입니다. '친절한' 면사무소 직원이 그 '아무개'의 '아무'를 한자 이름으로 바꿔준 것이고요. 예전에는 실제로 이런 이름이 꽤 있었다고 합니다. 일반명사로 지은 이름들 말입니다. '콩쥐 팥쥐'도 "콩 심은 데 콩 나고 팥 심은 데 팥 난다"는 속담에서 따와 콩쥐 팥쥐라고 하는 거잖아요.

다음으로 당금애기를 살펴보겠습니다. 당금애기의 경우, '당'은 '마땅할 당當', 정정당당하다고 할 때의 그 '당'인데, 어떤 역할을 담당한다고 할 때도 쓰는 글자입니다. 그래서 '당금當金'이라고 하면 황금처럼 귀하게 여긴다는 뜻이 되지요. 귀한 자손을 가리킬 때 우리가 보통 '장중보옥掌中寶玉'이라든지 '금지옥엽金枝玉葉'이란 표현을 씁니다. 그러니 당금애기는 무척이나 귀하게 얻은 딸이겠지요. 이 아이는 바리데기와는 전혀 달랐습니다. 아들, 아들, 아들, 아들……, 아들만 쭉 아홉이 있다가 열 번째로 딸이 태어난 거예요. 고명딸이죠. 그러니 부모님이 너무 예뻐하고 사랑한 딸입니다. 아홉 오빠의 사랑까지 독차지한 귀하디귀한 딸이죠. 손 안에 든 황금과도 같이 보배로운 딸이다, 해서 당금애기란 이름으로 불렀습니다.

또 자청비가 있어요. 원래 구비 신화는 입에서 입으로 전하는 데다 글자로 기록되지 않았기 때문에 그 어원을 정확하게 찾아내기 어려운 부분이 있습니다만, 후대에 기록된 판본에서는 대부분 '스스로 자自', '청할 청請', '아내 비妃', 이런 글자들을 씁니다. "젊어 고생은 사서도 한다"는 말이 있지요. 자기가 사서 한다, 자청한다, 그래서 자청비.

자청비의 일생을 보면, 사실 그녀가 겪은 일은 모두 다 자기가 사서 한 고생입니다. 스스로 나서서 한 일이지요, 누가 등 떠밀어서 한 게 아니라. 그래서 자청비 신화는 굉장히 자발적·독립적·능동적인 여성 주체의 형상을 보여줍니다. 오죽하면 이름이 '자청비'이겠습니까? 고생도 자기가 사서 하고, 복도 그 대가로 스스로 쟁취합니다. 자청비는 나중에 남편인 문 도령과 함께 세경신, 즉 농경의 신이 되는데, 신이 될 수 있었던 것도 자신의 능력과 노력 덕분이었습니다. 엄밀히 말하자면, 자청비가 고생해서 얻은 자리를 문 도령과 함께 나눈 것이지요. 자청비 신화가 실려 있는 무가巫歌를 〈세경본풀이〉라고 하는데, 세경신, 즉 농사의 신이 신성을 획득하게 된 유래를 밝히는 이야기입니다. 자청비가 농경의 신이 되어서 남편인 문 도령과 그 자리를 나누었는데, 동아시아 고대 사회에서 일반적인 세상의 윤리에 따르면 남편이 앞서고 아내가 뒤에 서지요. 남편을 바깥에, 아내를 안에 위치시킵니다. 그래서 세경신이라고 하면 먼저 떠오르는 것은 자청비가 아니라 문 도령입니다. 이 또한 그녀가 제 스스로 요청한 일이었죠. 이렇듯 일은 본인이 다 하고 감투는 남편한테 씌워주는 아량까지도 자청하는 이가 바로 자청비입니다.

사실 자청비 이야기는 마음에 드는 남정네와 혼인하기 위해 남편감을 구하고, 나중에는 시댁의 인정을 받기 위해서, 급기야 죽은 남편을 살려내고 입신양명하도록 도우며 분투하지요. 심지어 그녀는 문 도령을 찾아가는 과정에서 살인까지 불사합니다. 정확하게 말하자면, 사람을 죽였다가 살려내지요. 하지만 그런 능력 덕분에 집안에서 쫓겨납니다. 자청비도 당금애기 못지않게, 아니 그보다 더 귀한 딸인 무남독녀 외동딸인데도 쫓겨납니다. 흥미롭지요. 이때 죽였다 살려낸 인물이 정수남이라는 머슴인데, 자청비에게 흑심을 품고 나쁜 짓을 하려던 인물입니다. 즉 자청비의 행위가 정당방위였음에도 그녀의 부모님은 집에서 부리는 귀한 일손을 죽였다고, 사람을 죽였으니 흉측한 계집이라며 하나뿐인 딸을 되레 타박합니다. 살인을 저지른 딸을 집안에 들일 수 없다 하니까, 자청비는 자기가 죽인 그 사내를 되살려냅니다. 그러자 이번에는 죽은 사람을 살리는 괴물이라고 아예 집에서 쫓아냅니다. 정수남은 나중에 목축의 신이 됩니다. 세경신이 된 자청비가 그를 목축의 신으로 삼지요. 그러니까 자청비는 스스로의 능력으로 노력해서 얻은 감투를 자기가 쫓아다닌 사람, 자기를 쫓아다니던 사람 등 자기 주변의 남자들에게 두루 나눠준 겁니다. 현대적인 관점에서 보더라도 이런 여성 캐릭터는 매우 흥미롭고 매력적이죠.

가믄장아기라는 이름도 말씀드렸는데, 〈가믄장아기〉는 혼자 힘으로 부자가 되어 가난해진 부모님을 봉양하는 딸의 이야기입니다. '가믄장'이라는 이름은 검은 장, 그러니까 옻칠을 한 장롱이라는 뜻이에요. 그녀의 언니들이 금장아기, 은장아기였거든요. 셋째여서 가믄장아기가 된 것이지요. 가믄장아기는 뭔가 바리데기와 닮은 구석이 있어요. 딸 많은 집의 막내딸, 그래서 좀 내놓은 자식이라고 할 수 있지요.

아무튼 우리 구비 신화 속 여성 영웅들은 이렇게 귀히 여겨지거나 귀히 여김 받지 못한 딸들의 이야기로 점철되어 있습니다. 귀하게 여겨졌거나 귀히 여김 받지 못했거나, 결국은 집에서 쫓겨나게 되는 여성들의 이야기이기도 하지요. 그러나 집을 나선 이 여성 영웅들은 결국 자신의 힘으로 집을 만들어내고 지킵니다. 원래 살던 집을 지키러 돌아오기도 하지요.

자, 그럼 이제부터 그 이야기들을 하나씩 들려드리도록 하겠습니다.

건국 신화가 아닌 우리 신화

건국 신화가 아닌 우리 신화는 대체로 무속 신화에 해당됩니다.

요즘은 불교나 기독교 같은 외래 종교가 교세를 떨치고 있지만, 우리의 토착 신앙이라고 하면 역시 무속을 꼽을 수밖에 없습니다. 심지어 우리나라에서는 불교나 기독교까지도 기복신앙적인 경향이 강하다고 하지요. 기복신앙이란, 종교적인 대상에게 복을 내려달라고 갈구하는 믿음의 태도와 연관됩니다. 그 근원적인 형태가 바로 무속, 즉 샤머니즘입니다. 신앙의 대상이 부처님이든 예수님이든, 기도를 하면서 일차적인 목적을 자신이나 가족들을 위해 복을 구하는 데 둔다면 일종의 기복신앙이라고 할 수 있을 겁니다. 그렇지 않은 신앙이 있겠느냐고요? 이런 질문이 자연스레 나올 만큼 우리 사회, 우리 문화에서는 기복신앙의 영향력이 큽니다. 최첨단 정보화시대라는 요즘에도 점을 보거나 굿하러 간다는 말들이 주변에서 자주 들려오지요. 그런 일들 때문에 집안에서 크게 갈등이 빚어지기도 하고요. 미국인들은 정신적으로 문제가 생기면 정신분석가나 분석심리 전문가를 찾아가는데, 우리나라 사람들은 점을 보는 스님이나 점집, 당집을 찾는 경우가 많다고 합니다. 무속에 대한 의존도가 상당히 높지요. 무속은 우리 전통에서 개인의 문제를 해결하는 문화적인 해법 가운데 하나였던 겁니다, 아주 오래전부터.

당연히 이와 같은 해법에 의지하는 사람은 공식적으로 앞에 나서는 일이 많은 남성보다 내밀한 공간에 갇혀 지내는 여성들이었습니다. 그래서 유교 국가였던 조선에서도 궁중에는 절이 있고, 또 무속에 의존하는 내명부內命婦의 여성들이 있었습니다. 대신들은 불교를 철저히 억압하는 정책들을 입안하고 시행했지만, 가정에는 무속에 기대는 영향력이 막강한 여성들이 존재했습니다. 특히 궁중에서 대비마마나 대왕대비마마, 즉 임금님의 어머니나 할머니가 아들과 손자를 위해 치성으로 기도를 한다는데, 그 일을 누가 막겠습니까? 예를 들어, 우리가 익히 아는 조선의 가장 드라마틱한 여주인공으로 장희빈이 있습니다. 한낱 궁녀에서 후궁의 최고 지위인 빈의 자리까지 올랐을 뿐 아니라 매우 드물게도 후궁으로서 중전의 자리까지 올랐다가 다시 폐비가 된 사람이지요. 장희빈이 왜 쫓겨났을까요? 그녀가 중전 자리에서 쫓겨난 공식적인 이유는 궁중 안에서 사사로이 무사巫事를 행했기 때문이었습니다. 주술의 힘을 빌려서 인현왕후를 해치고 저주해서 죽이려 했다는 죄목이었지요. 그와 같은 행위는 조선이라는 나라의 정치적 입장에 완전히 위배되는 것이었습니다. 어쨌거나 조선의 궁중 안에서도 기복신앙에 뿌리를 둔 무속이나 불교가 여전히 남아 있었다, 이 정도로 기억하면 될 것 같습니다.

무속신앙은 기본적으로 무당의 입을 통해서 전해지는 말에 의지합니다. 엄밀히 말하자면, 무당의 입을 통해 전해지는 신의 말神話에 의지하는 거지요. 우리가 보통 무당 넋두리라는 말을 하는데, 바로 이것이 무당에게 실린 신이 하는 말입니다. 사람이 아니라 신의 말이지요. 신의 말이기 때문에 무당 자신도 무슨 말을 하는지 모르고 뱉고, 그리고 듣는 사람도 무슨 말인지 정확하게 모르고 그냥 듣습니다. 뭘 알아서 듣는 것이 아니라, 신의 존재를 경청하는 거지요.

자, 그러면 무당의 넋두리 가운데 가장 먼저 시작하는 게 뭘까요? 바로 '본풀이'라는 겁니다.

원래 굿은 신을 불러가지고, 그러니까 신의 힘을 빌려서 내 문제를 해결하는 거예요. 그런데 우리가 어떤 사람한테 뭔가를 부탁하러 갔을 때 가자마자 "저 이거 해주세요", 그러면 아무도 안 들어주죠. 보통은 먼저 가서 부탁드릴 분의 비위를 살짝 맞춰드리고 그러잖아요. 그게 인지상정이지요. "잘 지내셨어요? 요즘 어떻게 지내세요?" 그러면서 그분 상황도 좀 살피고, 그분이 늘어놓는 자랑거리도 좀 들어드리고.

그러니까 본풀이라는 것은 지금 내가 모시려는 신이 정말 얼마나 위대한 신인가를 처음부터 끝까지 쭉 읊어가는 거예요. 우쭐해지도록, 그래서 도와줄 마음이 내키도록 신의 내력을 푸는 겁니다. 그게 바로 본풀이지요. 지금 내가 모시려고 하는 신은 이러이러한 내력을 거쳐서 신이 되었고, 그래서 나는 이 위대한 신을 모시고 그 신의 힘으로 이 문제를 해결할 것이다, 라는 내용입니다.

아까도 말씀드렸듯이, 이와 같은 본풀이는 당연히 구비 신화입니다. 무당들이 한자를 익히고 과거시험을 보고 그러지는 않았으니까요. 입에서 입으로, 머리와 입을 통해 기억되어야만 하는 거였죠. '구'는 '입 구口' 자를 쓰고, '비碑'는 '비석, 비문'이에요. 비석, 비문은 대개 돌이나 나무에 새기는데, 신분이 낮으면 나무에 새기고 신분이 높으면 돌에 새기죠. 왜 돌에 새길까요? 변치 말라고, 깎이지 말라고, 잊히지 말라고 새기는 거죠. 그러니까 구비 신화는 입에서 입으로 전해지되 한 글자도 틀리지 않게 변하지 않도록 전해지는 겁니다. 바뀌면 안 되는 거죠.

전승을 받는 사람은 자신이 전승받은 그대로 그 말을 전해야만 합니다. 무당은 그저 매개일 뿐이고 전해지는 것은 신의 말, 신의 이야기니까요. 그래서 무당에게는 무당이 될 수 있는 자질이 따로 있는 거죠.

무당에게는 대략 세 가지 유형이 있다고 합니다. 혹시 들어보셨나요?

첫 번째 유형은 신한테 선택받은 사람이지요. 강신무降神巫라고 하는데, 이때 '강신'은 신이 내려왔다는 뜻이죠. 무당이 되는 사람의 몸에 신이 실리는 거예요. 그러니까 이 사람은 자신도 모르게 신이 되어서 신의 말을 전하게 되죠. 그런데 모든 사람들이 그런 자질을 지니고 있는 것은 아니에요. 이른바 감이 좋은, 타자의 영혼과 잘 통하는 사람이라야 강신무가 되는데, 이런 자질은 매우 개별적인 것이죠. 그래서 무속인의 집안인데도 엄마는 선택을 받았지만 딸은 못 받는 그런 경우가 있습니다. 하지만 어려서부터 보고 자란 것이 엄마의 모습이라 자연스럽게 그 일을 따라하게 됩니다. 이런 유형을 세습무世襲巫라고 합니다. 무당의 지위가 세습된 거지요. 그런데 무당들은 신을 모시는 사람이니까, 보통 사람들처럼 종신대사終身大事에 집중하지 못합니다. 쉽게 말해, 결혼해서 부부로 가정을 꾸리는 그런 삶을 살지 못하는 겁니다. 자기 아이를 갖지 못하는 경우도 있지요. 그런 경우에는 신딸을 들입니다. 자질이 있어서 강신무가 될 만한 아이를 골라서 들이는 경우도 있지만, 그렇지 않은 경우라면 기억력이 좋고 총명해서 자신이 아는 모든 것을 전수해줄 만한 아이를 찾겠죠. 아이는 열심히 가르침을 받습니다. 무속 전반의 지식을 '배우고 익히는' 겁니다. 이런 경우를 학습무學習巫라고 합니다. 물론 이 세 가지 유형이 뚜렷하게 나뉘는 것은 아닙니다. 세습무도 학습무일 수 있죠. 또 학습무가 나중에 신을 받아 강신무가 되기도 합니다. 강신무가 되었는데, 공부를 더 해서 학습무가 되기도 하지요. 무속인의 집안이 아닌데 민속을 공부하다가 무속인의 길로 들어서는 분들도 종종 있습니다. 어쨌거나 나이 든 무당은 계승자가 될 만한 인재를 골라서 자신이 아는 모든 것을 전수합니다. 본풀이는 가장 기본이고요. 그러나 한 글자도 바꾸지 않고 전한다고는 해도, 이야기는 때때로 달라지는 법입니다. 그래서 똑같은 본풀이인데도 이본異本이 존재하죠. 같은 말이라도 여러 사람이 계속해서 귓속말로 전하다 보면, 어느 순간 전혀 다른 이야기가 돼버리잖아요. 옛날 농담 하나를 해볼까요? 학생들이 미술 시험을 보는데, 〈생각하는 사람〉이 누구의 작품인지 묻는 문제가 나왔습니다. 정답은 당연히 로댕이죠. 그런데 어떤 친구가 친구의 답안지를 베꼈답니다. 미술을 잘 모르는 친구였죠. 그래서 로댕을 오뎅이라고 썼습니다. 그 옆의 친구도 미술은 잘 모르는 친구인데, 잔머리를 꽤 굴리는 친구였어요. 그 친구가 이 답을 보고 베껴 쓰다가 답이 같으면 다 함께 걸릴 것 같으니까 뜻이 같은 다른 말을 골라 썼습니다. 어묵, 이라고요.(웃음)

실제로 신화의 기원을 이런 현상에서 찾는 학설이 있습니다. 하나의 이야기가 다른 언어로 옮겨지면서 뜻이 통하지 않는 전혀 다른 이야기가 되고, 그 이야기에 신비감이 부여되면서 신화가 되었다는 가설이지요. 이런 가설을 '언어질병설'이라고 합니다.[3] 초기 신화학에서는 상당한 지지를 받았던 가설이기도 합니다. 굉장히 오래된 학설이에요.

---

3 특히 독일의 비교신화학자 막스 뮐러(Max Müller, 1823~1900)가 주장한 가설이다. 원시 언어에서는 단어가 많지 않아 은유에 기대어 의사 표현을 하는 경우가 많았는데, 나중에 그것을 해석하는 과정에서 전혀 엉뚱하게 신화가 탄생했다는 식이다. 예컨대 대홍수에서 살아남은 데우칼리온과 그의 아내 피르하의 신화에서 동음이의어인 두 낱말 '사람'과 '돌'을 혼동한 것이 신화의 비밀일 뿐이라고 폄훼한다.

남성 영웅과 여성 영웅―우리나라 신화를 중심으로

거듭 말하지만, 우리나라 문헌 신화의 대부분은 건국 신화입니다. 그리고 그 신화의 주인공은 거의 다 남성 영웅들로 나라를 세우고 첫 번째 임금이 되죠. 단군, 주몽, 온조, 비류, 박혁거세, 김수로……『삼국유사』나 『삼국사기』처럼 오래된 역사책의 앞머리는 대부분 이런 남성 영웅들이 차지하고 있습니다. 사실 이러한 현상은 우리나라에만 고유한 것은 아닙니다. 세계 어느 나라의 역사를 보더라도 맨 앞머리는 이처럼 실재했는지 단정할 수 없는 신화적이거나 전설적인 영웅들이 차지하고 있습니다.

그림 1
먼머스의 제프리가 지은 『브리타니아 열왕사』(15세기 웨일스어 판본)에 등장하는 아서왕

예를 들어, 영국사가 어디에서 시작하는지 아시나요? 아서왕입니다. 아서왕이 진짜 영국을 다스렸던 역사적인 인물일까요? 아니죠. 먼 옛날 브리튼(영국을 가리키는 옛 이름)을 다스렸고, 또 언젠가 먼 훗날 브리튼을 다스리기 위해 돌아올 거라고 말해지는 전설 속의 영웅입니다. 그런데 아서왕의 전설은 영국의 절대왕정을 이끌었던 헨리 8세라는 군주에 의해 새롭게 부각되었다고 알려져 있습니다. 그 시기에 바로 '영국사'라는 국가의 역사가 체계적으로 정비되었죠. 한 왕조의 역사는 일반적으로 그 왕조의 기틀을 확립하는 시기, 또는 그 왕조의 기틀이 흔들릴 때 이를 다잡기 위해서 다시금 쓰이곤 합니다.『삼국사기』와 같은 역사서는 고려라는 나라의 위상을 정립하고자 이전 왕조들의 계보를 다시금 정리한 것이라고 할 수 있겠지요.

거듭 말씀드리지만, 문헌 신화와는 대조적으로 우리나라 구비 신화의 주인공은 대부분 여성 영웅입니다. 그리고 이 영웅들이 하는 일은 나라를 세우는 것과 같은 큰일, 이른바 국가대사와는 전혀 관련이 없습니다.

〈바리데기〉는 오구굿, 즉 죽은 사람을 위해 해원解冤을 하는 굿과 관련 있는 이야기입니다. 사람이 사는 동안 쌓아온 원한을 다 풀고 가라고, 한바탕 살풀이를 위해 열어주는 굿판이 오구굿이지요. 말하자면, 바리데기는 죽은 사람들을 저승으로 인도하는 길라잡이 신입니다. 자청비는 아까도 말씀드렸듯이 세경신이죠. 농사에 도움을 주는, 그러니까 우리한테 먹을거리를 주는 신이고요. 당금애기는 '삼제석'과 항상 같이 등장하기 때문에, '삼제석' 즉 '삼신'을 낳은 할머니로 불립니다. 삼신할머니죠. 삼신할머니가 뭘 하는 분인가요? 생명을 탄생시키고 유지시키고, 그리고 죽음까지 보살피고 다음 생으로 인도하는 일을 합니다. 그러니까 이 여성 영웅들은 '나라의 큰일' 말고 우리 삶의 소소한 일들, 그런데 우리가 살고 죽는 데 없어서는 안 되는, 그런 일들을 주로 합니다. 여성 영웅들은 남성 영웅들과는 달리 세속적인 세계의 질서를 구축하거나 계급의 위계를 정하는 일들과는 좀 거리가 있지만, 우리가 존재하는 한 불가피하게 경험하는 누구에게나 보편적인 일들을 하는 겁니다.

잘 태어나서 잘 먹고 살다가 잘 죽는 것, 사실은 이런 게 제일 중요한 거 아닌가요? 그래서 요즘 방송에서도 가장 인기 있는 프로그램들은 '웰빙well-bing'이니 '웰다이닝well-dining'이니 '웰다잉well-dying'이니, 그러는 거 아닌가요?

〈바리데기〉 신화

자, 여기 그림이 하나 있습니다. 어린 소녀가 길을 걸어가고 있어요. 바

로 바리데기입니다. 이제 바리데기
이야기를 할 건데, 그림에 장승 하
나가 서 있지요? 장승입니다. 무장
승. 바리데기의 신랑감이죠. 바리
데기는 서천서역국으로 가고 있으
니까, 그림의 왼쪽이 서쪽이겠죠.
동쪽 땅에서 출발해 머나먼 서천서
역국으로 걸어가고 있어요.

그림 2
바리데기
© 원혜진(『소원 들어주
는 음식점』, 와이즈만북
스, 2014)

〈바리데기〉 신화를 소재로 한 그림들은 많지만, 작품들의 화면 구도는
대부분 엇비슷합니다. 이렇게 소녀는 아주아주 작고, 세계는 어마어마하
게 커요. 엄청나게 작은 이 아이가 엄청나게 먼 길을 가서 사람을 구할 생명
수와 사람의 몸을 온전하게 만드는 뼈살이꽃, 살살이꽃, 피살이꽃을 가져
와요. 그래서 뼈를 원상태로 되살리고, 살도 처음처럼 돋아나게 하고, 피가
돌고 숨을 쉬게 만드는 겁니다. 이 작은 소녀가 도대체 왜 그토록 먼 길을
떠나게 된 걸까요? 바리데기는 앞서 이름 풀이에서 말씀드린 대로 버린 아
기, 버린 자식입니다. 딸이기 때문에 버려진 아이죠. 그런데 나중에 이 아
이가 부모님의 생명을 구하기 위해 서천서역국으로 갑니다. 그곳에서 죽
은 사람을 다시 살리는 생명수와 생명꽃을 가지고 돌아오지요. 우리 속담
에 "버린 자식이 효자"라는 말이 있는데, 딱 그렇습니다. 위로는 언니들이
잔뜩 있지만, 아이러니하게도 부모님의 사랑을 듬뿍 받고 자란 언니들은
부모님을 위해 그와 같은 희생을 감내하지 않아요.

바리데기의 아버지는 오구대왕이라는 분입니다. 아주 잘생기고 부유한
임금님이지요. 세상 만물을 다스리고 모든 영력을 지닌 이 양반이 장가를
갔습니다. 길대부인이라는 예쁜 신부를 만났어요. 아들을 낳으려면 '받은
날짜'인 길일에, 즉 모월, 모일, 모시에 합방을 해야 하는데, 이 신부가 너무

너무 고운 거예요. 신부가 너무 예쁘니까 오구대왕은 길일까지 기다리기가 힘들었겠죠. 결국 길일까지 못 기다렸어요. 신부가 좋아 죽겠는데 딸이건 아들이건 무슨 상관이에요. 그래서 못 기다리고 서둘러 합방을 했죠. 예언대로 첫아이는 딸이었답니다.

그래도 예쁜 딸을 낳았으니까 너무 좋았겠죠. 첫딸은 살림 밑천이라면서 온갖 것을 다 금으로 해줍니다. 금이 있으면 은도 있고 동도 있겠죠. 둘째 딸을 낳았을 때는 은으로, 셋째 딸을 낳았을 때는 동으로 모든 것을 다 해줍니다. 넷째, 다섯째, 여섯째까지…… 이렇게 점점 소박해졌습니다. 그런데 무려 여섯째까지 계속 딸이었죠. 오구대왕은 점점 초조해지고 속이 탔어요. 아들이 있어야 왕위를 물려줄 것 아닙니까? 여기서 아들이 있어야 왕위를 물려준다는 건 적자상속, 즉 계승자인 아들에게 상속을 해주는 원칙이 있다는 말이지요.

〈바리데기〉 신화는 무속에 속하는 구비 신화인데 적자상속의 원칙에 영향을 받았다면, 그 같은 역사보다 뒤에 나온 이야기가 아닌가 싶지요. 사실 무속 신화의 기원은 우리가 잘 알 수 없지만, 그 이야기가 아주 오래도록 입에서 입으로 전해져 내려온 것은 압니다. 그 시간 동안 이 이야기들은 대체로 뼈대를 유지하지만, 때로는 변화하는 사회적 조건들을 반영하면서 바뀌기도 했습니다. 구비 신화는 입에서 입으로 전해지면서 한 글자도 틀림없어야 한다는 원칙을 갖습니다만, 사실 하염없는 세월 동안 그와 같이 이어지기란 거의 불가능하지요. 오히려 사회의 중요한 변화에 따라 보태거나 덜어내는 경우가 종종 있었으리라고 짐작할 수 있습니다. 어쨌거나 바리데기 이야기의 핵심에는 아들을 귀히 여기는, 그래서 상대적으로 딸을 하찮게 여기는 남존여비 사상이 반영되어 있습니다.

딸이 여섯이면 여섯 중에 하나를 골라서 왕위를 줘도 되지, 뭐 꼭 아들이어야 하나요? 제가 알기로 고려시대까지는 사실 아들이나 딸이나 똑같이 계승권이 있었어요. 계승권의 핵심은 바로 누가 제사를 지내느냐와 관련이 있습니다. 제사 지낼 놈, 즉 돌아가신 부모님께 제사를 지내는 사람이 바로 계승자인 것이죠. 또는 계승자라야 그와 같은 권리를 지닙니다. 그러니까 제사를 지내는 딸은 그 집안의 성씨를 계승하게 되는 겁니다. 예를 들어, 딸이 어머니의 제사를 따로 모셔야 하는 상황이라면 아버지의 성씨가 아니라 어머니의 성씨를 계승하게 됩니다. 들어보신 적 없나요?

고려 태조 왕건에게는 부인이 많았습니다. 무려 스물아홉 명이나 되었죠. 부인이 그토록 많은 이유는 그들이 모두 각 지역의 유력한 호족 집안과 관련 있었기 때문입니다. 왕이라고 해도 이들 가문의 협조 없이는 나라를 이끌어가기 어려웠던 것이죠. 그래서 그 관계를 돈독히 하기 위해 혼인이라는 방법을 동원했습니다. 또 호족 가문 입장에서 보자면 왕과 결혼한 그 여성에게 각 가문의 존속이 달려 있었겠죠. 계승자의 선택은 그래서 복잡해졌습니다. 결국 왕건은 자신의 아들과 딸을 결혼시키기도 했습니다. 그런 방법으로 호족 세력의 통합을 도모한 것이죠. 왕건의 아들들 가운데 고려 제4대 왕인 광종은 자기 이복누이와 결혼했습니다. 누나인지 여동생인지는 모르지만, 왕씨 집안의 공주와 결혼을 했지요. 하지만 그녀는 동시에 황보씨 집안의 딸이었습니다. 아버지의 성씨를 따랐다면 왕씨였을 텐데, 광종의 부인은 황보씨로 기록되었죠. 그녀가 황보 가문의 이익을 대변했기 때문일 겁니다. 왕씨와 왕씨가 결혼하는 것보다야 왕씨와 황보씨가 결혼하는 쪽이 황보 가문에서도 훨씬 보장받는 느낌이었겠죠. 성리학적 윤리관이 보다 확고해진 상황에서야 이러한 습속이 무척 난감하게 느껴지지만, 고려시대에 이 같은 혼인 관계나 상속 계보는 상당히 보편적이었습니다. 조선시대까지도 딸이나 딸의 자손이 제사의 주체가 되는 경우가 있었죠. 데릴사위가 사실 그런 존재였습니다. 그런데 바리데기 이야기에서는 아들이 없어서 계승을 할 수 없다는 말이 나오잖아요? 그러니까 이 이야기에는 조선 후기, 적어도 성리학적 윤리관이 확립된 이후의 이데올로기가 강하게 반영되었다는 사실을 짐작할 수 있습니다.

어쨌거나 길대부인은 바리데기를 임신했습니다. 온몸이 번쩍이는 용이 나타나고, 막 무지개 구름을 타고 하늘로 오르는 어마어마한 태몽을 꾸죠. 이 태몽을 들은 오구대왕은 이번에야말로 틀림없이 아들이구나, 하고 생각했어요. 그래서 아들을 위한 준비를 굉장히 많이 하죠. 그런데 이번에도 딸이 태어납니다. 오구대왕의 실망은 이루 다 말할 수가 없었어요. 이번에야말로 열 달 내내 아들이 태어나리라고 굳게 믿었는데, 마지막 기대가 무너지자 극심한 배신감에 치를 떨었습니다. 실은 자신의 믿음에 대한 배신감이었지만요. 그런데 그 화풀이를 애먼 딸에게 합니다. 그래서 바리데기는 버려져요. 오구대왕은 아이를 강물에 띄워 보냅니다. 그리고 강물에 떠내려온 이 아이를 어떤 할머니와 할아버지가 주워서 기르게 됩니다. 비리공덕 부부, 나이가 많고 아이가 없는 부부였지요. 이름을 들으면 알겠지만, 그 부부는 빌어서 공덕을 쌓은 사람들입니다. 형편이 그리 좋은 사람들은 아니었지요. 신화 속의 이름들은 이처럼 그 사람의 내력을 고스란히 드러냅니다. 어떻게 살아온 사람인지, 이름이 거의 모든 것을 말해주죠. 버려진 아이는 빌어먹는 할머니와 할아버지 손에서 자라납니다. 그리고 아버지인 오구대왕은 그날부터, 아이를 버린 날부터 아프기 시작해요. "죽은 부모는 땅에다 묻고, 죽은 자식은 가슴에 묻는다"라는 말이 있지 않습니까? 멀쩡한 아이를 내다 버렸는데, 그 부모의 마음이 멀쩡할 리 없겠죠. 너무도 바랐던 아들이 아니고 딸이라서 내다 버렸는데, 갖다 버리고 보니 그 자식도 깨물어 아프지 않을 리 없는 손가락이었던 거죠. 아무튼 오구대왕은 시름시름 앓게 됩니다.

왕이 아프면 무슨 일이 일어날까요? 왕은 곧 왕국이지요. 병든 왕을 둔 나라는 마찬가지로 병을 앓는 법입니다. 나라가 망해가죠. 그래서 왕은 언제나 젊고 건강해야만 합니다. 오구대왕이 앓기 시작하자, 나라 안이 온통 아수라장이 되고 맙니다. 그러니 백방으로 갖은 애를 다 써봐도 백약이 무효했습니다. 그러다가 찾아낸 마지막 방법이 서천서역국으로 생명수를 구하러 가는 것이었습니다. 누가 갈까요? 왕을 살린다는데, 서천서역국에 다녀오기만 하면 왕을 구하고 나라를 구한다는데, 가겠다고 나서는 사람이 없습니다. 아무도 못 가겠대요. 그런 거지요. 왕도 살리고 나라도 살려야 하지만, 어떤 사람이 자기 목숨을 내놓고 남을 구하겠습니까? 그게 사람이지요. 인지상정이에요. 무속 신화는 이와 같이 너무도 보편적인 인간의 심리를 대변합니다. 결국 부모를 구하기 위해 모험을 떠날 사람은 자식밖에 없었습니다. 그런데 이 자식들이 모두 너무 귀하게 자란 금지옥엽들이에요. 왕궁 밖으로 나가본 적도 없는 공주님들이란 말입니다. 하나같이 입을 모아 못 간다고 하죠. 오구대왕과 길대부인도 자신들이 그렇게 키운 딸들이니 뭘 어찌 해보지 못하고 하릴없이 내다 버린 딸 바리데기를 찾아 나섭니다. 말하자면 바리데기가 마지막 보루였던 겁니다. 정리된 결론으로 보자면, 바리데기는 부모님의 사정을 전해 듣고 기꺼이 길을 떠납니다. 나를 버린 부모도 부모이니 그 은혜를 갚기 위해 내가 가겠습니다, 그런단 말입니다. 그런데 그 마음이 쉽게 이해되나요? 잘 안 되죠? 바리데기 입장에서는 아무래도 억울하게 느껴집니다. '버릴 때는 언제고 이제 와서 딸이라고 부모를 위해 죽을 길을 가라 하는가? 부모라고 해준 게 뭐가 있다고?' 그런 마음이 드는 게 당연하지요. 아까도 말씀드렸지만, 무속 신화는 인지상정을 중시합니다. 초인적인 도덕 이런 거 말고요. 그래서 판본에 따라서는 바리데기가 부모와 실랑이하는 장면이 하루 밤낮으로 이어지기도 합니다. "버릴 때는 언제고 이제 와서 아비를 살리기 위해 죽을 길을 떠나라고 하는가?" 울고불고 난리법석으로 넋두리를 하지요. 그 자리에 있는, 오구굿에 참여하는 모두가 바리데기의 모험에 동의할 때까지, 모두가 설득될 때까지 실랑이가 계속돼요. 어쨌거나 결국에는 바리데기가 떠납니다. 결론은 정해져 있죠. 그러니까 이야기의 핵심은 결론이 아니라 그 과정입니다.

　길을 떠난 바리데기는 서천서역국에 쉽게 도착할까요? 아니죠. 이야기의 핵심은 결론이 아니라 과정이니까요. 서천서역국까지 가는 동안 바리데기는 온갖 우여곡절을 다 겪습니다. 저는 그 가운데서도 바리데기가 길을 묻고 알아내는 과정이 참 흥미로웠습니다. 서천서역국까지는 아무도 가본 사람이 없기 때문에 길을 아는 사람도 없습니다. 그래서 바리데기가 길을 물으면 사람들이 조금씩밖에 안 가르쳐줍니다. 조금씩 가르쳐주는 것도 그냥은 안 가르쳐줍니다. 예를 들어, 빨래를 하고 있는 어떤 할머니를 길에서 만나요. 할머니는 한쪽에는 검은 빨래를 잔뜩 쌓아놓고, 다른 쪽에는 흰 빨래를 잔뜩 쌓아놓고 앉아서 계속 빨래를 합니다. 검은 빨래를 빨아서 희게 만드는 겁니다. 바리데기가 길을 물어도 할머니는 대답을 안 해줍니다. 결국 바리데기는 할머니 옆에 앉아서 빨래를 하기 시작하죠, 절실하니까. 할머니를 도와서 뭐라도 하고 나면 길을 가르쳐줄까 싶어서 같이 빨래를 해요. 마침내 빨래를 다 마치고 나니까 할머니도 고마운지 아니면 미안한 마음이 드는지 길을 알려줍니다. 그런데 어떻게 알려줄까요? "저기 저 고개 넘어 밭을 갈고 있는 할아버지한테 가서 물어보라"고 합니다. 기껏 고생해서 얻은 답이 "나는 모르겠으니 다른 사람에게 물어보라"는 겁니다. 그렇게 해서 바리데기가 밭을 갈고 있는 할아버지에게 가서는 어떻게 했을까요? 이번에는 그냥 무조건 할아버지한테 가서 밭 가는 일을 도와줍니다. 어차피 인생에는 공짜가 없는 거니까요. 그런데 이 할아버지도 길을 잘 모릅니다. 어쨌거나 다른 방법이 없으니까 사람이 있으면 가서 도와주고 길을 묻기를 수없이 되풀이합니다. 바리데기가 간 길, 서천서역국까지의 여정은 그렇게 짜깁기를 해서 만들어진 거죠. 그 과정에서 바리데기는 무엇을 배웠을까요? '기브앤드테이크give-and-take.' 세상에는 공짜가 없다.

(웃음) 그러니까 누군가의 마음을 얻으려면 상대가 요구하기 전에 내가 먼저 움직여야 한다는 사실을 배운 거라고, 저는 생각합니다.

결국 고생 끝에 서천서역국으로 간 바리데기가 무슨 금은보화를 얻고 부귀영화를 누리나요? 아닙니다. 고개를 넘으면 또 한 고개, 거기서 바리데기를 기다리는 건 그림자만 봐도 겁이 덜컥 나고 얼굴을 보면 소스라치게 놀랄 법한 무시무시한 무장승입니다. 판본에 따라서는 허우대가 멀쩡하고 훤칠하게 잘생긴 옥골선풍玉骨仙風으로 나오는 경우도 있지만, 대개는 외팔이에 곱사등, 곰보로 얼굴까지 얽은 흉측한 인물입니다. 성정도 포악하고요. 아무래도 이쪽이 더 설득력이 있습니다. 왜냐하면 그래야 나중에 잘생겨지거든요. 처음부터 잘생기면 매력이 없잖아요. 허물을 딱 벗고 미남자가 되어야 말이 되죠. 뭔가 익숙한 구조가 느껴지나요? 〈미녀와 야수〉? 처음 봤을 때는 흉측했던 대상이 시간이 지나면서 이해가 쌓이고 소통하게 되면 백마 탄 왕자님으로 변하는 이야기는 전래동화 속에서 너무도 자주 발견되지요. 이 또한 신화적인 구조라고 할 수 있습니다.

이제 다시 무장승 이야기로 돌아가보겠습니다. 무장승은 하늘에 있는 옥황상제의 선관仙官이었는데, 죄를 짓고 지상에 내려와서 생명꽃을 지키고 있는 존재입니다. 그래서 되게 심술궂죠. 죄를 짓고 쫓겨나서 고생하는 사람이니까 되게 심술궂고 다른 사람들에게 퉁명스럽고 무뚝뚝합니다. 그런데 바리데기가 그 앞에 나타난 거죠, 어린 여자아이가. 무장승은 이 어린 소녀에게도 매우 심통 사납게 굽니다. 온갖 고생을 다 시키죠. 알고 그러는 건지 모르고 그러는 건지, 아무튼 그렇습니다. 이야기의 세부는 판본마다 차이가 있습니다. 바리데기는 처음부터 소녀의 본색을 드러내기도 하고, 아예 감쪽같이 남장을 하고 나타나기도 하죠. 어린 여자가 혼자 먼 길을 여행하기는 위험하니까 아예 남장을 하고 길을 떠난 거예요. 그렇다면 무장승이 어떤 고생을 시키느냐? 백 일에 한 번씩 한 방울 떨어지는 생명수가 있어요. 그 물을 열 병씩 채우라고 시키는 거예요. 백 일에 한 방울씩 떨어지는 물을 한 병 가득 채우려면 얼마가 걸리겠습니까? 또 그 병을 열 개나 채우려면 얼마나 걸릴까요? 그래서 거의 십 년을 함께 삽니다. 아버지 병을 낫게 하려고 약 구하러 갔는데, 거기서 그냥 십 년을 묵게 되는 거예요. 심지어 마지막에는 하다 하다 뭘 하냐면, "네가 여자인 줄 안다, 내 신부가 되어라. 신부가 되어서 나를 위해 아들 세 명을 낳아라. 그러면 생명수를 가지고 가도록 놓아주겠다". 이건 뭐 노예 계약도 이런 노예 계약이 없습니다. 그냥 결혼만 하자는 것도 아니고, 아들을 셋이나 낳아야 한답니다.

바리데기는 평생 얼굴도 못 보고 자란 아버지 약을 구하러 갔다가 아예 인생이 바뀌어버립니다. 태어난 것도 내 맘대로가 아니었는데, 사는 것도 내 맘대로가 안 됩니다. 어이가 없어서 화가 날 지경이죠. 그런데 바리데기는 '어차피 여기까지 왔으니까'라고 생각하고는 이 운명의 장난을 받아들입니다. 무장승의 아내가 되어 아이 셋을 낳지요. 그렇게 아이 셋이 태어나서 생명수를 다 받고 나니까 무장승이 갑자기 그러는 거예요. "나는 원래 하늘의 선관이고 지금 벌을 받아서 내려와 있는 것이다." 그러고는 갑자기 화르르르 신선으로 변해서 휙 날아가버립니다. 바리데기와 아들들만 두고 저 혼자 날아가버린다니까요.

그런데 우리 신화에 보면 이렇게 가버리는 남정네들이 또 적지 않지요. 기억날 거예요. 주몽의 아버지 해모수도 하늘에서 내려와 유화를 임신시키더니 휙 하고 다시 하늘로 날아가버렸었죠. 뒤에 나올 이야기 속에서도 확인하게 되겠지만, 신화 속의 남성들은 이렇게 임신을 시킨 뒤에 종종 휙 하고 날아가버립니다.

어쨌거나 그래서 홀로 남은, 아니, 이제 아이들과 함께 남은 바리데기는 뭘 하느냐면, 한 아이는 등에 업고, 두 아이는 손에 잡고, 즉 하나는 앞세우고 하나는 뒤세우고, 서천서역국까지 갔던 길을 되돌아옵니다. 품 안에는 생명수와 세 송이 꽃 – 뼈살이꽃, 살살이꽃, 피살이꽃을 고이 숨겨서 돌아오는 거예요. 상상이 되죠? 왜 전철에서 가끔 그런 풍경을 보게 되잖아요. 셋쯤 되는 아이를 데리고, 때로는 그중에 쌍둥이까지 끼어서는, 힘에 부치는 유모차를 끌고 타는 안쓰러운 엄마들. 문 닫히기 직전에 겨우 아슬아슬 열차에 올라타는, 딱 그런 상황인 거예요.

바리데기뿐 아니라 우리 무속 신화의 여성 영웅들은 이처럼 남들이 절대 하지 않을 것 같은 고생을 말도 못 하게 하면서, 아니, 남들이 평생 하는 고생을 다 합쳐 홀로 견디면서 죽지 못할 지경으로 삽니다. 자기가 아파봐야 남 아픈 사정을 안다고 그러는 건지, 아무튼 말도 못하게 고생을 하지요.

무당이 되는 과정에서 겪는 고달픔을 '무병' 또는 '신병'이라고 한다지요? 이유도 없고 치료법도 없고, 그래서 온갖 시달림을 당하다가 죽을 지경이 되어서 겨우 내림굿을 받고 무당이 되면 그제야 몸도 낫고 정신도 맑아진다고 합니다. 다른 사람은 평생 겪을 일 없는 고통을 혼자서 다 겪어야, 그러고 나서야 무당이 될 수 있다는 겁니다. 남들 안 하는 고생을 다 해봤고, 어지간한 사람이 겪는 고생은 혼자 몸으로 다 겪어봤기 때문에, 누가 물어와도 그 사람이 얼마나 아픈지 다 알고, 물어오는 문제마다 답을 줄 수 있다지요.

어쨌거나 바리데기는 돌아오는 길에 황천강을 건넙니다. 애를 이쪽에 끌고 저쪽에 안고 뒤에는 업고, 그런 채로 배를 타고 황천강을 건너요. 그런데 배를 타고서 주위를 둘러보니 강 위로 막 떠다니는 허연 그림자들이 많습니다. 자세히 살피니 죽은 영혼들이었지요. 그래서 사공한테 "저 이들은 다 뭐냐? 왜 저렇게 강물 위를 떠도는 거냐?"라고 물었더니 "죽고 나서 어디로 가야 할지 모르는 영혼들이 저렇게 떠돈다"라고 합니다. 그 모습을 보고 있으려니 자기가 지금껏 했던 온갖 고생이 정말이지 쓰나미처럼 밀려옵니다. 길도 모르고 떠나서 물어물어 서천서역국 이름 하나만 알고 가던 일들이 주마등처럼 스쳐 지나죠. 그러면서 '저 이들은 다 어쩌나?'라고 생각해요.

그리고 집으로 돌아왔어요. 바리데기가 돌아와서 보니 아버님은 돌아가시고, 언니들이 왕국을 놓고서는 여섯 명이 싸우면서 아귀다툼을 하고 있습니다. 아버지 장례를 치러야 왕국을 나눠 가질 수 있으니까 급히 장례를 치르고 상여를 막 내보내죠. 바리데기가 달려와서 상여를 붙들고 "아이고, 이게 어찌 된 일이냐?"라고 하니까 언니들은 화를 내면서 "네가 일찍 안 와서 아버지가 돌아가셨다"라고 막 퉁을 놓습니다. 그러는 거예요, 언니들이. 바리데기는 마음이 급해져서 관 뚜껑을 열어젖힙니다. 사실 그러면 안 되죠. 고인에 대한 예의가 아니니까요. 그런데 바리데기는 관 뚜껑을 막 열고, 아이 셋을 안고 끼고 업고 건사하면서 관 속에 드러누운 아버지의 삭은 주검을 일으키더니 뼈살이꽃으로 뼈를 붙이고 살살이꽃으로 살을 돋우고 피살이꽃으로 피를 돌게 하더니 생명수를 먹여서 기어코 살려냅니다.

그러니까 아버지가 얼마나 고맙겠습니까? 내가 갖다 버린 자식이 나를 구했으니 말입니다. 금지옥엽 고이 키운 나머지 자식들은 자기 숨이 떨어지자마자 왕국을 놓고 다투는데, 내다 버렸던 이 자식은 나를 구하겠다고 십여 년 갖은 고생을 하고 돌아왔으니 말입니다. 죽은 사람이라고 귀가 없어 못 듣겠습니까? 심지어 이 딸은 애 셋까지 낳아서 왔어요, 그 와중에. 근데 그 셋이 모두 아들입니다. 아버지의 평생소원이 이렇게 또 이루어집니다. 본인이 딸만 낳아서, 그게 속상해서 내다 버린 딸이었는데, 그 딸이 자기 목숨을 구할 생명수도 가져오고, 떡두꺼비 같은 아들도 셋이나 낳아 온 것입니다. 그 딸 덕분에 아버지가 목숨도 구하고 소원도 성취했어요.

이 '셋'이라는 숫자도 신화적으로 매우 중요합니다. 셋은 사실 셋이라는 숫자도 되지만 아시죠? 하나, 둘, 다음은 많다. 왜냐하면 우리가 "한두 번도 아니고" 이런 말을 한단 말이죠. 한두 번도 아니라는 말은 사실 세 번이라는 뜻이 아니죠. 계속 그렇다는 의미입니다. 셋은 다수를 나타냅니다. 하나가 우연이면, 둘은 우연의 일치이고, 셋은 우연의 일치가 다시 일치하는 것이죠. 그래서 법칙성의 시작을 나타내는 숫자이기도 합니다. 기억해주세요. 신화 속에서 셋은 일단 '많다'라는 뜻입니다. 삼위일체도 신화에 자주 등장하는 상징이지요. 여럿이면서 하나라는 뜻입니다. 모두이면서 하나, 이렇게 되는 거죠.

어쨌거나 이런 과정을 거쳐서 아버지를 살려놓고 나니까 아버지가, 즉 오구대왕이 "나의 나라를 너에게 물려주겠다"라고 합니다. 그런데 바리데기는 거절하지요. "아니요, 아버지. 저는 할 일이 따로 있습니다. 오다가 흩어져서 헤매고 있는 수많은 영혼을 만났는데, 그 사람들 구해서 제 갈 길로 인도하는 게 내가 할 일이에요." 그래서 바리데기는 죽은 자들의 영혼을 인도하는 길라잡이 신이 됩니다. 그래서 무당의 시조라고 하지요.

이제 바리데기 못지않게, 그것도 사서 고생을 하는, 다른 여성 영웅들에 대한 이야기를 들려드리겠습니다.

〈자청비〉 신화

자청비는 무남독녀로 태어났습니다. 앞서 보았던 바리데기는 줄줄이 딸만 있는 집 막내딸로 태어났기 때문에 버려졌지요. 그런데 자청비는 아들도 없고 딸도 없는 집에 그야말로 백일기도를 드려 얻은 굉장히 귀한 딸입니다. 스스로 청해서 얻은 딸이다, 그래서 자청비라는 이름을 붙였다고 합니다. 그러니 이 집에서는 자청비가 원하는 것을 막는 사람이 거의 없습니다. 어렵사리 얻은 귀한 아이라서 원하는 건 뭐든지 다 마음대로 하죠. 뭐든 자청합니다. "내가 할게요" 하고 그냥 하는 겁니다. 어린애들이 "엄마, 내가, 내가" 이런 말 하잖아요. 네 살 정도 돼서 저 혼자 몸도 가누고 말도 좀 하게 되면, 뭘 하든 "내가, 내가" 이러지요, 잘 하지도 못하면서. 자청비에게도 그런 면이 있었던 모양입니다.

어느 날은 자청비가 시냇가에 빨래를 하러 갔습니다. 부모님이 시키지는 않았을 거예요. 잘사는 집에서 어렵게 백일기도로 얻은 귀한 딸이니까 아마 손에 물 한 방울 묻히지 않고 키웠을 테죠. 그런데 이 아이가 난데없이 빨래를 하러 간다는 거예요. 남들이 다 하니까 저도 해보고 싶었겠죠. 자청비가 시냇가로 나가서 멀쩡한 옷에 물을 묻혀 두드리고 있는데, 저기 먼데서 훤칠한 도령님이 걸어옵니다. 빨래하고 있는 자청비를 보더니 말을 걸어요. "저기, 물 한 바가지만. 목 좀 축입시다." 자청비는 그 도령을 보자마자 첫눈에 반해서 그이의 신부가 되기로 마음먹습니다. 그런데 이게 말이 안 되죠. 전통 사회에서 혼사는 자신이 정하는 게 아니라 부모님이 정해주시는 건데. 하지만 다시 기억해주세요. 자청비의 특징은 '원하는 건 뭐든지 마음대로 한다'입니다. 그래서 자청비는 나름대로 작전을 짜서 실행합니다. 우선은 첫인상이 중요하니까 확실히 각인을 시킵니다. 물을 주는데, 그냥 안 주고 버들잎을 띄워줍니다. 우리가 참 잘 아는 클리셰죠. 타는 목을 축이도록 친절하게 시원한 물을 떠줄 뿐 아니라 물을 마시면서도 체하지 않도록 배려하는 세심함과 지혜로움으로 어필합니다. "이게 뭐야?"라고 묻는 문 도령에게 "불면서 마셔야 안 체하죠. 물에 체하면 약도 없는데"라면서 한 수 가르쳐줍니다. 순진한(!) 문 도령은 그런가 보다, 하면서 하라는 대로 천천히 물을 마십니다. 자청비가 문 도령에게 넌지시 어딜 가는 길이냐고 물어보니 공부를 하러 서원에 가는 길이랍니다. 3년 동안 공부해서 과거 시험을 볼 거라고요.

과거가 등장하는 걸 보니까 적어도 고려 광종 이후의 일인가 봅니다. 우리나라에는 그 시기에 과거가 도입되었다고 하니까요. 과거가 등장하는 걸 보면, 이 이야기가 또 그 영향을 받은 겁니다. 이야기 자체는 그보다 더

그림 3
〈자청비〉 공연 장면
© 제주도 문화예술진
흥원

오래된 것이라 해도, 그 뒤에 과거와 관련된 사회적인 풍속의 영향을 받은 거겠죠. 다른 관점에서 본다면, 과거의 영향이라는 게 그만큼 지대했던 겁니다. 아마도 이 이야기는 조선시대에 더욱 큰 변형을 겪었으리라 예상할 수 있지요.

원래 이야기로 돌아가보겠습니다. 문 도령의 대답을 들은 자청비는 '아, 이 아이가 서원으로 공부를 하러 간다면 나도 따라 가야겠다'라고 생각합니다. 그런데 여자의 몸으로 과거 시험을 위해 서원에 가서 공부를 한다는 건 사회 통념상 용인되는 일은 아닙니다. 그래서 나름 잔머리를 굴려요. "그럼, 여기서 잠깐만 기다리세요. 우리 동생도 과거 공부를 하러 가야 하는데 같이 가세요." 그러고는 집으로 돌아가서 "어머니, 아버지, 저 공부하렵니다. 유학 보내주세요"라고 하자, 부모님은 깜짝 놀라셨겠죠. "양갓집 규수가 무슨 유학이냐?"라고 했을 수도 있어요. 하지만 그 말을 한 사람이 누굽니까? 원하는 건 뭐든지 다 마음대로 하는 자청비예요. "남장하고 가면 되지요." 그러더니 남장을 하고 길을 나섭니다. 남장을 하고 문 도령과 함께 떠나죠. 그렇게 문 도령이 가는 곳이면 어디든 따르며 3년을 함께 지냅니다. 셋은 많다는 뜻이었죠. 그러니까 3년이면 서로 알 만큼 알고 지내는 사이가 되었다는 겁니다. 함께 집을 나서서 길동무를 했으니 친해지는 것은 당연한 일이고, 동시에 입학해서 동문수학하는 사이로 함께 배우고 익힐 뿐 아니라 함께 먹고 함께 자면서 지냅니다. 어디선가 들어 본 듯한 이야기이지요? 〈성균관 스캔들〉 같은 드라마가 떠오르지요? 이 또한 상당히 오래된 신화적 모티프입니다. 남장한 여성 영웅이 사회적으로 두각을 나타내는 이야기 말입니다. 그런 이야기들은 이처럼 모두 다 원형이 있습니다.

더 흥미로운 사실은 이 이야기 속에서 자청비가 하는 일마다 문 도령을 앞선다는 점입니다. 글을 써도 더 잘 쓰고, 말을 타도 더 잘 타고, 활을 쏴도 더 잘 쏩니다. 심지어는 오줌 싸기 내기를 해도 다 이겨요. 그게 말이 되느냐고요? 글쎄, 대나무 대롱을 써서, 꾀를 써서, 아무튼 그 모든 과제를 톱으로 해냅니다. 문 도령은 뭐든지 잘하는 같은 방 쓰는 이 동기가 존경스럽기만 하지요. 그래서 3년이나 함께 공부를 하고 있었는데, 과거를 보러 가기 직전에 문 도령네 집에서 편지가 옵니다. 알고 보니 문 도령은 먼 하늘나라 옥황상제 아드님이었죠. 집안에서 "안 되겠다. 과거보다 중요한 것이 종신대사이니 결혼부터 하자" 이런 거죠. 자청비 입장에서는 마른하늘에 날벼락이 아닐 수 없습니다. 3년이나 갖은 고생을 다하면서 그이 곁을 지켰는데, 이제 와서 공든 탑이 무너지게 생겼으니 말입니다. 그래서 또 쫓아갑니다. "나도 이번에 하산해서 과거나 볼란다"라면서요. 뭐든지 다 잘하는 친구니까, 문 도령은 그 말을 곧이곧대로 믿어주지요. 또 함께 떠나서 길을 가다가는 자청비가 날씨가 더우니 좀 씻고 가자고 합니다. "위에서 씻을 테니 너는 아래서 씻어라" 말하고는 자기는 상류로 올라가서 쪽지에 글을 적어 떠내려 보내요. "사실…… 나 남자 아니다." 그리고 재빨리 먼저 집으로 달아나는 거예요. 아래쪽에서 아무 생각 없이 멱을 감던 문 도령은 그 글을 받고 어안이 벙벙합니다. 지난 3년 동안의 모든 일이 새삼스럽게 주마등처럼 스쳐 지나지요. 그 진한 우정이, 우정이 아니라 애정이었다는 사실을 비로소 깨닫습니다. 결국 '이 사람을 놓치면 안 되겠다!'라는 생각이 들어서 얼른 뒤를 쫓아가게 됩니다.

사실 자청비는 먼저 집으로 달려가 문 도령을 맞을 준비를 하고 있었습니다. 부모님께는 같은 방을 썼던 친구가 있는데, 함께 하산했으니 집에 하룻밤 묵어가게 하자고 합니다. 부모님은 흔쾌히 허락하시죠. 그러자 이번에는 그 친구가 아직 어려 남녀 간의 정을 모르니 자기 방에 들이겠다고 합니다. 이제 가면 언제 볼지 모르는데, 석별의 정이라도 나누게 해달라면서요. 판본에 따라서는 '열여섯'이 채 되지 않았다는 표현이 나오기도 합니다. 어쨌거나 부모님의 허락까지 받아낸 자청비는 이제 문 도령과 함께 밤을 지내게 됩니다. 한 방에 있으니까 문 도령은 막 애가 탑니다. 여자라는 걸 알았는데 뭘 어떻게 해야 할지는 모르겠고, 밤이 새면 자기는 집으로 가야 하고, 정신이 하나도 없죠. 그런데 전전긍긍하는 그 마음을 아는지 모르는지 자청비는 수틀을 앞에 놓고 수만 놓고 있습니다. "밤이 깊었으니 이제 자자"라면서 채근합니다, 문 도령이. 그런데 자청비가 그러는 거예요. "자라, 졸리면. 나는 안 졸리니 수나 계속 놓으련다." 문 도령 혼자 애를 끓다가 결국 마음을 접고 눈물을 삼키며 이부자리를 펴고 눕습니다. 애는 타는데 아무것도 못하고 잠을 청하죠. 그런데 그 이부자리 안으로 누가 쏙 들어옵니다. 자청비였죠. 이 모든 것은 그녀의 '빅 픽처'였던 겁니다. 문 도령에게는 당연히 잊을 수 없는 첫날밤이 되었겠죠.

다음 날 아침, 자청비는 언약의 징표까지 챙기면서 문 도령에게 부모님 허락을 받은 다음 자신을 데리러 오라고 합니다. 징표를 놓고 문 도령은 떠나지요. 그런데 그가 안 옵니다. 암만 기다려도 안 오는 거예요. 속이 타지요. 갔으면 사람을 보내든가 기별을 하든가, 뭔가 나름의 조치가 있어야 하는데 아무것도 없어요. 그렇다고 순순히 포기할 자청비가 아니지요. 징표를 들고 문 도령을 찾아 나서려고 합니다. 집안사람들은 펄쩍 뛰면서 말리죠. "여자 혼자 몸으로 또 어딜 간다고? 유학 갔다 온 지도 얼마 안 되는데!" "아니, 제가 다녀올 데가 좀 있어요." 그녀를 말릴 수가 없으니까 결국 집에서는 사람을 하나 붙여서 내보냅니다. 집에서 일하는 일꾼, 이 사람이 바로 정수남이에요.

정수남이라는 일꾼은 원래 어려서부터 자청비한테 마음이 있었습니다. 하지만 주인집 아씨니까 언감생심 꿈도 꾸지 못했죠. 그런데 이제 단둘이 집을 떠나 지내게 되니까 생각이 달라졌어요. 아가씨가 문 도령이라는 작자를 기다리는데, 자기가 보기에는 그 도령이 다시 올 것 같지도 않고, 온다고 해도 기회를 노려서 그전에 아가씨를 제 사람으로 만들 수 있겠다 싶은 겁니다. 그래서 정수남이 자청비를 덮치려고 합니다. 하지만 호락호락한 자청비가 아니죠. 그래서 꾀를 내어 잠깐만 기다려봐라, 목욕재계라도 하자, 지붕이 있는 곳이라도 찾자, 혼례라도 올리자 등등 뭐 이러면서 자꾸 피하다가 결국 "아니, 이렇게 다짜고짜 덤비는 건 좀 아니지 않느냐? 우선 이리로 와서 잠깐 좀 누워봐라"라고 합니다. 그렇게 진정시켜서 무릎베개를 해주고 귀를 파준다고 합니다. 그렇게 해서 정수남을 재워요. 그다음 귀이개로 귓속을 찔러서 죽입니다. 힘으로는 안 되니까 속여서 죽이는 겁니다. 그러고는 집으로 달아나지요. 그런데 이상한 것은 부모님의 태도예요. 겨우 몸을 빼가지고 달아나서 왔더니, 부모님이 정당방위로 정절도 지키고 목숨을 건져 돌아온 딸한테 버럭 화를 내요. "어디 사람을 죽이고 이 집에 발을 들이느냐? 이제 너는 우리 딸이 아니다." 집안이 발칵 뒤집혀서 자청비는 그 길로 집에서 쫓겨납니다. 억울한 일이죠. 하지만 부모님과 연을 끊을 수는 없으니 생각 끝에 정수남을 살려냅니다. '저놈이 먼저 잘못해서 나를 해친 거지만, 부모님에게 일손이 필요하신 모양이니 살려내자' 하면서 살려내는 거예요. 그런데 이번에는 죽은 사람을 살려내는 괴물이라고 사람들이 난리입니다. 앞서는 사람을 죽였다고 난리더니, 이번에는 죽은 사람을 살렸다고 난리예요. 결국 자청비는 하릴없이 집에서 쫓겨나 하늘 아래 둘도 없는 혈혈단신 맨몸으로 먼 길을 떠나게 됩니다.

집에서 절연당한 자청비는 어찌어찌 혼자 사는 어느 할머니를 만나 양어머니로 모십니다. 양어머니는 평생 외롭게 지내다가 손끝 야무진 딸을 만났으니 친딸 이상으로 아껴주지요. 자청비는 양어머니네 집에서 길쌈도 하고 수도 놓으면서 부지런히 일하며 살아갑니다. 그러던 어느 날, 하늘나라 옥황상제가 며느리를 맞는다고 혼수 일을 맡깁니다. 자청비는 그 혼수에 문 도령만 알아볼 만한 표식을 남기지요. 표식을 알아본 문 도령이 찾아옵니다만, 그동안 억울한 마음이 쌓인 자청비는 그만 문 도령을 쫓아 보내죠. 사람이니까 그럴 수도 있는 법인데, 양어머니는 여자 맘이 너무 모질다며 자청비를 쫓아냅니다. 결국 자청비는 두 번이나 집에서 절연을 당하고 쫓겨나는 겁니다. 어쨌거나 그녀는 그 길로 옥황상제를 찾아가 자기가 진짜 며느리라며 담판을 짓습니다. 문 도령의 정혼자와 다투어서 누가 더 며느리에 적합한지 판가름하자고 하는 거예요. 길쌈도 하고 밭도 매고 부엌일도 하고 제사상도 차리고…… 전혀 만만하지 않은 그 시험들을 자청비는 물론 모두 우수한 성적으로 통과합니다. 그래서 며느리로 인정받지요. 겨우 문 도령과 재회해서 화촉동방을 밝힙니다. 이제부터는 별일 없이 행복하게 살겠다 싶지만, 호사다마라고 자청비의 내조로 문 도령이 승승장구하니까 주변 사람들이, 문 도령의 친구들이 다 못마땅하게 여겨서 작당을 해서는 독주를 먹여 문 도령을 죽이고 맙니다. 하지만 그게 무슨 대수겠습니까? 남편이 죽으면 살리면 되죠. 또 살려냅니다. 그래서 "이상한 애들이랑 어울려 다니지 말고 너의 신분에 맞게 선관이 될 수 있도록 학문을 닦으라"며 서천꽃밭으로 보내줍니다. 서천꽃밭에서 꽃밭지기한테 배우고 익히라고요. 그런데 그가 가더니 또 안 옵니다. 거기 서천꽃밭의 주인 딸내미가 문 도령에게 반해서는 기억을 잊게 만들거든요. 남편이 모든 기억을 다 잊고 서천꽃밭 아기의 남편이라고 생각하면서 살고 있는 거예요. 기가 막히죠. 그러니 어떻게 하겠어요? 찾으러 가야죠. 찾으러 갑니다. 가서 찾아와요. 그 모든 시험들을 다 통과한 다음에야 드디어 자청비는 세경신이 됩니다. 그런데 세경신의 감투는 남편한테 씌워주고, 죽였다 깨운 정수남한테는 목축신의 감투를 씌워줍니다. 그래서 우리에게 세경신, 즉 농경의 신하고 또 목축의 신이 있어서, 지금 우리가 먹고사는 데 문제가 없다고 하는 그런 이야기예요.

〈당금애기〉 신화

그림 4의 사진은 당굿을 하는 장면입니다. 당굿, 그러니까 '도당굿'이라는 게 있어요. 도당굿이 뭔지 아시나요? 개인의 한을 푸는 해원굿 같은 게 아니라, 마을의 평안을 빌기 위해서 하는 굿으로, 공동체 전체의 행사가 되는 거예요. 공동체의 정기적인 행사라고 할 수 있지요. 보통 삼월 삼짇날, 강남 갔던 제비가 돌아온다는 그날에 하는 경우가 많습니다. 아니면 10월 10일에 하지요. '3'은 양의 날이고, '10'은 음의 날입니다. 홀수는 양수고 짝수는 음수니까요. 삼월 삼짇날이 양의 날이면, 10월 10일은 음의 날이죠. '10'은 완전수예요. '3'도 완전수죠. 음양의 차이는 있지만, 양쪽 다 완전수입니다. 보통 삼월 삼짇날에 도당굿을 하는데, 도당굿 본풀이의 핵심 인물은 삼신, 즉 삼제석인데, 이 삼제석의 어머니가 바로 당금애기입니다.

당금애기도 잘사는 집 귀한 딸이었습니다. 이

그림 4
경기 도당굿
© https://t1.daumcdn.
net/cfile/tistory/
2576E04A51EB15A231

본에 따라 아들이 여덟인 경우도 있고 아홉인 경우도 있는데, 여덟이나 아홉도 '많다'라는 뜻이지요. '십중팔구'라고 하잖아요. 십중팔구라고 하면 정말 여덟이나 아홉이라는 뜻이 아니라 '거의 다'를 뜻합니다. 그러니까 자식들이 '거의 다' 아들인 집이에요. 아들만 잔뜩 있는 집이라 부모님이 지쳐서 '아들은 이제 지겹다, 딸이 좀 있었으면' 하고 있는데, 마침 딸이 딱 태어난 겁니다. 그래서 당금애기는 부모님의 사랑을 독차지하고 위로 여덟이나 아홉 오빠의 예쁨까지 듬뿍 받으면서 자라납니다. 그런데 왜 그런지 이 아이의 생일, 열다섯인지 열여섯살 생일날에 가족들이 모두 먼 길을 떠나고 몸종이랑 둘만 달랑 집 안에 남습니다. 일이 있어 외출을 했다고도

그림 5
삼불제석 무신도
© 국립민속박물관

하고, 갑작스러운 변을 만나 아버지와 오빠들이 모두 감옥살이를 했다고도 하고, 이유는 다양합니다.

그런데 여기 오래전부터 당금애기를 노리고 있었던 이가 있었습니다. 제석이라고, 이이도 하늘에서 추방을 당한 신입니다. 이 신의 미션이 뭔고 하면, 당금애기로부터 아들을 셋 얻어서 하늘로 다시 올라가는 거예요. 아까 그 무장승의 이야기와 상당히 비슷하지요. 그래서 작정을 하고 당금애기의 집에 찾아옵니다. 집에 찾아와서는 "시주를 좀 하시오"라고 얘기합니다, 스님이. 시주하는 스님 행색으로 찾아와요. 처음에는 당금애기가 문을 안 열어줍니다. 몸종을 보내 이렇게 거절하지요. "부모님도 안 계시고 오빠들도 없어요. 저 혼자뿐이에요." 몸종이 나가서 집 안에는 아가씨뿐이니 문을 열 수 없다고 하는데, 그래도 열어달라고 애걸복걸합니다. 부처님한테 공덕을 드리는 중요한 일이고, 꼭 해야 한다고 어르고 달래지요.

아무리 쫓아내도 안 가고 끈질기게 치대니까 귀찮아진 당금애기 – 이 아

이는 나이도 어리고 집 안에서 곱게만 자라서 세상물정도 잘 모릅니다 - 가 "소란스러우니 뭐라도 들려서 보내라"라고 합니다. 근데 시주하러 온 스님이 말하기를 부처님에게 드리는 공물이니 정성을 들여야 한다는 거예요. 이 댁 아가씨가 직접 공을 들여야 집안이 잘 된다고 합니다. 그러니 어쩌겠어요? 그래야 집안이 잘되고 부모님과 오빠들이 다 무사하다는데. 당금애기가 직접 쌀 한 사발을 들고 문 앞까지 나갑니다. 그런데 이번에는 스님이 쌀에서 냄새가 난다고 타박을 합니다. 아버지 쌀은 쉰 냄새가 나고 어머니 쌀은 신 냄새가 나고 오빠들 쌀은 땀 냄새가 나고, 꼭 아기씨가 먹는 쌀이어야 한대요. 그러니 또 아기씨 먹는 쌀로만 골라서 갖고 갑니다. 갖고 나가서 스님의 바랑에 쏟아붓는데, 우수수 쌀알이 바닥으로 다 떨어져요. 바랑 밑이 터졌던 거죠. 당금애기가 놀라서 급히 주우려니까 스님이 막 말립니다. 귀한 공물인데 흙까지 다시 담을 수 없으니 한 알 한 알 젓가락으로 주워야 한다고 해요. 그러면서 자기는 저쪽에 가서 바랑을 꿰맬 테니 아기씨가 좀 주워라, 이러죠. 그러니 이제 젓가락으로 쌀을 한 알 한 알, 한 톨 한 톨, 옮겨 담고 있는 거예요, 그릇에. 판본에 따라서는 제석이 먼저 젓가락을 꺼내서 담기 시작하는 경우도 있습니다. 암튼 그러고 있으니까 보다 못한 당금애기도 그 자리에 주저앉아서 쌀알을 줍기 시작해요. 당금애기 입장에서는 빨리 쫓아 보내고 싶으니까 도와주지요.

그러다가 곧 날이 저물어요. 그러자 스님이 대뜸 묵고 가겠다고 하지요. 그래서 제석이 묵어가기로 했는데, 이번에는 거의 자청비 반대 버전이에요. 당금애기는 자기 방이 아닌 방을 내주려고 하고, 제석은 뿌득뿌득 당금애기 방에서 자려고 갖은 애를 씁니다. 아버지 방은 쉰 냄새가 나고 어머니 방은 신 냄새가 나고 오빠들 방은 땀 냄새가 나고……. 이러면서 도를 닦는 몸이라 부정을 타면 안 되니 정갈하고 깨끗한 아가씨 방에서 자야 한답니다. 결국은 우여곡절 끝에 당금애기가 제석을 방 안에 들입니다.

그런데 아무리 스님일지라도 외간 남자랑, 그것도 낯선 젊은 남정네랑 한 방에 있으니 겁이 더럭 난 당금애기는 잠도 못 자고 수틀을 꺼내어 앉아 수를 놓기 시작합니다. 자청비랑 하는 건 똑같아요, 처음에는. 그런데 어느 순간 까무룩 잠이 들고 말아요. 아니, 당금애기 자신은 절대로 눈을 감은 적이 없고, 분명 꼿꼿이 앉아 있었는데, 눈을 떠보니 스님의 가사 장삼을 덮고 있어요. 자다 깨서 눈을 떠보니까 스님은 가고 없는데, 어깨에 스님의 가사 장삼이 걸쳐져 있는 거예요. 화들짝 놀란 당금애기는 가사 장삼을 떨쳐버립니다. 하지만 내다 버릴 수는 없으니 꼭꼭 숨겨두죠. 그러자마자 가족들이 집으로 속속 돌아옵니다.

문제는 그날부터 당금애기의 배가 서서히 불러오기 시작했다는 겁니다. 그녀는 결국 아들 셋을 낳지요, 나중에. 물론 시집도 안 간 처녀 배가 막 불러오니까 난리가 납니다. 부모님도 노발대발, 오빠들도 노발대발. 이런 일이 있을 때는 원래 부모님보다 오빠들이 더 펄펄 뛰는 법이지요. 오빠들이 어느 놈이냐 추궁을 하고 아버지는 내쫓는다고 하고, 그래도 어머니가 가로막고 뜯어말려서 간신히 구합니다. 그래도 우리 딸인데 우리가 지켜야 한다면서 차라리 남들 모르게 감추자고 그러지요. 그래서 가족들이 땅굴을 팝니다. 굴을 파서 딸을 감춰요. 당금애기는 이 굴속에 들어앉아서 불러오는 배를 안고 견딥니다. 그러다가 굴속에서 아들 셋을 낳습니다. 철모르던 어린 처자가 얼결에 아들 셋을 낳은 겁니다.

당금애기는 아이를 낳고서 묵묵히 동굴 안에서 살아갑니다. 아이들과 함께요. 아이들은 아주 쑥쑥 잘 자라지요. 아이들이 세 살쯤 되니까 "엄마, 나는 어디서 왔어요?"라고 물어요. 이런 질문들을 곧잘 하잖아요, 그 나이 때는. 그래서 당금애기는 아이들을 들쳐 업고 양쪽에 끼고는 아빠를 찾아 먼 길을 떠납니다. 가는 도중에 오만 고생을 다하지요. 갖은 고생을 다 하는 수난기가 한참 이어지는 경우가 있고, 의외로 당금애기가 일찍부터 어느 장자長者, 즉 권세 있고 돈도 많은 데다 당금애기의 미모에 반해 흑심을 품은 남자에게 억류된 뒤 어린 세 아들만 고생을 하며 아버지를 찾아가는 그런 판본도 있습니다. 아무튼 고생 끝에 세 아들이 아버지를 찾아갑니다. 찾아가서는 놓고 간 가사 장삼을 내미는데, 아버지가 처음에는 안 믿습니다. 자기 아들들이라는 걸 인정하지 않고 "너희가 내 아들이라는 사실을 증명하라"고 하지요. 이상한 수수께끼를 내고, 말도 안 되는 문제를 해결하라고도 해요. 그런데 이 어린 아들들이 그 무지막지한 시험을 다 치르고서 아버지의 아들임을 증명하죠. 그래서 결국 제석이 "그래, 너희가 내 아들들이구나"라고 인정하게 돼요. 그러고는 부인을 맞으러 가지요. 못된 장자를 물리치고 부인을 되찾습니다. 부부가 상봉하지요.

남편을 만난 당금애기는 아이들 이름을 지어달라고 합니다. 천신만고 끝에 남편을 찾았는데, 남편한테 바라는 게 딱 하나, 아이들 이름이에요. 더 재미있는 건 그다음 이야깁니다. 제석이 이름을 지어줍니다. 예를 들어 "큰아들 이름은 '하늘 천'이라고 합시다", 이러면 당금애기가 "그 이름은 좋지 않은 것 같아요"라고 하고, 또다시 다른 이름을 지어주면 그것도 트집을 잡습니다. 지어주는 이름을 모두 마다하니까 나중에는 제석이 "그러면 뭐라고 짓는 게 좋겠소?"라고 묻고, 그제야 당금애기는 자기가 원하는 이름을 말합니다. 큰아들뿐만 아니라 세 아들 이름을 몽땅 그렇게 짓습니다. 결국 다 제 맘대로 세 아들 이름을 짓는 거예요. 그렇게 세 아들 이름을 다 당금애기 마음대로 짓는데, 그걸 물어보겠다고 그 고생을 해가면서 아들들을 앞세워 제석을 찾아간 거지요.

그리고 굉장히 어렵게 아이들을 낳았잖아요, 당금애기가. 그래서 출산의 신이 됩니다. 어렵게 아이를 낳을 때 산모와 아이의 생명을 보호하는 신이 돼요. 삼신할머니가 아이가 빨리 나가라고, 어머니가 쑥쑥 잘 낳으라고, 그래서 아이 엉덩이를 발로 찬다고 하지요. 그래서 우리 엉덩이에 푸른 멍,

몽골반점이 남아 있다고 하고요. 그 삼신할머니가 바로 당금애기입니다. 그 이야기가 이렇게 만들어진 겁니다.

달의 삼위일체

앞서 우리 신화 속의 여성 영웅, 즉 우리나라의 여신 신화를 살펴보았는데, 이제 이러한 여신 신화가 유라시아의 신화 상징들과 어떤 연관을 맺고 있는지 알아보겠습니다. 바리데기, 자청비, 당금애기처럼 우리 신화의 여성 영웅들은 온갖 시련과 고난을 겪은 뒤에야 신이 됩니다. 그래서 이런 이야기들을 '여성 수난담'이라고도 하지요. 그런데 다시 들여다보면 이 여성 영웅들의 이야기는 각각 딸, 아내, 어머니로서 살아가는 삶의 역정을 그리고 있습니다. 마치 캄캄한 밤하늘에 초승달이 나타나서 점점 차올라 보름달이 되고 또다시 이울어 그믐달이 되듯이, 삶의 주기를 보여주고 있지요. 그래서 유라시아 신화 속 여신들은 종종 '달'과 동일시되곤 합니다. 그러니 이제 달의 삼위일체와 관련된 여성의 신성神性에 대해 이야기해보지요.

달은 계속 모양이 변합니다. 처음에 가늘었다가 반달이었다가 보름달이 되었다가 다시 가늘어집니다. 그래서 보통 달의 신은 여성으로 설정되곤 해요. 아주 드물게 남성 신인 경우도 있지만, 대개는 여성으로 상정됩니다. '여자의 마음은 갈대, 달처럼 변덕스러운 여성.' 이렇게 간주되는 겁니다.

달이 처음 떠서 가느다란 것을 두고 신월新月이라고 하지요. 초승달입니다. 처음 막 떠서 나온 달. 초승달은 왠지 날카롭고 예민하고, 파르르, 막 이럴 것 같잖아요. 그래서 보통 처녀로 인식됩니다. 초승달로 상징되는 여신은 대부분 처녀 신이지요. 까다롭고, 깔끔 떨고, 뭐든지 그냥 넘어가는 일이 없고, 거친 것도 싫어하고…… 그런 이미지죠. 소녀다움, 처녀다움, 아직 남성을 모르는 여성의 범접 불가능한 고결함을 상징하는 그런 여신. 그리스 신화의 아르테미스가 여기 해당됩니다.

그런데 보름달, 즉 만월滿月이 되면 달라지죠. 풍요의 상징이 됩니다. 고대 인류는 여성의 불러오는 배와 보름달이 닮았다고 생각했던 것 같아요. 전에 중동신화 편에서 제가 셀레네에 대한 이야기를 했는데, 아름다운 목동 엔디미온을 보고 그에게 영원한 청춘을 선사한 여신이지요. 그런데 영원한 청춘과 함께 영원한 잠도 선물해서, 영원히 자기 곁에 머물게 합니다. 그러면서 수많은 님프들을 낳아요, 그의 아이들을. 그래서 이 여신은 언제나 만삭이죠. 늘 배가 불러 있어요. 임신과 출산을 되풀이하는 다산의 여신입니다.

그림 6
달의 삼위일체로 상징되는 여신(그리스 신화 타로의 '달' 이미지)
© https://www.astrocentro.com.br

맨 마지막에는 그믐달, 거의 보이지 않는 어두운 달이 되지요. 그리고 점점 사라져서 결국은 자취를 감추고 말아요, 깜깜한 밤하늘만 남겨놓고. 그 순간, 달은 죽음을 맞습니다, 새로운 처녀로 다시 태어나기 위해서.

앞에서 우리 무속 신화의 여성 영웅들, 바리데기와 자청비, 당금애기 등 여신들의 이야기를 했잖아요? 아주 파란만장한 일생을 보낸 여신들입니다. 그런데 이들이 천수를 누렸다고 가정해봅시다. 이들의 머릿속에 얼마나 많은 것이 들어 있을까요? 그래서 유라시아의 어떤 신화에서든 나이가 많은 여성은 거의 대부분 '지혜'를 상징합니다. 할머니는 세상의 모든 비밀을 다 알고 있는 사람이지요. 그리스 신화의 헤카테가 대표적입니다. 헤카테는 세상의 모든 불가사의를 다 알고 있는 여신, 그래서 마녀들의 신입니다. 그녀는 보통 사람들은 모르는 비밀들을 알고 있죠. 예를 들어, 그녀는 세상의 모든 레시피 - 음식을 맛있게 만드는 레시피, 사람의 몸에 이로운 레시피, 사람의 몸에 해로운 레시피를 다 알고 있어요. 무엇이 약이 되고 독이 되는지를 아는 존재입니다. 할머님들, 연세가 있는 어르신들은 이처럼 다 나름의 비법들을 가지고 계세요, 뭐든 하나씩. 그런 지식들이 바로 헤카테가 상징하는 삶의 지혜라고 하겠습니다.

이처럼 여성은 소녀와 처녀일 때 너무도 예민하고 결벽이 있고 원칙적인 면도 갖고 있고, 임신을 하고 인간을 낳는 넘치는 생명력과 풍요로움을 지닌 채 때로는 약간의 집착과 강력한 보호 본능을 발휘하며, 나이가 들어서는 그 모든 삶의 경력으로 얻은 지혜를 갖고 있습니다. 그래서 '달의 삼위일체'라는 상징은 그리스 신화뿐만 아니라 노르만이나 켈트의 신화, 슬라브 신화 속에서도 찾아볼 수 있습니다. 이 신화들 속에서 삼위일체의 여신은 언제나 인생의 단계들을 말해주죠.

그리스 신화에서 운명을 관장하는 세 여신 '모이라이'는 끊임없이 실을 잣고, 실을 감고, 실을 끊습니다. 실은 시간이기도 하고 한 사람의 운명이기도 하지요. 또 한 개의 눈과 이를 돌려쓰는 '그라이아이'도 모두 달의 삼위일체, 즉 삼위일체 여신의 다른 모습이에요. 그라이아이는 남성 영웅이 물리치는 괴물로 간주되지만, 수많은 신화 속에서 고대의 여신들이 결국 새로운 세대의 남성 영웅들에게 죽임을 당한 사실을 기억해보면, 그라이아이는 올림푸스의 신들이 등장하기 이전의 세계에서 더욱 강력하게 군림했던 여신의 다른 모습일 수 있습니다. 이들은 날 때부터 백발이었고, 사람들을 공포에 떨게 할 정도로 많은 비밀과 초자연적인 힘을 지니고 있었으니까요.

여성의 삶, 여성의 모든 변모, 다시 말해 소녀였을 때, 낳고 기르는 어머니일 때, 생산과 관련된 모든 소임을 다하고 삶의 면면을 이해하는 지혜로운 노파일 때, 이렇게 각기 다른 단계에 속하는 여성

그림 7
〈모이라이〉, 폴 투만.
19세기

그림 8
〈그라이아이〉, 요한
하인리히 퓌슬리,
1790~1800

의 모습을 포괄적으로 보여주는 것이 바로 '달'이라는 상징입니다. 그래서 삼위일체의 여신은 세 개의 얼굴을 가진 달로, 달은 세 개의 얼굴을 가진 여신의 모습으로 그려지곤 합니다.

혹시 『여자의 일생』이라는 소설을 기억하시나요? 모파상이 쓴 작품입니다. 인간의 삶에 대한 예리한 통찰을 보여주는 작품이지요. 어린 소녀가 읽기에는 그다지 마음에 들지 않는 내용입니다만.(웃음)

주인공인 여성은 정말 아무것도 모른 채 결혼을 한 정결한 처녀입니다. 그녀는 원래 수도원에서 교육을 받으며 성장했지요. 당시 귀족 자녀들은 대부분 수도원에서 교육을 받았어요. 그래서 정말 청정한 삶을 살았습니다. 그렇게 자라난 소녀가 집으로 돌아와 보니 결혼이라는 관문이 떡하니 기다리고 있습니다. 소설은 빅토리아시대의 분위기로 점철되어 있습니다. 신랑이 될 남성은 대부분 꽤 연배가 있고 사회적인 경험도 있는 어른인데, 신부가 될 여성은 거의 수도원에서 청정하고 고결하게만 자라난 천진난만한 소녀일 따름이죠. 부부 사이의 일이나 남녀 관계에 대해서는 거의 아는 것이 없습니다. 어머니조차도 '그 일'에 대해 제대로 설명해주지 않습니다. 그저 "경건한 마음으로 반듯이 누워 성령의 임재를 받아들이듯 모든 것을 받아들이라"고 충고하지요. 그러는 동안 모든 일이 일어나고, 한여름 폭풍우처럼 스쳐 지나가죠. 마치 당금애기가 눈을 붙인 적도 없는데 가사 장삼을 걸치고 배가 불러오기 시작했던 것처럼 말입니다. 어쨌거나 이 소설에서 주인공은 그러저러한 과정을 거쳐 아들을 낳아 사랑으로 기르지만, 결국 그 아들에게도 배반을 당합니다. 온갖 정성을 다 쏟아부었던 아들은 난봉꾼이 되고 말죠. 그런 아들이 밖에서 어린아이를 하나 낳아 옵니다. 주인공은 손자를 품에 안고, "이것이 여자의 일생이로구나"라며 탄식하지요. 개인적으로 그다지 선호하는 작품은 아닙니다만, 『여자의 일생』은 이런 식으로 여성 삶의 주기가 자연의 주기와 밀접한 관련을 맺고 있다는 사실을 확인시켜 줍니다. 여성의 생리 주기와 조수 간만의 차이…… 아시죠? 조수 간만의 차이가 왜 생기나요? 달의 인력 때문에 생겨나는 거죠. 지구상에 있는 모든 물은 달의 인력에 의해 움직입니다. 달과 관련이 있는 거지요. 여성의 생리 주기 또한 이 달의 운행 주기와 거의 일치합니다. 이처럼 밀물과 썰물의 움직임, 여성의 생리 주기, 달의 운행은 긴밀한 관계를 맺고 있으며, 그래서 신화 속에서 물과 여성, 여성과 달의 상징은 언제나 동일시되곤 하지요.

지난번 초원의 영웅 신화 강의 때 잠깐 언급했던 것으로 기억합니다. 〈장가르〉, 〈마나스〉, 〈게세르〉, 생각나시죠? 이 남성 영웅들은 먼저 평생을 의지할 동료들을 만나고, 그다음 신부를 얻기 위한 모험을 떠납니다. 그 모험 도중에 적들과 격렬한 전투를 벌이거나, 전투 끝에 신부를 빼앗겼다가 되찾기를 반복하지요. 신부는 영웅 신화의 구조에서 매우 중요한 역할을 수행합니다. 유혹자나 관문 수호자의 역할을 하거나, 모험의 보상으로서 수여되기도 하지요. 하지만 이 신화들 속에서 신부는 스스로 움직이는 존재가 아닙니다. 주인공의 신부 또는 적들의 포로로 그저 자리와 위치를 바꿀 뿐이죠. 반면에, 앞서 본 세 이야기에서처럼 무속 신화 속의 여성 영웅들은 딸, 아내, 어머니로서, 스스로 해야 할 몫을 당당히 감당하는 주체적인 캐릭터입니다. 그 이야기들은 삶의 각 단계에서 여성의 역할을 굉장히 명확하게 보여주는 구조를 가지고 있지요.

영웅의 모험과 신성한 결혼

신화 속 영웅의 미션을 간단히 정리하면, "괴물을 물리치고 공주를 구한 뒤, 결혼을 해서 왕국의 반을 얻는다"라는 한 문장이 됩니다. 괴물을 물리치는 것이 모험의 첫 번째 미션이지만, 괴물과의 싸움으로 끝나는 것은 영웅 신화가 아니죠. 신화적 구조는 반드시 영웅의 신성한 결혼과 다음 세대의 탄생을 포함해야 합니다. 괴물을 물리쳤으면 공주를 구해야 하고, 공주를 구했으면 그녀의 신랑이 되어야 합니다. 그래야 신성한 혈통, 신성한 족보에 들어가게 되니까요.

잠깐, 공주와 결혼해야만 신성한 족보에 들어가게 된다? 그렇다면 신성한 혈통은 공주를 통해서만 이어지는 걸까요? 네, 그렇습니다. 신성한 혈통을 유지하는 핵심은 바로 여성입니다. 거의 모든 영웅 신화에서 이러한 구조가 발견된다는 사실을 기억해주시기 바랍니다. 신성한 결혼sacred marriage은 기본적으로 모계사회의 어떤 원리를 반영합니다. 모계사회라고 하면 어머니의 혈통을 통해 유지되는 사회라는 뜻인데, 이는 어머니가 가장이 되어 이끌어가는 가모장家母長 사회와는 다른 것입니다. 모계사회에서의 가장은 보통 어머니의 아버지이거나 어머니의 남자 형제, 즉 외할아버지나 외삼촌입니다. 고대 신화 속에서 모계가 중시되는 이유는 어머니의 존재가 경험적으로나 가시적으로 분명히 확정되는 반면, 아버지의 존재를 확정하는 데는 보다 분명한 의학적 근거가 필요하기 때문입니다. 가문의 결속과 유지를 위해 어머니를 중심으로 한 혈통을 지키는 것이 더 효과적이었던 거지요. 그래서 여러분은 유라시아에 존재하는 수많은 신화 속에서 아들들이 외삼촌이나 외할아버지로부터 왕권을 찾아오는 이야기들을 많이 찾아볼 수 있을 겁니다. 어느 세대에 이르면, 이와 같은 이야기가 상당히 많이 등장하죠. 또는 외삼촌이나 외할아버지 나라를 떠나서 아버지를 찾아가는 이야기가.

〈주몽 신화〉에서도 그런 모티프가 등장하지요. 주몽에게는 두 아내, 예씨 부인과 소서노가 있었다고 했죠? 주몽도 아버지 얼굴을 본 적 없이 어머니 유화의 슬하에서 자랐습니다. 그런 주몽이 임신한 아내 예씨 부인을 두고서 먼 길을 떠납니다. 졸본국 근처까지 가서 소서노를 만나 또 결혼을 해요. 소서노에게서도 아이들이 있었죠. 비류와 온조 말입니다. 그런데 정확히 말하자면, 이 아이들은 주몽과 소서노 사이에서 태어나지 않았습니다. 소서노의 아들들이죠. 주몽과 혼인하기 전에 소서노에게는 이미 두 아들이 있었습니다. 그리고 소서노는 자기 아버지의 나라를 지키고 있었습니다. 즉 비류와 온조의 아버지가 누구든, 그들은 어머니의 혈통을 통해 나라를 계승할 권리를 갖고 있었던 겁니다. 주몽이 그 나라를 계승할 수 있었던 것도 소서노와 결혼했기 때문이지 졸본의 왕자였기 때문이 아닙니다. 나중에 유리가 아버지 주몽을 찾아오자, 소서노는 자기 아이들을 데리고 떠납니다. 우리는 백제라는 나라가 어떻게 생겨났는지 보여주는 신화 속에서 그 모티프를 찾아볼 수 있습니다. 이 신화들 속에서 다시 한 번 아들들에게 중요한 것은 어머니이지 아버지가 아니라는 점을 확인할 수 있습니다.

역사적으로 보더라도 이러한 사례들은 수없이 존재합니다. 신라에는 골품제가 있었는데, 골품제에서도 위계질서를 결정하는 핵심 요소는 아버지의 골품이라기보다 어머니의 골품이었죠. 물론 아버지의 골품도 중요했습니다. 아버지의 골품이 진골이면 아들도 진골이지요. 하지만 진짜 진골이 되려면 어머니도 진골이어야 해요. 아버지가 진골이라는 것은 노골적으로 드러나는 사실이니까 딱히 판단의 근거가 되지 않았던 겁니다. 표면상으로 다 나타나는 건 별로 의미가 없죠. 여기서 어머니가 진골이냐 아니냐, 또는 성골인데 진골과 결혼한 사람이냐의 문제는 매우 중요합니다. 미묘한 내부의 위계질서 확립에서 훨씬 더 중요한 판단의 근거가 되는 겁니다. 아버지가 똑같은 진골이라도 어머니가 성골이냐 진골이냐, 또는 그보다 낮은 골품의 사람이냐에 따라 그 사람이 위계제도 안에서 어떤 위치에 갈 수 있는지가 달라집니다. 어머니가 굉장히 중요합니다. 왕이 되었을 때는 한층 더 중요하죠. 왜? 왕에게는 아버지가 존재하지 않지만 어머니는 존재할 수 있으니까요.

이처럼 신성한 결혼에서 신부의 존재는 굉장히 중요합니다. 아까 들려드린 바리데기, 자청비, 당금애기의 이야기를 떠올려보세요. 무장승과 제석은 각각 바리데기와 당금애기를 못 만났으면 천상으로 돌아가지 못했겠죠. 문 도령은 그야말로 자청비가 없었으면 어쩔 뻔했어요? 마누라님이 안 계셨으면 몇 번을 죽었지, 벌써.(웃음) 문 도령은 결혼 하나 자기 의지로 못 했던 사람이에요. 부모님이 시키는 대로 하는 사람이었지요. 효성스러운 아들일지는 몰라도 좋은 남편은 아닙니다. 우유부단한 데다 기억력도 좋지 않아요. 심지어 기억상실에 걸리기도 했죠. 그런데 나중에 어떻게 되었습니까? 세경신이 됐어요. 신이 된 것도 다 마누라님 덕이었지요.

남자가 여자를 잘 만나야 된다, 아내를 잘 만나야 잘 된다는 걸 보여주는 신화의 구조가 존재하는 겁니다. 신성한 결혼과 관련된 모티프이지요. 아무리 많은 업적을 남긴 영웅일지라도 공주와 결혼해서 다음 세대를 남기는 미션을 완수하지 못하면 그의 이야기는 거기서 끝납니다. 다음 세대의 탄생이 있어야 신화적 구조가 유지되면서 다음 세대의 영웅 이야기로 이어지는 거죠.

자, 여기 신성한 결혼을 도식화한 상징이 하나 있습니다. 여섯 개의 꼭지점을 가진 별이지요. 이런 상징을 본 적이 있나요? 네, 다윗의 별, 또는 유대인의 별이라고도 불리는 바로 그 상징입니다. 이 육각형의 별은 위를 향해 있는 정삼각형, 그리고 아래를 향해 있는 정삼각형을 합쳐놓은 형상입

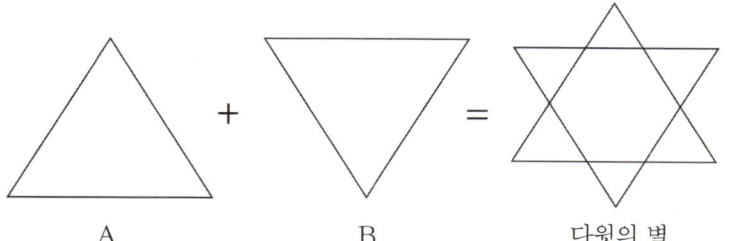

그림 9
육망성 또는 다윗의 별,
솔로몬의 별

A + B = 다윗의 별

니다. 보통 위를 향해 있는 정삼각형(A)은 '신랑=남성'을 상징하고, 아래를 향해 있는 역삼각형(B)은 '신부=여성'을 상징하지요.

혹시 〈다빈치 코드〉라는 영화를 보셨나요? 기호학자인 주인공 로버트 랭던이 성배를 찾아다니는 이야기입니다. 창과 성배는 그리스도의 죽음을 나타내는 두 가지 상징물이지요. 창은 롱기누스의 창으로 그리스도의 옆구리를 찌른 무기이고, 성배는 그리스도가 흘린 성혈을 받은 잔이지요. 그리스도의 피를 받은 잔, 그래서 성배는 그의 혈통을 잉태한 여인을 가리킨다고 봅니다. 물론 교황청에서 인정하는 가설은 아니고, 교황청에서 인정하지 않은 여러 가지 이설異說 가운데 하나죠. 하지만 그 성배에 담긴 피, 즉 그리스도의 후예가 유럽의 왕가나 그들을 수호하는 기사들이 속한 가문과 관련되어 있다는 전설은 매우 오랫동안 많은 사람들 사이에서 공유되었습니다. 예수의 피를 받은 아이들, 그 혈통이 이어져 유럽의 각국으로 퍼져서 유명한 가문들, 왕과 기사의 가문들이 되었다는 가설은 지금까지도 많은 사람들이 믿고 있습니다. 영화에서도 바로 이 상징이 등장하지요. 성배를 찾으러 간 성당의 밀실 입구에 이 상징이 그려져 있죠. 나중에 이 상징물은 제2차 세계대전 때 유대인을 상징하는 별로서 아프고 슬픈 기억, 즉 홀로코스트Holocaust의 기억과 연관됩니다. 하지만 원래 이 상징은 유대교나 기독교가 교세를 떨치기 전부터 오리엔트 지역에서 사용되었던 상징이었지요.

중동신화 강의 때도 말씀드린 것처럼 왕성한 생산력을 지닌 남신과 그 생산력을 받아서 꽃 피우는 대지모신이 존재했습니다. 사랑과 창조와 생산을 관장하는 아름다움의 여신들이지요. 오리엔트 지역 전체에서 이 신들은 열렬한 숭배의 대상이었습니다. 그래서 왕성한 생산력을 지닌 남신의 화신化身인 왕들은 이 여신들과 반드시 결합해야 했죠. 그러나 평범한 인간이 여신과 결합할 수는 없으니까 실제로는 여신을 모시는 신전의 여제사장이 여신의 대리로서 왕과 신성한 결혼식을 올리곤 했습니다. 완전히 동일한 방식은 아니더라도 이와 같은 상징들이 유라시아 전체에 보편적 신화 상징으로 존재했다는 사실을 기억해두시면 좋겠습니다.

시조모 신과 보천 여신

이제 이야기를 좀 더 확장해서 아시아의 다른 지역, 특히 우리 주변의 몽골이나 만주 신화 등을 잠깐 살펴보도록 하겠습니다.

유라시아 신화에서 여신은 대체로 시조모始祖母, 그러니까 낳는 자로서의 역할을 합니다. 더 서쪽으로, 유럽 쪽으로 넘어가면, 이 낳는 자의 역할을 맡는 자가 오히려 남신인 경우도 있습니다. 그리스 신화에서 가장 왕성한 생산력을 자랑하는 신은 누구일까요? 바로 제우스입니다. 제우스는 바람둥이 신으로 유명하죠. 제우스는 왜 바람둥이일까요? 신의 혈통을 널리 퍼뜨려야 하기 때문이지요. 주신主神의 생산력은 굉장히 중요합니다. 켈트 신화에서도 많이 낳는 신이 가장 사랑을 받지요. 다그다Dagda라는 신이 있어요. 다그다는 '오하드 올라하르Eochaid Ollathair'라는 이름으로도 불리는데, 그 뜻은 '모든 것의 아버지'입니다. 아무튼 많이 먹고 많이 낳고, 어마어마한 몸집을 가지고 있는데 한 번에 열 개의 강을 들이키고, 오십 마리의 황소를 집어삼키며, 오십 명의 미인들과 동시에 잠자리를 할 수 있는 신으로 알려져 있습니다. 제우스보다도 훨씬 더 과격한 생산력을 지닌 셈이지요. 그런데 동쪽으로 올수록, 아시아에 가까워질수록 이와 같은 생산력과 그 생산의 역할은 '낳는 주체'로서의 모신母神에게 주어지는 것 같습니다.

셀레네만 해도 엔디미온을 잠들게 한 뒤 오십 명의 님프들을 순서대로 낳지 않았습니까? 그리고 우리 신화의 시조모 웅녀나 중원 신화에 등장하는 희화羲和나 상희常羲, 중국 윈난성 하니哈尼족 신화의 타포란塔婆然, 만주족 신화의 부쿠리용순布庫里雍順도 모두 시조모 신들입니다. 그리고 중국의 천지 창조 신화에 나오는 여신 여와女媧는 매우 독특하게도 손으로 인류를 빚어냈다고 알려져 있지요.

〈단군 신화〉 속의 웅녀에 대해서는 우리가 잘 알고 있으니, 다른 여신들을 순서대로 살펴보겠습니다. 먼저 희화와 상희가 있는데, 이 여신들은 모두 제준帝俊이라는 동방천제東方天帝의 아내입니다. 동방천제니까 동쪽 하늘을 관장하는 천신 가운데 가장 높은 신이겠죠. 그러니 희화와 상희는 인간의 세계로 치면 왕비님들이지요. 그중 태양의 여신인 희화는 해 형제 열 명을 낳고, 태음의 여신인 상희는 달 자매 열두 명을 낳았습니다. 그 이야기는 고대 문헌『산해경』에 적혀 있습니다. 열 개의 해가 돌아가면서 일순一旬(열흘)이 되는 것, 열두 개의 달이 일 년이 되는 것을 상징한다는 사실이 너무도 분명하죠. 이처럼 여신들은 다산의 화신입니다. 하나도 키우기 힘든 아들이 열이나 된다고 생각해보세요. 흔히 아들 셋 엄마는 여장군이라고 하지 않습니까? 아들 열 명이라니, 희화가 보통 어머니는 아니었으리라 짐작되고도 남습니다. 희화는 무척이나 엄격하게 아들들을 통제했습니다. 아니면 엉망진창이 되고 말 테니까요. 희화는 동쪽 바다 끝에 있는 부상扶桑이라는 나무에서 이 아들들을 하루에 한 명씩 하늘로 날려 보냈습니다. 매일 아침 부상나무 아래 펄펄 끓는 탕곡에서 아들을 뽀얗게 씻겨서 하늘로 날려 보냈죠. 날려 보내다니, 뭔가 이상하지요? 맞습니다. 희화의 아들들은 세 개의 발을 가지고 있는 검은 새의 모습이었습니다. 사람의 모습을 할 때도 있습니다만, 기본적으로는 새의 모습이었지요. 고구려 신화 속에서 종종 발견되는 삼족오의 형상과 흡사합니다. 실제로 아시아 신화에는 해의 신이 새, 특히 검은 새玄鳥의 모습으로 나타나는 경우가 종종 있습니다. 희화의 아들들은 아침마다 황금으로 빛나는 고리, 또는 둥그런 황금수레에 올라타 동쪽 바다 끝에서 출발해 하늘을 가로질렀습니다. 그리고 서쪽 바다 끝으로 사라졌죠. 해가 떴다 지는 현상에 대한 상징이 매우 분명합니다. 삼족오는 태양의 흑점을 이미지화한 것이라고도 합니다.

그런데 아들 입장에서는 매일 혼자 올라갔다가 내려오기를 반복하잖아요, 엄마가 너무 엄하니까 그 앞에서는 꼼짝도 못하겠고. 남은 아홉 명도 쥐 죽은 듯 자기 순번을 기다려야 하고요. 열흘에 한 번씩 세 바퀴를 돌면 한 달이 됩니다. 그걸 또 열두 달을 하고, 또 1년, 2년, 3년……. 아무리 해도 끝나지 않는 일이죠. 그러니까 재미가 있겠어요? 형제들과 신나게 놀고 싶은데, 엄마가 지켜보고 있으니 그럴 수도 없고. '나한테는 이렇게나 많은 형제들이 있는데 왜 매일같이 혼자서 하늘을 날아다녀야 하는 거지? 왜 맨날 동쪽에서 서쪽으로 나는 거지?' 그런 생각이 들었겠죠.

그래서 어느 날 이 아이들은 엄마가 잠깐 한눈판 사이에 서로 짜고 떼 지어 하늘로 올라갑니다. 순식간에 열 개의 태양이 동시에 떠오른 겁니다. 한창 말썽 부릴 나이의 개구쟁이 사내아이 열이 온 하늘 위를 휘젓고 다니는 모습이 눈에 훤하죠. 문제는 이 아이들이 보통 아이들이 아니라는 데 있습니다. 열 개의 해가 하늘 위에 동시에 떴으니 어찌 되겠습니까? 세상이 다 엉망진창이 되었겠죠. 난리가 났을 겁니다. 모든 것이 다 타고, 말라붙고, 녹아내리고……. 백두산이 폭발한다고 해도 그 정도는 아닐 겁니다.

동방천제 제준은 깜짝 놀랐습니다. 큰일 났다 싶어서 당장 사태를 수습하려고 했지요. 그래서 해결사 하나를 뽑아 보냅니다. 예羿라는 이름의 신

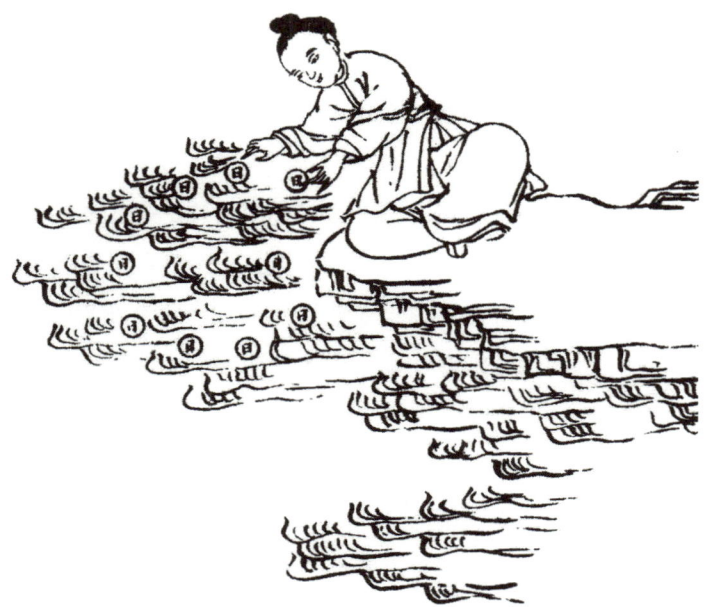

그림 10
탕곡에서 아들인 해들
을 씻기는 희화(19세기
그림)

궁神弓이었지요. 궁술의 신이었습니다. 제준은 그에게 단궁丹弓이라는 빨
간 활과 소전素箭이라는 흰 화살을 하사했습니다. 신들의 목숨까지 위협할
수 있는 살벌한 무기였죠. 제준은 예에게 어떻게든 아들들을 달래서 데려
오라고, 좋은 말로 안 되겠으면 위협을 해서라도 데려오라고 합니다. 그런
데 예가 열 개의 해를 찾으러 가서 세상을 보니까, 정말 말이 아니에요. 아
이들은 단순한 장난이었을지 모르지만, 그들의 영향력은 그리 단순한 것
이 아니었단 말이지요. 무지막지한 권력을 가진 사람들이 그 힘이 어떻게
쓰이고 사람들에게 어떤 영향을 끼치는지 알지 못한 채 제멋대로 굴면 모
든 사람들이 어마어마하게 고생을 하는 법입니다. 민폐도 그런 민폐가 없
게 되죠. 그 모습을 보고 있으려니 정의감에 불타는 궁술의 신은 화가 났습
니다. 이들을 살려두면 안 되겠다는 생각이 듭니다. 결국 그는 화살을 뽑아
날리기 시작해요. 아버지가 하사한 활과 화살로 아들들을 하나씩 쏴 죽입
니다. 하나, 둘, 셋, 넷, 다섯, 여섯, 일곱, 여덟, 아홉…… 동방천제와 태양의

여신 사이에서 태어난 어린 태양신들이 하나씩 죽어갑니다. 이제 사람들은 오히려 세상에서 해가 완전히 사라지게 될까 봐 떨게 되죠. 그래서 궁술의 신인 예 앞에 엎드려 빕니다. 마지막 해 하나만은 남겨 달라고요.

저는 그 마지막 남은 하나의 해가 우리 신화의 해모수일 수도 있다고 생각합니다. 원래 『산해경』의 신화 세계에 등장하는 신들은 중원에 사는 민족들만의 신화가 아닙니다. 오늘날에는 서로 다른 국가와 민족으로 나뉘어 있는 역사문화공동체가 하나의 신화를 공유하는 경우가 적지 않아요. 고려시대의 문인 이규보가 쓴 영웅서사시 『동명왕편』에는 까마귀 깃털로 만든 관을 쓰고 황금 용 다섯 마리가 이끄는 수레를 탄 해모수가 번쩍이는 용광검龍光劍을 허리에 찬 채 하늘에서 강림하는 모습이 섬세한 필치로 그려져 있습니다. 해모수는 바로 해를 상징하는 신화적 인물, 즉 태양신이지요. 정확한 상관관계를 파악하기는 힘들지만, 희화는 동방천제 제준의 아내이고 중원 남쪽의 신화에서는 그 자신이 태양의 신으로 묘사됩니다. 황금으로 빛나는 원 속에 들어앉은 검은 새는 그녀의 아들들이고요. 검은 새는 제비 혹은 까마귀나 까치를 뜻한다고 하는데, 그 깃털로 만든 관을 쓴 해모수가 태양의 신이라는 건 이 신화들 사이에 느슨하게나마 어떤 관련성이 있음을 상기시켜줍니다. 아시아 지역에서 이 같은 신화 상징을 공유했을 가능성이 매우 높다는 이야기지요.

이제 하니족의 시조모인 타포란 이야기를 해보겠습니다. 하니족은 오늘날 중국의 서남부, 구체적으로는 대부분 윈난이라는 지역에 분포하고 있는 소수의 비한족 역사문화공동체입니다. 히말라야의 남쪽, 적도와 히말라야 사이에 살고 있는 사람들이죠. 이들의 시조가 바로 타포란이라는 할머니 신입니다. 할머니 신이니까 아이를 많이 낳았겠죠. 어느 날 타포란이 너무 피곤해서 나무 밑에서 쉬고 있었어요. 그런데 솔솔 바람이 불어와서 스르르 잠이 들었습니다. 그렇게 한소끔 자고 일어났는데 갑자기 배가 불러오기 시작합니다. 역시 당금애기 수준이죠. 무슨 일이 일어났는지 모르겠는데, 그러나 그런 일이 있었다, 이렇게 되는 거죠. 그래서 배가 남산만 해지니까 아이들이 막 태어나는데, 손가락 끝에서 아이가 태어나고, 옆구리에서도 아이가 태어나고, 겨드랑이 밑에서도 태어나고, 팔과 다리와 목에서도 태어나고 그럽니다. 그야말로 타포란의 온몸에서 아이들이 태어나요. 그런데 사람이 아닙니다. 온갖 생물, 벌레, 토끼, 말, 돼지, 뱀 등등 이 세상의 생명이란 생명은 다 그녀에게서 태어납니다. 그러다가 마지막에 가서야 태가 열리고 남산만큼 불러온 배 속에서 사람의 형상을 한 아이들이 순서대로 태어나지요. 맨 처음에 태어난 아이가 하니족, 그다음이 한족, 그리고 하니족 주변의 온갖 비한족들, 오늘날 중국 남부에 살고 있는 거의 모든 민족이 순서대로 다 태어납니다. 이처럼 시조모는 모든 생명을 탄생시키는 다산의 존재이기도 합니다.

우리 신화 속의 웅녀는 단군이라는 건국의 주체 한 명만 낳고 그를 통해 나라와 민족을 영속시키지만, 대부분의 시조모들은 그보다 훨씬 더 많은 생명을 직접 몸으로 낳곤 합니다. 여신들 대부분이 훨씬 더 많은 생명을 잉태하고 생산하지요.

여와, 사람을 만들고 하늘을 메우다

이제 중원 신화 속의 가장 오래된 여신, 기록으로 남아 있는 한족 문헌 신화 속의 여신 여와에 대해 이야기해볼 차례네요. 5강에서 대략적으로 말씀드린 것처럼 현재 중국 내 거의 모든 역사문화공동체의 신화·전설·민담은 모두 표준어인 만다린, 그리고 그 문자인 한자로 기록되어 있습니다. 저처럼 만다린밖에 모르는 사람들은 직접 해당 신화에 접촉하는 대신 한자를 통해 이차적으로 신화에 접근할 수밖에 없는 상황이지요. 그런데 흥미롭게도 중국 남방 신화 대부분에서 '여와'라는 이름이 지속적으로 발견됩니다. 특히 유사한 신화 모티프 속에서는 거의 어김없이 '여와'가 등장하지요. 신화 연구자의 입장에서는 이것이 매우 곤혹스러운 상황입니다. 해당 신화 자료에 '직접' 접촉하기 어려운 경우, 해당 언어를 몸소 해독하지 못하는 경우, 한어로 기록된 2차 자료에만 의존해야 하니까 원래 그 신화 속의 여신 이름이 '여와'인지, 여와와 기능과 역할이 같은 여신인지, 아니면 원래는 다른 이름을 가진 여신이었는데 오랜 세월 동안 한족 문화에 동화되어서 신화 자체에 변형이 온 것인지 명확하게 가늠하기가 어려워지는 겁니다. 가능한 것은 신화의 줄거리에서 어떤 변형이 있는지 확인하는 것뿐이죠. 어쨌거나 이 모든 상황을 종합해볼 때, 분명히 말씀드릴 수 있는 것은 '여와'라는 여신이 중국의 한족뿐 아니라 비한족 역사문화공동체에 이르기까지 광범위하게 영향을 끼치고 있는, 아주 오래되었을 뿐 아니라 가장 영향력 있는 신격神格이라는 사실입니다. 어쨌거나 오늘날 중화인민공화국을 대표하는 여신인 거지요.

이 여신이 이루어낸 가장 위대한 업적을 두 가지만 꼽으라면, 하나는 아이, 즉 인간을 창조한 것이고, 다음으로는 세상을 고쳐서 완전하게 만들어낸 거예요. 정확하게는 무너진 하늘을 다시 세운 일이죠.

이 여신의 시대에 하늘이 무너져 내렸거든요. 우리 속담에 "하늘이 무너져도 솟아날 구멍이 있다"라고 하는데, 솟아날 구멍만 있는 게 아니라 그 하늘을 일으켜 세울 여신이 존재했던 겁니다. 우선 하늘이 무너진 이유로는 여러 가지를 듭니다. 어떤 판본에서는 남신들이 서로 치고받고 싸우다가 공공共工이라는 신이 부주산不周山을 들이받아 쓰러뜨렸다고도 하고요. 사실 부주라는 이름은 온전치 않다는 뜻이에요. 부주산이 아직 온전했을 때는 하늘을 떠받치고 천상과 지상을 이어주는 역할을 했겠죠. 그런데 물의 신 공공이 이 산을 들이받아서 온전치 않게 만드는 바람에 떠받치는 기등이 사라져서 하늘이 무너져 내린 것이죠. 하늘이 무너지니까 그 위를 흐르고 있던 하늘 강天河, 즉 은하수가 쏟아져 내려서 지상이 전부 물바다가 되었습니다. 싸움을 했던 남신들은 모두 여와의 남자 형제들이었다고도 해요. 그래서 여신 여와가 "아, 진짜, 오빠들 때문에 미치겠어"라면서 등장해서는, 온 땅 위를 돌아다니며 길을 트고, 물길을 잡고, 가는 데마다 기둥을 세워 무너진 하늘을 들어 올리는 등 뒤치다꺼리를 했던 겁니다. 마치 아침에 가장이 출근을 하고 나면 전업주부가 그때부터 온 집안을 치우고 다니는 것처럼 말이죠. 청소도 하고 빨래도 하면서 집은 원래 모습대로 돌아가지요. 물론 요즘은 역할 분담이 바뀌는 경우도 있습니다만, 대부분은 여자가 그런 일들을 도맡아 하기 마련이죠. 고대의 신화는 이와 같은 사회구조를 반영하고 있습니다. 오늘날 중국의 신화 속에는 이처럼 하늘을 고치는 이야기가 상당히 많이 존재합니다. 한족뿐 아니라 비한족의 신화에서도 자주 찾아볼 수 있지요. 전쟁이 났든 남신들 사이의 투쟁에 의해서였든 자연재해였든, 어떤 이유에서든 하늘이 무너지고 망가지면 고치는 일을 하는 자는 남신이 아니라 여신입니다. 빗자루와 쓰레받기를 들고, 실과 바늘을 들고, 때로는 자와 컴퍼스를 든 채 쓰레기를 치우고, 찢어진 데를 꿰매고, 다시 측량을 거쳐서 살 만한 세상을 만드는 모든 일이 바로 여신들의 몫이죠. 문헌 신화 속에서는 여와가 바로 그런 일을 합니다.

여와가 하늘을 메우다(여와보천, 女媧補天)[4]

먼 옛날의 일이다. 하늘의 네 귀퉁이가 무너지고, 나라 안의 아홉 지역이 다 갈라졌으며, 하늘은 세상을 다 덮지 못하고, 땅은 만물을 두루 싣지 못하

---

[4] 중국 전한(前漢)의 회남왕 유안(劉安, 기원전 179?~기원전 122)이 편찬한 『회남자(淮南子)』 중 「남명훈(覽冥訓)」 편에서 발췌.

였다. 불이 무시무시하게 타오르며 번져 꺼지지 않았고, 물은 끝없이 퍼져 나가 멈추지 않았다.

　이 문헌에는 하늘이 무너진 이유가 등장하지 않습니다. 중국의 문헌 신화들은 파편적으로만 전해져서 납득할 만한 인과관계를 제시할 만큼 온전한 줄거리를 갖추지 못한 경우가 많습니다. 어쨌거나 땅이 막 깨지고 갈라지는 일들이 일어나고, 그러다 보니 하늘은 하늘대로 땅은 땅대로 온전하게 유지되지 못합니다. 그렇다면 온전한 하늘과 땅의 모습은 어떨까요? 천원지방天圓地方이라는 말을 들어보셨나요? '하늘은 둥글고 땅은 평평하다(또는 네모지다)'는 뜻입니다. 보통은 평평하고 네모난 땅 위를 둥근 반구형의 하늘이 덮고 있는 모양, 평면에서 보면 커다란 원 안에 내접하는 작은 사각형의 형태로 그려지죠. 이것이 아시아에서 통용되던 하늘과 땅의 공통적인 상像이라고 할 수 있습니다. 우리에게 익숙한 천지인天地人 원방각圓方角의 구조도 같은 원리를 반영하지요.[5] 불교의 만다라Mandala 그림에서도 같은 상징을 찾아볼 수 있습니다. 동그라미와 네모는 각각 하늘과 땅, 그리고 함께 등장하면 결국 우주를 상징하게 됩니다.

　동그라미와 네모가 반복되는 구조들도 보이는데, 이와 같은 반복은 우주의 무한한 지속과 팽창을 보여주는 것이겠지요.

　어쨌거나 여와의 신화에는 다음과 같은 에피소드들이 포함되기도 합니다. 문헌에 기록된 것만은 아니고, 민간에서 입으로 전해진 전설 속에 보다 구체적인 모습이 나타나죠.

　사방에 불꽃이 피어 사그라지지 않았으며 물이 넘쳐흘러서 멎지 않았다.

5　하늘[天]은 둥글고(圓), 땅[地]은 네모나고(方), 사람[人]은 뾰족하다(角)는 뜻.

사나운 짐승들이 애꿎은 백성들을 먹어 치우고 사나운 새들이 나이 든 이와 연약한 이를 채갔다. 그래서 여와 는 오색석을 달구어서……. [6]

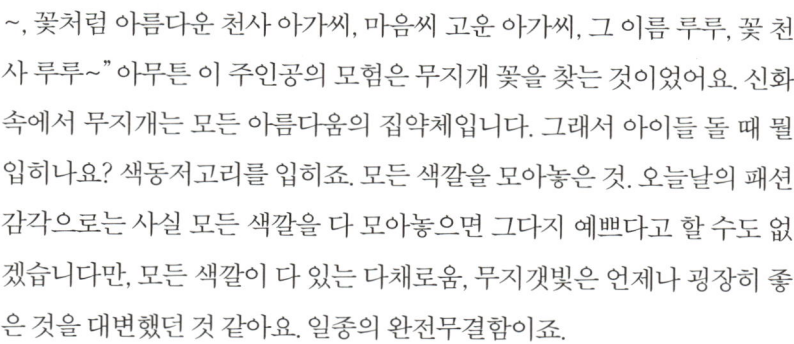

그림 11
만다라(티베트 불교에 서 가장 널리 알려진 '칼라차크라 만다라' 도상)

오색석은 알록달록한 돌입니다. 아주 오래된 애니메 이션 중에 루루라는 캐릭터가 등장하는 애니메이션을 본 적이 있나요? 그때는 애니메이션보다는 만화영화라 고 불렀지요. 주제가가 이렇게 시작하죠. "꽃 천사 루루 ~, 꽃처럼 아름다운 천사 아가씨, 마음씨 고운 아가씨, 그 이름 루루, 꽃 천 사 루루~" 아무튼 이 주인공의 모험은 무지개 꽃을 찾는 것이었어요. 신화 속에서 무지개는 모든 아름다움의 집약체입니다. 그래서 아이들 돌 때 뭘 입히나요? 색동저고리를 입히죠. 모든 색깔을 모아놓은 것. 오늘날의 패션 감각으로는 사실 모든 색깔을 다 모아놓으면 그다지 예쁘다고 할 수도 없 겠습니다만, 모든 색깔이 다 있는 다채로움, 무지갯빛은 언제나 굉장히 좋 은 것을 대변했던 것 같아요. 일종의 완전무결함이죠.

여신 여와는 바로 이 완전무결한 오색 빛을 가진 돌을 찾다가 불로 달 굽니다. 돌을 불로 달구면 어떻게 될까요? 뜨거워지겠죠. 그 위에다 고구 마든 감자든, 아니면 떡이라도 올려놓고 구워 먹을 수 있을 정도로 뜨거워 질 겁니다. 좀 더 높은 온도로, 더 뜨겁게 달구면 어떻게 될까요? 부풀어 오 를까요? 돌 안에는 보통 여러 다른 성분이 들어 있는데, 그것들이 녹아내 릴 겁니다. 대표적인 것이 광석이지요. 광석을 높은 온도로 달구면, 그 안 에 있는 광물질들이 녹아서 흘러나옵니다. 네, 바로 제련製鍊입니다. 대장 장이의 일이죠. 이 녹아내린 광물로 인간은 전혀 다른 형태의 도구들을 만

6   陶陽, 鍾秀, 『中國創世神話』, 上海: 上海人民出版社, 1989.에 실린 한족의 구전 신화를 번역함.

들어내곤 했습니다. 흥미롭게도, 오늘날 대장장이의 일은 대부분 남성들의 몫입니다. 실제로 많은 신화 속에서 대장장이 신은 남신이지요. 북유럽 신화 속 천둥의 신 토르는 대장장이의 망치를 갖고 있어요. 그리스와 로마 신화 속의 헤파이스토스나 불칸 또한 남신이지요. 그런데 아시아의 신화 속에 등장하는 최초의 대장장이는 대부분 여신입니다. 중원뿐 아니라 만주, 몽골 등의 지역에서는 돌을 달구어 하늘을 메우는 이야기가 많이 존재하거든요. 그 신화들 속에서 이처럼 제련 작업을 실행하는 신은 거의 모두가 여신입니다. 돌을 녹여서 풀을 쑤고, 그 오색석의 풀로 하늘을 바르는 일을 하는 신이 모두 여성입니다. 그러니까 대장장이 일이라는 것도 여성이 관여했을 가능성이 매우 크다는 말입니다.

> 오색석을 달구어서 푸른 하늘을 메우고, 커다란 자라의 발을 잘라서 하늘의 네 귀퉁이를 세우고, 검은 용을 죽여서 기주를 구하고.[7]

검은 용을 죽여서 기주를 구했다는 말은 괴물을 죽이고 나라를 구했다는 말이겠죠. 기주冀州라는 지명은 중원을 가리키니까 중원 지역의 괴물들을 다 죽여 없애고 나라 안의 사람들을 구제했다는 뜻이 됩니다.

> 갈대를 태운 재를 쌓아서 넘쳐흐르는 물을 멎게 했다.[8]

여와 혼자 모든 일을 다 해냅니다. 일당백이에요. 하늘이 무너졌는데 오색석을 녹여서 무너진 하늘도 다 메꾸고, 혼자서 괴물을 죽여 없애서 사람들을 구하고, 고친 하늘이 또 망가지면 안 되니까 부주산 대신 무너진 지축

---

7   앞의 책에서 재인용.
8   같은 책에서 재인용.

을 다시 세울 방법을 구합니다. 자라의 다리를 잘라서 무너진 땅의 네 귀퉁이에 세웁니다. 판본에 따라서는, 특히 민간의 전설에서는 자라 대신 새우의 다리를 쓰기도 해요. 왜 새우 다리일까요? 새우는 앞다리가 길고 뒷다리가 짧지요. 중국은 서고동저의 지형 특색을 보입니다. 우리나라는 동고서저입니다. 이제 왜 새우 다리인지 짐작이 가나요? 맞습니다. 지형이 한쪽은 높고 한쪽은 낮게 된 이유를 설명하기 위해서, 그래서 네 귀퉁이가 반듯한 자라 다리 대신 높낮이가 있는 새우 다리를 쓴 이야기가 등장한 겁니다. 이처럼 하늘과 땅, 우리를 둘러싼 자연을 설명하는 천지창조 신화 속에는 현재의 세계를 납득시키기 위한 설명이 잔뜩 남아 있습니다. 창조 신화를 기원에 대한 해설이라고 보는 관점은 이런 특징들에 주목하고 있는 거죠. 이런 내용들은 보편 신화보다는 로컬 신화 속에 많이 존재합니다. 보편 신화는 어느 지역, 어느 역사문화공동체에 수용되더라도 적용이 가능한 형태로 이미 많은 탈락이 일어난 형태이기 때문입니다. 반면, 보편 신화가 아닌 보다 오래된 로컬 신화 속에는 해당 지역이나 그 역사문화공동체의 특징을 설명하는 내용이 반드시 들어 있습니다.

여와의 또 다른 업적은 사람을 만든 것입니다. 〈여와조인女媧造人〉. 여와는 앞서 소개한 다른 여신들과는 달리 사람을 손으로 '만들어'냅니다. 사람을 낳지 않고 손으로 빚어내죠. 이것은 꽤 보기 드문 신화 모티프입니다. 물론 최초의 여신이 인류를 '만들어'낸 이야기들도 적지 않습니다만, 위에서 소개한 신화들과 비교한다면 조금 낯설죠.

하늘과 땅이 열리고 나서 사람이 없을 때, 여와가 누런 흙을 뭉쳐서…….[9]

9　중국 후한(後漢) 말의 학자 응소가 편찬한 『풍속통의(風俗通義)』에서 발췌.

초등학교 미술 시간에 찰흙으로 뭔가를 만들듯이, 손으로 조물조물 막 빚어서 사람을 만들어낸 겁니다. 그런데 손으로 하나씩 빚어서 사람을 계속 만들다 보니, 피곤해지고 말았습니다. 그렇잖아요. 처음엔 대개 온 정성을 다해서 일을 하는데, 하다 보면 '언제까지 해서 끝내야 되나', 그런 생각이 들죠. 이를테면 수제비도 처음에는 반죽을 예쁘게 떼어 넣다가 끝에 가면 점점 커지고 두꺼워지고, 만두도 처음에는 예쁘게 정성 들여 빚다가 한참 하다 보면 더 이상은 못 빚겠다, 그래서 막 빚게 되고요.

그래서 여와가 나중에 생각해낸 게 노끈이었어요. 노끈을 진흙탕에 푹 적신 다음에 휙 떨쳐서 그 흙탕물을 확 뿌린 거예요. 그러자 진흙 방울들이 쫙 날아가면서 그게 다 사람들이 됐어요.

이 신화는 한나라 때 문헌으로 기록되었습니다. 한나라는 기원전 200년, 기원후 200년, 합쳐서 대략 400년 정도 지속된 나라이지요. 이 신화를 담고 있는 『풍속통의風俗通義』가 후한 시기의 문헌이니까 아마도 기원전에 이 이야기가 이미 존재했을 것으로 보입니다.

속설에, 하늘과 땅이 열리고 나서 아직 사람이 없었다고 하였다. 여와가 누런 흙을 뭉쳐서 인간을 만들었다. 너무 피곤하고 힘이 모자랐다. 이에 굵은 노끈을 진흙에 끌었다 드니 사람이 되었다. 그러므로 부유하고 고귀한 사람은 누런 흙 사람이고, 가난하고 평범한 사람은 노끈 사람이다.[10]

『풍속통의』는 『풍속통』이라는 책의 주석서이기도 하니, 그러니까 이 신화는 기원전의 사실도 반영하고 후한 시기의 사실도 반영할 가능성이 있습니다. 예를 들어, 손으로 빚은 사람과 노끈으로 날린 사람은 분명 차별점

10 앞의 책에서 재인용.

이 있어 보이죠. 손으로 곱게 빚은 사람들은 귀한 사람들이고, 노끈으로 날린 사람들은 신분이 낮은 사람들이라는 설명이 뒤에 부연되거든요. 신화 또는 그에 대한 주석이 계급사회의 정당성을 설명하고 있는 거지요. 이처럼 신화는 원형적인 이야기인 동시에, '지금, 여기'의 현존하는 실재와 상황을 설명하고 있는 경우가 무척 많습니다.

나중에 여와는 자신이 만들어낸 이 사람들을 위해 짝을 지어주는 중매쟁이 노릇도 하고, 혼인을 위한 적절한 절차들도 만들어냅니다. 그래서 중매의 여신, 혼례의 여신이라고도 불리죠. 또 만들어낸 사람들이 굶어 죽으면 안 되니까 농사짓는 법, 옷을 지어 입는 법, 가정을 유지하는 법도 가르칩니다. 그래서 가정을 유지하고 가사를 주관하는 신으로도 불리게 되죠.

이제 여신 여와와 관련된 이미지 몇 개를 보도록 하죠. 첫 번째 이미지(그림 12)는 아주 오래된 책에 실린 삽화입니다. 돌과 불꽃처럼 보이는 것들 사이로 여신의 상반신과 위를 향해 들어 올린 두 팔, 그리고 꽃송이 같기도 하고 타오르는 불꽃 같기도 한 것이 그 손 위에 올려 있는 것이 보입니다. 무엇일까요? 네, 맞습니다. 불에 달궈진 오색석이지요. 이 그림은 여와가 오색석을 녹여 가지고 하늘을 메우려고 올라가는 거예요. 〈여와보천〉은 『산해경』에 들어 있는 삽화이고, 굉장히 오래된 그림입니다.

다음(그림 13)은 현대 작가의 부조 작품입니다. 이 부조를 보면, 여신의 무릎 아래서 바글대는 사람들의 모습이 보입니다. 모두 여와가

그림 12
『산해경』의
〈여와보천〉 삽화

그림 13
〈여와조인〉을 형상화
한 현대 작품
© https://baike.baidu.
com

만들어낸 사람들이죠. 여신이 앉아 있는 땅 아래 굴 안에는 사랑에 빠진 쌍쌍의 남녀가 보입니다. 중매의 여신이자 혼례의 여신인 여와의 위상을 확인시켜주죠. 정확하게 보이지는 않지만, 뒤쪽 배경에서 폭발하는 화산이나 솟구쳐 오르는 파도를 보면, 보천의 주체로서의 여신의 역할도 담고 있는 작품 같습니다. 인류를 창조한 여신의 면모가 돋보이지요. 이처럼 오늘날 중국의 작가들은 신화적인 모티프를 작품의 소재로 활용하는 경우가 꽤 많습니다. 고전문학의 상징들도 이처럼 형상화하는 경우가 많지요. 우리나라에서는 이런 작업들이 상대적으로 드문 편이고요. 신화 연구자의 입장에서는 아무래도 좀 안타까운 일이 아닐 수 없습니다. 신화적인 모티프를 다루고 있는 중국의 미술 작품들 가운데는 아주 오래된, 왕조 시대의 작품처럼 보이는 것들도 많이 있습니다. 그런데 작가의 이력을 살펴보면 대부분 비교적 최근, 그러니까 1980년대 이후, 2000년대 이후의 작품들입니다. 우리 신화들도 이처럼 새로운 세대의 예술가들을 통해 새로운 생명을 얻을 수 있었으면 좋겠다는 생각이 듭니다.

〈나무 도령〉 신화

이제야 오늘의 핵심 주제에 도달했네요. 바리데기가 서천서역국 앞에 도달했을 때 이런 기분이었을까요?

〈나무 도령〉 신화를 이야기하려고 합니다. 나무 도령이라고 하면, 뭐가 떠오르나요? 〈선녀와 나무꾼〉 같은 이야기가 떠오르죠? 하지만 이건 선녀

그림 14
나무 도령 이야기
© 『나무 도령: 인류
의 시조가 된 나무 도
령 이야기』(도토리숲,
2017)

와 나무 정령, 그리고 그들 사이에서 태어난 사랑의 결실인 나무 도령의 이
야기입니다.

　나무 도령은 나무의 정기로 태어난 아이입니다. 어떻게 나무의 정기로
태어났느냐면, 하늘나라에 사는 선녀가 산꼭대기로 내려왔는데, 그 산꼭
대기에 교목喬木, 즉 사람 키를 훌쩍 넘는 커다란 나무가 있었어요. 교목은
사람의 키를 여러 개 넘어서는 나무입니다. 그림 14에서 찾아볼 수 있지요?
흐뭇한 미소를 짓고 있는 나무의 정령. 연배가 좀 있어 보이네요. 아무튼 이
렇게 선녀가 내려와 놀다가 나무하고 정이 들어서는 나무의 정기를 받아
아이를 낳았어요. '목도령'이라는 미남자를 낳습니다. 목도령, 그러니까 나
무 도령입니다.

　나무는 기본적으로 양기와 관련이 있습니다. 태양과 남성의 기운 말입
니다. 도깨비 아시죠? 뿔 달린 도깨비요. 도깨비는 양기의 화신입니다. 태
양과 남성의 화신이지요. 그런데 고대 문헌에서 도깨비는 나무의 정기가
변한 것이라고 해요. 그러니까 도깨비는 나무의 화신이고 태양의 화신이
고 또 남성인 거죠. 오행의 상생설에 따르면, 나무에서는 불이 납니다. 목
생화木生火라는 원리지요. 나무에서 불이 나니까 도깨비불이 되지요.

　우리 민속에서는 산에만 도깨비가 있는 것이 아니라 물속, 특히 바닷가

에서 도깨비를 숭상한 경우도 많습니다. 사실 산도깨비는 원인 모를 불을 일으키는 도깨비불 때문인지 부정적으로 평가되는 경우가 많은데, 바닷가의 도깨비는 재물신으로서 긍정적으로 받아들여집니다. 특히 서남 해안에서는 아주 광범위한 숭배가 존재하지요. 여기서 도깨비불은 바다 위에서 아른대는 불꽃이 됩니다. 그 불꽃이 아른대는 곳에서 물고기가 많이 잡힌다든지, 조개 등 캘 것이 많이 나온다든지 그래요. 그래서 도깨비는 풍어의 상징이지요. 바닷가에는 풍랑 때문에 조업을 하다가 목숨을 잃는 뱃사람들이 많고, 그래서 남겨진 여인네들, 홀몸이거나 홀어미인 여성들의 수도 적지 않지요. 그녀들이 갯벌에 나가서 일을 하다가 재물을 얻게 되면 도깨비 신랑을 얻었다고 합니다. 신랑도 없는데 너무 잘사니까 틀림없이 도와주는 사람이 있을 거다, 그런데 드나드는 남정네는 없더라, 그러니까 도와주는 건 틀림없이 도깨비다, 이런 논리가 통했어요. 그 원류는 모두 도깨비의 양기와 연관되고, 나무의 정령이라는 기원으로 소급되는 겁니다. 이런 이야기들은 앞서 말한 슬라브 신화들과도 연관되는 구석이 있습니다. 나무에 대한 신앙은 어느 지역, 어느 역사문화공동체에서든 발견되는 매우 보편적인 현상입니다.

　나무 도령은 나무의 정기로 태어난 아이입니다. 어머니는 하늘에서 내려온 선녀이고요. 그러니까 어머니는 하늘로 다시 돌아가야 하죠. 〈선녀와 나무꾼〉에서는 어떻게 되지요? 선녀가 날개옷을 입고 하늘로 가는 경우도 있고, 결국 아이들 때문에 돌아가지 못하는 경우도 있습니다. 아이 셋을 낳으면 못 올라가죠. 그렇다면 나무 도령의 어머니는 어떻게 했을까요? 아이가 일곱 살이 되자 "이제 나는 떠나야 한다" 말하고 떠나버립니다. 그때부터는 아이 아버지, 즉 커다란 교목이 혼자서 열심히 아이를 보살피죠. 그러던 어느 날 홍수가 났어요. 그래서 아버지인 교목이 자기를 희생해서 아이를 구합니다. 스스로 넘어지면서 나무 도령에게 말합니다. "내 등에 올라타라." 나무 도령을 태운 교목은 홍수가 난 세계로 막 떠내려갑니다. 그때 "살려주세요"라는 소리가 들려요. 그래서 소리가 난 곳을 보자, 개미 떼가 물 위에 둥둥 떠다니며 살려달라고 애원하고 있어요. 나무 도령이 물었죠. "아빠, 구해줘도 되나요?" 나무의 정령은 구해주라고 합니다. 또다시 물을 타고 가고 있는데 누군가 "살려주세요" 합니다. 이번에는 모기 떼였어요. 그래서 또 구해줍니다. 또 떠내려가는데 누가 "살려주세요"라고 해서 나무 도령이 보니까 제 나이 또래의 사내아이가 막 떠내려오고 있었어요. 나무 도령은 다급해져서 "저 아이를 구해주세요"라고 합니다. 그러자 아버지인 교목이 대답하죠. "머리를 하늘로 둔 것, 머리 검은 생물은 구하지 않는 법이다. 배신을 하거든." 하지만 나무 도령은 그 아이를 꼭 구하고 싶었습니다. 제 나이 또래 아이를 처음 보았거든요. 아무튼 나무 도령은 그 사내아이를 구하고, 만나는 족족 위험에 처한 생명체를 구합니다. 그리고 교목은 마침내 물에, 너무 높아서 아직 잠기지 않은 높은 산기슭에 도달하지요. 그러고 나서 숨을 거둡니다.

그 높은 산기슭에는 집이 한 채 있고, 노파가 살았습니다. 노파에게는 딸 한 명과, 딸과 동갑내기인 몸종 아이도 있었죠. 꼭 나무 도령 또래였습니다. 그들은 함께 살기로 했습니다. '남녀칠세부동석'이라고 하지요? 이제 아이들은 점점 자라나 한자리에 앉아 있지 못할 나이가 됩니다. 하지만 마음속에는 어린 시절부터 정든 사람이 있지요. 열여섯 살, 꽃다운 이팔청춘이 되니까 이제 마음에 둔 사람과 화촉동방을 밝히고 같이 살고 싶어집니다. 나무 도령도, 나무 도령이 구한 그 머리 검은 소년도, 모두 노파의 딸을 마음에 두고 그녀를 신부로 맞고 싶어 해요. 신부는 하나인데 신랑감은 둘이니까 경쟁이 붙습니다. 머리 검은 소년이 딱 보니, 노파는 나무 도령을 마음에 들어 하는 것 같아요. 신부의 맘은 잘은 모르겠지만, 왠지 신부도 나무 도령을 더 좋아하는 것 같습니다. 머리 검은 소년은 마음이 조급해집니다.

내가 더 노력을 해서 나무 도령을 넘어서는 건 사실 너무 어려운 일이니까, 나보다 잘난 아이를 어떻게든 끌어내리고 치워버리고 싶어진 거예요. 그래서 할머니한테 가서 "나무 도령에게 아주 비상한 재주가 있는데, 할머니는 알고 계세요? 아마 할머니한테는 꼭꼭 숨기고 비밀로 하고 있는 것 같아요"라며 이간질을 하죠. 솔깃해진 노파가 "그래, 어떤 재주가 있다는 거냐?"라고 물으니, "나무 도령은 모래하고 좁쌀을 섞어놔도 하룻밤이면 다 골라낼 수 있습니다"라고 말해요. 하룻밤에 알곡을 다 골라내다니! 이런 재주가 또 어디 있겠습니까? 그래서 노파는 그런 재주가 있는 나무 도령이 자신을 속였다고 괘씸해하면서 당장 나무 도령을 불러오라고 합니다. 용한 재주가 있다니 한번 보자고요. 그러면서 밤새 몇 가마니 안에 든 알곡과 모래를 갈라놓으라고 해요. 나무 도령은 깜짝 놀랐습니다. 그런 재주가 없다고 눈물로 호소했죠. 세상에 그런 재주가 어디 있겠습니까? 하지만 이간질에 이미 마음이 상한 노파는 나무 도령이 자신을 속인다고 여겨 그 일을 해내지 못하면 당장 집에서 쫓아내겠다고 으름장을 놓습니다. 마음에 둔 처자와도 헤어지고 당장 살 곳도 없어진다고 생각하니, 나무 도령은 눈앞이 캄캄했습니다. 그래서 목 놓아 웁니다. 울고, 울고, 또 울고, 우는 것 말고는 할 수 있는 게 없었으니까요. 그때 "저기요?" 하고 누가 부릅니다. 개미들이 찾아온 겁니다. 개미들이 자기 친구들을 데려와서 밤새 도와 그 일을 마치게 해줍니다. 그러자 노파는 나무 도령을 더욱 기특하게 여기게 되었겠죠. '이런 재주까지 갖고 있으니, 우리 딸을 굶기지는 않겠구나' 싶어서 얼른 혼례를 준비합니다.

머리 검은 소년은 원래 나무 도령과 노파의 딸이 혼인하지 못하도록 방해를 한 것이었는데, 지나고 보니 그만 중매쟁이 노릇을 한 셈이 되었습니다. 그래서 그냥은 못 보내겠다는 생각에 "그러면 한 번만 더 시험을 해봅시다"라고 합니다. 나무 도령이 정말로 그녀를 사랑하는지 알아봐야 한다는 거예요. 혼례를 치르고 그녀를 독수공방시키면 안 되니까 제대로 신부를 잘 찾아가는지 보자고 해요. 천생연분이라면 자기 신부를 제대로 찾아갈 거라면서. 노파도 생각해보니 딸이 사랑받고 사는 게 중요할 것 같아요. 그래서 신방을 두 개나 준비해놓고 나무 도령이 제대로 찾아가는지 두고 보자고 합니다. 나무 도령은 억장이 무너졌어요. 온갖 시련을 거쳐 여기까지 왔다고 생각했는데, 이제 진짜 신부를 또 찾아야 하잖아요. 얼굴을 볼 수도, 말을 할 수도 없고, 그냥 무작정 찾아가야 하는데 잘못 찾으면 다른 방에 들어갑니다. 가짜 신부의 방으로 들어가면 평생 딴 사람과 살아야 하는 거예요. 오른쪽으로도 못 가고 왼쪽으로도 못 가고, 그렇게 어찌할 바를 모르고 서 있었더니 누가 소곤소곤합니다. "저만 따라 오세요." 모기 떼가 한 줄로 서서 나무 도령을 한쪽 방으로 안내합니다. 나무 도령은 자신이 목숨을 구해준 그 생명체, 모기의 도움으로 진짜 신부의 방으로 들어갈 수 있었습니다. 그래서 신랑은 진짜 신부를 얻어서 행복하게 살았답니다. 그리고 머리 검은 아이는 몸종하고 살게 되었습니다. 여기서도 신부의 신분에 따라 두 소년의 신세가 달라집니다. 〈나무 도령〉 신화에서도 신부의 혈통에 대한 중요성이라는 신화적 요소가 등장하고, 한편으로는 이미 신분제도에 의한 사회적 차등이 이루어진 것을 알 수 있죠.

〈나무 도령〉 신화는 기본적으로 나무에 대한 신앙, 즉 수목 신앙과 관련이 있습니다. 거대한 나무는 땅으로부터 자라나 하늘까지 닿을 듯 가지를 뻗으며 올라가지요. 그래서 고대로부터 나무는 땅과 하늘을 이어주는 존재라는 관념이 존재했습니다. 국가와 민족을 막론하고 이런 신앙은 오늘날까지도 매우 보편적입니다.

그림 15의 사진 속 나무는 일본 최대의 거목이라 불리는 '가모우의 녹나무'입니다. 이 나무는 높이가 무려 30미터에 이르죠. 녹나무와 같은 수종은 사람 키의 몇 배에서 몇십 배에 이르는 높이까지 자라납니다. 이처럼 사람

그림 15
가모우의 녹나무

의 키를 훌쩍 넘는 아득한 높이의 나무들이 바로 교목입니다. 나무 도령의 아버지도 이처럼 오래되고 큰 나무의 정령이었을 겁니다. 아래에서 쳐다보면 까마득해서 아예 끝이 보이지 않지요. 아래에서 우러러보면 당연히 그에 대한 경외심이라는 게 생기겠죠. 그래서인지 중국 남부 지역의 신화에도 녹나무가 자주 등장합니다. 워낙 키가 큰 나무라서 하늘에 닿는다고 여겨지는 경우가 많고, 땅과 하늘을 이어주는 통로로 간주되지요.

사실 〈나무 도령〉 신화에서 또 하나 흥미로운 점은 알곡을 고르는 사람이 여성이 아니라 남성이라는 점입니다. 알곡 중에서도 다른 해 농사의 향방을 결정할 중요한 알곡을 '씨나락'이라고 하지요. "귀신 씨나락 까먹는 소리" 할 때의 그 씨나락입니다. 씨나락은 다음 해 농사의 근본이기 때문에 아무리 굶주려도 손을 댈 수 없고 까먹을 수도 없지요. 그런데 그렇게 골라 놓은 알곡이 제대로 싹을 못 틔우면 그 씨나락은 귀신이 까먹은 것으로 치부됐습니다. 그러지 않고서야 멀쩡한 알곡이 싹을 틔우지 못할 리 없으니까요. 아무튼 알곡을 고르는 일은 농사에서 매우 중요한 일이었습니다.

그런데 키질을 해서 좁쌀과 모래를 골라내는 일은 주로 누가 했을까요? 오늘날 이 일은 대부분 여성들의 몫으로 알려져 있죠. 그런데 〈나무 도령〉 신화를 가만히 들여다보면 꼭 그런 것만도 아니라는 생각이 들어요. 실제로 우리나라의 역사를 보면 데릴사위제가 아주 만연했어요. 특히 북쪽 지역에서는요. 게다가 데릴사위제가 아니더라도 결혼하고 보통 석 달에서 3년 정도는 친정에 있는 것이 상식이었죠. 어떤 경우에는 첫아이를 낳아야, 아이가 세 살이 되어야 시집으로 들어가죠. 친정에서의 보살핌이 필요한 신부의 시간을 채워주는 관습이 많이 있었던 셈이지요. 그래서 "시집을 간다"라는 말도 있고 "장가를 간다"는 말도 있죠. 장가가 뭐죠? 장인과 장모가 있는 집, 곧 '장가', 바로 처갓집입니다. 처갓집을 간다는 뜻입니다. 시집을 간다고 하면 시댁, 시부모님이 계시는 집, 남자네 집으로 들어가는 것을 말하고, 장가를 든다는 말은 여자네 집으로 들어간다는 뜻이죠. 우리 속담에 "겉보리 서 말만 있어도 처가살이는 안 한다"는 말이 있는데, 왜 그런 말이 생겨났겠습니까? 그런 일들이 종종 있었으니까 생겨났겠죠. 많이들 했으니까 어지간하면 안 하고 싶다는 말이 나왔던 거지요.

우리가 잘 알고 있는 우리 문화의 구조는 조선시대에 가깝습니다. 하지만 다른 신화들, 문헌에 실리지 않은 신화들을 통해서 발견되는 우리 문화의 구조는 사뭇 다릅니다. 성리학, 특히 주자학이 지배적이었던 조선의 문화 구조는 가부장제가 꽤 강한 편이었지만, 삼국시대나 고려시대까지만 해도, 아니, 사실 조선시대 초기까지만 해도 우리가 지금은 너무도 당연시하는 윤리 규범들이 그리 당연하지만은 않았다는 사실을 확인하게 됩니다. 나무 도령이 좁쌀을 고르고, 결국 처가인 노파의 집에서 평생을 살게 되는 것처럼 말입니다.

이러한 구조는 유럽 신화의 대표적인 모티프들과는 상당한 차이를 보여줍니다. 예를 들어, 그리스 신화의 프시케 신화가 대표적이지요.

아프로디테와 프시케

프시케는 인간이면서, 아름다움의 여신인 아프로디테의 며느리, 그러니까 사랑의 신 에로스의 아내가 된 특이한 존재입니다. 나중에 그녀는 '숨, 마음, 영혼'을 관장하는 신이 되지요. 그런데 여러분이 생각하는 에로스는 어떤 모습인가요? 발가벗은 아기 천사? 뽀얗고 포동포동한 외모에 하얀 날개를 달고 활과 화살을 든 모습이지요. 에로스는 태어난 뒤 오랫동안 성장하지 않았습니다. 나중에 에로스가 성장하게 되는 원인으로는 두 가지를 꼽는데, 하나는 '질투'라는 이름의 동생이 태어난 것이고, 다른 하나는 프시케라는 영혼의 짝을 만난 것입니다. 그럼, 이제 에로스가 어떻게 프시케를 만나게 되었는지 알아보겠습니다.

에로스의 어머니 아프로디테가 미의 여신인 것은 잘 아시죠? 그런데 인간 세상에 어떤 여자아이가 태어났는데, 사람들이 입을 모아 그 아이의 미모를 칭송하기 시작합니다. 본인이 아름다움의 여신인데, 사람들이 그걸 모르고 그 아이의 아름다움을 칭찬해요. 여신은 화가 납니다. 마음에 안 드는 거예요. 그래서 아들인 에로스를 보내서 그 소녀를 벌주라고 합니다. "망신을 주려무나." 프시케에게 최악의 운명을 선사하려고 합니다. 소녀가 세상에서 가장 비천하고 혐오스러운 남자와 사랑에 빠지게 하라는 지령을 내리죠. 원래 에로스는 두 종류의 화살을 가지고 있었어요. 하나는 납으로 된 뭉툭한 화살이고, 다른 하나는 황금으로 된 날카로운 화살이었습니다. 황금으로 된 날카로운 화살에 찔리면 심장에 무리가 오면서 사랑에 빠지게 되고, 납으로 된 뭉뚝한 화살에 찔리면 마음이 차갑게 식어서 사랑을 거부하게 되는 거예요. 원래의 계획은 비천한 상대와 사랑에 빠지도록 프시케의 가슴에 황금 화살을 쏘고, 상대에게는 납 화살을 쏘아서 이 아름다운 소녀를 추문의 주인공으로 만들려는 것이었죠. 그런데 어찌 된 일인지 프시케를 찾아간 에로스는 오히려 황금 화살에 그 자신이 상처 입게 돼요. 프시케의 아름다움에 반했다는 말도 있고, 실수였다는 말도 있고, 어머니의 명령이 부당하다고 느껴 갈등하다가 자해를 했다는 말도 있고……. 이유야 어찌 됐든 황금 화살에 상처를 입은 에로스는 프시케를 사랑하게 됩니다. 그리고 사랑이라는 감정에 휩싸인 채 그는 결국 건장한 청년으로 성장하게 돼요. 여기서 이미 에로스는 어머니의 명령을 저버리고 말죠. 프시케가 비천한 상대를 사랑하도록 해서 망신당하게 만들라는 게 아프로디테의 명령이었는데, 사랑에 빠진 에로스는 오히려 그녀를 자신의 신부로 맞이하는 거죠. 프시케를 괴물의 신부로 바치라는 신탁이 내려집니다. 그러지 않으면 왕국을 쑥대밭으로 만들어버리겠다고 위협하지요. 그래서 세상에서 가장 아름다운 소녀 프시케는 비련의 주인공이 됩니다. 부모는 눈물로 그녀를 배웅하지요.

프시케는 높은 절벽 위의 성에서 완전히 고립되어 생활하게 됩니다. 누군가 밤마다 찾아오는데 절대로 불을 켜지 못하도록 하니까 신랑의 정체는 알 길이 없습니다. 괴물이라는 신탁이 있었으니 괴물이라고 생각했겠죠. 하지만 상상의 나래는 자꾸만 펼쳐졌죠. '도대체 밤마다 찾아오는 사람은 누구일까? 나는 누구의 아내인가?' 어쩌면 괴물의 아내라는 사실보다 누구와 함께 사는 건지 모르는 현실이 더 끔찍했을 수도 있겠죠. 그것만 빼면 완벽할 정도로 만족스러운 생활이었습니다. 나중에 언니들을 절벽 위의 성으로 초대하는데, 언니들은 동생이 괴물한테 잡혀간 줄 알았다가 너무 잘 살고 있으니까 약간 샘이 나서 "그 사람은 어떤 사람이야?", "결혼을 했는데 누구와 사는지도 모르다니 끔찍해"라며 심술을 부려요. 그러자 안 그래도 생각이 많던 프시케의 궁금증은 폭발합니다. 언니들은 속닥이죠. "깊은 잠에 빠졌을 때 살짝 불을 켜서 보도록 해. 잠깐 보고 꺼버리면 상대가 알지 못할 거야." 부부 사이를 이간질하는 거죠. 프시케는 약속을 지켜야 한다고 생각했지만, 결국 호기심을 저버리지 못하고 언니들 말에 따릅니다. "잠든 모습만 잠깐 보는 거야." 이렇게 스스로를 정당화하죠. 마침내 촛불을 켜고 잠든 그 사람의 얼굴을 보았는데, '맙소사!', 세상에 존재할 것 같지 않은 미모의 남성이 누워 있는 겁니다. 프시케는 너무 놀라서 넋을 잃고 바라보다가 촛농이 녹아 떨어지는 것도 몰랐답니다. 그리고 그 촛농 때문에 에로스는 눈을 뜹니다. 그리고 "약속을 어겼으니 이제 나를 만나기는 힘들 것이다"라고 말하고는 날아가버리죠, 신이, 아름다운 내 남자가.

그래서 이제부터는 프시케의 신랑 찾기가 시작됩니다. 자청비나 당금애기가 그랬던 것처럼, 프시케는 하염없이 에로스를 찾아다닙니다. 아무래도 방법을 알 수 없었던 프시케는 결국 자신을 원수처럼 여기는 에로스의 어머니 아프로디테를 찾아갑니다. 그러자 아프로디테는 자신이 죽도록 미워했던 그 인간 소녀 프시케에게 마음껏 분풀이를 하죠. 프시케는 여러 가지 고난의 시험을 거치게 됩니다. 아프로디테는 프시케에게 가혹한 시련을 안기는데, 노예와 짐승을 다루듯이 매질을 하고, 말도 안 되는 시험

그림 16
〈프시케와 에로스〉, 주
세페 마리아 크레스피,
1707~1709

을 치르게도 합니다. 콩쥐의 새어머니처럼 밑 빠진 독에 물 붓기, 나무 호미로 돌밭 매기, 어마어마한 양의 모래 속에서 좁쌀 골라내기 등의 일을 시킵니다. 그러고는 하룻밤 안에 다 해내지 못하면 네 목숨은 없다고 하죠. 좁쌀 골라내기라고 하니까, 이제 뭔가 연결이 되나요? 네, 그렇습니다. 이 시험은 대체로 시어머니가 며느리를 고를 때 내는 문제라고 할 수 있습니다. 하지만 나무 도령 이야기에서는 장모가 사위를 고를 때 이와 같은 문제를 냈었지요. 프시케는 개미나 모기의 생명을 구해준 적이 없지만, 무소불위에 전지전능한 아름다운 남편을 든든한 후원자로 두고 있었어요. 여전히 프시케를 사랑하는 에로스는 절체절명의 순간마다 나타나 프시케를 고난에서 구해줍니다. "그러니까 처음부터 내 말대로 약속을 지켰으면 좋았잖아"라고 생색을 내면서요.

이 이야기를 보면 유럽 신화에서는 알곡을 고르는 일이 기본적으로 여성의 일인 것을 알 수 있지요. 거의 완전한 성별 분업이 이루어진 것처럼 보입니다. 나중에 에로스가 도와주는 걸 보면 어쩌면 초기에는 남성이 이와 같은 일에 더 깊이 관여했을 수도 있지만요. 반면, 나무 도령 신화에 따르면 지금 우리가 생각하고 있는 것과는 달리 우리 문화 속에서 알곡 고르기는 성별 분업의 문제가 아니었을 수도 있겠다, 아니면 지금과는 다른 성별 분업이 일반적이었을 수도 있겠다, 라는 생각이 들지요. 씨앗을 고르는 건 굉장히 중요한 일이니까요. 왜 굉장히 중요한 일일까요? 씨앗을 잘 골라야 다음 해 농사가 잘되니까요. 그리고 씨앗을 뿌리는 사람은 남성이잖아요. 농사에서 굉장히 중요한 일, 한 해의 운명을 결정짓는 일인데, 그 일을 잘 해내는 사람을 집안에 들여야죠, 당연히. 그러니까 사윗감을 고르는 데 중요한 시험 종목이었던 거라고 생각합니다.

유라시아 신화와 수목 신앙

마지막으로 유라시아 신화와 수목 신앙에 대해 이야기해보겠습니다. 유라시아 신화에서 나무는 종종 여신과 긴밀한 연관을 지닙니다. 특히 버드나무는 여신들과 밀접한 연관을 갖죠. 버드나무의 특징은 뭘까요? 물가에 자라고, 또 우리가 익히 아는 수양버들의 경우 가지가 아래로 향하는 성질이 있습니다. 원래 버드나무에도 위로 가지를 뻗는 부류楊와 아래로 가지를 뻗는 부류柳가 있습니다만, 우리가 잘 알고 있는 버드나무는 주로 풀어 헤친 머리칼처럼 가지가 바람에 흔들리는, 아래로 처진 수양버들이지요. 이 나무는 이파리가 길고, 가운데 잎맥이 잎을 둘로 나눕니다. 이러한 형태를 지닌 나무들은 주로 여신들과 연관되곤 합니다. 우리 신화 속에서 주몽의 어머니는 유화, 즉 버들꽃이었지요.

북유럽 신화에서는 인류가 물푸레나무로 만들어집니다. 물푸레나무도 버드나무처럼 이파리가 가늘고 잎맥이 잎을 둘로 가르는 형태를 보여요. 가지는 아래로 향하고요. 또 어떤 나무가 있을까요? 달 속에 있다는 계수나무가 있습니다. 이 나무도 아래로 향하는 가지, 가늘고 긴 잎을 특징으로 하지요. 이런 특징들은 대개 여성성을 상징하는 것으로 해석되곤 합니다. 이 나무들의 또 다른 특징은 아주 잘 자란다는 점입니다. 씨를 뿌리거나 뿌리를 옮겨 심지 않아도, 가지를 휘어서 땅에 묻기만 해도 뿌리를 내려 다시 자라납니다. 특히 우기가 지난 뒤에 무성해지는 나무의 생명력은 때때로 무섭게까지 느껴지죠. 이처럼 왕성한 생산력, 다산성은 여신이 여신으로 숭배받기 위해 필수적인 덕목이지요. 그래서 이런 나무들이 신화에 자주 등장하는 것이 아닐까 생각해요. 버드나무냐, 계수나무냐, 물푸레나무냐의 차이는 기후대와 관련이 있을 테고요.

이제 전혀 다른 나무 이야기를 해보겠습니다. 바로 떡갈나무입니다. 오크oak, 참나무라고도 합니다. 떡갈나무는 제우스의 나무입니다. 유럽 신화에서 오크는 주로 남신들과 연관됩니다. 이 나무는 신들의 무기를 만들 때 주로 쓰이는 재료이기도 하지요. 그러니까 강력한 남성성을 상징하고, 그 남성성을 중시하는 신화에서는 오크가 중심이 되는 경우가 많습니다. 이 나무는 딱 보기에도 하늘을 향해, 위를 향해 치솟은 모습이지요. 나무가 본디 태양이나 남성과 깊은 관련을 맺고 있다는 이야기는 앞서 나무 도령 이야기에서도 한 번 짚어본 적이 있었지요. 여성성을 강조하는 신화에서는 땅을 향해 가지를 뻗는 나무들이 주로 등장하는 반면, 남성성을 강조하는 신화에서는 하늘을 향해 가지를 뻗고 위를 향하는 나무들이 주로 등장하는 경향이 있다고 생각하면 될 것 같습니다.

바리데기와 자청비, 당금애기부터 시작해 우리 신화 속의 여성 영웅들, 그리고 그들의 모험담까지, 나무 도령을 낳아놓고 훌쩍 날아가버린 선녀님에서부터 남편을 찾기 위해 좁쌀 고르기에 전념했던 프시케에 이르기까지, 유라시아 신화 속의 여신들은 사실 초자연적인 능력을 타고난 존재들은 아닌 것처럼 보입니다. 다만 그들은 자신을 시련과 고난의 구렁텅이로 끌고 가는 운명을 이겨내기 위해 좌절을 거듭하면서도 끊임없이 노력했고, 그 결과 다산과 풍요를 가져다주는 '신성'을 획득했다고 할 수 있습니다.

더욱이 우리 신화뿐 아니라 하니족이나 만주족, 한족의 신화 속에서도 확인되는 것처럼 동아시아 신화 속의 여신들은 괴물을 물리치는 영웅의 짝으로서가 아니라 스스로 모험의 길을 자처하는 독립적인 여성 영웅의 면모를 보여줍니다. 강한 힘으로 약자와 싸워서 이겨내는 방식이 아니라 다른 이들을 끊임없이 도와주고 머리 숙여 부탁하는 궂은일을 마다하지 않는 방식으로 끝끝내 자신이 원하는 것을 얻어내지요. 그리고 결국 자신이 얻어낸 것을 자신이 사랑하는 이들, 마음이 쓰이는 사람들과 함께 나눔으로써 우리의 일상을 유지하는 데 이바지합니다. 우리의 삶이 지속되는 한 이런 여신들은 어디에나 존재하고 어디서든 발견될 겁니다.

제가 오늘 여러분께 들려드리고자 했던 이야기, 유라시아 신화 속의 여신들, 그중에서도 동아시아 여신들에 대한 이야기는 여기서 갈무리하도록 하겠습니다.

김순이, 『제주신화: 원형을 살려내고 반듯하게 풀어내다』, 여름언덕, 2016.

김열규, 『도깨비 본색, 뿔 난 한국인: 김열규 교수의 도깨비 읽기, 한국인 읽기』, 사계절출판사, 2010.

김열규, 『동북아시아 샤머니즘과 신화론』, 아카넷, 2003.

김헌선, 『서울 진오기굿: 바리공주 연구』, 민속원, 2011.

문현선, 「동아시아 신화 속의 여성, 세계를 완성하다」, 『신화, 영화와 만나다』, 아모르문디, 2015.

문현선, 「제8강 삶과 죽음, 여신의 두 얼굴」, 『중동신화여행: 신화, 아주 오래된 이야기』, 아시아, 2018.

박용숙, 『샤먼 제국: 헤로도토스, 사마천, 김부식이 숨긴 역사』, 소동, 2010.

서대석, 『한국의 신화』, 집문당, 1997.

서지원 지음, 원혜진 그림, 『소원 들어주는 음식점』, 와이즈만북스, 2014.

손진태 지음, 최인학 역편, 『조선설화집』, 민속원, 2009.

송아주 글, 이강 그림, 『나무 도령: 인류의 시조가 된 나무 도령 이야기』, 도토리숲, 2017.

이건욱 외, 『알타이 샤머니즘』, 국립민속박물관, 2006.

이유경, 『고전문학 속의 여성영웅 현상 연구』, 보고사, 2012.

조지프 캠벨 지음, 이진구 옮김, 『신의 가면 1: 원시 신화』, 까치글방, 2003.

조지프 캠벨 지음, 구학서 옮김, 『여신들: 여신은 어떻게 우리에게 잊혔는가』, 청아, 2016.

조흥윤, 『한국의 샤머니즘』, 서울대학교출판부, 1999.

최원오, 『이승과 저승을 잇는 다리 한국신화 1』, 여름언덕, 2004.

최원오, 『인간적인 너무나 인간적인 한국신화 2』, 여름언덕, 2005.

현용준, 『제주도 신화(개정판)』, 서문당, 1996.

應劭, 『風俗通義』.

陶陽.鍾秀, 『中國創世神話』, 上海人民出版社, 1989.

곰과 인간의 만남

: 아이누 신화를 중심으로

신진숙 (경희대 국제지역연구원 HK교수)

　　오늘 강의는 신화를 오늘날의 관점에서 어떻게 해석할 것인가라는 물음에서 출발합니다. 신화의 현대적 의미를 발견하고 공유하는 시간이 되었으면 합니다. 구체적으로는 한반도와 러시아, 일본 지역에 분포되어 있는 곰 신화, 그중에서도 특히 아이누 민족의 곰 신화를 바탕으로, 신화가 오늘날 우리에게 던져주는 의미가 무엇인지 살펴보고자 합니다. 미리 밝히지만, 저는 인문학을 하는 사람일 뿐 전문적인 신화 연구자는 아닙니다. 따라서 곰 신화 전체를 본격적으로 논의하는 것은 제 능력을 넘어서는 일입니다. 저는 다만 곰 신화를 오늘날 우리의 삶을 들여다보고 더 나은 삶을 상상하는 인문적 사유의 통로로 이해합니다. 신화를 통해 인문학적 사유를 깊이 있게 수행해나가면서, 나 자신은 물론 우리가 더불어 살아가는 세계를 좀 더 잘 이해할 수 있기를 기대합니다. 신화는 인류의 원형적 삶과 감정, 생각과 소망을 풍부하고 깊이 있게 새겨두고 있다는 점에서 다른 무엇에

＊　　이 글은 졸고 「곰 의례를 통해 본 '야생의 생태철학': 환동해 지역을 중심으로」(『서강인문논총』 38, 서강대학교 인문과학연구소, 2013)를 바탕으로 경기문화재단의 〈유라시아 신화여행〉 강좌에서 강의한 후, 논문을 강좌 목적에 맞게 재구성하고 수정 보완한 것임.

못지않게 인문적 성찰을 이끌어내기 좋은 대상이라고 생각합니다. 나아가 오늘 이 강좌는 유라시아 신화여행의 마지막 시간이니만큼 신화의 철학적 의미를 함께 생각해보는 시간이 되었으면 더욱 좋겠습니다.

생태철학으로서의 신화

오늘 강의 내용을 개략적으로 설명하자면, 우선 신화의 정의를 살펴보 겠습니다. 그리고 신화가 오늘날 우리 삶에서 사용되는 방식을 논의할 것 입니다. 신화는 우리 모두가 알고 있듯 근대 국민국가 이전에 존재했습니 다. 국민국가가 건설되는 과정에서 신화는 한 국가 또는 민족을 하나의 정 체성으로 상상하고 공동체로 인식하도록 만드는 데 중요한 역할을 수행합 니다. 한국과 중국, 일본, 나아가 유라시아와 동아시아, 동북아시아 속에서 신화는 어떤 방식으로든 새로운 의미를 부여받고 호명됩니다. 제가 '호명' 이라고 말하는 이유는 신화가 순수한 상태로 존재할 수 없다는 것을 암시 하기 위해서입니다. 신화와 정치의 관계를 생각해보면 좋을 것 같습니다. 신화는 정치적 맥락 속에서 한 국가와 민족의 기원을 설명해줌과 동시에 때로는 국가 간, 민족 간 분리와 갈등을 점화하는 원인이기도 하니까요. 이 를테면 곰 신화의 국적 문제를 따지는 논쟁이 한 예입니다.

이러한 한계를 극복하기 위해 저는 신화의 생태철학적 의미를 검토하려 고 합니다. 이를 위해 신화와 의례의 관계에 대해 조명할 것입니다. 사실 지 금까지 신화는 텍스트로서의 신화 연구가 주를 이루었습니다. 하지만 신 화는 신화를 향유했던 사람들의 삶의 체제와 분리하여 설명할 수 없습니 다. 따라서 신화는 특정 시대의 문화와 함께 읽어야 합니다. 인류의 원형으 로서 신화시대의 삶은 신화와 의례를 동시에 바라볼 때 더 깊이 있게 이해 될 수 있습니다.

이러한 논의를 풀어가기 위해, 오늘 강의 제목처럼 '곰과 인간의 만남'을 사유의 대상으로 제시하고자 합니다. 사실상 곰 신화는 동북아시아뿐만 아니라 유라시아 전역에 넓게 퍼져 있습니다. 곰이 서식했던 거의 모든 지역에 곰 신화가 존재했다고 볼 수 있는 거죠. 오늘 강의에서는 이 많은 신화들 중에서도 특히 홋카이도와 사할린에 거주했던 아이누족의 곰 신화를 사례로 들어 설명하고자 합니다. 그리고 마지막으로는 이 강의 전체의 목적이기도 한데요, 신화의 '생태철학'적 가능성을 살펴보고자 합니다. 생태철학으로서 신화를 사유할 수 있는 가능성과 의미를 짚어보겠다는 뜻입니다.

본격적인 강의에 앞서 용어 몇 가지를 공유하고 시작하겠습니다.

우선 제가 '문화복합'[1]이라는 말을 쓰게 될 텐데요, '문화복합'이란 앞서 언급했듯이 신화와 의례를 분리시키지 않는 시각입니다. 좀 더 쉽게 설명하자면, 신화와 의례는 레시피와 음식의 관계에 비유할 수 있습니다. 레시피와 음식을 만드는 행위는 분리될 수 없죠. 요리 행위와 그런 음식을 만드는 과정으로서의 레시피는 하나이며, 이 둘을 분리해서는 음식이라는 결과물이 나올 수 없습니다. 신화와 의례의 관계가 그렇습니다. 신화가 레시피라면 의례는 바로 그 음식을 요리하는 행위가 될 것입니다. 신화는 세상을 설명하는 서사이자 상상의 지도입니다. 그리고 이러한 서사의 지도가 구현되는 실제의 장소, 실제의 사람과 생활이 존재했습니다. 따라서 신화는 신화시대 사람들의 인식을 담고 있습니다. 이러한 신화를 토대로 거행된 의례를 통해 신화 공동체가 구축했던 경제 · 정치 · 윤리 체계 등 전체 사회시스템을 종합적으로 추측하고 판단해볼 수 있습니다.[2] 신화의 논리는 종교적 의례를 설명하는 토대이자 그 근거라고 할 수 있습니다. 따라서

---

1   cultural complex. 서로 의존관계에 있는 문화특질들이 하나의 복합으로서 구성한 문화 유형을 가리키는 문화인류학의 개념.

2   신진숙, 「곰 의례를 통해 본 '야생의 생태철학': 환동해 지역을 중심으로」, 『서강인문논총』 38, 서강대학교 인문과학연구소, 2013, 370쪽.

신화는 의례와 결합하여 하나의 문화복합 속에서 이해되어야 합니다. 이러한 인식은 오늘날 신화 연구의 중요한 방향이기도 합니다.

두 번째로 함께 공유했으면 하는 용어는 '대칭성'입니다. 사실 저는 대칭성을 오늘 강의의 본질적인 근본 개념으로 삼고 있습니다. 신화 속 인간과 자연의 관계를 대칭성의 관계로 설명하고자 합니다. '어떤 두 개의 사물이 대칭적이다'라고 하는 것은 무슨 의미입니까? 반대로 '어떤 관계가 비대칭적이다'라는 것은 무슨 뜻일까요? 비대칭적이라는 것은 그 관계가 수직적 · 위계적이어서 대등하지 않음을 의미합니다. 예를 들어볼까요? 지금 우리가 있는 이곳은 비대칭적이라고 할 수 있습니다. 강연자를 청취자보다 우월한 위치에 배치하고 있지 않습니까? 가르치는 자와 배우는 자 사이에 힘의 기울기가 존재하는 근대적 교육시스템을 떠올려보세요. 바로 이러한 비대칭적 관계와 반대되는 개념으로 신화의 대칭성을 이해하면 좋을 것 같습니다. 신화시대의 사람들은 자연과 인간의 관계를 대칭적으로 이해했기 때문에 자연과 인간 사이는 서로 오고 감이 가능했습니다. 인간이 곰이 되고, 곰이 인간이 될 수 있는 유동성의 기반이 곧 대칭성이라고 할 수 있습니다. 아직 좀 더 넉넉한 설명이 필요하지만, 대칭성의 원리는 신화적 사유를 이해하는 출발점으로서 중요하다고 생각합니다.

세 번째로 우리가 함께 공유할 용어는 '증여'라는 개념입니다. 사실 말은 쉽지만 자연과 인간이 대칭적이라는 것이 무슨 의미인지, 과연 가능하기는 한지, 그 논리가 쉽게 와닿지 않습니다. '증여'라는 개념은 이러한 모호성을 조금이나마 해소해줄 수 있을 것으로 기대됩니다. 인류학자 마르셀 모스Marcel Mauss는 바로 이 증여 개념을 통해 근대 이전 사회시스템의 질서를 설명합니다. 그는 증여를 자연과 인간의 관계뿐 아니라 인간 사회의 규칙을 정하고 이를 이행하는 삶의 전체성으로 설명합니다.

모스의 증여 이론을 좀 더 쉽게 이해하려면, 선물의 원리를 떠올리면 좋습니다. 어느 날 누군가가 나에게 사과 한 알을 선물로 주었다고 가정해보세요. 나와 그 누군가는 물론 대등한 관계라고 가정해야 할 것입니다. 그럴 때, 사과를 받은 나는 사과를 받는 순간 어떤 의무에 사로잡힙니다. 즉, 사과를 선물로 받은 이상 그에 준하는, 혹은 그보다 더한 답례품을 선물을 준 사람에게 되돌려주려 할 것입니다. 받은 것과 동일한 것을 줄 수도 있고, 사과가 아닌 다른 것으로 보답할 수도 있습니다. 받는 즉시 되돌려주는 것보다는 좀 더 시간을 둔 뒤에 되돌려주는 것을 예의로 생각하는 사람들도 있습니다. 물론 이 경우, 선물을 준 그 누군가도 선물의 보답이 주어질 것을 은연중에 기대할 것입니다. 결국, 주는 자도 받는 자도 어떤 물질이 지닌 순환적 힘을 선물을 통해 경험합니다. 바로 이처럼 주고, 되돌려받고, 다시 주는 증여와 답례의 순환적 관계가 모스가 말한 호수互受 혹은 호혜互惠 관계의 원리입니다.

이를 신화에 적용하면, 그 시대의 사람들은 자연과 인간의 관계를 바로 이러한 호혜적 관계성으로 인식했던 것 같습니다. 숲이 인간에게 먹이를 주고, 인간은 그에 상응하는 의례를 치릅니다. 그리고 의례를 보상으로 되돌려받은 숲이 다시 인간에게 먹이를 보내줄 것이라고 사람들은 생각했습니다. 신화와 의례는 바로 이러한 증여와 답례의 순환이 자연과 인간 사이에서 끊임없이 발생할 수 있도록 기원하는 내용으로 구성되어 있습니다. 물론 인간과 자연이 대칭적 관계에 놓여 있다고 상상하는 것을 전제로 하면서 말입니다.

저는 신화시대의 사람들이 구축했던 자연과 인간의 관계, 즉 대칭성과 호수의 원리를 야생의 생태철학으로 설명하고자 합니다. 신화를 단순히 과거의 이야기로 국한시키지 않고, 더 나은 인류의 삶의 생태주의적 실천을 위한 원형으로 보려는 것입니다.

신화와 정치

오늘날 우리가 신화를 접하는 가장 일반적인 방식은 영화나 드라마를 통해서일 것입니다. 그러나 그보다 더 일반적인 방식은 신화를 한 민족의 역사적 기원으로 설명하는 방식일 것입니다. 특정 민족의 정체성을 신화적 기원에서 찾는 시도는 근대 국민국가가 만들어지면서 더욱 강화됩니다. 신화는 흩어진 집단의 구성원들을 하나의 공동체, 이를테면 하나의 민족이나 하나의 국민으로 상상하도록 만드는 구심점 역할을 할 때가 많습니다. 우리가 〈단군 신화〉를 빼놓고는 한민족이라는 공동체를 상상할 수 없는 까닭입니다.

그런데 신화는 해석의 관점 또는 해석하는 사람들에 따라 그 의미가 재구성됩니다. 신화를 둘러싼 민족 간 논쟁이 벌어지는 것도 그 때문입니다. 곰 신화를 예로 들면, 한국과 중국 학자들 간의 논쟁이 있습니다. 아시다시피 단군 신화 속에는 동물이었다가 인간으로 변해 나중에 환웅의 부인이 되는 존재, 바로 웅녀가 등장합니다. 그런 이유로 곰은 한민족 고유의 신화적 존재라고 할 수 있습니다만, 몇 년 전 이 곰 신화를 둘러싸고 한국과 중국 학자들 간에 논쟁이 발생했습니다. 당시 벌어진 신화 논쟁에 대해 간단히 언급하면 이렇습니다. 중국의 예수셴葉舒憲이라는 학자가 『곰 토템』이라는 책을 집필했는데, 여기서 그는 중국의 선사시대를 설명하면서 다음과 같이 기술합니다.

> 조선족의 아득한 옛 기억 속에 곰 토템 신화가 뿌리를 내리도록 했고, 그리고 현재 동아시아에서 가장 완벽하게 보존된 웅모생인熊母生人의 신화는 중국에 있다.[3]

---

3   葉舒憲, 『熊與龍-熊圖騰神話源流考』, 博覽群書, 2006, 197쪽. 이유진, 「예수셴의 『곰 토템』, 왜

곰 신화의 국적 논쟁이 벌어지게 된 계기입니다. 당연히 한국 학계에서는 이를 비판합니다. 중국의 동북 역사 공정과 함께 곰 신화를 자국 고대 역사에 편입시키는 신화 공정이라는 것이죠.[4] 여기서 그 내용을 자세히 소개할 수는 없지만, 분명한 점은 이처럼 신화는 신화 자체로 존재하기도 하지만 언제든 정치이데올로기와 결합하여 새로운 갈등을 만들어내기도 한다는 것입니다. 누구의 신화인가라는 정치적 물음에서 신화 연구가 자유로울 수 없는 이유입니다. 신화를 순수한 학문적 대상으로 삼는 것과 별개로 신화의 정치화는 언제든 일어날 수 있습니다.

하지만 이러한 비판적 물음을 견지하면서도, 신화의 진정한 의미와 가치에 대한 물음도 놓쳐서는 안 될 것입니다. 신화에 대한 보다 근본적인 접근이 억압되어서는 안 된다고 생각합니다. 사실 신화의 국적 문제를 넘어서서 신화의 인문학적 가치, 다시 말해 신화가 우리에게 들려주는 이야기는 그보다 훨씬 깊고 풍성하고 다의적입니다.

저는 신화를 '다른 역사 쓰기'의 일환으로 바라볼 것을 제안합니다. 여기서 제가 말하는 다른 역사란 한마디로 녹색 역사 green history의 가능성입니다. 우리는 흔히 역사를 국가 중심 혹은 인간 중심의 관점에서 기술하는 것을 당연시하지만, 오늘날 우리가 당면한 위협적인 환경문제들을 생각하면 역사에 대한 다른 인식이 불가능한 것만은 아니라고 생각합니다. 녹색 역사 쓰기는 말하자면 역사를 생태주의적 관점으로 전환하는 것입니다. 신화는 바로 이러한 역사의 생태학적인 전환에 대해 사유할 수 있는 풍부한 소재들을 제공해줍니다.

좀 더 설명해보겠습니다. 일반적으로 우리가 생각하는 역사의 주체는 국가 단위에서 출발합니다. 하지만 녹색 역사는 특정 생태체계와 연계된

문제적인가?」(『중국어문학논집』 77, 중국어문학연구회, 2012, 549쪽)에서 재인용.
4   이평래 외, 『동북아 곰 신화와 중화주의 신화론 비판』, 동북아역사재단, 2009.

생태공동체의 개념에서 역사 주체를 다시 사유합니다. 예를 들면 동해를 기반으로 살아가는 생태공동체들을 떠올려볼 수 있습니다. 동해의 어족에 따라서 그 어족에 맞는 어업 기술이 발달할 것이고, 그러면 어업 기술들이 모여서 그 해변이나 연안에 작은 공동체가 형성되고, 좀 더 거시적으로 보면 그보다 더 넓은 공동체의 형성도 가능했을 것입니다. 또 북방으로 시선을 돌리면, 드넓은 초원과 타이가 숲을 중심으로 구성된 생태공동체가 존재했을 것입니다. 이렇게 민족이나 국가라고 하는 경계로 가두기 이전부터 존재했을 생태공동체의 관점에서 역사를 다시 본다면 어떤 변화가 발생할까요?

신화공동체라는 개념은 바로 이러한 생태공동체를 증명하는 하나의 본보기가 될 수 있을 것입니다. 신화란 본디 그 국적을 따져 묻는 것이 힘듭니다. 신화는 오늘날의 국민국가의 영토가 획정되기 전에 존재했던 인류의 원형적 삶이자 그 가치체계이기 때문입니다. 예를 들어 이번 강좌의 주제이기도 한 '신화 공간으로서의 유라시아'를 생각해보세요. 유라시아라는 공간을 신화의 세계로 상상하는 것이 가능해집니다. 특정한 국가와 민족의 영토 개념만으로는 접근하기 어려운 거대한 신화 공간이 비록 상상 속이지만 우리 앞에 펼쳐집니다. 유라시아라는 드넓은 공간의 기원은 그곳에 살았던 수많은 신화공동체의 행적에서부터 시작됩니다. 그들은 국민국가 형성 이전부터 유라시아 전역에서 살았던 수많은 소수민족입니다.

더 중요한 것은 이러한 신화시대를 생태학적 관점에서도 살펴봐야 한다는 사실입니다. 신화공동체는 어떤 의미에서 특정한 '생태공동체'라고도 말할 수 있습니다. 신화시대의 사람들은 어떤 의미에서 숲과 인간이 맺는 관계 속에 존재합니다. 인간과 자연이 하나의 유기체처럼 움직인다고 해야 할까요. 언어도 문화도 조금씩 다른 수많은 종족이 유라시아의 숲과 강에서 살아갈 수 있었던 것은 그 때문입니다.

하지만 근대 이후, 이 지역에 국민국가들이 출현하면서 소수민족들은 특정한 국가의 일원으로 편입되거나 때로는 소멸해갑니다. 중국, 일본, 한반도 남북, 러시아, 또 제가 주목하는 동해를 둘러싼 환동해 지역 등 신화공동체들은 국가에 귀속되고 그들 사이에는 수많은 국경이 만들어집니다. 초원에서 유목과 정주를 반복하며 살아왔던 생태공동체이자 신화공동체들은 싫든 좋든 특정 국가의 '국민'이 되지 않으면 안 되었습니다. 그들의 삶은 근대 역사 속에서 역사 이전의 선사 혹은 근대 이전의 원시로 단정됩니다. 생태공동체로서 유라시아를 점유했던 사람들의 삶과 역사는 이렇게 소실되어버리고 만 것입니다.

녹색 역사는 국민국가에서 소실된 이러한 생태공동체의 역사를 다시 사유함으로써 다른 역사 쓰기를 가능하게 합니다. 저는 신화가 바로 이 '다른 역사' 속으로 우리를 인도해줄 것이라고 기대합니다.

신화와 의례

신화적 사유란 무엇인가

신화적 사유란 무엇을 의미할까요? 수많은 사람이 그러했듯, 저 또한 신화를 이렇게 정의하고자 합니다.

> 신화는 현 인류가 찾고 있는 생태학적 원형을 간직하고 있다. 고대의 수많은 종교 의례는 생명과 공포를 주는 신, 정령, 토템으로 생각을 했으며, 신화는 이러한 생태적 환경 속에서 창조된 것이다.[5]

5 신진숙, 「곰 의례를 통해 본 '야생의 생태철학': 환동해 지역을 중심으로」, 『서강인문논총』 38, 서강대학교 인문과학연구소, 2013, 370쪽.

한 가지 의문이 듭니다. 신화와 인간의 공포가 연결되는 대목입니다. 아마도 어느 시대에나 사물을 이해할 수 있는 지식의 체계가 존재할 것입니다. 하지만 이러한 지식의 체계로도 설명할 수 없는 일들은 언제나 발생하기 마련입니다. 그럴 때 그것은 '사건'이라고 부를 수밖에 없는데, 사건은 그것을 설명할 수 있는 이유와 근거가 존재하지 않기 때문에 사건입니다. 이 때문에 사건은 결국 한 사회의 흐름을 변화시키고 때로는 새로운 방향을 제시하기도 합니다. 그런데 이처럼 기존의 지식체계로는 설명할 수 없는 사건이 발생했을 때, 우리가 느끼는 순수한 반응은 공포가 아닐까요? 알 수 없는 대상에 대해 느끼는 대표적인 감정은 공포일 것입니다. 말하자면 신화시대의 사람들은 자연의 질서 앞에서 공포를 경험했습니다. 그리고 자연의 질서를 이해하고 설명하기 위한 노력을 시도합니다. 신화는 신화시대의 사람들의 바로 이러한 노력 속에서 태동한 것입니다. '알 수 없는 것'을 '알 수 있는 것'으로 변화시키는 과정이라고도 말할 수 있겠습니다. 신화는 인류가 미지의 대상을 해석하려는 과정에서 발생한 것으로, 그 자체로 세계와 인간이 맺은 최초의 관계가 무엇이었는지를 보여줍니다.

이런 이유로 일본의 신화학자 나카자와 신이치中沢新一는 신화적 사유를 인류 최초의 철학이라고 정의합니다. 신화는 단순히 지어낸 허구의 이야기가 아니라, 인류 최초의 지식체계이자 철학이라는 것이지요.[6]

그런데 여기서 신화가 하나의 지식체계라는 것은 신화가 그 시대의 과학이었다는 이야기도 됩니다. 즉, 신화는 인간에게 좋고 이로운 식물과 동물이 있으며 반대로 해를 끼치는 무서운 동물과 식물이 있다는 것을 알려줍니다. 예를 들면, 오호츠크해 주변부에 살았던 종족들의 신화에 고래 신화가 발견됩니다. 아쉽게도 우리나라의 고래 신화는 구전된 자료가 존재

---

6   나카자와 신이치 지음, 김옥희 옮김, 『신화, 인류 최고의 철학』 동아시아, 2002.

하지 않습니다. 고래를 소재로 한 전설은 물론 있습니다. 또 역사학자들은 고래 암각화가 한반도에서도 고래를 신으로 모시는 제의가 존재했으며, 따라서 고래 신화 역시 존재했다는 것을 말해준다고 주장하고 있습니다. 논자에 따라서는 이러한 한반도의 고래 신화가 시베리아 울치족의 고래 신화와 비슷한 이야기 구조를 가졌을 것으로 추정하기도 합니다.[7] 시베리아 울치족[8]의 고래 신화가 어떤 구조를 지니고 있는지 잠깐 살펴보면, 그들의 신화는 고래를 '물의 신'으로 표상합니다. 그런데 이 물의 신이자 바다의 신은 '먼 곳에 사는 물의 정령'과 '가까운 곳에 사는 물의 정령'으로 나뉩니다. 앞의 신은 인간을 보호하고, 뒤의 신은 인간을 위협합니다. 이처럼 물의 정령으로 불리는 고래는 선한 존재와 악한 존재로 나뉩니다.[9] 그런데, 인간에게 두려움과 공포를 주는 이 고래는 실제로는 범고래를 상징한다고 알려져 있습니다. 즉, 신화는 인간을 위협하는 존재와 그렇지 않은 존재를 구분하여 알려주는 것입니다. 그 점에서 신화는 그것을 향유하는 사람들에게 일종의 과학이자 지식체계일 수밖에 없었던 것입니다.

이러한 자연의 질서를 토대로 신화는 자연과 인간, 인간과 인간 사이의 올바른 관계를 규정합니다. 신화가 '야생의 윤리'라는 것은 바로 이러한 맥락에서입니다. 나카자와 신이치는 이렇게 이야기하고 있습니다.

7 이에 대해 조현설은 한반도의 고래 신화가 시베리아 울치족의 고래 신화와 유사할 것이라고 말한다. 조현설, 「내 책상 속의 신화─신화와 그림」, 『문장 웹진』(http://webzine.moonji.com/?p=2314). (2012년 8월 20일 검색)

8 울치족(ульчей)은 아무르강 하류 하바롭스크주 울치 지역에 거주하는 원주민으로 만주-퉁구스족 가운데 만주족에 속하는 민족이다. 공식 명칭은 울치이지만 그들은 스스로를 나니(혹은 나나이, нанай)라고 부른다. 2010년을 기준으로 인구는 약 2천 9백 명 정도다(위키피디아 참조, https://ko.wikipedia.org/wiki/%EC%9A%B8%EC%B9%98%EC%A1%B1). 또 그들은 알타이어족 만주 퉁구스 그룹에 속하는 울치어를 사용한다. 곽진석, 「시베리아 울치족의 신앙과 신화에 대한 연구」, 『한국문학이론과 비평』 24, 한국문학이론과비평학회, 2004, 37~58쪽.

9 신진숙, 「생태적 글쓰기와 신화적 상상력의 상관성 고찰: 환동해 고래 이야기와 생태소설 『꽃피는 고래』를 중심으로」, 『한국근대문학연구』 26, 한국근대문학회, 2012.

'신화의 지향성'은 공간과 시간 속으로 퍼져서 본래의 연관성을 잃어버린 듯이 보이는 것에 대해 상실된 연관성을 회복시키는 것이고, 상호관계의 균형이 심하게 깨진 것에 대해 대칭성을 회복시키고자 노력하는 것이며, 현실 세계에서는 양립이 불가능해진 것에 대해 공생의 가능성을 논리적으로 찾아내고자 하는 것입니다.[10]

그는 신화를 하나의 지향성으로 설명합니다. 신화는 시공간적 연속성을 잃고 무질서해 보이는 것들을 이야기 안으로 끌어들여 연속적이고 일관된 질서를 부여합니다. 인간과 자연 사이의 상호 관계에서 균형이 심하게 깨진 현실을 원래의 관계성으로 되돌려놓으려는 욕망을 담고 있습니다. 인간은 자연으로부터 먹이를 섭취해야 하지만, 자연과 자연현상은 때로 인간의 생명을 위협할 수 있습니다. 그럴 때, 인간과 자연은 서로 양립이 불가능해 보입니다. 그러나 자연이 인간의 생명의 토대라는 사실은 달라지지 않습니다. 따라서 자연에 대한 인간의 감정은 이중적일 수밖에 없습니다. 신화는 이러한 양립 불가능해 보이는 것들이 공생하는 세계를 그리고자 합니다. 신화를 생태 윤리의 원형이라고 부를 수 있는 이유도 바로 여기에 있습니다.

그러나 신화를 추상적이거나 관념적인 규율로 단정해서는 안 됩니다. 신화는 그 자체로 인간의 감각적 경험을 바탕으로 구현된 리얼리즘에 기초합니다. 감각적 사실성을 기반으로 한다는 것이죠. 이는 인류가 자연을 경험했던 구체적인 사실들에 신화가 기반을 두고 있다는 말이 될 것입니다. 그렇지만 동시에 신화는 허구의 상상을 통해 자연과 인간의 관계를 설명합니다. 인간은 자연이면서 자연이 아니기도 한, 불일이불이不一而不二라

---

10   나카자와 신이치, 앞의 책, 30쪽.

는 경계의 혼종성에서 자연과 인간의 대칭관계를 상상합니다. 허구의 이야기로 짜인 신화는, 인간과 자연의 관계를 상징적으로 표현합니다. 신화가 예술로서 인식되어야 하는 이유입니다. 또 신화 속에 인간이면서 동물인 반인반수半人半獸의 존재들이 그토록 많이 존재하는 배경입니다.

곰 사냥을 예로 들어보겠습니다. 가령 사냥한 곰을 죽이는 것은 자연과 인간 사이의 대칭관계가 한순간 무너지는 '사건'입니다. 곰 신화는 이처럼 일시적으로 무너진 인간과 자연 사이의 대칭관계를 회복하려는 목적을 가지고 있습니다. 이때 자연스럽게 '곰'은 자연과 인간을 매개해주는 존재입니다. 신화시대 사람들은 곰을 중요한 '먹이'인 동시에 자연의 '정령'으로 인식했습니다. 따라서 곰을 죽인 후에는 극진한 예의를 차려 곰의 영혼을 숲으로 돌려보냅니다. 곰은 숲으로 돌아가 자신을 죽인 인간들이 얼마나 정중한 예를 다하여 자신을 숲으로 돌려보냈는지를 말합니다. 이 이야기를 듣고 곰 신, 즉 숲의 신이 인간에게 계속해서 더 많은 곰을 보내주기로 결정합니다. 인간과 자연 사이에서 곰은 말하자면 중재자 역할을 하는 것입니다. 이러한 과정을 통해 자연과 인간의 관계는 상징적으로나마 다시 원래의 대칭성을 회복합니다. 사람들은 이러한 신화를 바탕으로 중요한 제의를 치렀습니다. 곰 의례와 곰 신화는 그 자체로 곰의 증식을 기원하는 인간들의 소망이 담긴 것이라고 할 수 있습니다.

신화 속에는 인간과 자연 사이의 오고 감이 자연스럽게 그려지곤 하는데, 모두 이러한 신화적 지향성에서 기인한다고 할 수 있습니다. 기실 신화 속에는 '곰-인간', '고래-인간'처럼 인간이기도 하고 동물이기도 한 존재에 대한 상상이 많이 나타납니다. 반半 인간 혹은 반半 동물 혹은 인간 동물, 인간이었다가 동물이었다가 하는 유동적 존재들이 비일비재합니다. '곰-되기', '고래-되기' 등은 인간과 자연 사이의 경계가 확정적인 것이 아니라 서로 오갈 수 있는 가변적인 경계임을 보여줍니다. 이러한 곰과 인간 사이의 가변성을 살펴볼 수 있는 예가 아직 남아 있습니다. 사진은 프랑스에서 열리는 곰 페스티벌에서 곰 옷을 입은 사람의 모습입니다. 실제로 한반도 북방 지역의 샤먼들은 곰 옷을 걸치고 제의를 진행했다고도 알려져 있습니다. 즉, 고래가 인간이 되고 곰이 인간이 되는 이러한 가변성은

그림 1
프랑스 '곰 축제'의 곰
© https://anglophone
-direct.com/event/
bear-festival-arles-
sur-tech/

신화 속에서는 놀라운 일이 아닙니다. 하지만 분명한 것은 그 또한 자연과 인간의 대칭적 관계 속에서만 가능한 일이라는 것입니다.

곰 신화의 예를 하나 들어보겠습니다.

아무르강 유역의 울치족에 전해 내려오는 신화 중에 이런 내용이 있습니다. 두 명의 형제와 한 명의 누이동생이 살고 있었는데, '숲의 사람'이 누이를 부르는 소리를 듣습니다. 이때 '숲의 사람'은 곰입니다. 곰 신이 누이를 불러서, 누이가 숲으로 가서 숲의 사람과 함께 살면서 새끼 곰을 낳는다는 이야기입니다.[11] 여기서 인간과 자연의 경계는 가변적입니다. 인간이 자연으로, 자연이 인간으로 변형됩니다. 그런데 이렇게 서로 오갈 수 있으려면, 곰과 인간이 수평적 관계에 놓여 있어야 할 것입니다. 다시 말해, 인간과 곰의 관계가 비대칭적 상태라면 이러한 변신과 상호 왕래는 불가능합니다. 곰과 인간은 동질적이면서 동시에 수평적인 관계로 존재해야 하는 것입니다.

또 울치족의 이 신화에는 "모든 규범을 준수하면서 거행된 곰 축제를 보고 난 후, 곰이 불쾌했던 마음을 풀고 '숲의 정령'에게 되돌아가 사람들에 대해 호의적으로 말해준다"라는 내용이 들어 있습니다. 우리는 이 부분에

---

11   곽진석, 『시베리아 만주 퉁구스족 신화』, 제이앤씨, 2009, 92쪽.

서 곰 의례의 기원을 엿볼 수 있습니다. 곰의 영혼을 숲으로 돌려보내는 곰 의례를 왜 하는지에 대해 설명되고 있습니다. 따라서 곰 의례는 많은 금기와 규칙이 엄격하게 준수되어야 하는 것이 일반적입니다. 물론 지금 북방 지역에 잔존하는 곰 사냥 의례들은 매우 간략하게 진행되거나 소멸되고 있기는 합니다. 어쨌든 원칙적으로 의례의 규범을 잘 준수하면서 죽은 곰을 정중하고 예의 바르게 모시는 이러한 행위는, 사냥으로 인해 일시적으로 깨진 곰과 인간 사이의 대칭성을 회복하고자 하는 데 목적이 있습니다. 사람들은 이런 의례를 받은 곰이 자신을 죽인 인간에 대한 원한의 감정을 풀고 '숲의 정령'에게 돌아가 인간에 대해 호의적으로 말해줄 것을 기대합니다. 인간 세계에서 융숭한 대접을 받고 돌아온 곰이 더 많은 곰들을 인간에게 보낼 수 있도록 설득해달라는 주술적 의미가 담겨 있습니다.

이처럼 신화적 상상력은 양립 불가능해 보이는 두 세계, 즉 자연과 인간을 다시 연결합니다. 인간은 곰의 공격을 받아 죽을 수도 있습니다. 소중한 먹이이자 동시에 공포의 대상이기도 한 곰을 숭배하는 것은 언뜻 보기에는 모순적입니다. 하지만 신화에서는 인간을 곰의 자손이라고 말하곤 합니다. 곰 신화 중에는 곰에게 죽은 가족들이 곰 신의 나라로 돌아갔을 것이라는 이야기도 있습니다. 곰과 인간이 양립할 수 없는 관계인데도, 그 둘을 관계있는 존재로 상상합니다. 신화시대의 사람들에게 인간과 자연의 관계는 서로 구분되지만 분리할 수 없는 대칭성, 가변성, 유동성을 지니고 있었던 것입니다. 이러한 관계를 학자들은 안팎을 구분할 수 없는 클라인병 Klein bottle이나 어느 하나의 매듭을 자르면 모든 매듭이 존재할 수 없는 보로메오 매듭Borromean knot에 비유하곤 합니다.[12]

12　하나나 둘을 놓고 볼 때에는 서로 분리되어 있지만, 셋을 놓고 보면 하나의 고리처럼 통일성을 갖고서 전체를 이루는 3항의 관계를 이르는 용어. 예를 들어 라캉은 '실재계-상징계-상상계' 3항의 질서가 서로 의존하고 있음을 보여주기 위해 이 매듭 그림을 구상했다.

신화시대의 사람들은 인간의 조상이 곰이라는 이러한 상상을 통해 곰과 인간의 공생의 길을 선택합니다.

의례의 증여 원리

우리는 앞서 신화를 통해 신화시대 사람들의 인식을 엿보았습니다. 한편, 그 당시의 의례를 통해서는 신화시대의 사회시스템을 들여다볼 수 있습니다. 신화와 관련된 의례에 대해 많은 기록이 존재하지만, 실제로 거행되는 예는 거의 없습니다. 그러한 한계에도 불구하고 문화복합으로서 곰 신화 의례의 원리를 살펴볼 필요가 있습니다. 우선 저는 「곰 의례를 통해 본 '야생의 생태철학': 환동해 지역을 중심으로」라는 논문에서, 환동해 지역의 신화를 중심으로 야생의 생태학적 중요성을 고찰했습니다. 그리고 이를 입증하기 위해 '증여'라는 개념으로 신화와 의례의 관계를 파악하는 논의를 전개했습니다. 이번 강의는 바로 이 논문을 토대로 합니다. 제가 정리했던 증여의 이론을 다시 살펴보겠습니다.[13]

신화 원리에서 설명했듯, 고대 사회시스템 속에서는 자연이 인간에게 증여하고, 인간은 자연에게 답례하는 관계가 상상적으로 구성됩니다. 그런데 이러한 자연과 인간의 관계는 인간과 인간 사이에서도 동일하게 성립합니다. 즉 자연과 인간, 그리고 인간과 인간 사이에는 서로 주고, 받고, 다시 되돌려주는 상호호혜적인 호수互受 관계가 형성됩니다. 의례는 바로 이러한 원리를 현실적으로 실현하는 과정입니다. 이는 신화시대의 사람들이 자연과 맺었던 호수 관계가 임의적인 것이 아니라 윤리적·사회적 의무로서 사회 전체에 부과되었던 것임을 보여줍니다. 이때 증여와 답례의

---

[13] 신진숙, 「곰 의례를 통해 본 '야생의 생태철학': 환동해 지역을 중심으로」, 『서강인문논총』 38, 서강대학교 인문과학연구소, 2013. 여기서는 일일이 그 인용 부분을 밝히지 않는다.

원리는 "do ut des(돌려받기 위해 바친다)"라는 사회적 계약으로 요약할 수 있습니다.[14] 그것은 증여의 형식이 종교적 의미만이 아니라 경제적 교환형식이자 윤리적 공준公準을 의미하는 것임을 말해줍니다. 이 때문에 마르셀 모스는 증여를 "총체적인 사회적 사실"이라고 설명한 바 있습니다.

모스는 『증여론』(1924)에서 증답贈答 경제를 논하면서 아메리카의 포틀래치potlatch, 남태평양의 쿨라 kula 등을 사례로 듭니다. 그는 자본주의로 설명할 수 없는 소규모 사회의 경제 원리를, 선물을 '주고 – 받고 – 돌려주는' 증여–교환 원리로 설명합니다. 또한 증답 경제를 자본주의 이전 소규모 사회시스템의 질서 전체를 대변하는 것으로 설명합니다. 하지만 그는 증답의 원리를 단지 경제 문제에 국한해서 생각하지 않습니다. 모스는 근대 이전 사회시스템의 교환 원리였던 '증여贈與 – 수증受贈 – 답례答禮'의 과정을 경제를 넘어선 사회 전체에 적용할 수 있는 '전체적인 급부 체계'였다고 설명합니다.[15] 증여를 사회의 인식 · 관계 · 윤리 · 경제 · 정치, 그 모든 것을 아우르는 개념으로 인식해야 한다는 것이 그의 생각입니다. 이러한 발견이 갖는 의미는 무엇일까요? 모스가 발견한 증답 경제란 신화 속에서 생태적 대안을 찾는 오늘 우리의 시도들과 어떤 연관성을 지닐까요?

이러한 물음에 답하기 전에, 우선 좀 더 구체적으로 모스의 증여론을 살펴볼 필요가 있습니다.

모스에 의하면, 증답 경제는 현대 세계의 지배 논리인 이윤 추구와 효용의 극대화와 정면으로 대립하는 것으로 간주됩니다. 여기에서 중요한 것은 증여할 의무, 받을 의무, 그리고 답례해야 하는 의무라는 세 가지 의무가 부과된다는 사실입니다. 한편 증여를 통해 교환될 수 있는 것은 '유용한

14 캐서린 벨 지음, 류성민 옮김, 『의례의 이해: 의례를 보는 관점들과 의례의 차원들』, 한신대학교 출판부, 2007, 347쪽.
15 마르셀 모스 지음, 이상률 옮김, 『증여론』, 한길사, 2002, 31쪽.

것'뿐이 아니었습니다. 재화, 주, 동산·부동산뿐만 아니라 예의, 향연, 의식, 군사력, 여자, 어린이, 춤, 축제 등과 같은 것들도 증여될 수 있습니다. 그런데 이러한 증답 원리를 통해 발생하는 진정한 이익이란 영속적인 사회관계라는 점에 주목할 필요가 있습니다. 가령 그것은 모스가 관찰한 바와 같이 증여에 대한 답례가 즉각적일 필요가 없다는 데서 그 실마리를 찾아볼 수 있습니다. 사실 이처럼 답례를 시간적으로 지연시키는 것은 관계의 영속을 위해 주어진 조건으로, 이것은 우리가 잘 알고 있는 현대적 의미의 신용 체계와 비슷하다고 할 수 있습니다. 여기서 강조할 것은, 모스가 물건의 이전移轉에 따라 만들어지는 법적 유대에 주목한다는 점입니다. 그는 자신의 논리적 근거로 증여와 수증, 급부와 분배가 무상無償인 것처럼 보이지만 실제로는 강제적인 의무라는 점을 제시합니다.

　모스는 이와 같은 증여가 성립될 수 있는 토대를 '하우hau'라고 부릅니다. 하우란 증여되는 물건 속에 포함되는 증여자의 영적인 차원을 의미합니다. 모스는 증여물에는 증여자의 영혼이 담겨 있으며, 이는 원래의 주인에게로 돌아가려고 하는 신비한 속성, 즉 하우를 지니고 있다고 설명합니다. 하우의 영적 능력을 통해 관계가 강화되거나 깨지기도 합니다. 학자에 따라서는 이를 일종의 총체적인 관계 자본과 같다고도 말합니다.[16] 따라서 어떤 사회, 어떤 시대에도 무사무욕無私無慾의 교환이란 없음을 다시 확인할 수 있습니다. 원주민의 포틀래치에서 보듯, 호혜적인 증여 체계가 본질적으로 경쟁과 적대의 원리이기도 하다는 점 또한 그의 논의를 뒷받침한다고 할 수 있습니다.[17]

16　이재혁, 「선물의 hau: 증답 경제의 정치 경제학과 관계 자본」, 『한국사회학』 45(1), 한국사회학회, 2011, 50쪽. 이재혁은 이러한 선물을 부르디외의 상징 자본과 연관된 관계 자본으로 해석하고 선물의 관계 자본이란 주고-받고-답례함으로써 형성되는 것이 자본 자체가 아니라 '관계'를 공고히 하는 것임을 의미한다고 주장한다.

17　모리스 고들리에 지음, 오창현 옮김, 『증여의 수수께끼』, 문학동네, 2011.

이렇게 볼 때, 증여는 순수한 선물이자 적대적이고 경쟁적인 교환의 원리라는 이중성을 지닌다는 사실이 밝혀집니다. 사회학자 부르디외P. Bourdieu는 현대 세계에서도 사심 없는 선물이란 존재하지 않는다고 말한 바 있습니다.[18]

저는 이번 강좌를 통해 이러한 모스의 증여 이론을 생태철학적 관점에서 재해석하고자 합니다. 증여 원리에서 중요한 것은 증여될 수 없는 '신성한 것', 즉 하우가 존재하며, 이것이 증여의 순환을 부추기는 동력이라는 사실이었습니다. 그런데 생태학적 관점에서 본다면 증여할 수 없는 이 '신성한 것'이란 고대인에게 '자연', 즉 '숲의 하우'를 의미한다고 볼 수 있습니다. 그것은 인간과 인간 사이의 증여 관계가 '자연'의 순수 증여에 대한 고대인의 해석과 분리될 수 없기 때문입니다. 자연은 인간에게 순수한 증여를 수행하는 존재이며, 인간은 이러한 자연의 증여를 모방함으로써 자연과 인간의 관계는 물론 인간과 인간의 관계를 규정하고자 했습니다. 고대인들이 소세계 시스템 속에서 그들만의 고유한 인간관계와 윤리를 형성할 수 있었던 데는 이러한 자연의 순수 증여라는 개념이 숨겨져 있음을 알 수 있습니다. 한편 논자들은 이러한 논의의 연장선상에서 증여의 윤리적 가능성을 고찰하기도 합니다.[19]

나카자와 신이치는 저서 『사랑과 경제의 로고스』에서 고대 사회시스템을 움직였던 호수互酬 원리를 그림으로 설명합니다(그림 2). 그는 인간과 자연 사이의 관계를 순수 증여와 증여로, 그리고 인간과 인간 사이의 관계를 증여와 교환으로 설명합니다. 그리고 순수 증여, 증여, 교환이 연결된 세 고리로 만들어진 보로메오 매듭으로 고대 사회시스템 속 증답 경제의 원

---

18 박정호, 「부르디외의 증여 해석」, 『경제와 사회』 94, 비판사회학회, 2012, 216쪽. 박정호는 선물에는 그것을 증여함으로써 이익을 기대하는 부정적 측면이 강하게 포함되어 있음을 논의한다.

19 성례, 「증여론과 증여의 윤리」, 『비교문화연구』 11(1), 서울대학교 비교문화연구소, 2005, 180쪽.

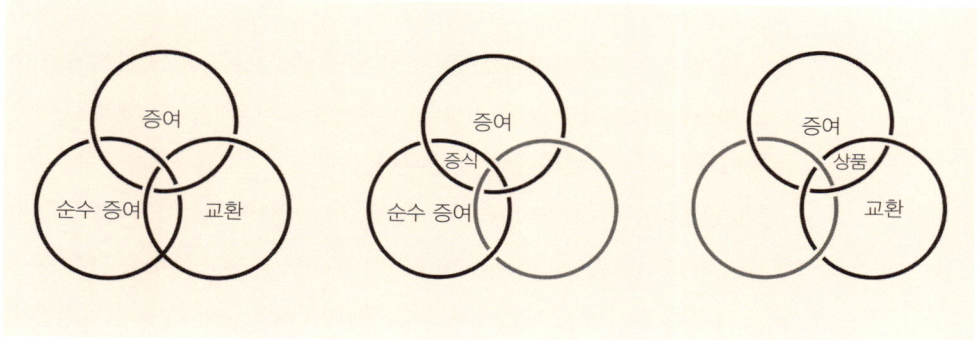

그림 2
나카자와 신이치가 제시한 자연과 인간 사이에 형성된 증답 경제

리를 설명하고 있습니다.

나카자와 신이치는 자연이 인간에게 주는 증여를 '순수 증여'라고 이야기합니다. 그것은 어떤 보답도 바라지 않는, 그야말로 순수한 증여 그 자체이며, 무한합니다. 신화시대의 인간에게 숲은 바로 이러한 순수 증여를 구현하는 존재라고 할 수 있습니다. 숲의 형상은 여러 가지입니다. 때로는 물이 되기도 하고, 때로는 곰의 형상으로도 나타납니다. 인간은 이러한 숲을 향해 그것에 대한 답례로서 '의례'를 증여합니다. 이러한 증여를 통해 자연은, 앞서 이야기한 것처럼 인간에게 더 많은 선물을 주려고 할 것입니다. 인간의 바람대로 자연의 증식이 이루어집니다. 무차별적이고 파괴적인 자연의 착취가 아니라, 자연을 존중하고 자연의 선물인 식량에 대해 의례로써 보답하는 과정을 통해 자연과 인간 사이의 순환이 일어납니다. 그림에서 두 번째 매듭이 바로 이를 표시한 것입니다.

그리고 이러한 순수 증여자로서의 자연을 토대로, 인간과 인간 사이에도 새로운 증답의 원리가 구성됩니다. 하지만 이번에는 자연의 거대한 순수 증여와 같은 무한한 증여는 불가능합니다. 비슷하지만 다른 원리가 작동합니다. 인간 역시 증여자로서 인간 사회에 참여합니다. 하지만 그것은 교환의 원리라는 형식을 통해서 구현됩니다. 상품을 다른 사람에게 증여하면 그것을 받은 사람은 그에 상응하는 다른 상품을 돌려줍니다. 그림의 세 번째 매듭에 주목해주세요. 이런 방식으로 물건은 사람들 사이에서 순환을 시작합니다. 이것은 앞서 말했던 마르셀 모스의 하우 개념과도 비슷한 맥락에서 이해하면 좋을 것 같습니다.

중요한 것은 이러한 교환이 가능한 것은 순수 증여자로서의 존재, 즉 자연이 있기 때문이라는 점입니다. 이 전체의 순환 속에 존재하는 가장 강력하고 거대한 증여자는 자연이며, 여기에서 비로소 숲의 하우가 발견됩니다. 인간에게 증여의 의무, 즉 의례의 의무가 발생하는 것도 바로 그 때문입니다. 인간과 자연의 조화를 위해서, 그리고 전체 사회시스템에서 상품의 순환(교환)을 위해서 증여로서의 의례가 얼마나 큰 비중을 차지하는지 알 수 있을 것입니다. 좀 더 구체적인 이야기는 아이누의 곰 신화와 의례를 살펴보면서 이야기 나누면 좋을 것 같습니다.

아이누 민족의 곰 신화와 의례

아이누의 곰 신화

아이누 사람들은 현재 일본의 홋카이도와 러시아의 사할린에 살고 있습니다. 근대에 들어서면서 아이누 민족 고유의 사회는 급격히 해체됩니다. 근대 국민국가의 영역 안으로 흡수되면서 이들 사회는 일본화되거나 러시아화됩니다. 당시 수많은 소수민족의 운명이 그러했습니다. 국가 개념이 존재하지 않던 이들 소수민족은 매우 인위적이고 폭력적인 방식으로 근대적 국민으로 편입되었던 것이죠. 아이누 민족도 그러한 운명에서 자유롭지 못했습니다. 이들은 같은 민족임에도 러시아와 일본 어디에 살고 있는가에 따라 각기 다른 국적이 부여됐습니다. 사할린에 살던 아이누족은 러

시아인이, 홋카이도에 살던 아이누족은 일본인이
됐습니다. 이러한 현상은 러시아와 중국의 접경지
인 아무르강 유역에서도 발생했습니다. 이제 많은
사람들은 이들의 역사에 대해 큰 관심을 기울이지
않습니다.

그림 3
아이누 남성(1880년)

그런데 우리가 이들 삶에 주목하는 것은, 이들의
신화가 오늘날 우리에게 던져주는 메시지 때문입니
다. 자연과 인간의 관계에 대한 아이누의 인식은 지
금 우리가 살고 있는 지구의 반反생태적이고 반反생
명적인 삶의 체제를 반성하도록 합니다. 아마도 현
인류에게 주어진 시급한 과제 중 하나는 과도한 인간 중심주의에서 비롯
된 생태시스템의 교란일 것입니다. 우리는 붕괴되어가는 자연 질서를 어
떻게 회복시킬 것인가 하는 시대적 과제와 함께 살고 있습니다. 저는 그 과
제 해결의 첫발이, 인류의 원형적 삶으로 되돌아가 인간과 자연이 맺었던
조화를 다시 생각해보는 것에 있다고 여깁니다. 인간 중심이 아닌 생태 중
심의 생태적 이성과 감수성을 회복하는 것은 다른 과학적 해결 방안을 모
색하는 것 못지않게 중요합니다. 그래서 다른 많은 신화들과 함께 아이누
민족의 신화와 의례를 통해서도 우리는 인간과 자연이 공생했던 야생의
윤리를 오늘의 관점에서 재해석해볼 수 있습니다.

전통적으로 아이누 민족에게는 수많은 자연신이 존재합니다. 여우, 늑
대, 사슴, 곰, 올빼미, 고래, 물 등 자연의 신들은 인간의 삶과 분리될 수 없
습니다. 오늘은 그중 곰 신화를 중점적으로 살펴볼 예정입니다. 곰이 아이
누뿐만 아니라 유라시아, 혹은 환동해 지역에서 대표적인 자연신으로 등
장하기 때문입니다. 이번 강의에서 살펴볼 일반적인 곰 신화와 아이누의
곰 신화는 앞으로 이야기할 곰 의례, 즉 곰 제祭를 이해하는 데 중요한 의미

를 지닙니다.

구두口頭 사회에서 신화와 의례는 문화적인 태도를 고양하고 강화하며 집대성하는 기능을 한다고 알려져 있습니다.[20] 곰 신화의 내용은 곰 의례의 의미와 규범을 설명하는 경우가 많습니다. 자연과 인간 사이의 질서를 조화롭게 유지시키려는 신화시대 사람들의 생각이 그대로 담겨 있습니다. 그리고 곰 신화에서 '곰'은 바로 이러한 인간과 자연을 연결하고 이어주는 매개자로 기능합니다.[21] 많은 신화에서 이와 같은 매개자로서의 곰의 모습이 '곰-인간'이라는 독특한 형상으로 상상되는 것은 이 때문입니다. 우리가 잘 알고 있는 〈단군 신화〉 속 웅녀도 이러한 '곰-인간'의 형상입니다. 아이누 신화를 예로 들기 전에, 앞서 잠깐 언급했던 울치족의 곰 신화 한 편을 먼저 살펴보시죠.

두 명의 형제와 한 명의 누이동생이 함께 살고 있었는데, 누이동생이 꿈속에서 '숲의 사람'이 자신을 부르는 소리를 듣는다. 그리하여 그녀는 '숲의 사람'에게로 간다. 그녀는 '숲의 사람'과 함께 살면서 아이(새끼 곰)를 낳는다. 어느 날 '숲의 사람'이 먹을 것을 구하기 위해 숲으로 갔을 때, 두 형제는 곰의 굴로 가서 자신들의 누이동생(암곰)을 찔러 죽이고 새끼 곰을 데리고 돌아와 길렀다. 그 후 죽은 곰은 '숲의 정령'에게 돌아가 사람들이 금기를 지키지 않은 것에 대해 불쾌하게 생각한다고 말한다. 그러나 모든 규범을 준수하면서 거행된 곰 축제를 보고 난 후 불쾌했던 마음을 풀고 '숲의 정령'에게 되돌아가 사람들에 대해 호의적으로 말해준다.[22]

---

20 캐서린 벨 지음, 류성민 옮김, 『의례의 이해: 의례를 보는 관점들과 의례의 차원들』, 한신대학교 출판부, 2007, 394쪽.

21 나카자와 신이치 지음, 김옥희 옮김, 『곰에서 왕으로: 국가 그리고 야만의 탄생』, 동아시아, 2003, 100쪽.

22 곽진석, 『시베리아 만주퉁구스족 신화』, 제이앤씨, 2009, 92~106쪽. 「숲의 사람」에게로 가는 길」 요약.

아이누 신화를 비롯한 곰 신화에서 알 수 있는 것은, 우선 곰과 인간의 관계가 유동적인 것으로 표현된다는 사실입니다. 곰으로 표상되는 자연과 인간 사이의 경계는 결코 확정적이지 않고 분리될 수 없으며, 서로 오갈 수 있는 가변적 경계입니다. 울치족 신화를 보면 곰과 누이는 동일한 존재로 표현됩니다. 누이는 곰의 모습으로도, 인간의 모습으로도 변할 수 있습니다. 인간이면서 동시에 곰이기도 한 이중적 존재로, 인간과 곰 '사이'에 존재하는 양의적 존재인 것입니다. 이러한 '곰-인간'에게는 특별한 감응력이 존재합니다. 예를 들어 울치족 신화에서 누이는 숲의 목소리를 듣습니다. 이러한 감응력 덕분에 그녀는 곰과 인간의 경계를 뛰어넘거나 곰과 육체적으로 결합할 수도 있습니다. 누이가 지닌 이러한 양의성이 곰과 인간 사이를 중재하는 특별한 자질로 인식될 수 있습니다. 누이와 새끼 곰(인간과 곰 사이에서 태어난)은 인간과 곰의 말을 모두 알아듣는 특별한 능력을 지녔습니다.

이것은 무엇을 의미하는 것일까요? 아마도 이중적 의미에서 이해가 가능합니다. 곰은 인간의 '식량'이면서 '신'이라는 이중성을 지닙니다. 마찬가지로 인간은 곰의 아내이자 친족이며 형제로 상상되고 동시에 곰을 죽이는 사냥꾼입니다. 곰을 죽음으로 인도하는 것은 역설적으로 곰을 가장 잘 아는 특별한 인간에 의해서입니다. 곰을 가장 잘 이해하는 이 능력 때문에 인간은 곰을 사냥할 수 있습니다. 따라서 곰과 인간의 관계는 양면적입니다. 인간은 곰을 사냥하고 동시에 숭배합니다. 곰과 인간의 만남에는 잔혹함과 우애가 함께하고, 현실성과 신비가 교차합니다.

이러한 맥락 때문으로 생각되는데, 사람들은 인간에게 죽임을 당한 곰이 고향으로 돌아가 인간 사회를 좋게 얘기하도록 영혼을 달래주는 제사를 지냅니다. 신화에는 이 내용이 규범으로 제시되어 있습니다. 울치족의 신화에서 죽은 곰이 "모든 규범을 준수하면서 거행된 곰 축제"를 보고 난 후 불쾌했던 마음이 풀리고, 숲의 정령에게 돌아가 사람들에 대해 호의적으로 이야기하는 대목을 눈여겨볼 필요가 있습니다. 곰 의례가 어떤 의미를 지니는지 알 수 있는 것입니다. 이러한 내용은 아이누의 신화에서도 발견됩니다. 곰은 인간 세상에서 극진한 예우를 받았는지 어땠는지, 곰 신의 나라로 돌아와 그 체험담을 들려줍니다. 이는 곰들이 인간과 숲 사이의 갈등을 중재하고 조정하는 역할을 수행하는 것으로 해석할 수 있습니다.

수많은 소수민족과 마찬가지로 아이누 민족에게도 문자가 없었습니다. 이야기나 전설, 체험담이나 인생의 교훈 등 모든 것이 구승口承, 즉 입에서 입으로 전해졌습니다. 이렇게 구승된 아이누 민족의 신화는 크게 세 가지로 나뉩니다.[23] 우선, 영웅서사시 '유카르'가 있습니다. 지역에 따라서 야이에랍, 사코르페, 하우라고 일컬어집니다. 사할린에서는 하우키라고도 말합니다. 주인공은 고아 소년인데, 포이야운페, 폰시누탑카운쿨, 폰오타심웅쿨, 야이레스포 등 지역에 따라 여러 이름으로 불립니다. 이 소년의 모험담을 이로리囲炉裏(화덕)에 둘러앉아 이로리 가장자리를 막대기로 두드리며 밤새도록 읊었습니다.

이렇듯 인간을 주인공으로 하는 이야기와 달리, 인간의 모습을 한 신을 중심으로 전개되는 이야기도 있습니다. 말하자면 창세 신에 관한 서사시입니다. 아에오이나 카무이, 아이누-락-쿠르, 오키쿠루미 등의 이름을 가진 신이 천계로부터 인간 세계로 강림하여 인간들과 다양한 드라마를 펼쳐나가는 이야기로 구성되어 있습니다. 이 서사시를 이부리 지방과 히다카 지방에서는 '오이나'라고 부릅니다.

반면, 동물들같이 자연신을 주인공으로 한 노래가 '카무이 유카르'입니

---

23 아이누민족박물관, 『아이누의 역사와 문화』, 아이누민족박물관, 1996. 3강 참고.

다. 여기서 '카무이'는 '신'을 가리키는 아이누어입니다. '유카르' 자체는 '신 자신의 이야기'를 뜻합니다. 동물 신의 체험담을 교훈을 섞어가며 '사케헤sakehe'라는 반복 문구를 한 단락마다 넣으면서 노래합니다.[24] 그런데 아이누의 신화는 다른 신화와 달리 특이한 형식을 지니는데, 바로 모두 일인칭으로 구술된다는 점입니다. 이에 대해서는 의례와 신화의 연결성을 살펴보면서 함께 이야기하겠습니다.

우리가 다루고자 하는 아이누 민족의 곰 신화는 자연신을 대상으로 한 서사시인 '카무이 유카르'에 속합니다. 카무이 유카르는 본래 목적이 제의(곰 제) 구현에 있다고 알려져 있습니다. 따라서 아이누의 곰 신화는 곰 제, 즉 이오만테에서 불렸으리라고 추측이 가능합니다. 즉, 이오만테는 곰 신 kimun kamuy의 서사시를 부르는 특별한 제의라고 할 수 있죠. 실제로 곰 신의 서사시를 보면 곰 의례에 관한 이야기가 구술되어 있습니다.

이제 곰 신의 이야기를 전하는, 홋카이도 지역에 구승되는 카무이 유카르 한 편을 살펴볼 텐데요, 한국에는 〈산악을 다스리는 곰 신이 부른 노래〉로 소개되어 있습니다.[25] 여기서도 곰 신이 자신의 체험담을 들려주는 형식으로, 즉 일인칭 주체인 '나'의 시점에서 구술됩니다. 오늘은 이 곰 신의 노래 중 곰 의례와 관련된 부분을 함께 보겠습니다.[26] 이 신화는 곰 신이 잠시 지하 신을 방문하러 간 후, 아내와 아기 곰이 사라진 것을 곰 신이 알고 분노하여 인간의 마을로 내려오면서 발생하는 이야기를 구술합니다. 인간들은 곰을 사냥해 고기와 모피를 얻는 대신, 곰의 영혼을 달래주고 숲으로 돌려보내는 의례를 거행합니다. 바로 이 의례에 관한 대목을 소개합니다.

---

24 김헌선, 「동북아시아 곰 신화 비교와 곰 의례 연구」, 『한국의 민속과 문화』 10, 경희대학교 민속학연구소, 2005.

25 김헌선, 위의 논문, 216~228쪽.

26 Donald L. Philippi, *Songs of gods, Songs of Humans—The Epic Tradition of the Ainu*, Princeton University Press, 1979, pp. 115-132.

그런 후에,
나는 안으로 들어가
신성한 창 아래에
앉혀졌다.
내 아내는
나보다 먼저
벌써 거기에 있었다.

그런 다음
젊은 남자들의 무리
젊은 여자들의 무리가
함께 모여들었다.
경단을 만드는 이들은
이쪽저쪽으로
뛰어다녔다.
이나우를 깎는 사람들은
모두 함께 이쪽으로 저쪽으로
자신의 칼을 부지런히 놀리고 있었다.
지금까지
이나우를 계속해서 만들었다.
이제 시간이 되었다,
내가 돌려보내져야 할.

나는 받았다.

이나우 한 묶음과

경단 한 광주리를.

그리고 바깥으로 나갔다.

그런 후에 나는

나의 집으로

돌아올 때까지

나의 길을 갔다.

나는 (집) 안으로 들어갔다.

내가 도착하기 전에

경단 한 광주리와

이나우 한 묶음이

창문을 통해

들여져 있었다.

난로의 상석에는

수많은 경단과

수많은 이나우로

가득 차 있었다.

　지금 소개한 대목에는 없지만, 존엄한 신께서 왜 그렇게 화를 내는지 의심하며 속삭이는 사람들의 소리를 곰 신이 듣는 장면이 있습니다. 신이라면 당연히 자비로워야 하거늘 분노하는 것이 이상하다는 소리를 듣게 된 곰 신은 조용히 사람들이 자신에게 올리는 의례를 받아들입니다. 소개된 부분에는 곰 제에 사용되는 이나우-inau(신에게 바치는 나무 장식)와 젯밥으로 쓰일 경단을 만드는 사람들의 모습이 그려집니다. 죽은 곰 신은 자신에게 사람들이 정성 들여 의례를 올리는 모습을 바라봅니다. 그 의례 덕분에

그림 4
이나우(아이누족이 신
에게 바치는 나무 장
식)

곰 신은 무사히 집으로 돌아오고, 집에도 젯밥과 이나우가 한가득 차려져 있는 것을 봅니다. 얼마 후, 아내와 자식도 집으로 되돌아옵니다. 마찬가지로 인간들로부터 융숭하고 정성 어린 제를 받고서 말입니다. 아내는 돌아와 곰 신에게 자신이 인간들이 사는 마을에서 돌아올 때까지 왜 기다리지 않았느냐며, 우리가 인간들로부터 술과 경단을 받고 훌륭한 만찬을 제공받았으니 그들을 처벌하지 말아달라고 당부합니다. 곰 신은 가까이 있는 신과 멀리 있는 신들을 불러서는 인간들이 한 일을 전하고 자신이 겪은 이야기를 전해줍니다.

이처럼 이오만테, 즉 곰 의례는 곰 신화를 통해 분명한 의미를 부여받습니다. 곰 신은 인간에게 고기를 주고, 인간은 곰에게 제사를 지냅니다. 이로써 인간과 곰 사이에 평화로운 관계가 형성됩니다. 곰을 죽임으로써 곰과 인간 사이의 평화로운 경계가 깨질 수 있고, 인간과 자연의 관계가 비대칭으로 변합니다. 하지만 아이누의 곰 신화에서 알 수 있듯이, 의례는 일시적으로 발생한 곰과 인간 사이의 불화를 없애줍니다. 곰의 분노를 잠재우고 죽은 곰의 영혼을 곰 신의 나라로 돌려보내는 의식을 통해 곰과 인간 사이의 평화가 회복됩니다. 자연과 인간 사이에 형성됐던 일시적인 비대칭적 관계들이 해소되고 본래의 대칭적 관계로 되돌아오는 것이죠.

이처럼 곰 신화 속에는 자연과 인간 사이의 대칭성이라는 신화시대 사람들의 자연관이 집약되어 있습니다. 신화는 자연과 인간이 분리되어 있으나 연결된 관계로 이해합니다. 여기에는 인간 중심주의적 시선이 자리할 수 없습니다. 인간과 자연(곰) 사이에는 언제든지 오갈 수 있는 유동성이 존재합니다. 우리가 생태적 관점에서 신화의 의미를 읽을 수 있는 이유입니다.

한편, 사할린 아이누의 곰 신화에서는 이러한 자연과 인간의 유동성을 살펴볼 수 있는 또 다른 이야기가 있습니다. 인간이 곰과 결혼하여 새끼를 낳는다는 내용이 담겨 있는 〈곰과 결혼한 여자〉 이야기입니다.

> 자매 둘과 형제 둘이 함께 살았다. 나이 많은 언니는 나이 많은 형의 아내이다. 어느 날, 형이 집을 나가고 언니가 낯선 이(곰)를 만난다. 그는 그녀에게 담배를 피우게 하고 그녀와 잤다. 그와 결혼에 동의하면서 그녀는 특별한 음식을 준비했다. 그녀의 남편과는 잠자기를 거부했다. 다음 날, 가장 좋은 옷을 입고 그녀는 숲으로 갔다. 그녀는 곰에게 음식을 주고 둘은 곰의 모습을 하고 도망쳤다. 그러자 남동생은 그녀를 찾으러 갔다. 그는 곰들의 고향에 가서 곰의 아버지를 만났다. 아버지 곰은 그의 아들이 했던 행동에 대한 보상을 제공한다. 어린 남동생은 아버지 곰과 싸우지 않았다. 그녀는 두 마리 어린 새끼를 낳아 마술로써 기르고 있었다. 그 후 집으로 오는 길에 동생은 아버지 곰이 그가 열 마리 어린 곰을 잡게 될 거라고 약속하는 꿈을 꾼다. 매일 60마리의 곰을 죽이고 부자가 될 뿐만 아니라, 착한 인간 아내를 얻고 그의 아이들이 성공하게 되는 꿈이었다. 그리고 후에 이 모든 꿈이 이루어졌다.[27]

이 신화에서 주목할 것은 우선, 곰과 결혼하여 새끼를 낳은 형의 아내입니다. 곰에게 특별한 음식을 주고 곰의 모습으로 변신한 후 숲으로 들어갑니다. 숲으로 들어가기 위해 사람이 곰으로 변신하는 이른바 '곰-되기'가 존재합니다. 곰과 인간은 서로의 세계가 있어 분리되어 있음에도 이처럼

---

27 Juna Janhunen, "Tracing the Bear Myth in North East Asia", *Acta Slavic Iponica*, vol. 20, The Slavic Research Center: Hokkaido University, 2003. p. 7.(번역 후 재인용)

서로의 영역을 오갈 수 있습니다. 상대방의 모습으로 변신까지 하면서 말입니다. 그것은 곰과 인간 사이의 동질성이 존재하지 않으면 불가능한 이야기일 것입니다. 곰과 인간은 하나라고 상상할 수 있어야 이러한 변신이 가능합니다. 앞서 말한 인간과 자연 사이의 대칭성이란 바로 이러한 동질성에 기반을 둔 것이라고 이해할 수 있습니다.

또 형의 아내를 되찾기 위해 곰의 나라에 간 동생도 주목할 필요가 있습니다. 곰의 나라에서 동생은 곰에게 복수하려고 하지 않습니다. 오히려 그의 행동은 평화적인 방문에 가깝습니다. 동생은 곰의 나라에서 형수가 곰의 새끼를 낳아 기르고 있는 모습을 봅니다. 곰에게 복수할 필요가 사라진 것이죠. 이러한 동생의 행동에 곰 신은 더 커다란 부를 선물로 줍니다. 홋카이도 아이누 곰 신화에서 극진한 제사를 통해 곰의 영혼을 위로하자 인간에 대한 복수를 단념했던 것과 마찬가지로, 곰에게 복수를 하지 않은 동생에게 곰 신은 더 큰 선물을 줍니다.

다른 곰 신화에서와 마찬가지로 홋카이도와 사할린에서 전승되는 아이누의 곰 신화에서도 '자연-(곰)-인간' 사이의 호수 관계는 중요한 의미를 지닙니다. 아이누의 곰 신화에서도 우리는 인간과 자연이 일정한 대칭 관계를 형성하며, 완벽하게 분리된 관계가 아님을 보게 됩니다. 인간의 일부가 자연으로 넘어가고, 자연의 속성은 인간의 삶 속으로 넘어옵니다. 인간은 곰이 '되고', 곰은 인간이 '됩니다'. 곰 신화는 이를 반복해서 보여줍니다. 이는 신화시대의 인간과 자연이 공생관계로 상상되고 실천되었다는 사실을 보여주는 것입니다.

저는 이 모든 것이 곰과 인간 사이의 상호호혜적인 관계에 대한 명확한 설명이라고 생각합니다. 자연과 인간이 사는 공간은 서로 구분되지만 서로 증여와 답례를 통해 화해합니다. 따라서 어느 한쪽이 다른 한쪽을 지배한다는 생각 자체가 불가능합니다. 오늘날 우리 인류가 처한 환경문제들이 인간 중심주의에 의한 것임을 감안할 때, 우리가 원시시대의 것으로 치부했던 아이누의 곰 신화에서 오히려 더 많은 이로운 시각들을 얻을 수 있을 것입니다.

아이누의 곰 의례, 이오만테

학자들은 동북아시아의 곰 의례를 형태상 크게 둘로 나누어 설명합니다.[28] 첫째, 에벤키족과 에벤(라무트)족을 중심으로 한 북퉁구스족의 '곰 사냥' 의식이 있습니다. 이 의식은 '사냥한 곰'을 위해 제를 올리고 향연을 베푸는 축제 형식으로 진행됩니다. 만주-시베리아 전역에 퍼져 있는 곰 제의 형식이기도 합니다. 둘째, 오로치족, 올차족, 네기달족, 사할린 길랴크족과 일본 북부 아이누족들을 중심으로 한 남퉁구스족에게서 찾아볼 수 있는 '집 곰' 의례가 있습니다. 새끼 곰을 길러서 곰을 죽인 후 죽은 곰의 넋을 산신(자연)에게로 돌려보내는 곰 의례로서, 사냥하지 않고 곰을 길러 제의를 올린다는 점이 특징입니다. 어떤 의미에서 집 곰 의례는 사냥 곰 의례 형식이 지닌 불규칙성을 줄이고, 규칙적이고 형식화된 곰 의례를 집행한다는 점에서 보다 제도화된 형태라고 말할 수 있습니다.[29]

그러나 이러한 두 의례 간의 형식적인 차이는 크게 중요하지 않다고 말합니다. 이 두 의례 모두 핵심이 '곰을 (자연에게) 돌려보내기'이기 때문입니다. 앞서 말했듯이, 곰은 '산(숲, 타이가) 사람'(자연)이 보낸 선물입니다. '사냥한 곰' 의례 혹은 '집 곰' 의례 모두 그 목적은 곰을 보낸 '산 사람'에 대

---

28 한스 요하임 파프로트(Hans-Joachim Paproth)는 퉁구스족의 곰 의식을 크게 셋으로 구분한다. 북퉁구스, 독자적인 남퉁구스 형태, 사육한 곰을 의례적으로 죽이는 남퉁구스 형태가 그것이다. 그러나 이 셋은 상호침투적이어서 분명하게 분리하는 것이 불가능할 정도라고 이야기하고 있다.(한스 요하임 파프로트 지음, 강정원 옮김, 『퉁구스족의 곰 의례』, 태학사, 2007, 65쪽) 이에 본고에서는 대표적인 곰 의례 양식인 사냥한 곰 의례와 집 곰 의례로 분할하여 고찰한다.

29 Juna Janhunena, opt cit., p. 5.

해 감사드리거나 죽은 곰의 영혼을 위로함에 있습니다. 그것은 두 의례가 공통적으로 인간의 조상이 곰이라는 신화적 모티브를 다양하게 변주하고 있다는 점과도 무관하지 않을 것입니다.

물론 이러한 곰 의례에는 주술적 의미가 담겨 있습니다. 즉, 곰 의례에는 곰을 위로함으로써 곰이 자신을 죽인 인간에게 복수하지 않고 다시 인간에게 되돌아오도록 설득하는 주술적 의도가 강하게 내포되어 있습니다. 곰이 '산 사람'(산의 신)의 증여(선물)라면, 의례 자체는 인간이 자연에게 되돌려주는 답례라고 할 수 있습니다. 자연은 인간에게 음식을 증여(선물)하고, 인간은 자연에게 이에 대한 답례를 할 의무가 부과됩니다. 이를테면, 곰을 죽인 후에 정중하고 예를 다해 산의 선물에 보답하는 의례를 거행해야 합니다. 곰을 보내준 대신 의례를 보상받은 '산의 사람'이 곰을 다시 인간에게 보내줄 수 있도록 독려합니다. 물론 그 속에는 인간의 답례를 받은 자연(산 사람)이 인간이 준 것보다 더 '후함generosity'을 보여줄 것이라는 기대가 은폐되어 있습니다. 의례 행위 속에는 자연 혹은 죽은 영靈을 조정하고자 했던 고대인의 주술적 의도가 담겨 있는 것입니다. 자연의 선물인 곰이 계속 잡힐 수 있도록 사냥꾼이 잡은 곰을 위로하고 예의로써 곰의 넋을 산으로 돌려보내면, '산 사람'이 앞으로 더 많은 곰들을 인간에게 보내줄 것입니다. 반대로 만일 제대로 의례를 치러주지 않는다면 숲의 사람은 분노하여 인간에게 복수할 것입니다. 따라서 곰 의례는 인간의 식량인 곰의 증식을 바라는 현실적 욕망에 의해 작동된 것이라고 해석할 수 있습니다.

바로 이것이 호수성의 원리입니다. 즉, 곰 의례에는 인간이 자연에게 의례를 증여(선물)함으로써 역설적으로 자연에게 답례의 의무를 덧씌우는 일종의 강제된 호수성互受性, reciprocity 원리가 작동하고 있는 것입니다.[30] 인간은 자연(산 사람)의 증여에 대해 의례로써 답례하고, 신은 이에 보답해야 한다는 논리입니다. 의례를 선물받은 자연은 인간에게 다시 '보답해야 하는 의무'를 갖게 된 것이죠. 따라서 자연과 인간의 사이에는 암묵적으로 쌍무적 호수 관계가 성립됩니다. 자연이 인간에게 증여하고 인간은 답례함으로써 자연은 인간에게 더 큰 보답을 해야 하는 상호호혜적 관계가 성립되는 것입니다. 숲은 증여하는 의무를, 인간은 답례('의례')하는 의무를 지속적으로 떠안는다고 말할 수 있습니다. 이를 통해 고대 환동해 사회는 인간과 자연 사이의 공생관계를 유지할 수 있었던 것으로 보입니다. 이는 근대 자본주의가 자연을 무상의 선물이라고 생각하는 것과는 전적으로 다른 관점입니다.

앞서 소개한 신화학자 나카자와 신이치는 본래 숲의 하우 자체는 일반적인 증여의 순환 밖에서 존재한다고 말합니다. 즉, '숲의 하우'가 존재합니다. 이것은 아무것도 기억하지 않고, 시간도 초월합니다. 말하자면 어떤 물질적인 형태도 취하지 않는 순수 증여인 것입니다. 그러나 인간은 이러한 순수 증여를 마주할 때 그것을 자신의 '지知'의 영역으로 받아들이는데, 이 때문에 숲의 하우와 인간 사이에 마치 증여와 답례라는 호수적 교환이 발생이라도 하는 것처럼 이해한다는 것입니다.[31] 따라서 곰을 준 신에게 의례로서 답례하지 않으면 안 되는 것이지요.

한편 고대인은 이러한 자연과 인간 사이의 호수 관계를 인간 사회에도 적용합니다. 즉, 인간과 자연의 관계가 인간들 사이의 교환을 부추기는 상징적 토대로 작동하는 것입니다. 환언하면, 인간 사이의 교환은 애초에 숲의 증여에 의해 추동됩니다.

30   가라타니 고진 지음, 조영일 옮김, 『세계사의 구조』, 도서출판b, 2012, 97쪽.
31   나카자와 신이치 지음, 김옥희 옮김, 『사랑과 경제의 로고스』, 동아시아, 2004, 72쪽.

그림 5
고문헌 속에 나타난 이
오만테와 이오만테를
재연하는 모습
ⓒ 『아이누의 역사와
문화』(아이누민족박물
관, 1996.)

현재는 그 수가 극히 적지만 만주-시베리아 지역에 거주하고 있는 소수 민족들 사이에 간소하게나마 여전히 곰 의례를 거행하는 모습이 발견됩니다. 러시아 알혼섬에서는 샤먼 축제가 열리기도 합니다. 앞서 살폈듯이, 일본 아이누족은 곰의 넋을 보내는 제의인 이오만테를 지냈습니다. 물론 지금은 단지 문화관광 상품으로 만들어 공연할 뿐이지만, 이오만테는 곰 고기를 먹고 모피와 곰 간을 얻는 대신에 이나우를 바치고 집(우리)을 주고 정중한 송사를 읊는 곰 제입니다. 그 영혼을 곰들이 사는 신의 나라(카무이 모시리)로 보내주는 종교적 행사입니다.[32] 이오만테 이외에도 아이누는 늑대, 사슴, 올빼미, 물 등을 신으로 모시고 다양한 의례를 올립니다.

아이누 집 곰 의례의 절차는 다음과 같이 네 부분으로 정리됩니다.[33]

첫째 날은 전일제로서, 의례를 준비합니다. 술도 빚고 향연에 사용할 음식도 만듭니다. 공동 식사를 위해 음식은 성대하게 차립니다. 또 이나우도 깎습니다.

둘째 날은 새끼 곰을 교살한 후 해체 작업을 합니다. 곰의 머리는 집 안의 화롯가 성좌에 안치하고 곰 머리 장식 행사를 진행합니다. 곰(의 영혼)은 아직 제사장에 머물면서 제물과 가무를 즐깁니다.

32 김헌선, 앞의 논문, 208쪽.
33 김헌선, 앞의 논문, 213~216쪽.

셋째 날은 '시체 보내기'와 '큰 잔치'를 엽니다. 이나우의 꽃으로 장식한 곰 머리를 화로 주변의 성좌에서 신성한 창문을 통해 집 밖에 있는 제단으로 옮기고 정중한 송사를 부릅니다. 곰 의례에 사용하는 이나우가 얼마나 풍성한가에 따라서 그 곰이 돌아갔을 때 환송을 얼마만큼 잘 받았느냐를 이야기한다고 신화는 전합니다. 여자들은 가무로써 어린 곰과의 이별을 아쉬워하고, 집 안에서는 성대한 잔치가 벌어지고, 곰이 두고 간 선물인 고기를 나눠 먹습니다. 집 곰의 주인이 베푸는 향연을 즐깁니다.

넷째 날은 '시체 돌려보내기' 의례를 진행하고 '작은 잔치'를 엽니다. 곰 머리는 수호신으로 오랫동안 제단에 안치되며, 곰의 영혼은 원래 살던 산으로 돌아갑니다.[34]

그런데 여기서 주목할 것이 있습니다. 향연의 의미입니다. 다른 곰 의례에서와 마찬가지로, 아이누의 집 곰 의례에서도 '향연'은 중요한 부분을 차지합니다. 이는 제를 올린 곰을 함께 나누어 먹는 공동 식사 의례로서 다양한 금기들[35]을 엄수하면서 엄격하게 진행됩니다. 우선 죽은 곰은 선물로 증여됩니다. 선물을 받는 사람은 이를 거절할 수 없습니다. 죽은 곰을 선물받은 사람은 곰 의례를 주관함으로써 증여자에게 답례해야 합니다. 또 곰 의례를 발의한 사람은 손님을 초대할 의무를 지닙니다. 향연에 초대된 손님들은 음식에 대한 답례를 표시하지 않으면 안 됩니다. 즉, 주인은 향연에 초대할 의무가 있고, 손님은 주인에게 답례할 의무가 생깁니다.

이와 같이 곰 의례에서 주인과 손님 사이의 호수성은, 앞서 말한 모스의

---

34 동영상 〈아이누 집 곰 의례(The ainu bear ceremony)〉(https://www.youtube.com/watch?v=EelCX5zjTKU), 1931년 채록한 이오만테.

35 대부분의 곰 의례에서 여자들에게는 특정한 금기들이 부여되는데, 특히 여자는 곰 고기의 특정 부위를 먹지 못한다는 금기가 보편적으로 존재한다.(한스 요하임 파프로트 지음, 강정원 옮김, 『퉁구스족의 곰 의례』, 태학사, 2007, 200~201쪽) 그것은 에벤족의 경우 여자가 남자보다 곰과 더 가까운 친족으로 간주되기 때문이다.(곽진석, 「시베리아 에벤족 곰 축제에 대한 연구」, 『동북아문화연구』 25, 동북아시아문화학회, 2010, 77~92쪽)

증여론, 즉 급부와 반대급부로 설명될 수 있습니다. 이를테면 곰 의례 중 초대자와 손님 사이에 형성된 증여와 답례의 의무는, 주는 의무, 받는 의무, 그리고 돌려주는 의무의 삼각 구조 안에 놓여 있는 것입니다. 이는 곰 의례가 넓게는 유라시아, 좁게는 환동해 지역에 존재했던 소세계 시스템에서 인간과 인간 사이의 사회적 유대, 부족 내 위신의 강화 등을 목적으로 사용되었음을 보여줍니다. 즉, 곰 의례에서 형성된 호수의 의무는 일종의 사회적 계약과 같은 의미를 지닙니다. 증여와 답례의 순환이 근본적으로 사회적 권리와 사람의 순환과 동일시되는 것과 같은 이유입니다.[36]

이러한 방식으로 '자연-곰-인간'의 세 고리, '순수 증여-증여-교환'의 관계가 형성됩니다. 자연이 인간에게 하는 순수 증여 행위가 인간과 인간 사이의 증여와 교환의 순환 체계를 만들어냅니다.

이러한 현상은 아이누의 집 곰 의례에서도 살펴볼 수 있습니다. 아이누의 곰 의례를 포함하여 동북아시아 지역에서 수행되었던 곰 의례들은 오늘날 우리에게 숲의 하우에 추동된 자연의 순수 증여가 인간 사회에서의 증여와 교환의 체계를 보증한다는 것을 보여줍니다. '곰'은 바로 이러한 자연의 순수 증여와 인간의 증여 행위를 연결하는 중간자 역할을 합니다.

그런데 호수적 관계란 자연을 무상의 선물로 인식한 것은 결코 아니라는 점을 알아둘 필요가 있습니다. 인간은 자연의 선물을 받고 또 이에 대해 답례해야 하는 의무를 지닙니다. 모스가 말했던 것처럼, 물건에는 물건의 본래 주인에게 되돌아가려는 영적인 힘, 즉 하우가 있듯이, 숲에는 '숲의 하우'가 있는 것입니다. 말하자면 숲의 하우가 있기 때문에, 인간은 숲의 선물로 곰을 얻는 대신 그에 상응하는 의례를 답례해야 하는 의무가 저절로 부과되는 것입니다. 인간에게 선물로 곰을 주는 대신 인간은 숲으로 곰

---

36 마르셀 모스, 앞의 책, 193쪽.

의 넋을 보내는 제의를 증여해야 합니다. 곰을 사냥하거나 죽인 후 이들의 넋을 위로하는 의례를 반드시 베풀어야 합니다. 옛사람들은 만일 이 의무를 수행하지 않으면 증여자(숲)의 보복이 되돌아온다고 믿었습니다. 의례가 적절하지 않으면, 숲은 인간에게 곰을 다시 보내지 않을 것입니다. 그러면 숲의 하우는 생명을 잃고, '숲-곰-인간' 사이에 존재했던 총체적인 순환이 흐트러지고 맙니다. 이 점에서 숲의 하우는 사회 총체적인 순환을 유지하게 만드는 보이지 않는 힘일 뿐만 아니라 고대 사회의 윤리적 토대라는 것을 어렵지 않게 추측할 수 있습니다.

즉, 곰 의례가 인간이 곰을 먹음으로써 곰의 신성한 특성을 나누어 가진다는 현실적 소망을 지지하는 것이라면,[37] 신화는 곰이 왜 신성한 숲의 선물인지를 설명해줍니다. 앞서 살펴보았듯이 곰 신화는 곰을 이중적으로 그리고 있습니다. 우선 곰은 인간에 의해 구성된 증여와 교환의 순환 체계에 흡수된 교환 가능한(먹을 수 있는/죽일 수 있는) 존재로 그려집니다. 그러나 그와 동시에 곰은 이러한 교환의 과정에서 벗어나 있는 신성한 존재의 일부로 그려집니다. 곰은 의례에서 교환가치 또는 사용재로 취급될 수 없습니다. 가령 의례 도중 곰의 뼈를 훼손시키는 일은 금기시됩니다. 의례의 곰은 자연(숲, 산)의 일부로서 정중하게 숲으로 돌려보내져야 합니다. 여기서 핵심은 곰이 자연, 즉 숲의 하우 때문에 '교환될 수 없는', '양도할 수 없는', '신성한 것'을 지닌 존재라는 사실입니다.

같은 맥락에서 곰 고기는 저장하지 않고 의례 기간 동안 공동 식사에서 완전히 소비되어야 합니다. 고대인은 곰 고기의 저장 행위를 도덕적·경제적으로, 또 사회적으로도 비난받을 일이라고 여겼습니다. 대부분의 곰 의례에서 신성을 가진 곰을 저장해서는 안 된다는 금기가 철저히 지켜집

---

37 한스 요하임 파프로트, 앞의 책, 147쪽.

니다. 고대 사회에서 저장은 이익의 축적을 의미합니다. 고대인은 저장이 사회적 불평등을 초래할 뿐만 아니라 자연의 저장량을 고갈시킬 것이라 믿었던 것 같습니다. 곰 의례에서 '공동 식사'는 바로 이러한 축적을 억제하는 시스템이라고 말할 수 있습니다.

실제로 당시 사회를 살펴보면 먹고사는 데 필요한 것, 즉 소비할 것보다 많은 생산은 거부되었습니다.[38] 곰 의례에서 향연은 그래서 중요한 의미를 지닙니다. 그것은 아이누의 이오만테에서도 그대로 적용됩니다. 곰 고기의 완전한 소모는 역설적으로 부족 간 유대를 더 강화시켜 줄 것입니다. 반면 곰 고기의 저장은 곰을 교환할 수 있는 가치체계로 끌어내는 결과를 가져옵니다. 이는 궁극적으로는 끊임없이 이어져온 자연과 인간의 호수 관계, 즉 '자연의 증여-인간의 답례-보상'이라는 순환 원리를 중지시키는 결과를 초래합니다. 이 점에서 곰 문화복합 속에서 발견되는 숲의 하우라는 관념은 사회적·윤리적 차원에서 특별한 의미를 지닌 것이라고 할 수 있겠습니다.

또 다른 곰 문화복합의 특징은 '수장'이나 샤먼의 역할이 매우 작다는 점입니다. 앞서 살펴본 것처럼, 곰 의례는 주술적인 목적을 지니지만 소세계 시스템을 유지하고 유대 관계를 공고히 하는 기능이 컸습니다. 따라

그림 6
이오만테 후에 이나우로 장식해서 제단에 걸어놓은 곰의 두개골들 (메이지시대 후기)

38 이진경, 앞의 책, 335쪽.

서 수장의 절대적 권력 자체를 필요로 하지 않습니다. 곰 의례에서 죽은 곰을 선물받고 의례를 주관하는 사람은 수장과 같은 역할을 하지만, 그에게는 어떤 정치적 지배 권력도 주어지지 않습니다. 그것은 아이누의 집 곰 의례에서도 마찬가지입니다. 집 곰을 소유할 수 있는 사람은 부족 내의 부유한 사람입니다. 그러나 이러한 부는 성대한 향연을 베풂으로써 탕진되는 부입니다. 즉, 호수 원리를 바탕으로 한 곰 의례는 잉여생산물들을 축적하지 않고 소모시킴으로써 '순수 증여-증여-교환'의 순환이 지속되게 하고, 이를 통해 사회적 불평등을 상징적으로 해소시키는 기능을 했던 것입니다.[39]

곰이 부와 권력의 '불평등'이 생겨날 만한 요소를 제공하지만, 동시에 그것이 '증여의 의무'에 의해 끊임없이 억제되고 있었던 것입니다.[40] 이것이 동북아시아 선주민족이 근대국가 형성 이전까지, 국가라는 강력한 권력 체계 없이도 평화롭게 공존할 수 있었던 이유가 아닐까요?

신화, 허구의 이야기를 넘어 생태철학으로

지금까지 우리는 아이누 민족의 곰 의례와 신화를 중심으로 인간과 자연의 공생을 위한 야생의 지혜를 들여다보았습니다. 그것은 다른 말로 바꾸면 야생의 생태철학이었습니다. 인간과 자연이 어떤 관계로 존재했고, 어떤 인식체계를 토대로 했으며, 또 어떤 윤리적 실천을 요구했는지를 조

---

39 이는 수장이나 샤먼이 고대 사회시스템에서 지닌 위상을 두고 볼 때 당연한 일이다. 샤먼은 사회적인 권력의 중심에 접근할 수 없다. 그것은 수장의 존재 때문이다. 샤먼은 자연의 권력의 도움을 받지만 수장은 오히려 자연에 대립하는 문화의 원리에 의존하는 존재이다. 또 수장은 노래와 춤이 능한 존재가 선택된다. 수장은 왕이 될 수 없다. 수장은 샤먼이나 전사처럼 유동성이 넘치는 힘의 영역으로 들어가는 걸 피하고, 문화를 이루고 있는 규칙이나 양식에 따라 사회의 평화를 유지하는 존재이다(나카자와 신이치 지음, 김옥희 옮김, 『곰에서 왕으로: 국가 그리고 야만의 탄생』, 동아시아, 2003, 159쪽, 167쪽).

40 가라타니 고진, 앞의 책, 83~84쪽, 92쪽.

금이나마 엿볼 수 있었습니다. 그렇게 함으로써 우리는 녹색 역사의 관점에서 세상을 다시 볼 수 있는 가능성을 타진해본 것이지요. 신화시대의 사람들은 우리가 짐작하는 것처럼 원시적이거나 미개하지 않습니다. 우리가 인간 중심주의적인 관점에서 세상을 진화론적·목적론적으로 보는 역사 인식에서 벗어나지 못했기에 그렇게 생각하고 있는 것이지요. 생태학적 역사로서의 녹색 역사는 바로 이러한 인간 중심주의에서 벗어나 자연과 인간의 공생이라는 관점에서 세계를 다시 읽고자 하는 것입니다. 이 때문에 저는 신화를 허구의 이야기 이상의 생태철학으로 보는 시각들을 소개했습니다. 유라시아 지역에서 발견되는 곰 문화복합을 오늘날의 시각에서 의미 있는 야생의 생태철학으로 재조명했습니다.

물론 신화의 생태철학을 오늘 우리 사회에 바로 적용 가능하진 않을 것이며, 그래서도 안 될 것입니다. 오늘날 우리가 당면한 환경 문제, 생태 위기 등은 현시대의 사회·역사·정치·경제적 맥락과 분리되어서는 안 될 것입니다. 야생의 생태철학은 고대인이 경험한 생태·사회·정치·경제에 대한 문제의식에서 출현한 것입니다. 고대인이 구성했던 생태철학과 오늘날 현 인류가 구성해야 하는 생태철학은 결코 동일하지 않습니다. 이러한 차이에도 고대의 생태철학을 고찰하는 것이 꽤 중요한 의미를 지닌다는 인식에는 변함이 없습니다. 고대는 근대 세계가 간과한 생태주의적 가치의 원형을 간직하고 있습니다. 원형적 자연관을 통해 현재의 우리 자신이 필요로 하는 생태적 이성과 감수성을 발굴해볼 수 있을 것입니다.

사실 생태학적 관점에서 볼 때 고대 사회는 야만의 사회도 미개한 사회도 아닙니다. 고대 사회는 자연과 인간의 관계를 호수적 관계로 설정함으로써 오히려 사회적 부와 명예의 집중을 정치 사회적으로 억제할 수 있었습니다. 아울러 야생의 상태에서 '자연-인간', '인간-인간'이 '공생하게 하는' 야생의 에티카를 구성했습니다. 이는 아이누의 곰 문화복합이 지닌 생태사적 의미이기도 합니다.

이러한 야생의 윤리는 근대인이 자연을 지배할 수 있는 무상의 자원으로 생각한 것과 대립되는 관점입니다. 기실 근대적 사유체계 속에서 자연은 답례의 의무가 없는 무상의 선물로 인식됐습니다. 인간은 자연의 자원을 무상으로 이용할 수 있으며, 자연에 가치를 부여하는 존재라고 간주되어온 것입니다. 따라서 자연과 인간 모두에게 요구되던 쌍무적 호수 관계는 그 의미를 상실하고 맙니다. 그런데 여기에서 중요한 것은 인간의 권리만 살아남고, 자연에 대해 인간이 가져야 했던 답례의 의무는 소멸된다는 점입니다. 이는 결국 인간과 자연 모두 상호간 소외되는 결과를 초래합니다. 현대인은 자연을 전적으로 양도할 수 있는 '교환가치'로 이해하고, 자연이란 매매할 수 있는 토지와 다르지 않게 됩니다. 자연의 가치는 교환가치 체계 속에서 위계화됩니다. 역설적인 것은 이는 인간에게도 그대로 적용된다는 사실인데, 인간 역시 자연의 일부이기 때문입니다. 이로써 고대인들이 지녔던 양도할 수 없는 '신성한 것', 숲의 하우는 완전히 소멸되고 맙니다. 인간과 자연이 공생할 수 있었던 야생의 생태철학 또한 이해받지 못하게 된 것입니다. 그러나 인간은 자연을 떠나서 살 수 없습니다. 고대나 지금이나 다르지 않습니다. 인간이 정복한 자연은 역설적으로 우리 인간에게 더 큰 위협으로 다가오고 있습니다. 신화는 우리에게 묻습니다. 당신에게 자연은 무엇인가? 이제 우리가 그 물음에 답해야 할 차례입니다.

가라타니 고진 지음, 조영일 옮김, 『세계사의 구조』, 도서출판b, 2012.

곽진석, 『시베리아 만주 퉁구스족 신화』, 제이앤씨, 2009.

곽진석, 「시베리아 에벤족 곰 축제에 대한 연구」, 『동북아문화연구』 25, 동북아시아문화학회, 2010.

곽진석, 「시베리아 울치족의 신앙과 신화에 대한 연구」, 『한국문학이론과 비평』 24, 한국문학이론과비평학회, 2004.

김성례, 「증여론과 증여의 윤리」, 『비교문화연구』 11(1), 서울대학교 비교문화연구소, 2005.

김헌선, 「동북아시아 곰 신화 비교와 곰 의례 연구」, 『한국의 민속과 문화』 10, 경희대학교 민속학연구소, 2005.

나카자와 신이치 지음, 김옥희 옮김, 『곰에서 왕으로: 국가 그리고 야만의 탄생』, 동아시아, 2003.

나카자와 신이치 지음, 김옥희 옮김, 『사랑과 경제의 로고스』, 동아시아, 2004.

나카자와 신이치 지음, 김옥희 옮김, 『신화, 인류 최고의 철학』, 동아시아, 2002.

마르셀 모스 지음, 이상률 옮김, 『증여론』, 한길사, 2002.

모리스 고들리에 지음, 오창현 옮김, 『증여의 수수께끼』, 문학동네, 2011.

박정호, 「부르디외의 증여 해석」, 『경제와 사회』 94, 비판사회학회, 2012.

신진숙, 「생태적 글쓰기와 신화적 상상력의 상관성 고찰: 환동해(環東海) 고래 이야기와 생태소설 『꽃피는 고래』를 중심으로」, 『한국근대문학연구』 26, 한국근대문학회, 2012.

신진숙, 「의례를 통해 본 '야생의 생태철학': 환동해 지역을 중심으로」, 『서강인문논총』 38, 서강대학교 인문과학연구소, 2013.

아이누민족박물관, 『아이누의 역사와 문화』, 아이누민족박물관, 1996(http://www.ainu-museum.or.jp/nyumon/rekishibunka)

이유진, 「예수셴의 『토템』, 왜 문제적인가?」, 『중국어문학논집』 77, 중국어문학연구회, 2012.

이재혁, 「선물의 hau: 증답경제의 정치경제학과 관계자본」, 『한국사회학』 45(1), 한국사회학회, 2011.

이정재, 『시베리아 부족신화』, 민속원, 1998.

이진경, 『노마디즘 2』, 휴머니스트, 2002.

조르주 바타유 지음, 조한경 옮김, 『에로티즘』, 민음사(제3판), 2009.

조현설, 「내 책상 속의 신화 – 신화와 그림」, 『문장 웹진』(http://webzine.moonji.com/?p=2314).(2012년 8월 20일 검색)

캐서린 벨 지음, 류성민 옮김, 『의례의 이해: 의례를 보는 관점들과 의례의 차원들』, 한신대학교 출판부, 2007.

한스 요하임 파프로트 지음, 강정원 옮김, 『퉁구스족의 곰 의례』, 태학사, 2007.

Donald L. Philippi, *Songs of gods, Songs of Humans-The Epic Tradition of the Ainu*, Princeton University Press, 1979.

Janhunen, Juna, "Tracing the Bear Myth in North East Asia", *Acta Slavic Iponica*, vol. 20, The Slavic Research Center: Hokkaido University, 2003.

동영상 〈The ainu bear ceremony〉(https://www.youtube.com/watch?v=EelCX5zjTKU), 1931년 채록한 이오만테.

유라시아 신화여행

초판 1쇄 펴낸 날 2018년 12월 20일

지은이 최혜영, 김윤아, 최원오, 이재정, 문현선, 양민종, 신진숙
주관 경기문화재단 문예진흥팀
기획 문성진, 문형순
펴낸이 김삼수
편집 김소라 · 신아름 · 신중식
디자인 최인경

펴낸곳 아모르문디
등록 제313-2005-00087호
주소 서울시 마포구 월드컵로10길 27 세화회관 201호
전화 0505-306-3336
팩스 0505-303-3334
이메일 amormundi1@daum.net

ISBN 978-89-92448-74-1 03210

* 이 책은 경기도, 경기문화재단의 문예진흥지원금을 보조받아 발간되었습니다.
* 이 책 내용의 전부 또는 일부를 재사용하려면 반드시 경기문화재단과 아모르문디 양측의
  동의를 받아야 합니다.
* 이 책에 사용된 사진 중 저작권자를 찾지 못한 일부 사진에 대해서는 저작권자가 확인되는
  대로 계약을 맺고 절차에 따라 저작권을 해결하겠습니다.

이 도서의 국립중앙도서관 출판예정도서목록(CIP)은 서지정보유통지원시스템 홈페이
지(http://seoji.nl.go.kr)와 국가자료공동목록시스템(http://www.nl.go.kr/kolisnet)에서
이용하실 수 있습니다.(CIP제어번호 : CIP2018039152)